Die Hörner der Göttin

Dolores Cannon

Aus dem Englischen übersetzt von
Mario Radinger

© 2022 Dolores Cannon
2023 – German Translation

Alle Rechte vorbehalten. Kein Teil dieses Buches, weder ganz noch teilweise, darf in irgendeiner Form oder mit irgendwelchen Mitteln elektronisch, fotografisch oder mechanisch, einschließlich Fotokopie, Aufzeichnung oder durch ein Informationsspeicher- und -abrufsystem, ohne schriftliche Genehmigung von Ozark Mountain Publishing, Inc. vervielfältigt, übertragen oder genutzt werden. Hiervon ausgenommen sind kurze Zitate in literarischen Artikeln und Rezensionen.

Für Genehmigungen, Fortsetzungen, Kürzungen, Anpassungen oder unseren Katalog mit anderen Veröffentlichungen schreiben Sie bitte an Ozark Mountain Publishing, Inc, P.O. Box 754, Huntsville, AR 72740, ATTN: Permissions Department.

Katalogisierungsdaten in der Library of Congress

Horns of the Goddess von Dolores Cannon - 1931-2014
   Die vergangenen Leben von drei Freiwilligen, die in die Zeit der Druiden zurückreisen.
1. Hypnose 2. Vergangene Leben 3. Mutter Erde 4. Metaphysik
I. Cannon, Dolores, 1931-2014 II. Metaphysik III. Vergangene Leben IV. Titel

Katalognummer der Kongressbibliothek: 2023940958
ISBN: 9781956945775

Umschlaggestaltung und Layout: Victoria Cooper Art
Buchsatz: Microsoft Himalaya & Times New Roman
Buchgestaltung: Summer Garr
Herausgegeben von:

PO Box 754, Huntsville, AR 72740
800-935-0045 oder 479-738-2348; Fax 479-738-2448
WWW.OZARKMT.COM
Gedruckt in den Vereinigten Staaten von Amerika

Vorwort von Nancy

Meine Mutter, Dolores Cannon, erhielt diese Informationen erstmals im Jahre 1983. Damals war sie noch dabei, ihr Handwerk zu verfeinern, und es gab einige, die ihr helfen wollten, indem sie sich für Sitzungen mit ihr anboten. Auf diesen Bewusstseinsreisen entdeckte sie mehrere Geschichten, die bis dahin unbekannte Informationen enthielten: Lebensweisen, Überzeugungen, Konsequenzen, die Menschen aufgrund ihrer Überzeugungen erdulden mussten, sowie die Geheimhaltung, die zum Überleben notwendig war – nicht nur des eigenen Selbst, sondern auch der Überzeugungen und Lebensweisen. Die Zeitperiode, die Dolores aufdeckte, war eine, in der man nicht glauben durfte, was man wollte, sondern was vorgegeben wurde. Sie hat dieses Material viele, viele Jahre lang zurückgehalten, weil sie glaubte, dass sie selbst gekreuzigt werden würde, wenn sie es an die Oberfläche bringen und die Geheimnisse dessen, was in dieser Zeit tatsächlich geschah, offenbaren würde. Ja, man kann heutzutage sagen und glauben, was man will. Aber sind wir nicht tief im Inneren immer noch wie jene Menschen vor langer Zeit, die Wahrheit verbreiten wollten, aber Angst hatten, dass das Aussprechen nicht nur ihr Leben beenden würde, sondern auch die Existenz des Wissens, das so wertvoll war? Ich glaube, dass die Menschen damals – nicht unbedingt die Herrschenden oder Bedeutsamen – der Natur und Gott viel näher waren als wir heute. Das ist etwas, das wir wieder in den Vordergrund rücken müssen. Unsere Erde, die Natur und Gott sind und sollten als das Wichtigste in unserem Leben angesehen werden. Lasst uns nie wieder zulassen, dass andere uns Angst davor machen, an das zu glauben, was richtig ist. Denn wo wären wir ohne diese Erde?!

~Nancy Vernon
3. Januar 2022

Es wurden alle Anstrengungen unternommen, um die Identität und die Privatsphäre der an diesen Sitzungen beteiligten Menschen zu schützen. Der angegebene Ort, an dem die Sitzungen stattfanden, ist korrekt, aber es wurden nur (geänderte) Vornamen verwendet.

Bei der Lektüre des Materials wird deutlich, dass Dolores Worte verwendet, die heute nicht mehr gebräuchlich sind. Das hat damit zu tun, dass Klienten, die sich in einem vergangenen Leben befinden, aus der jeweiligen Zeitlinie heraus kommunizieren. Oftmals wurden daher Worte gesprochen, die Dolores nur phonetisch wiedergeben konnte – manchmal aufgrund eines starken Akzents, mit dem die Person in dem Leben sprach.

Inhaltsverzeichnis

Einleitung: Die Zeitreisende — i

Abschnitt 1: Leben als Druidin
Kapitel 1: Die Druidin (Karen) — 3
Kapitel 2: Die Druidin, Teil 1 (Bernadine) — 47
Kapitel 3: Die Druidin, Teil 2 (Bernadine) — 61

Abschnitt 2: Brendas Geschichte als Astelle
Einführung: Astelle — 79
Eine Notiz von Dolores — 80
Kapitel 4: Eine Anhängerin der »Alten Wege« — 81
Kapitel 5: Die Prüfung — 102
Kapitel 6: Pentagramme und mehr — 125
Kapitel 7: Mit den Tieren sprechen — 158
Kapitel 8: Die kleinen Leute — 185
Kapitel 9: Zeichen und Symbole — 207
Kapitel 10: Legenden und Geschichten — 237
Kapitel 11: Die Inquisition kehrt zurück — 257

Abschnitt 3: Mehr Leben mit Karen
Kapitel 12: Der Minnesänger, Teil 1 — 277
Kapitel 13: Der Minnesänger, Teil 2 — 288
Kapitel 14: Der Minnesänger, Teil 3 — 302
Kapitel 15: Der Arzt, Teil 1 — 330
Kapitel 16: Der Arzt, Teil 2 — 341
Kapitel 17: Der Arzt, Teil 3 — 365
Kapitel 18: Das Mädchen, das Feen sah — 384
Kapitel 19: Die griechische Priesterin — 394

Schlusswort — 404
Über die Autorin — 405
Bücher von Dolores Cannon — 407

Einführung
Die Zeitreisende

Ja, ich betrachte mich als Zeitreisende, denn ich habe einen sehr effektiven Weg gefunden, mithilfe von Rückführungshypnose durch die Zeit zu reisen. Genauer gesagt, bezeichne ich mich als eine Reporterin, Forscherin, Ermittlerin und Sammlerin von verlorenem Wissen. Dies ist mir durch den Einsatz einer Hypnosetechnik gelungen, die ich in über dreißig Jahren Arbeit auf diesem faszinierenden Gebiet perfektioniert habe. Meine Wurzeln in der Hypnose reichen bis in die 1960er Jahre zurück, als noch die älteren, zeitaufwändigen Induktionsmethoden angewandt wurden. Hypnose wurde vor allem eingesetzt, um Menschen dabei zu helfen, Gewohnheiten abzulegen: z. B. das Essverhalten zu verändern, mit dem Rauchen aufzuhören usw. Der Gedanke, damit Menschen im Rahmen einer Rückführungstherapie zu helfen, war damals noch unbekannt. Bei seriösen Therapeuten war Hypnose sogar in den 1970er Jahren noch verpönt. Ich war während dieser ganzen Zeit dabei und habe beobachtet, wie sie sich zu einer akzeptierten und wertvollen Therapieform entwickelt hat. So ist es nun einmal: Methoden, die einst als radikal galten, finden heute breite Anwendung, weil sich ihr Nutzen bewährt hat. In den 1960er Jahren gab es keine Bücher, die einem Therapeuten geholfen hätten, dieses Phänomen zu verstehen. Das einzige Buch zu dieser Zeit war Der Fall Bridey Murphy. Die Geschichte eines Therapeuten, der über die Idee Reinkarnation stolperte, löste zum Zeitpunkt seiner Veröffentlichung eine heftige Kontroverse aus. Ein solches Buch würde heute nicht einmal gedruckt werden, weil es als zu gewöhnlich und banal gelten würde. Ich und viele andere Therapeuten in diesem Bereich stoßen bei unserer Arbeit ständig auf diese einfachen Fälle. Zudem wird die Vorstellung, sich an frühere Leben zu erinnern, nicht länger als außergewöhnlich angesehen. Zu seiner Zeit war dieses Buch jedoch ein bahnbrechendes Konzept. Es war ein Buch für die richtige Zeit in unserer Geschichte.

Auch ich stieß 1968 auf das Konzept vergangener Leben und Reinkarnation, als ich mit einer Frau arbeitete, die versuchte, Gewicht zu verlieren. Mit Hilfe ihres Arztes versuchten mein Mann und ich, ihr beim Umgang mit ihrem nervösen Essverhalten zu helfen, welches Nierenprobleme verursachte. Während der Behandlung rutschte sie plötzlich in ein vergangenes Leben im Chicago der 1920er Jahre, der Flapper-Ära. Da es damals keine gedruckten Bücher gab, die einem Hypnotiseur als Anleitung dafür dienen konnten, wie er in solchen Fällen vorgehen sollte, mussten wir unsere eigenen Regeln erfinden. Mit nichts als unserer Neugier als Kompass führten wir die Frau letztendlich durch fünf Leben. Diese Geschichte meiner Anfänge habe ich in meinem ersten Buch Fünf Leben gelebt erzählt. Das Buch ist nie veröffentlicht worden, weil ich es inzwischen für zu banal halte. Es ist die Geschichte meines Anfangs, aber mein Weg hat mich seitdem zu unvorstellbaren und unglaublichen Abenteuern geführt. Vielleicht wird es eines Tages gedruckt werden, da mich bei meinen Vorträgen die Leute immer wieder fragen, wie diese fantastische Reise begann, die mich seit diesem bescheidenen Anfang durch Zeit, Raum, Dimensionen und mehrmals um die Welt geführt hat. Es ist ein Weg, von dem ich in den 1960er Jahren, als ich damit beschäftigt war, Ehefrau eines Marinesoldaten und Mutter von vier Kindern zu sein, nicht einmal zu träumen gewagt hätte. Er zeigt, dass der Lebensweg eines jeden Menschen eine 180-Grad-Wendung nehmen kann und die Zukunft unvorstellbare Abenteuer bereithält, wenn man nur auf den unbekannten Plan des Universums vertraut.

** Update: Das Buch, Fünf Leben gelebt, ist aufgrund der überwältigenden Nachfrage von Dolores' Lesern mittlerweile veröffentlicht. Sie hatte das Gefühl, es würde banal erscheinen, aber viele Menschen wollten wissen, »wie alles begann«. **

Ich musste warten, bis meine Kinder erwachsen waren und ihr eigenes Leben führten, bevor ich mich 1979 ganz der Hypnosetherapie und der Forschung widmen konnte. Ich hätte mir nie träumen lassen, dass die Menschen, die mit ihren Problemen zu mir kamen, die Informationen liefern würden, die zu neunzehn Büchern führten. Manchmal ist es vielleicht besser, wenn wir nicht wissen, was die Zukunft für uns bereithält, oder wir würden den Weg nie antreten. Auf diesem Weg boten sich mir viele Gelegenheiten, anzuhalten, umzukehren oder einen Umweg zu machen. Bei jeder dieser Gelegenheiten hätte sich mein Leben verändert und ich eine andere Richtung eingeschlagen. Ich nannte diese Jahre meine »Probezeit«. Das Schicksal wollte herausfinden, wie entschlossen ich auf dem von mir eingeschlagenen Weg war. Ein Weg, der in eine unbekannte, geheimnisvolle Zukunft führte. Aber wenn man sich einmal festgelegt hat, gibt es kein Zurück mehr. Ein Leser hat mir das folgende Zitat geschickt, das ich für sehr passend halte. Es hängt über meinem Schreibtisch und erinnert mich täglich an die Aufgabe, für die ich mich freiwillig gemeldet habe: die Aufgabe, der Welt unbekanntes und verlorenes Wissen zu präsentieren.

In dem Augenblick, in dem man sich endgültig einer Aufgabe verschreibt, bewegt sich die Vorsehung auch. Alle möglichen Dinge, die sonst nie geschehen wären, geschehen, um einem zu helfen. Ein ganzer Strom von Ereignissen wird in Gang gesetzt durch die Entscheidung, und er sorgt zu den eigenen Gunsten für zahlreiche unvorhergesehene Zufälle, Begegnungen und materielle Hilfen, die sich kein Mensch vorher je so erträumt haben könnte. Was immer Du kannst, beginne es. Kühnheit trägt Genius, Macht und Magie. Beginne jetzt.

~ Johann Wolfgang von Goethe

Ich weiß jetzt, dass es unsichtbare Kräfte gab, die meinen Weg all die Jahre sanft geleitet haben. Sie waren da, um zu helfen, und ich habe wunderbare Beweise für ihre Fürsorge erhalten. Sie haben mir nie mehr gegeben, als ich zu dem Zeitpunkt bewältigen konnte, und ich weiß, dass mein Weg ohne sie viel steiniger gewesen wäre. Fantastische Menschen sind in mein Leben getreten, und meine Bücher werden inzwischen weltweit übersetzt. Nichts von dem, was passiert ist, könnte man als Unfall oder Zufall bezeichnen.

Seit 1979 ist meine Arbeit in der Rückführungstherapie gewachsen und hat sich weiterentwickelt. Ich habe meine eigene Technik entwickelt und sie im Laufe der Jahre perfektioniert. Ich stellte fest, dass viele der üblichen Hypnosetechniken zeitaufwändig und unnötig waren, weshalb ich begann, die Verfahren, die ich für überflüssig hielt, zu streichen, und so den Induktionsprozess verkürzen konnte. Dann habe ich nach und nach einen Weg entwickelt, um die Person in einen somnambulen Trancezustand zu versetzen. Das ist die Ebene, auf der ich am liebsten arbeite, weil ich dort den Zugang zu jeglichem Wissen gefunden habe. Viele Hypnotiseure haben Angst, auf einer so tiefen Ebene zu arbeiten, weil sie sagen, dass dort seltsame Dinge passieren können. Diejenigen, die meine Bücher über meine Abenteuer gelesen haben, wissen, dass dort seltsame Dinge nicht nur passieren können, sondern es auch tun. Der somnambule Trancezustand ist die tiefstmögliche Ebene. Tiefer zu gehen führt dazu, dass die Person einschläft und nur noch schwer reagieren kann. Die somnambule Ebene wird von jedem Menschen mindestens zweimal am Tag erreicht. Es ist der Zustand, den man beim Einschlafen und beim Aufwachen durchläuft. Meine Aufgabe ist es, die Person auf diese Ebene zu bringen und sie während der Sitzung dort zu halten. Es heißt, dass einer von zwanzig oder dreißig Menschen während der Hypnose spontan in diesen Zustand hineingeht. Doch bei der von mir entwickelten Technik ist das Gegenteil der Fall: Einer von zwanzig oder dreißig geht nicht. Bei den meisten Rückführungen wird die Person in leichtere Trancezustände versetzt. In diesem Zustand erinnern sie sich an das, was sie gesehen haben, und wenn sie aufwachen, denken sie, sie hätten alles erfunden oder sich eine Geschichte ausgedacht, um dem Hypnotiseur zu gefallen. Das liegt daran, dass der bewusste Verstand noch aktiv ist und als Zensor und Kiebitz fungiert. Wenn der somnambule Zustand erreicht ist, kann sich die Person an nichts mehr erinnern. Der bewusste Verstand ist völlig blockiert und kann die Person nicht mit Gedanken wie »Das ist dumm. Das denkst du dir doch nur aus. Du hast es in einem Film gesehen oder in einem Buch gelesen« beeinflussen. Im Falle einer Rückführung, bei der der bewusste Verstand ausgeschaltet ist, wird die Person vollständig zu der anderen Persönlichkeit in der Vergangenheit. Das aktuelle Leben existiert nicht mehr. Sie sind nur noch mit dem vertraut, was in dem anderen Leben ist und geschieht. Ich habe dies in meinen anderen Büchern schon oft bewiesen. Wenn ich in der Gegenwart etwas erwähne, das in der vergangenen Lebzeit nicht existiert, weiß die Person nicht, wovon ich spreche. Das Subjekt wird vollständig zur anderen Persönlichkeit. Als ich einmal die Handschrift von Subjekten, die während der Rückführung zu schreiben in der Lage waren, mit ihrer Schrift im jetzigen Leben von Handschriftenanalytikern vergleichen ließ, sagten diese, dass die Wörter nicht von der gleichen Person geschrieben worden sein können. Ich habe erlebt, dass Menschen plötzlich begannen, in anderen Sprachen zu sprechen – sogar in unbekannten oder toten Sprachen. Wenn sie später erwachen, haben sie keine Erinnerung mehr an das, was geschehen ist. Sie sagen dann oft: »Oh, das tut mir leid! Ich muss eingeschlafen sein!« Sie haben kein Gefühl dafür, wie viel Zeit vergangen ist, und für die Tatsache, dass ich zwei Stunden auf Band aufgenommen habe.

Die meisten meiner Klienten begeben sich auf diese tiefe Ebene, und wir sind in der Lage, die Ursache für ihre Probleme in diesem Leben zu finden, denn meistens lassen sie sich auf andere Leben zurückführen. Diese Therapiefälle würden viele Bände füllen, und ich verwende viele Beispiele, wenn ich meinen Hypnoseunterricht gebe. Aber auch, wenn sie diese tiefe Ebene erreichen und zu der anderen Persönlichkeit werden, sind die meisten Leben tatsächlich unspektakulär und sehr banal. Dies ist eine Parallele zur Gegenwart. Es gibt viel mehr gewöhnliche Menschen als diejenigen, deren Namen in der Zeitung stehen. Sie können einem nur sagen, was sie aus ihrer eigenen Lebenserfahrung wissen. Der Bauer auf dem Feld wird nicht wissen, was der König in seinem Schloss bespricht. Sie können nur berichten, was ihnen bekannt ist. Das verleiht ihren Geschichten mehr Beweiskraft, weil sie nicht behaupten, eine wichtige Persönlichkeit gewesen zu sein. Skeptiker sagen, dass Menschen immer behaupten würden, in einem anderen Leben eine berühmte Person wie etwa Kleopatra oder Napoleon gewesen zu sein. Ich habe nie feststellen können, dass das stimmt. In Tausenden und Abertausenden von Fällen in mehr als dreißig Jahren habe ich nie jemanden gefunden, der eine wichtige Person war. Ich habe allerdings diejenigen gefunden, welche die Person gekannt haben oder mit ihr in Verbindung standen, oder die im gleichen historischen Zeitraum gelebt haben. Genau darüber habe ich meine Bücher geschrieben.

In dreißig Jahren habe ich eine enorme Menge an Informationen angesammelt. Das Ergebnis sind meine neunzehn Bücher, die alle Bereiche des Paranormalen abdecken, von Prophezeiungen über Geschichte bis hin zu UFOs und Metaphysik. Es gibt immer noch eine riesige Menge an Informationen, die auf die richtige Zeit gewartet haben, um in ein Buch aufgenommen zu werden. In den Sitzungen, die ich auf der ganzen Welt durchführe, finde ich immer wieder Informationen, die schließlich Teile eines Puzzles bilden. Ich finde ein Teil in einem Land und ein anderes Teil Jahre später in einem anderen. Ich versuche, sie nach Themen zu ordnen, und habe inzwischen so viele (und sammle immer weiter), dass ich auf keinen Fall Gefahr laufe, dass mir in den nächsten Jahren das Material ausgeht.

Daher stammen die in diesem Buch verwendeten Informationen. Ich bin vielen Menschen begegnet, die vergangene Leben in antiken Kulturen oder gnostischen Gruppen hatten und über ein enormes Wissen und Fähigkeiten verfügten. Dies musste zu ihrer eigenen Sicherheit geheim gehalten werden. Im Laufe der Geschichte hat es immer wieder Gruppen gegeben, die mystisches Wissen für ihren eigenen Nutzen begehrten. Diese Menschen durften die Informationen nicht haben, weil sie sie oft negativ nutzen wollten. In meinem Buch Jesus und die Essener wurde gezeigt, wie die Essener sich lieber foltern und töten ließen, als den Römern ihre Geheimnisse zu verraten. Ähnliches ist im Laufe der Geschichte immer wieder geschehen. Viele dieser Gruppen hatten Kräfte und Fähigkeiten, die wir heute nicht einmal annähernd verstehen können. Aber sie kehren in unserer Zeit zurück, denn sie werden in der neuen Dimension, in die wir uns entwickeln, gebraucht. Ich habe viele Klienten, die sich dieses verlorene Wissen, das sie in früheren Leben kannten, zurückholen wollen. Ärzte wollen sich an die mentalen Heilmethoden erinnern,

Therapeuten an den Einsatz von Energie zur Heilung, und Naturheilkundler und ähnliche Berufsgruppen wollen ihr Wissen über Pflanzen, Kräuter und Öle reaktivieren. Künstler und Musiker wollen ihre kreativen Fähigkeiten und Techniken wiedererlangen. Ich habe festgestellt, dass dies leicht zu bewerkstelligen ist. Alle Informationen sind im Unterbewusstsein gespeichert. Wenn eine Person ein Leben lang diese alten Künste oder Fähigkeiten praktiziert hat, wird das Wissen nie verlorengehen. Es ist wie in einem gigantischen Computer gespeichert und kann abgerufen werden – wenn dies angemessen ist. Das ist immer der Schlüssel: wenn es angemessen ist. Dabei ist es das Unterbewusstsein, welches beurteilt, ob es für die Person ratsam ist, sich an diese Fähigkeiten zu erinnern. Bei meiner Technik kommuniziere ich direkt mit dem Unterbewusstsein, und es trifft die Entscheidungen darüber, ob die Fähigkeit in unserer aktuellen Zeit reaktiviert werden darf. In den meisten Fällen wird es dem zustimmen, denn es kennt die Motive der Person am besten. Ich kann daher sehen, wie unsere Welt davon profitiert, und ich denke, es wird dazu beitragen, die Welt zu verbessern und zu verändern. Das ist das, was ich eine »Grundströmung« oder »Untertönung« nenne, derer sich der Durchschnittsmensch nicht einmal bewusst ist. Viele meiner Klienten eröffnen überall auf der Welt Heilzentren. In diesen Zentren werden uralte Heilmethoden angewandt, die aus längst vergangenen Kulturen stammen, und sogar Heilmaschinen aus dem alten Atlantis. Sie werden derzeit rekonstruiert, genau wie Maschinen auf Basis von freier Energie, die in Atlantis und auch auf anderen Planeten im Einsatz waren. Ich habe überall auf der Welt Menschen gefunden, die an Projekten arbeiten, welche aus anderen Leben stammen und unserer heutigen Welt großen Nutzen bringen werden. Meine Rolle bei all dem ist es, als Vermittler zu fungieren, um den Menschen den Zugang zu ihren eigenen verlorenen Talenten zu ermöglichen und diese in unsere Zeit zurückzuholen. Das Wissen und die Fähigkeiten aus der Vergangenheit sind geradezu unglaublich, und wir haben noch nicht einmal damit begonnen, diese Talente zu entwickeln. Aber: Wir sind auf dem Weg, sie wiederzuerlangen, und es wird zur richtigen Zeit geschehen. Wir werden dies in unserer Zukunft erleben. Dessen bin ich mir sicher.

In diesem Buch stelle ich einige Fälle von verlorenem Wissen vor, die mir im Laufe der Jahre begegnet sind. Die »kleinen Leute«, Feen, Elfen und Kobolde waren real. Sie waren Teil des täglichen Lebens. Es heißt, dass es sie immer noch gibt, aber wir sind zu sehr in unser hektisches Leben eingebunden, um sie wahrzunehmen. Die Menschen in der Vergangenheit lebten von der Landwirtschaft und waren der Natur daher viel näher, was diesen Glauben für sie sehr präsent machte. Heute, in unserer modernen technologischen Gesellschaft, lachen wir über diese Überzeugungen – bis die Gremlins in unsere Computer eindringen, dort herumspielen und Chaos anrichten.

Auch die alten Religionen waren sehr naturverbunden und wussten daher, wie man mit den Kräften der Erde arbeitet, die für sie sehr real waren. Magie war und ist real. Sie bezeichnet lediglich die Nutzung und Manipulation von Energien. Die Ergebnisse dieser Manipulationen können entweder positiv oder negativ sein. Das Problem liegt nicht bei der Energie, sondern bei demjenigen, der sie manipuliert. Man kann die Energie in jede beliebige Richtung lenken, wenn man weiß, wie man diese Methoden anwendet. Es sollte immer daran gedacht werden, dass die Manipulation von Energien Rückwirkung und Karma erzeugt. Die weisen Manipulatoren und Praktizierenden wussten, dass die Energie, egal in welche Richtung sie ausgesandt wurde, zehnfach zu ihnen selbst zurückkehren würde. Da sie wussten, dass die Folgen für sie selbst verheerend sein könnten, achteten sie sehr darauf, die Energie nicht für negative Zwecke zu verwenden. Sie hatten Respekt vor der Nutzung dieser Kraft.

Das Bild, das bis in unsere Zeit hinein von diesen alten Gnostikern und Praktizierenden gezeichnet wurde, ist ein negatives, aber sie wussten um den Preis, den sie mit diesen Kräften zahlen mussten, und haben sie daher nicht für Negatives eingesetzt. Im Laufe der Zeit wurden diese Weisen jedoch sehr oft missverstanden und sogar verfolgt oder getötet, wenn Menschen von ihren Fähigkeiten erfuhren. Es ist daher kein Wunder, dass diese Seelen heute zögern, die Kräfte und das Wissen für die Nutzung in unserer Zeit wieder aufleben zu lassen. Sie erinnern sich unterbewusst daran, wie teuer sie in der

Vergangenheit dafür bezahlt haben. In bestimmten Zeitabschnitten war die Kirche sehr eifrig bemüht, Praktizierende von allem, was sie als gegen sich gerichtet betrachtete, auszurotten. Ein Großteil dieser Arbeit musste daher aus Angst um ihr Leben im Geheimen geschehen. Wie ich bereits in meinen Vorträgen gesagt habe: »Sie haben uns gehängt, auf dem Scheiterhaufen verbrannt, getötet und gefoltert, aber wir sind wieder da!« Sie dachten, sie hätten das Wissen zerstört, als sie den Körper zerstörten, aber es geht nie verloren. Es ist im Unterbewusstsein gespeichert und wartet auf seine Wiederbelebung.

~ Dolores Cannon

** Dies ist eines der Bücher, an denen Dolores arbeitete, bevor sie starb. Sie hatte das Gefühl, dass es nun an der Zeit war, diese Geschichten zu erzählen. **

Abschnitt 1

Leben als Druidin

Kapitel 1
Die Druidin (Karen)

Zu Beginn meiner Arbeit hatte ich das Glück, mit mehreren ausgezeichneten somnambulen Personen arbeiten zu können. Es war eine Zeit, in der ich noch dabei war herauszufinden, was mit dieser tiefen Trance-Hypnose möglich war. Große Teile des Materials, das ich in diesen frühen Tagen entdeckte, ist bereits in Büchern veröffentlicht worden. Ein Menge wartet noch auf die passende Kategorie. In den Jahren 1982 und 1983 arbeitete ich regelmäßig mit Karen zusammen. Während meiner Sitzungen mit ihr entdeckte ich die wahre Bedeutung von Zeitreisen. Wir erforschten insgesamt dreißig verschiedene Leben, und die detaillierten Informationen, die aus ihr heraussprudelten, waren einfach phänomenal. Sie war in der Lage, sich so vollständig in die andere Persönlichkeit hineinzuversetzen, dass sie sowohl historische als auch kulturelle und theologische Informationen lieferte. Mit der Neugier einer Reporterin stellte ich jede nur erdenkliche Frage über die jeweilige Epoche, in der sie sich wiederfand. Karen war eine junge, zweiundzwanzigjährige Frau, die mit siebzehn Jahren die Schule ohne Abschluss verlassen hatte, weil sie Freiheit wollte. Sie musste bald feststellen, dass Freiheit nicht so einfach zu haben war. Ohne Ausbildung ist es schwer, Arbeit zu finden. Also trat sie in die Armee ein und wurde Computerexpertin zu einer Zeit, als Computer noch nicht so weit verbreitet waren. Nach ihrem Ausscheiden aus der Armee ließ sie sich in unserer Gegend im Nordwesten von Arkansas nieder und bekam eine Stelle in einem Unternehmen, das gerade erst mit dem Einsatz von Computern begann. Ihr Mangel an Bildung sollte sich jedoch als Vorteil für unsere Arbeit erweisen, da sie nicht genug beeinflusst worden war, um sich Geschichten in weit entfernten geografischen Gebieten ausmalen zu können. Skeptiker sagen häufig, dass eine hypnotisierte Person immer Ereignisse an einem Ort und in einer Zeitspanne beschreiben wird, mit denen sie vertraut ist oder die sie aus Büchern, Filmen, Fernsehen usw. kennt. Ich habe festgestellt, dass dies nicht stimmt. Viele meiner Probanden berichten detailliert über ihr Leben in Zeiträumen und an Orten, über die nur wenig bekannt ist, und ich muss umfangreiche Nachforschungen anstellen, um ihre Berichte zu verifizieren. Aus diesem Grund betrachte ich mich als Reporterin, als Erforscherin von »verlorenem« Wissen. Ich hole Informationen über wenig bekannte Kulturen und Gesellschaften wieder an die Oberfläche. Im Falle dieses Buches sind es Gesellschaften, die über gnostisches Wissen und vergessene Fähigkeiten verfügten.

Meine Arbeit mit Karen fand oft im Haus meiner Freundin und Hypnosekollegin Harriet statt. Sie begleitet mich seit über zwanzig Jahren und ist eine absolute Vertrauensperson bei meinen Erkundungen des Unbekannten. Sie nahm an den Sitzungen teil und stellte manchmal auch selbst Fragen. Ihre Energie hat dem Abenteuer durch die Zeit immer eine zusätzliche Dimension verliehen.

Diese Sitzungen waren Teil der Arbeit mit Karen. Damals glaubte ich noch, dass Zeit linear verläuft, und arbeitete aus diesem Blickwinkel. Ich versuchte, meine Methode zu organisieren und zu ordnen. Es sollte noch mindestens fünfzehn Jahre dauern, bis ich die Entdeckungen machte, die zu meiner Bücherserie Das gewundene Universum führten. Mittlerweile hatte ich herausgefunden, dass Zeit überhaupt nicht existiert. Sie ist lediglich eine Illusion, und alles existiert gleichzeitig. Aber in den frühen 1980er Jahren war mir dieses Konzept noch unbekannt. Ich fand es aufregend, in der linearen Zeit zurückzugehen, und ich dachte, ich hätte bereits alle Antworten. Damals dachte ich, ich hätte das gesamte Konzept von Reinkarnation durchschaut. Ich wusste nicht, dass dies nur meine ersten Schritte ins Unbekannte waren und dass mir im Laufe meiner Forschungen noch viele schockierende und verblüffende Konzepte präsentiert werden würden. Ich hätte jederzeit aufhören und mich weigern können, weiter zu forschen, weil meine grundlegenden Überzeugungen bedroht waren. Aber meine Neugier, weiter zu forschen, war stärker, so dass es heute in meiner Arbeit keine Grenzen mehr gibt für das, was ich entdecken kann, solange der menschliche Geist es akzeptieren kann. Aber in den frühen 1980er Jahren, als ich mit Karen arbeitete, hielt ich es für sehr gewagt, sie in 100-Jahres-Sprüngen durch die Zeit zurückzuführen. Diese Erkundungen führten zu meinen Büchern Eine Seele erinnert sich an Hiroshima und Jesus und die Essener, aber die vielen anderen Leben, die wir entdeckten, wurden bis heute nicht in Büchern veröffentlicht. Sie warteten auf die passende Gelegenheit.

Als ich diese Zeitsprünge mit Karen machte, wusste ich nie, wo sie landen würde. Ich machte mir Notizen, so dass ich mich an all die anderen Persönlichkeiten erinnern konnte, die wir beim Zurückgehen entdeckten. Irgendwann wurde es offensichtlich, dass ich nur das Jahr sagen musste und die entsprechende Persönlichkeit tauchte auf. Es waren immer dieselben Persönlichkeiten und sie änderten sich nie. Sie wurden mir sehr vertraut. Bald begann ich, die verschiedenen Persönlichkeiten an ihren Sprachmustern und Eigenheiten zu erkennen. In einigen Fällen änderte sich sogar ihr Gesichtsausdruck. Sie begannen, wie alte Freunde zu wirken, wenn jeder von ihnen auftauchte. Aber wir gingen immer weiter rückwärts, und ich wusste nicht, welcher neuen Persönlichkeit wir als nächstes begegnen würden. Schließlich begegneten wir das erste Mal der Druidin. Ich bin mir nicht einmal sicher, ob die Daten stimmen, denn ich habe inzwischen gelernt, dass Seelen Zeit und deren Abgrenzung durch Jahre nicht so wahrnehmen, wie wir es tun. Wir hatten gerade das Gespräch mit einer Wesenheit im – wie wir dachten – 9. Jahrhundert abgeschlossen, als ich Karen hundert Jahre weiter zurück in das 8. Jahrhundert springen ließ. Nachdem sie angekommen war, fragte ich sie, was sie gerade tat.

K: Wir sind auf dem Weg zur Insel. Sie liegt in der Nebelsee.
D: *(Das war verwirrend.) In der Nebelsee? Oh, das ist mir nicht bekannt*
K: Es ist die Insel der Dame.
D: *Wo bist du? Hat dieser Ort einen Namen?*
K: Britannien. (Sie runzelte die Stirn und war sich der Antwort nicht sicher.) So wird es genannt. Wir nennen es das Land. Das ist der Name, den ihm jemand gegeben hat. (Ihre Stimme war sehr sanft. Britannien wurde ausgesprochen: »Britn«.)
D: *Dann nennst Du es nicht wirklich Britannien?*
K: Es ist einfach unser Land.
D: *Wie kommst du auf die Insel?*

K: Wir überqueren den Pfad. Es ist ein Brückenpfad. Es ist die Zeit des Mondes und der Weg ist frei. Ansonsten kommt das Wasser und steigt, und dann ist er bedeckt.
D: *Oh, ich verstehe. Dann ist er zu anderen Zeiten des Monats von Wasser bedeckt?* (Aye) *Und dann, zur Zeit des Mondes, ist er über Wasser und du kannst darüber laufen? Wie ist dein Name? Wie nennen dich die Leute?*
K: Arania (phonetisch).
D: *Bist du ein Mann oder eine Frau?*
K: Ich bin eine Frau.
D: *Wohnst du hier?*
K: Auf der Insel lebt niemand außer der Dame. Es ist die Kapelle.
D: *Wo ist dein Zuhause?*

Sie zögerte und hatte Schwierigkeiten, das zu erklären. Dann sagte sie abrupt: »Wir dürfen nichts verraten.«

D: *Warum? Ist es gefährlich, das zu tun?*
K: Viele wollen es finden, damit sie uns als Machtmittel benutzen können.
D: *Du meinst, du musst das, was du tust, geheim halten?* (Ja)

Das ist mir auch schon bei anderen Gelegenheiten passiert, als ich mit Menschen Kontakt aufnahm, die Mitglieder geheimer Gruppen waren (insbesondere die Essener in meinem Buch Jesus und die Essener). Sie misstrauen Fremden, und ich wusste, dass ich ihr Vertrauen gewinnen musste. Karen kannte mich und fühlte sich mit mir wohl, aber ich sprach nicht mit ihr im zwanzigsten Jahrhundert, sondern mit ihrer damaligen Persönlichkeit, die eine andere Moral hatte. Es ist schwierig, eine Person dazu zu bringen, gegen ihre Moralvorstellungen zu verstoßen, sei es im gegenwärtigen oder in einem früheren Leben. Das zeigt, wie sehr sie sich mit ihrer Persönlichkeit aus dem vergangenen Leben identifiziert. Diese wird dominant.

D: *Aber du weißt, dass du mir alles erzählen kannst, denn ich erzähle niemandem etwas weiter. Ich will dir nicht wehtun. Ich versuche, dir zu helfen.*
K: Wir leben in den Hügeln bei den Alten.
D: *Dann lebst du weder in einer Stadt noch in einem Dorf. (Sie runzelte die Stirn.) Weißt du, was eine Stadt ist?*
K: Ich kenne die Festung. Wir wohnen nicht in der Festung.
D: *Eine Stadt ist ein Ort, an dem viele Menschen auf einem Fleck zusammenleben.*
K: Das klingt für mich nach einer Festung.
D: *Könnte sein. Eine Festung, so wie ich es verstehe, ist ein Ort, der von einer Mauer umgeben ist?* (Aye) *Wo Menschen leben und innerhalb der Mauer geschützt sind?* (Aye) *Das wäre einer Stadt sehr ähnlich.*
K: Da gehen wir nicht hin.
D: *Ist es gefährlich?*
K: Es wird nicht getan.
D: *Wer wohnt in der Festung?*
K: Die von der anderen Seite des Wassers.
D: *Ihr lebt also in den Hügeln? Ihr habt keine eigene Stadt?* (Nein) *Wohnt ihr in Häusern in den Hügeln?*
K: Wir suchen Schutz in Höhlen oder manchmal in Hütten.
D: *Und ihr habt keinen Ort, an dem ihr die ganze Zeit bleibt?*
K: Nein. Wir müssen immer weiterziehen.
D: *Warum?*
K: Sie versuchen zu sagen, dass das, was wir tun, falsch ist. Und vielleicht erschlagen sie uns.
D: *Wie kommen sie darauf, dass ihr etwas Falsches tut?*
K: Weil wir nicht wie sie sind.
D: *Inwiefern seid ihr nicht wie sie? Seht ihr anders aus? Benehmt ihr euch anders, oder wie?*
K: Sie sind dunkler als wir, aber sie sagen, dass es falsch ist, die Geister anzubeten und die Fey ...

Ich verstand das Wort nicht und bat sie, es zu wiederholen. Laut (englischem) Wörterbuch wird es »fay« buchstabiert und bedeutet: Fee.

** Weitere Nachforschungen ergaben, dass (der englische Ausdruck) »the fey« die Welt der sogenannten kleinen Leute, Kobolde, Feen, Heinzelmännchen usw. bezeichnet. **

D: *Die Fay? Und sie denken, dass dies schlechte Dinge sind?*
K: Sie sagen, dass wir von dem abstammen, was sie ihre »Dämonen« nennen, oder so ähnlich.
D: *Oh, ist das wahr? Betest du Dämonen und Derartiges an?*
K: (Eindringlich) Nein!
D: *Glaubst du, sie verstehen einfach nicht, was ihr wirklich tut?*
K: Das wollen sie nicht. Sie wissen, dass wir Macht haben, und deshalb wollen sie uns entweder bestechen oder vernichten.
D: *Deshalb musst du dich also verstecken?* (Aye) *Das hört sich an, als ob es um deinen Glaube, deine Religion geht? Kennst du das Wort »Religion«?*
K: Es hat keine Bedeutung für mich.
D: *Es ist ein Glaube. Was man anbetet und woran man glaubt.*
K: Anbetung, ja.
D: *Habt ihr einen Namen für euren Glauben? Nennt ihr ihn irgendwie?*
K: Einige der anderen nennen uns Druiden, aber so nennen wir uns selbst nicht. Wir sind einfach die Damen der Göttin.
D: *Genau das habe ich gemeint. Eine Religion ist das, woran man glaubt. Das, was man als seinen Gott ansieht, oder seinen ... Nun ja, es kann viele Bedeutungen haben. Weißt du, was ich meine?*

Ich verwirrte sie nur noch mehr, indem ich versuchte, das Wort zu erklären, also gab ich auf.

D: *Du bist also einer dieser Druiden? So nennst du dich also? (Sie sprach Druiden ein wenig anders aus als ich.) Und du verehrst – ich nehme an, das ist das richtige Wort – die Dame der Insel?* (Ja) *Hat die Dame einen Namen?*
K: Sie hat einen Namen, aber er wird nie ausgesprochen, denn er darf nicht über die Lippen eines Sterblichen kommen. Er ist sehr heilig.

D: *Man darf ihren Namen nicht aussprechen.*

K: Den Namen auszusprechen bedeutet, Macht zu haben, die den Sterblichen nicht gestattet wird.

D: *Selbst während eurer Zeremonien sprecht ihr ihn nicht? (Nein) Haben diese Leute, die versuchen, euch diese Dinge anzutun, auch einen Namen?*

K: Sie sind aus Gallien. Ich bin ihnen noch nie begegnet.

D: *Sie kommen von der anderen Seite des Wassers?*

K: Ja. Sie kommen hierher und zerstören das Eigentum unserer Freunde, die uns um Hilfe rufen. Und wenn wir sie angreifen, versuchen sie, uns zu töten.

D: *Aber ihr seid kein gewalttätiges Volk, oder?*

K: Wir nicht. Ich habe von denen gehört, die Menschen opfern, die sie gefangen genommen haben. Aber wir tun so etwas nicht. Die Alten mögen das nicht.

D: *Du sagtest eben, du würdest so etwas wie eine Landbrücke überqueren, um zu einer Insel zu gelangen.*

K: Ja. Das Wasser steigt und bedeckt sie mit dem Kommen und Gehen des Mondes.

D: *Du meinst, wie bei den Gezeiten?*

K: Das kenne ich nicht ... Das Wasser, es kommt hoch und dann ist es so, als wäre das Land nicht da. Aber dann gibt es Zeiten, da ist es für alle zu sehen.

D: *Das Wasser geht zu bestimmten Zeiten zurück, und dann ist die Brücke zu sehen, über die man gehen kann? (Ja) Wenn man drüben ist, muss man dann warten, bevor man zurückkommt?*

K: Die Zeremonie wird heute Nacht durchgeführt, bevor das Wasser wieder steigt.

D: *Oh, ihr müsst es schnell machen, an einem Tag? (Ja) Und dann zurück über die Brücke gehen, bevor das Wasser wieder steigt? (Ja) Du sagtest, dort wohnt eine Dame?*

K: Die Dame. Nicht eine Dame. Die Dame.

D: *Ich versuche zu verstehen. Du musst Geduld mit mir haben. Die Dame lebt auf der Insel im Nebelmeer? Ist das richtig?*

K: Ja. Dies ist ihr Ort der Macht. Und wir sind ihre Kinder.

D: *Oh, sie ist keine reale Person. Ist es das, was du meinst?*

K: (Seufzend) Sie ist so real wie du oder ich, aber sie ist viel mehr. Sie ist bedeutender.

D: *Und dann an diesem einen Abend ... ist das einmal im Monat?*

K: Es ist einmal im Monat.

D: *Einmal im Monat gehen geht ihr dorthin und haltet eine Zeremonie ab. Ist das ihr zu Ehren?*

K: Ihr zu Ehren? Ja. Um ihr zu zeigen ... um sie wissen zu lassen, dass wir uns an sie erinnern und sie in Ehrfurcht halten und ...

D: *Ja, ich glaube, ich weiß, was du meinst. Es fällt mir nur schwer, es in Worte zu fassen, die du verstehst. Du sagtest, ihr seid ihr auserwähltes Volk? Ist das richtig? (Ja) Was müsst ihr für sie tun? Verlangt sie Dinge von euch?*

K: Wir halten Wache und achten auf Dinge, die sie vielleicht wissen müsste, und wir helfen den Leuten, die es brauchen. Die Dame, sie ist eine Heilerin, und wenn jemand uns braucht, würden wir hingehen und uns darum kümmern.

D: *Dann ist sie wirklich ein Mensch aus Fleisch und Blut. Ich dachte vielleicht an einen Geist.*

K: (Seufzend) Sie ist nicht wie ich, sie ist viel größer. Sie geht in die Priesterin hinein und lenkt sie. Sie ist keine Person, wie du sie dir vorstellst. Sie ist ein Kind der Schöpfung.

D: *Ein Kind der Schöpfung. Aber sie ist kein Mensch wie du oder ich, der Essen und Trinken und einen Platz zum Leben braucht. (Nein) Zeigt sie euch, wie ihr heilen könnt? (Ja) Wenn du jemanden heilen würdest, wie würdest du das tun?*

K: Wenn wir gerufen werden, müssen wir gehen, und während wir dort sind, würden wir ein Feuer vorbereiten. Und indem wir dieses Feuer in uns hineinziehen, würden wir Kraft schöpfen und dann würden wir diese Energie in die Person ... (Sie hatte Schwierigkeiten, das Wort zu finden.) leiten, die krank ist. Und sie unterstützen, während die Kräuter und die Dinge, die wir gemischt haben, ihre Arbeit tun.

D: *Ihr verwendet auch Kräuter.*

K: Ja. Das Feuer ist etwas, in das man hineinschaut, das man visualisiert, damit wir es in uns hineinziehen. Dasselbe Feuer, nur größer, und wir würden ein Teil von ihr werden. Und es wäre ihre Kraft und ihre Energie, die durch uns fließen würde.

D: *Dann dient das Feuer nur dazu, dass du es ansiehst, dass du dich darauf konzentrierst. (Ja) Und wenn du deine Hände auf jemanden legst, der krank ist, kannst du dieser Person Kraft geben, um sie zu heilen. Und du gibst ihnen auch die Kräuter. Ich versuche nur zu verstehen. Es ist ein bisschen schwierig für mich.*
K: Es ist ... Ich bin nicht sehr gut darin, Dinge zu erklären.
D: *Ich finde, du machst das sehr gut. Verwendet ihr auch irgendwelche Steine zum Heilen?*
K: Wir verwenden den violetten Stein, der in den Hügeln zu finden ist. Manchmal, wenn man ihn anschaut, hat er einen Teil des Feuers in sich, und das ist dann gut. Manchmal, wenn es verschiedene Dinge gibt, die nicht in Ordnung sind, benutzen wir vielleicht auch den rosa Stein, den es hier auch gibt. Er ist so geformt ... (Sie macht Handbewegungen.)
D: *Ungewöhnlich geformt, meinst du?*
K: Ja, und er hat auch einen Teil des Feuers. Dadurch, wie sich diese Dinge anfühlen, wissen wir, wo wir sie finden können. Und jeder von uns hat seine eigenen persönlichen Steine, denn es gibt mehrere, die verwendet werden. Aber wir finden eine Sache, auf die wir uns konzentrieren, das muss nicht unbedingt für jede Person dasselbe sein. Wir finden etwas, woraus wir unsere Energie schöpfen könnten, wenn es vielleicht mal kein Feuer zu entfachen gibt.
D: *Meinst du ein echtes Feuer oder meinst du Energie? Verstehst du das Wort?*
K: Das Feuer wird mit Kraft entfacht, aber es ist ein echtes Feuer. Es ist aus verschiedenen Dingen gemacht. Es wird in der Schale gehalten und durch die Energie entzündet. Aber es ist ein Brennpunkt.
D: *Weil du davon gesprochen hast, dass in den Steinen Feuer ist.*
K: Nein, nein. Der Stein ist eine Erweiterung des Feuers. Er ist etwas, das sich verstärkt und das wir dann durch uns leiten können.

Harriet winkte mir zu.

D: Hier ist jemand, der gerne mit dir sprechen und dir einige Fragen stellen möchte. Ist es in Ordnung, wenn sie dir auch ein paar Fragen stellt?

K: Wenn ich antworten kann, werde ich es versuchen.

Harriet (H): Kannst du mir sagen, ob die Steine gemeinsam mit dem Feuer benutzt werden? Werden sie über dem Feuer platziert, damit ihr euch besser konzentrieren könnt?

K: Normalerweise sind sie aufgereiht und werden um unseren Hals und über den Lichtpunkt gehängt. Sie befinden sich an einer langen Schnur und werden dort aufgehängt, wo die Essenz des Lichts herkommt. Und sie nehmen dieses Licht und verstärken es. So werden sie benutzt.

Bezog sie sich auf das Solarplexus-Chakra als den Punkt des Lichts?

H: Und dieser Stein unterscheidet sich von Person zu Person. Ist das so, weil Menschen unterschiedliche Energien haben?

K: Manche scheinen mit einem bestimmten Stein besser zurechtzukommen als mit einem anderen, ja.

H: Wie findet der Einzelne seinen passenden Stein? Durch das Gefühl, das sie vermitteln?

K: Manche Steine, wenn man sie in die Hand nimmt, stoßen einen ab, und man weiß dann, dass das nicht gut ist. Bei anderen spürt man die Wärme und fast so etwas wie Liebe, die von ihnen ausgeht, und das ist das Feuer. Dann weißt du, dass es der richtige Stein ist.

H: Behältst du diesen Stein dann ständig bei dir oder legst du ihn auch ab?

K: Er bleibt bei dir, ja. Denn je mehr er bei dir ist, desto mehr stimmt er sich auf dich ein und du stimmst dich auf ihn ein.

H: Werden verschiedene Steine für verschiedene Arten von Krankheiten verwendet? Mit anderen Worten: Wenn eine Person einen violetten Stein hat, ist der nur für bestimmte Arten von Heilung gut?

K: Das hängt davon ab, wie viel Kraft diese Person durch den violetten Stein leiten kann. Wenn sie ein sehr hohes Maß an Kraft aufrechterhalten kann, kann sie viele Dinge damit heilen. Aber es gibt auch diejenigen, die vielleicht ein geringeres Maß an Energie haben, die sie fokussieren können, und sie können nur bestimmte Dinge mit ihrer Fähigkeit heilen.

H: Gibt es eine Möglichkeit, seine Kraft zu verstärken, sie zu steigern?

K: Indem man sich für das öffnet, was um einen herum ist. Jeden Tag Fokussierungsübungen machen, bei denen man sich auf einen bestimmten Punkt von sich selbst konzentriert. Das Lichtzentrum, das in jedem von uns ist. Wenn du lernst, diesen Punkt zu berühren und die Berührung zu halten, dann wirst du in der Lage sein, all deine Kraft freizusetzen.

H: Wenn du »berühren« sagst, meinst du dann die Berührung mit den Händen oder die Berührung mit dem Geist?

K: Nein, es geht darum, den eigenen Geist in sich selbst hineinzuziehen und sich auf diesen Punkt zu konzentrieren, bis man ihn sieht und ihn als das anerkennt, was er ist. Und dann streckst du die Hand aus, um es zu halten und es leicht zu streicheln, und das ist die Verbindung von dir selbst mit der Energie, die alles ist.

H: Und das wird dazu beitragen, deine Fähigkeit zu verbessern, um sie mit einer anderen Person zu teilen? (Ja)

D: Sie tragen dazu bei, dass sie stärker werden?

K: Ja, aber der ursprüngliche Zugriff muss von innen kommen. Sie können einem nicht beibringen, darauf zuzugreifen.

D: Gibt es irgendwelche Vorsichtsmaßnahmen, die man treffen sollte, damit man sich nicht verletzt, wenn man versucht, diese Energie zu nutzen?

K: Versetze dich in einen sehr ruhigen Zustand und umgebe dich mit Wohlwollen und Schutz, wissend, dass du sicher bist.

H: Haben Formen eine Bedeutung? Zum Beispiel Dreiecke oder Pentagramme?

K: Die Punkte des Dreiecks ziehen die Energie an, und deshalb ist der zentrale Punkt, die Mitte dieses Dreiecks, der Fokuspunkt. Das gilt auch für das Pentagramm. Sehr viel Interesse hat es an der Form dessen gegeben, was als ... (Sie hatte Schwierigkeiten, das Wort zu finden.) ah, Pyramide bekannt ist. In der Mitte dieser Pyramide befindet sich ein großer Energiefokus. Ich habe gehört, dass diejenigen, die ein ähnliches Wissen haben, dies nutzen. Es wird gesagt, dass die Menschen, die vor uns kamen, diese Formen mit großem Nutzen verwendeten. Aber es besteht auch die Gefahr, die Kraft damit so sehr zu verstärken, dass großer Schaden angerichtet werden kann.

D: Du meinst, je größer die Pyramide, je größer die Form, desto mehr Energie erzeugt sie?

K: Ja, der Unterschied, es ist Stein oder woraus auch immer sie gemacht ist.

D: Deshalb besteht die Gefahr, dass ein sehr großes Exemplar zu viel Energie erzeugt? (Ja) Spielt es eine Rolle, aus welchem Material sie bestehen?

K: Es ist hilfreich, wenn sie aus etwas Reinem bestehen. Kristall ist gut, weil er grundsätzlich rein ist. Es gibt verschiedene Steine, die auch geeignet sind.

D: Ich meinte, ob sie aus Holz oder Stein gemacht sind.

K: Ein Stein ist wahrscheinlich besser als Holz.

D: Du meinst einen Stein wie aus dem Boden oder ein Juwel?

K: Ja. Wenn du ein Juwel verwendest, sind die Fokusverbindungen vielleicht nicht so sehr im Einklang mit dem, wofür du es verwenden willst. Du würdest z.B. den Kristall nicht auf die gleiche Weise verwenden wie den Aquamarin.

D: Aber man könnte einen Stein oder einen Kristall verwenden, und es würde in beiden Fällen funktionieren? (Ja) Was ist mit Holz, wenn man es selbst geschnitzt ...

K: Das ist nicht so gut.

D: Du sagtest, es gibt Übungen, die du jeden Tag machst?

K: Ja. Wie die, die ich beschrieben habe. Es gibt auch solche, bei denen man sich auf diese Weise im Kreis drehen würde (Sie machte Handbewegungen.), bis man nicht mehr kann. Man öffnet sich so für die Energiefelder, die einen umgeben.

D: Du meinst, man dreht seinen Körper? (Ja) Würde einem dabei nicht schwindelig werden?

K: Man steigert es jeden Tag, bis man es immer länger und länger kann, so dass man in der Lage bist, den Schwindel zu kontrollieren. Bald spürt man nur noch die Energie und nicht mehr nur den Schwindel.

D: Ich glaube, man würde dabei umfallen.

H: Wenn ihr das tut, dreht ihr euch dann, wie wir sagen, gegen den Uhrzeigersinn?
K: Man bewegt sich wintershins.** (Phonetisch. Vielleicht: withershins?)

** Ein anderer Begriff könnte widdershins sein. Dabei handelt es sich um eine Bewegung in die linke, falsche oder entgegengesetzte Richtung (gegen den Uhrzeigersinn; vgl. deasil/im Uhrzeigersinn). **

Es gab hier einige Verwirrung über das Wort, denn es war uns fremd.

D: Wir verstehen dieses Wort nicht. Was meinst du damit?

Sie bewegte ihre Hand gegen den Uhrzeigersinn.

D: Die Art und Weise, wie sich deine Hand jetzt bewegt, nennen wir gegen den Uhrzeigersinn. Das ist ein seltsames Wort, nicht wahr?
H: Du nennst es wintershins. (Ja)

Natürlich verstand sie unser Wort nicht. Sie stammte offensichtlich aus einer Zeit, in der es keine Uhren gab.

D: Wie nennst du die andere Richtung? Gibt es ein Wort dafür?

Sie war verwirrt.

H: Hätte es einen Nutzen, wenn man sich in die andere Richtung bewegen würden?
K: Das wäre ein Abblocken. Wir würden diese Richtung nicht nehmen.
H: Gibt es Orte, an denen man diese Kreisbewegung besonders gut machen kann?
K: Wenn man draußen auf einer Wiese oder unter dem Blätterdach von Bäumen ist und einen Bereich hat, in dem man das machen kann. Überall, wo es Erdkraft gibt, der du dich öffnen kannst.
D: Du würdest das also nicht in geschlossenen Räumen machen.

K: Wo? In der Höhle? Nein. Man würde das anwenden, wo es Erdkraft gibt.

D: *Ich glaube immer noch, dass man umfallen würde, wenn man das macht. Ich würde es wahrscheinlich.*

K: (Lachen) Als wir damit angefangen haben, sind viele von uns gefallen. Aber das ist nicht mehr so.

D: *Machst du das jeden Tag? (Ja) Es ist also eine Übung, die man steigern muss. (Ja) Gibt es viele von deinen Leuten?*

K: Es sind weniger, als es früher waren. Es ist gefährlich geworden, einer von uns zu werden. Sie wollen nicht, dass wir überleben, denn unsere Macht bedroht ihre Position. Sie wollen die Menschen in diesem Land an sich reißen. Und wenn das Volk uns um Hilfe und Führung bittet und wir noch hier sind, dann ist das sehr gefährlich für sie.

D: *Glaubst du, dass sie diese bösen Geschichten über euch verbreiten, damit die Leute euch fürchten? (Ja)*

H: *Warum sollten sie die Leute an sich reißen wollen? Wo würden sie sie hinbringen?*

K: Sie wollen sie einfach kontrollieren. Sie wollen, dass die Menschen tun, was sie wollen. Sie wollen sie beherrschen.

D: *Sie wollen also, dass ihr eure Kräfte einsetzt, um ihnen zu helfen.*

K: Das ist ihr Wunsch, aber wir werden das nicht tun.

D: *Selbst wenn sie euch gefangen nehmen würden, würdet ihr nichts von dem tun, was sie wollen?*

K: Wir würden lieber sterben.

D: *Es würde ihnen also nichts nützen. (Nein) Aber du könntest ihnen sowieso nichts beibringen. Es sind dafür wahrscheinlich die falschen Leute.*

K: Man kann denen, die von Geburt an verschlossen gewesen sind, nicht beibringen, wie man sich öffnet, wenn sie viele, viele Jahre lang verschlossen waren. Wenn sie nicht den Wunsch hatten, es zu lernen. Vor allem, wenn es für das Schlechte ist. Die Geister wissen, ob ein Mensch ihnen gegenüber ehrenhaft ist. Und wenn er das nicht ist, dann werden sie nicht kommen.

D: *Nun ja, ich habe gehört, es gibt auch böse Geister.*

K: Ja. Aber man muss sich einfach mit dem Licht schützen und dann können sie nicht ... Was man als schlechte Geister ansehen würde,

gehört zur Dunkelheit. Und wo Licht ist, wird alle Dunkelheit zurückgedrängt.
D: *Wie benutzt man dieses Licht? Ich würde es gerne ausprobieren. Würde es auch für mich funktionieren?*
K: Wenn du in der Lage bist, das Zentrum deines Selbst zu berühren. Lass dieses Licht einfach nach außen kommen, bis es dich umgibt.
D: *Und niemand kann einem schaden, wenn man dieses schützende Licht benutzt? (Nein) Davon habe ich schon gehört. Ich nenne es »weißes Licht«. Wäre das zutreffend?*

In meiner metaphysischen Arbeit wurde mir beigebracht, ein weißes Licht zu visualisieren, das mich und meine Klienten umgibt, um sie vor negativen Einflüssen zu schützen. Ich verwende es während meiner Sitzungen und visualisiere es auch um mein Haus und mein Auto, wenn ich unterwegs bin. Mir wurde gesagt, dass das weiße Licht eine sehr mächtige schützende Kraft ist und dass sich ihm nichts Negatives nähern kann. Ich habe viele meiner Klienten ermutigt, diese Visualisierung ebenfalls als Schutz zu verwenden.

K: Manche Leute stellen sich vor, dass es weiß ist. Ich sehe es in jeder Farbe des Regenbogens. Es umfasst alles.
D: *Es gibt noch viele andere Steine als die, von denen du gesprochen hast. Ich habe von weißen Steinen gehört. Sie sind klar, man kann durch sie hindurchsehen? (Ich dachte an Kristalle.)*
K: Ich habe gehört, dass sie zum Hineinschauen verwendet werden, aber nicht so sehr zum Heilen. Sie sind hier nicht sehr verbreitet, also benutzen wir sie nicht. Vielleicht sind sie gut. Ich weiß es nicht.
D: *Dann sind die rosa und lila Steine besser?*
K: Es sind die, die hier zu finden sind. Diese verwenden wir.
H: *Habt ihr eine Möglichkeit, die Steine zu schneiden oder sie zu formen?*
K: Es heißt, dass es vor langer Zeit, als wir zum ersten Mal in dieses Land kamen, Menschen gab, die mit ihrer Essenz die Steine formen konnten. Das einzige, was wir tun können, ist, sie mithilfe noch härterer Steine grob zu formen.

D: *Und ein Loch machen, damit man sie sich um den Hals hängen kann? (Ja)*
H: *Haben bestimmte Formen spezielle Vorteile?*
K: Es heißt, dass manche Formen die Kraft vielleicht noch verstärken, indem sie ihr einen Punkt geben, aus dem oder in den sie sich konzentrieren kann. Es vergrößert sich, ja.
D: *Gibt es bestimmte Steine, die ihr zum Schutz tragen könnt, oder benutzt ihr nur das Licht?*
K: Meistens benutzen wir nur das Licht. Es ist viel stärker als ein Stein.
D: *Tragt ihr eine bestimmte Art Kleidungsstück?*
K: Es ist aus weißem Schafsgewebe gefertigt. Es hat lange Ärmel und wird in der Taille mit einer Kordel gerafft.
H: *Tragen Männer und Frauen das gleiche Kleidungsstück?*
K: Es gibt keine Männer, die meiner Herrin dienen. Es gibt Männer, die anderen dienen. Wir dienen meiner Herrin und es gibt keine Männer unter uns.
D: *Ich habe von Männern gehört, die sich Druiden nannten.*
K: Es gibt Männer, die schreckliche Dinge tun, und sie sind nicht gut. Man sagt, dass wir ursprünglich, als wir in dieses Land kamen, ein Volk waren. Und dass es im Laufe der Jahre Menschen gab, die sahen, dass es Möglichkeiten gab, die ... die ziellos die Macht der dunklen Seite anzogen. Es gab eine Spaltung und wir gingen auf die eine Seite und sie auf die andere.
D: *Es ist also das Gleiche, aber sie sind alle in unterschiedliche Richtungen gegangen.*
K: Ja, wir würden niemanden verletzen.
D: *Ich glaube das.*
H: *Wie werden ihr dazu ausgewählt, dies zu tun?*
K: Eine der Frauen kommt in das Dorf, in dem wir sind. Man hat ihnen gesagt, dass wir dort sind, und sie nehmen uns mit. Wir werden gegen etwas Wertvolles ausgetauscht. Unsere Eltern versuchen nicht, sie aufzuhalten.
D: *Ist es eine Ehre, für diesen Dienst an der Dame ausgewählt zu werden?*
K: Als ich ausgewählt wurde, war das eine große Ehre.
H: *Wie alt warst du?*

K: Sechs.
D: *Du warst ein kleines Mädchen. Du bist so aufgewachsen? (Ja)*
H: *Ist bei der Geburt eines Kindes bekannt, dass es ein Diener der Dame sein wird?*
K: Es heißt, der Priesterin wird gesagt, wo die Kinder zu finden ist. Und ja, es ist von ihrer Geburt an bekannt, dass dies der Weg ist, den sie gehen werden.
D: *Lebt ihr in den Höhlen, wenn ihr lernt? Oder gibt es einen bestimmten Ort, an dem man euch all diese Dinge beibringt?*
K: Manchmal fahren wir im späteren Verlauf der Ausbildung auf die Insel und verbringen den Monat dort.
D: *Den ganzen Monat?*
K: Dort werden viele Dinge gelehrt, die anderen Augen verborgen sind, so dass diese nicht wissen, dass die Kraft erweckt wird.
D: *Ich dachte, ihr müsst so etwas wie eine Schule haben – falls du weißt, was eine Schule ist. Ein Ort zum Lernen.*
K: Wir haben Lehrer, aber es gibt kein ... Gebäude. (Sie hatte Schwierigkeiten, dieses Wort zu finden.)
D: *Kannst du uns etwas über eure Nahrung erzählen?*
K: Wir essen die Früchte und Beeren von den Bäumen und Nüsse und einige Gräser.
D: *Und Fleisch?*
K: (Schockiert) Nein! Ein Tier zu töten bedeutet, etwas zu töten, das lebt und das Teil des Ganzen ist. Warum sollte man etwas verletzen wollen, das ein Teil der Natur ist?
D: *Sehr viele Menschen essen Fleisch. Aber es ist in Ordnung, Dinge zu essen, die gepflanzt wurden?*
K: Von den Früchten des Baumes oder den Nüssen zu nehmen, tötet nicht das, was lebendig ist. Und wir lassen immer genug übrig, damit es mehr gibt. Das schadet niemandem. Es dient dem Wohl der Erde. Aber etwas zu nehmen und zu töten, das lebendig ist, es zu töten, das ist falsch! (Sie zitterte am ganzen Körper.)
D: *Wenn es dich aufregt, denk nicht darüber nach. Es gibt viele Menschen auf der Welt, und sie alle tun unterschiedliche Dinge. Manche Menschen pflanzen etwas an, das man als Kulturpflanzen bezeichnet. Weißt du, was das ist?*

K: Ich habe Menschen gesehen, die den Boden umdrehen, um Samen in den Boden zu geben, und das ist gut. Solange es immer Saatgut gibt, das in den Boden gebracht werden kann, ist die Erde bereit, ihre Essenz mit allen zu teilen. Solange man so viel zurückgibt, wie man wegnimmt.

Ich ließ sie in der Zeit weitergehen, bis sie auf der Insel die Zeremonie abhielt. Ich versicherte ihr, dass sie uns vertrauen könne und wir nichts verraten würden, was sie uns mitteilte.

K: Wir alle bilden einen großen Kreis um den Altar auf der Lichtung. Wir halten Kerzen und gehen im Kreis, während wir singen. Und wir alle konzentrieren unsere Energie auf den Altar. Unsere Liebe und ein Teil unseres Wesens werden so auf die Dame gelenkt. Dadurch wird die Kraft dann zu uns zurückgegeben, so dass wir durch das Teilen und Vermischen mehr erhalten, als wir abgegeben haben. Der Altar ist schwarz, aber in der Mitte befindet sich ein Stein, der sehr klar ist. Er leuchtet, er strahlt ein helles Licht aus. Er ist ein Zentrum des Fokus. Er wird als Fokussierer verwendet. Und auch als ein Verstärker.

D: *Wird die Dame erscheinen, wenn ihr singt?*

K: Sie wird, wenn es ihr Wunsch ist, ihren Geist in die Hohepriesterin einbringen, damit wir ihren Willen erfahren.

D: *Dann wird sie durch die Hohepriesterin sprechen? (Ja) Und nachdem ihr gesungen habt und im Kreis herumgegangen seid, wird sie erscheinen?*

K: Wenn sie es so gewählt hat, ja.

D: *Welche Art von Gesängen macht ihr? Gibt es spezielle Klänge oder Worte, die ihr beim Singen verwendet?*

K: Es sind keine Worte. Wie kann man es beschreiben? Es klingt wie der Wind, wenn er vorbeirauscht, oder die Wellen, wenn sie an die Klippen schlagen.

D: *Kannst du das Geräusch für mich machen?*

Zuerst lehnte sie ab, dann zögerte sie. Sie war unschlüssig, aber schließlich sagte sie: »Es ist ein Geräusch wie ahhhh, aber es hat ein maaaa. Ich darf es nicht preisgeben ... ich soll es nicht!" Sie wirkte beunruhigt. Offenbar hatte sie die Grenzen der Geheimhaltung überschritten. Ich beruhigte sie.

D: *Danke, dass du uns die Informationen gegeben hast. Wir wollen dich nicht in Schwierigkeiten bringen. Du kannst uns vertrauen, denn wir würden nichts tun, das dir schaden könnte. Dieser Klang hilft euch also, euch zu konzentrieren, wenn ihr ihn alle gleichzeitig erzeugt? (Ja) Du hast gesagt, dass du zur Zeit des Mondes auf die Insel gehst. Meinst du den Vollmond?*

K: Ja. Zur Zeit des Neumondes. Wenn er groß am Himmel ist.

D: *Oh, dann ist der Mond sehr groß. Das ist die Zeit, in der die Brücke erscheint, und ihr könnt hinübergehen. (Ja) Wäre es nicht gefährlich, wenn diese Leute wüssten, wann ihr da seid, denn dann wüssten sie, wo sie euch finden können?*

K: Die Insel ist geschützt. Für andere Menschen existiert sie nicht.

D: *Ich verstehe. Deshalb nennt man es die Nebelsee? (Ja) Sie können sie nicht immer sehen.*

D: *Es gibt einen Ort, von dem ich gehört habe, dass er auf eurem Land liegt. Ich weiß nicht, ob du ihn genauso nennen würdest wie ich oder nicht. Hast du jemals von einem Ort namens Stonehenge gehört? Kennst du diesen Namen?*

K: (Pause) Du meinst den Tanz der Riesen. Er steht in der Mitte der Ebene und wurde kurz nach unserer Ankunft erbaut. Er war ein Ort des Lernens. Um Kräfte zu bündeln und das Universum zu verstehen.

D: *Ich habe gehört, dass es dort große Steine gibt, die in einem Kreis angeordnet sind? Ist das derselbe Ort?*

K: Ja. Es wird gesagt, dass sie mithilfe von Musik aufgestellt wurden. Das ist wahr. Mit bestimmten Klängen können große Gewichte gehoben und bewegt werden. Und es wird gesagt, dass er gebaut wurde, bevor das verloren ging.

D: *Es gibt dort viele Steine, die aufrecht stehen, und es gibt auch Steine, die auf den anderen quer liegen.*

K: Und dann gibt es noch das, was als Altarstein oder Königsstein bekannt geworden ist. Und es gibt noch die Kreidegruben, die ihn umgeben.

D: *Was ist deren Zweck?*

K: Das Einzige, was uns bekannt ist, ist, dass damit die Tage aufgezeichnet werden.

D: *Was war der Grund für den Bau dieser Struktur?*

K: Man sagt, sie soll die Zeit markieren ... bis zum Ende. Dass dann, wenn man sich an das Geheimnis erinnert hat, die Zeit kommen wird. Das ist die Legende.

D: *Viele Menschen haben sich gefragt, warum sie gebaut wurde und welchem Zweck sie diente. Es ist ein großes Rätsel. Warum sollte man sich die Mühe machen, sie zu bauen, und dann keinen Grund dafür haben?*

K: Wenn sich an den Grund erinnert wird ...

D: *Dann weißt du nicht wirklich, warum sie erbaut wurde?*

K: Es heißt, dass man es am letzten Tag erfahren wird.

H: *Du sagtest, dein Volk sei von einem anderen Ort hierhergekommen. Weißt du, woher es ursprünglich kam?*

K: Es war ein Ort auf der anderen Seite des Wassers, von dem es heißt, er sei zerstört worden. Es heißt, dass sie die Götter erzürnten und die Fähigkeiten, die ihnen gegeben worden waren, missbrauchten. Und die Götter ließen sie ihren Zorn spüren und zerstreuten sie in alle vier Winde.

D: *Weißt du, wie das Land zerstört wurde?*

K: Nur, dass es im Meer versunken ist.

** In vielen Geschichten heißt es, dass die Bewohner von Atlantis sehr starke übersinnliche Fähigkeiten/Kräfte hatten, die möglicherweise zu dessen Zerstörung beigetragen haben. Sie waren in der Lage gewesen, schwere Steine zu heben und sie sogar mit ihren Gedanken zu formen. In Karens Leben als Druidin glaubte sie, dass Stonehenge (Tanz der Riesen) kurz nach dem Untergang von Atlantis errichtet wurde, offenbar von einigen der Überlebenden. **

D: *Dann verbreiteten sich die Überlebenden an viele Orte? Deshalb habt ihr euch an die Kräfte erinnert, die euer Volk damals hatte? (Ja) Ich glaube, wir haben über denselben Ort gesprochen. Dort, wo wir leben, nennt man diesen Ort Stonehenge.*

K: Dieser Name ist mir nicht bekannt. Man kennt es einfach als den Tanz der Riesen.

D: *Heutzutage denkt man, es hat mit den Jahreszeiten zu tun.*

K: Ja, es markiert die Zeit. Aber es gibt auch eine größere Bedeutung. Der Altarstein wird mit dem Feuer der Sonne bei Mittsommer beleuchtet. Das ist das Geheimnis.

D: *Aber eure Leute benutzen das heute nicht mehr?*

K: Die Anhänger meiner Dame haben das nie benutzt. Das ist schon lange, lange her.

D: *Dann hat dein Volk, die Druiden, es nicht gebaut?*

K: Das Volk, von dem wir abstammen, hat es gebaut, aber nicht diejenigen, die man heute als Druiden bezeichnen würde. Wir haben es nicht gebaut. Es ist auch für uns schon alt.

D: *Die Geschichte, die man sich dort erzählt, wo wir leben, ist, dass Druiden es vor vielen, vielen Jahren gebaut haben.*

K: Kein Mensch, der heutzutage auf der Erde wandelt, erinnert sich an die Kraft, die Steine zu heben.

D: *Glaubst du, dass es zu der Zeit gebaut wurde, als das Land noch existierte, das unter das Meer sank?*

K: Es heißt, dass es von den Menschen gebaut wurde, die von dort kamen.

D: *Damals hatten sie noch die Kräfte. (Ja) Es ist sehr alt und sehr geheimnisvoll. Wie alt bist du zu diesem Zeitpunkt ungefähr?*

K: Ähm, vielleicht ... vierundzwanzig, fünfundzwanzig.

D: *Dann bist du noch eine junge Frau?*

K: Ich komme jetzt ins mittlere Alter.

D: *Du bist kein Kind mehr. Dürfen die Frauen in eurer Gruppe überhaupt heiraten?*

K: Es ist sehr selten, dass irgendwelche der Frauen den Wunsch haben, dies zu tun, aber wenn sie feststellen, dass dies auf ihrem Weg liegt, und wenn die Dame ihre Erlaubnis gibt, dann wird es gewährt.

D: *Dann ist es euch also nicht streng verboten. (Nein) Aber es kommt nicht sehr oft vor?*

K: Wer würde ein solches Leben gegen das hier eintauschen? Und die Chance, meiner Dame und allen Menschen zu dienen, statt nur einem.

H: Was für ein Leben würde eine junge Frau führen, die nicht für den Dienst an der Dame ausgewählt würde?

K: Auf einem Feld arbeiten oder einfach Kinder großziehen und ihrem Mann helfen und ...

D: Mit anderen Worten, sie würde ein normales menschliches Leben führen.

K: Welche Erkenntnisse man daraus gewinnt, weiß ich nicht.

H: Diese Frauen haben also nicht wirklich die Möglichkeit, zu lernen. Sie dienen nur, indem sie mehr Kinder produzieren? (Ja) Aber euer Dienst ist einer, der durch Heilung und die Anhebung des Geistes helfen kann?

K: Das hoffe ich.

H Dann schützt ihr die Kraft und erhaltet sie. Wenn ihr nicht hier wärt, um dies zu tun, würde diese Kraft schwinden.

K: Die Dame würde nie schwinden. Aber vielleicht vergessen werden. Und es ist sehr wichtig, dass man sich an sie erinnert, denn es ist die Liebe, durch die wir in der Not geben, weitergehen und existieren.

D: Du sagtest, ihr kommt einmal im Monat auf die Insel und lebt in Höhlen oder wo auch immer ihr euch verstecken könnt. Was macht ihr mit dem Rest eurer Zeit?

K: Wir reisen, und wenn es jemanden gibt, der uns braucht, ziehen wir los, um ihn zu finden. Wir verbringen Zeit damit, Lebensmittel zu sammeln und lernen immer neue Dinge. Wir sammeln Kräuter und trocknen sie. Wir stellen verschiedene Dinge her, um damit zu heilen.

D: Aber ist es nicht gefährlich, wenn ihr dorthin geht, wo andere Menschen sind?

K: Wir würden nicht gerufen werden, wenn sie uns nicht dort haben und schützen wollten.

D: Die Menschen beschützen euch?

K: Ja. Wenn sie uns brauchen, sind wir vor Schaden sicher.

D: Wie erfahren sie von euch, wenn sie nicht wissen, wo ihr euch versteckt?

K: Sie lassen einfach verlauten, dass jemand krank ist, und wir werden davon erfahren.

D: *Diese Botschaft wird hauptsächlich durch die Dame vermittelt? Sie sagt euch, wohin ihr gehen sollt?*
K: Oder die Alten.
D: *Die Alten? Du hast vorhin gesagt, dass du mit den Alten in den Höhlen gelebt hast.*
K: Ja, manchmal teilen sie die Höhlen mit uns.
D: *Wer sind die Alten?*
K: Sie sind das Volk der Hügel. Sie waren schon immer hier. Sie waren schon hier, als unser Volk kam. Sie folgen den alten Göttern und bewahren sie davor, vergessen zu werden.
D: *Sind die Alten Menschen? (Ja) Ich dachte, sie sind vielleicht wie die Dame. Und sie können sowohl Männer als auch Frauen sein? (Ja) Sie werden nur die Alten genannt?*
K: Es heißt, dass die Alten von den Göttern abstammen. Vor langer Zeit, bevor der Mensch seinen Fuß auf diese Erde setzte, lebten die Alten auf der Erde. Und das Leben war gut. Und dann kamen Männer und Frauen von wer weiß woher, und die Götter fanden es gut, dass es auch andere gab, und einige der Frauen fanden Gefallen bei den Göttern. Und es wird gesagt, dass dies ihre Kinder sind, von diesen Frauen und den Göttern. Und jedes von ihnen ist nach dem Gott seiner Familie benannt.
D: *Dann werden sie die Alten genannt, nicht weil sie selbst alt sind, sondern weil sie von diesen alten ...?*
K: Es ist eine aussterbende Rasse. Es werden jedes Jahr weniger und weniger geboren. Und sie werden in die Berge zurückgedrängt, wegen all der anderen Dinge, der Fremden, die in dieses Land kommen. Und sie werden zurückgedrängt wie wir. Und durch Angst und Aberglauben sind viele von ihnen einfach verhungert. Jeder von ihnen stammt aus einer Familie, die einem der alten Götter dient. Und der Älteste dieser Familie trägt immer den Namen des Gottes, dem er folgt. Sie werden von denen am Leben gehalten, die sich noch erinnern und Opfergaben an den Wegkreuzungen hinterlassen. Und sie teilen diese mit uns in den Namen der Götter, von denen sie abstammen.
D: *Und indem sie sich an diese Götter erinnern, halten sie ihre Religion am Leben.*

K: Sie sind verhungert, weil niemand oder nur noch sehr wenige Opfergaben machen, die früher an den Kreuzungen für sie niedergelegt wurden.
D: *Sie benutzen diese, um weiterzuleben? (Ja) Sie geraten in Vergessenheit. (Ja) Das ist schade. Du hast gesagt, dass sie Namen tragen. Kennst du einige Namen der Götter, nach denen sie benannt sind?*
K: (Es folgen phonetische Schreibweisen. Auf dem Band gab es laute Hintergrundgeräusche, weshalb es nur schwer zu verstehen war.) Wie Melvin (Elvin?), und Cur und Mortan. Es gibt Hunderte.

** Dolores war unter anderem für ihren Forscherdrang bekannt. Sie verbrachte Stunden über Stunden in Bibliotheken, um die kleinsten Details nachzuschlagen, konnte die Recherche für dieses Buch jedoch nicht beenden, bevor sie starb. Nun müssen die Leser recherchieren. Ich weiß, dass es hier um antike Mythologie geht, aber mehr Details habe ich leider nicht. **

D: *Und sie wissen, von welchem Gott sie abstammen, weil sie denselben Namen tragen. (Ja) Und manchmal lassen sie euch bei sich wohnen.*
K: Wir helfen ihnen, wenn wir dazu in der Lage sind, und das wird als gut angesehen, denn die Alten sind uns gut gesonnen und wissen, dass wir ihnen auch nichts Böses wollen.
D: *Aber es gibt Menschen in diesem Land, die euch Böses wollen. (Ja)*
H: *Kannst du mir sagen, ob du schon einmal von Energielinien gehört hast, die quer durch das Land verlaufen? In unserem Land nennen wir sie »Ley-Linien«.*
K: Es gibt eine, die über die Wiesen führt, auf denen sich der Tanz der Riesen befindet. Es ist eine Kreuzung der Linien, von denen du sprichst. Dort, wo die Erdkraft aus dem Zentrum austritt. Und wenn man zu diesen Punkten geht und sich dafür öffnet, kann man viel Verständnis und viel Kraft erhalten, um große Dinge zu tun.
H: *Gibt es eine Möglichkeit, diese Linien zu erkennen?*
K: Indem man sich für bestimmte Kräfte empfänglich macht.
H: *Würdest man etwas empfinden, wenn man diesen Punkt überschreitet?*

K: Ja. Es gibt diejenigen unter uns, die Dinge zum Hexen benutzen, und wenn wir hexen gehen, können wir diese Linien finden. Der Tanz der Riesen liegt auf zwei sich kreuzenden Linien. Das ist ein extremer Kraftpunkt. Es gibt Orte in den Hügeln, an denen es auch solche Kraftpunkte gibt, und sie werden von den Göttern geehrt. Sie sind als Orte der Götter bekannt geworden.

D: *Du sagtest, ihr könnt hexen, um diese Orte zu finden. Wie macht ihr das?*

K: Man kann entweder einen Stock von einer Weide oder einem Obstbaum nehmen, und wenn man ihn in der Hand hält, zeigt er einem, wo diese Linien sind. Man kann damit auch andere Dinge finden.

D: *Ich habe gehört, dass man auf diese Weise Wasser finden kann.*

K: Man kann unterirdisches Wasser finden. Man kann verschiedene Quellen von Stein finden, verschiedene Arten von Stein ... Metall. Man muss nur lernen, sich auf das zu konzentrieren, was man sucht.

D: *Und dieselbe Art von Stock benutzen?*

K: Viele Menschen benutzen ihr ganzes Leben lang ein und denselben Stock. Weidenbäume haben sehr gute Energielinien, die durch sie verlaufen, und sie sind sehr sensibel für Dinge. Außerdem sind sie biegsamer und lassen sich daher leichter formen.

D: *Ich habe gehört, dass es ein frisch abgeschnittener Ast sein muss.*

K: Entweder frisch geschnitten oder am Leben gehalten.

Es scheint also, dass die Kunst des Wünschelrutengehens sehr alt ist und sich die Technik im Laufe der Zeit kaum verändert hat.

D: *Du hast viel Wissen über viele Dinge, die wir nicht wissen.*

H: Es ist sehr gut, dass du es mit uns teilst.

D: *Weil wir es nicht missbrauchen oder weitererzählen werden.*

H: Es ist ein Lernen. Es ist hilfreich, diese Dinge zu wissen. Hilfreich, um zu wachsen.

D: *Wir würden es denen in der Festung oder denen, vor denen ihr euch fürchtet, nie sagen. So etwas tun wir nicht.*

Als Karen aufwachte, hatte sie keine Erinnerung an die Sitzung, aber sie strotzte vor Energie. Sie hatte so viel, dass es sich anfühlte, als würde sie aus ihr herausschießen. Sie musste etwas damit tun und war sehr enthusiastisch. Also ließen wir sie die Energie als Heilenergie für uns nutzen. Durch das Freisetzen der Energie wurde sie ruhiger. Sie wusste nicht, woher diese kam und warum sie sie so beeinflusste. Sie hatte sie offenbar aufgenommen, als sie die Zeremonie um den Altar auf der Insel beschrieb und erlebte.

Wir begegneten der Druidin erst wieder, als wir einige Wochen später eine weitere Sitzung abhielten. Sie fand wieder in Harriets Haus statt. Ich hatte erneut meine Technik angewandt und mit mehreren Wesenheiten gesprochen, die ihr Leben in verschiedenen Zeiträumen und an verschiedenen Orten lebten. Vor dem nachfolgenden Teil hatten wir mit zwei anderen Wesenheiten gesprochen. Wir brachen diese Erkundung jedoch schließlich ab, weil Karen zu Beginn der Sitzung darum gebeten hatte, in die Zeit der Druidin zurückgebracht zu werden. Obwohl sie sich an nichts von der ersten Sitzung erinnerte, genoss sie das aufregende Gefühl, dieses gewaltige Energiefeld anzapfen zu können. Sie hoffte, das noch einmal tun zu können und vielleicht etwas über die Lenkung der Energie zu lernen. Wir stimmten zu, es zu versuchen, da wir auch zu einem anderen Zeitpunkt zu den anderen Wesenheiten zurückkehren könnten, um weitere Informationen über sie zu erhalten. Ich ließ sie erneut bis ins 8. Jahrhundert zurückgehen. Als ich das Zählen beendet hatte, befand sie sich sofort in einer Szene.

K: Wir bereiten uns auf die Zeremonie auf der Insel vor. Wir machen die Einweihung. (Dieses Wort wurde sehr bewusst ausgesprochen, als wäre es ein Fremdwort.)

D: *Für welchen Zweck?*

K: Um meiner Dame neue ... (sucht nach dem Wort) Schülerinnen zu bringen.

D: *Habt ihr neue Schülerinnen bei euch?*

K: Ja. Sie werden beurteilt und dann wird entschieden. Ob sie bleiben oder ob sie zurück nach Hause geschickt werden.

D: *Wie trefft ihr diese Entscheidung?*

K: Das ist nicht unsere Entscheidung. Sie liegt bei meiner Dame.

D: *Woher wisst ihr, welche Entscheidung sie getroffen hat?*
K: Die Hohepriesterin weiß es, weil es ihr gesagt wird.
D: *Kannst du uns beschreiben, was passiert? Wie eine neue Schülerin ausgewählt wird?*
K: Sie werden zuerst in weiße Gewänder gekleidet und in die Mitte des Kreises gestellt. Und wir beginnen mit der Fokussierung der Energie. Eine nach der anderen, für jede von ihnen. Die Energie wird zu ihnen gedrückt, um entweder angenommen oder abgestoßen zu werden. Und je nachdem, wie sie aufgenommen wird oder nicht, liegt darin dann die endgültige Entscheidung.
D: *Du meinst, alle im Kreis richten ihre Energie auf die Person, die in der Mitte steht? (Ja) Und wie sie reagiert, wenn die Energie angenommen oder abgestoßen wird?*
K: Wenn sie abgestoßen wird, bekommt die Person ... (Sie suchte nach dem Wort.) Krämpfe, der Körper zuckt. Daran erkennt man, dass sie zu stark für diese Person ist. Sie mag vielleicht die Fähigkeit haben, ein Kanal zu sein, aber die Energie ist zu stark für sie und sie kann sie nicht annehmen.
D: *Auch wenn sie es wollen, könnten sie es nicht tun. (Ja) Und wie reagieren sie, wenn sie die Energie annehmen?*
K: Man sagt ihnen, dass sie, wenn sie sie spüren können, sie sich aufbauen lassen sollen. Und dann wird ihnen gesagt, dass sie sie durch Gedankenfokussierung zurückleiten sollen, auf die Hohepriesterin. Und wenn diese spürt, dass die Energie zurückkehrt, weiß sie, dass die Person akzeptiert ist.
D: *Sie werden dann gute Schülerinnen sein. (Ja) Wie fokussiert man diese Energie? Wie bringt man sie dazu, in den eigenen Körper zu kommen?*
K: Man öffnet sich. Spürt, dass man sehr ruhig ist. Dorthin, wo alles still ist.
D: *Hält man dabei seine Hände so?*

Sie hatte ihre Hände über den Solarplexus gelegt, wobei sich alle Finger und Daumen berührten und nach außen zeigten. Fast wie die Form einer Pyramide.

K: Ja, sie werden über dem Punkt platziert, auf den sich die Energie konzentriert. Dann, wenn du dich geöffnet hast, ist es wie Musik hören. Du spürst die Schwingungen in dir und du ziehst sie einfach an. Und du atmest ein und aus. Und mit jedem Atemzug bringt man mehr in sich hinein.

D: *Langsam atmen?*

K: Ja. Und um sie dann hinauszuleiten, ist es fast wie umgekehrt. Du legst deine Hände so hin und willst, dass sie durch dich fließt. (Streckt die Handflächen nach außen.) Es ist wie die Strömung eines Flusses, die fließt. Und du lässt es einfach durchfließen.

D: *Und so wird sie gelenkt? (Ja) Kann das Kanalisieren von Energie demjenigen, der sie leitet, jemals schaden?*

K: Es kann vielleicht schädlich sein, wenn man mehr annimmt, als man aufnehmen kann. Aber normalerweise gibt es hier einen Schutz, weil eine einzelne Person nicht mehr aufnehmen kann, als sie empfangen kann. Der einzig mögliche Schaden wäre, wenn viele, viele Menschen die Energie auf dich leiten. Das könnte schädlich sein.

D: *Wenn du sie aufnimmst, musst du die Energie dann auch wieder abgeben? Irgendwo muss sie hin, oder?*

K: Ja. Entweder du gibst sie meiner Dame zurück oder du gibst ihr Liebe und leitest sie an andere weiter, die sie benötigen. Bei einer Heilung oder mit anderen Methoden, ja.

D: *Dann muss man sie irgendwo hinschicken.*

K: Ja. Man macht es nicht, um sich selbst zu bereichern.

D: *Wenn ihr diese Energie auf diese Weise verwendet und sie so fokussiert, kann euch das dabei helfen, Menschen zu heilen. (Ja) Ist das die einzige Möglichkeit, die es gibt? Einfach ruhig sein, langsam atmen und sie fokussieren.*

K: Das ist eine der Möglichkeiten, ja.

D: *Einer der Wege. Ist das der einfachste Weg? (Ja) Wir fragen, weil wir hoffen, etwas dabei zu lernen, und weil wir es für Gutes nutzen wollen. Was wäre eine andere Methode? Kann man das alleine machen oder muss man es mit anderen Menschen machen?*

K: Das kann man alleine machen.

D: *Kannst du mir sagen, was das für eine Methode ist?*

K: (Emphatisch) Nein!

Ich würde mich wohl mit dem zufrieden geben müssen, was wir erfahren hatten, um unser Glück nicht zu strapazieren.

D: Okay. Aber diese Methode ist am einfachsten zu lernen. Ihr müsst die Energie immer für Gutes einsetzen, nicht wahr? (Ja) Wenn du diese Energie erzeugst und sie abgibst, berührst du dafür die Person oder legst deine Hände auf sie?

K: Normalerweise hält man sie einfach über die Person und spürt die Energie, die sie umgibt. Jeder hat Energie, die in seinen Körper kommt und ihn umgibt. Man legt sie darauf.

Sie bezog sich wahrscheinlich auf das Feld der Aura.

D: Dann muss man sie über die Stelle legen, wo sie krank sind? Oder nur über den Kopf?

K: Manchmal über den Teil, der krank ist. Manchmal auch über den ganzen Körper. Energie wird in den ganzen Körper gegeben, denn normalerweise ist es nicht nur ein Punkt in einer Person, der Probleme hat, sondern der ganze Körper leidet.

D: Du müsstest deine Hände über den ganzen Körper bewegen? (Ja) Es sei denn, es gäbe eine Stelle, an der sie sagen, dass sie Schmerzen hätten.

K: Dann könnte man vielleicht mehr Energie in diesen Bereich geben, aber man müsste auch den Großteil des Körpers durchgehen.

D: Wenn du deine Hände so auflegst, kannst du dann feststellen, ob jemand an einer bestimmten Stelle Schmerzen hat, ohne dass er es sagt?

K: Ja, man kann den Schmerz in sich selbst spüren.

D: Stört dich das?

K: Manchmal, ja.

D: Wie gehst du damit um, damit es dich nicht mehr stört?

K: Man richtet den Fokus wieder nach innen statt nach außen. Dann sollte es verschwinden.

D: Du versuchst, es aus deinem Körper zu ... waschen? (Ja) Weil du nicht willst, dass es dich verletzt.

H: Hast du eine Möglichkeit, andere zu erkennen, die so ausgebildet wurden wie du? Auch wenn sie nicht mit dir ausgebildet wurden? Andere mit ähnlichen Überzeugungen.
K: Gib mir deine Hand.

    Harriet gab Karen ihre Hand. Karen hielt sie in ihren beiden Händen und konzentrierte sich.

K: Ich sehe einen Tempel des Lichts. Dort gibt es viele, viele Menschen, die studieren und lernen. Es ... scheint lange her zu sein.
D: Vor deiner Zeit?
K: Es ist ein Studium für das Gute und für Heilung. Ich sehe die Verwendung von verschiedenen Schwingungen. Sie denken dabei an Farben, aber es sind die Schwingungen, die auch ich benutze. Es geht darum, Selbstheilung zu erzeugen; dass alle Heilung von innen kommen muss.

    Karen ließ Harriets Hand los und atmete tief durch.

D: Dann hat sie das in einer anderen Zeit getan? Eine frühere Zeit vor deiner.
H: Wird sich das von Generation zu Generation fortsetzen?
K: Du musst den Kanal öffnen. Die Fähigkeit ist da. Du musst lernen, dich dem zu öffnen, was du gelernt hast. Deine Energie zu fokussieren und daraus zu schöpfen und sie für andere zu nutzen.
H: Aber die Gabe ist nie verloren, wenn man sie einmal hat?
K: Nein. Wenn man es einmal gelernt hat, ist es immer da. Es muss vielleicht wieder aufgedeckt werden.
D: Wieder zurückgebracht?
K: Ja, oder vielleicht gibt es viele Dinge, viele verschiedene Erfahrungen, die es überdeckt haben, so dass es an die Oberfläche gebracht werden muss. Aber es ist immer da.
H: Es ist schön zu wissen, dass es da ist.

    Ich konnte der Gelegenheit nicht widerstehen. Ich fragte: »Könntest du auch meine Hand nehmen und schauen, ob du etwas sehen kannst?« Karen nahm meine Hand auf dieselbe Weise, hielt sie zwischen ihren Händen und konzentrierte sich.

K: Ich sehe einen sehr geduldigen Menschen. Du bist sehr neugierig. Du liebst Wissen um des Wissens willen. Da war ... Ich sehe ein großes offenes Gebäude mit vielen, vielen Büchern ...

Sie erschauderte dann und warf meine Hand abrupt weg.

D: *Oh! Was ist denn los? (Sie schien beunruhigt.) War es etwas, das dir nicht gefallen hat? (Keine Antwort) Es tut mir leid, ich wollte dich nicht verstören.*
K: Du musst nach Wissen suchen wegen derer, die das zerstört haben, was du als dein Eigentum empfunden hast.
D: *Jemand hat mein Wissen zerstört?*
K: Das Wissen, das du geschützt hast. Deshalb hast du das Gefühl, dass du nach dem Wissen suchen musst, das verloren gegangen ist.
D: *Aber hast du etwas gesehen, das dich verstört hat? Ist das der Grund, warum es dich irritiert hat?*
K: Ich habe Feuer gesehen!
D: *Oh, ich verstehe. Nun, ich möchte dich nicht aufregen. Glaubst du, dass ich mich deshalb so sehr für diese Dinge interessiere?*
K: Ja, das hat viel damit zu tun und mit der Suche nach dem, was du verloren zu haben glaubst und wiedergewinnen möchtest.
D: *Aber es ist doch nicht schlimm, neugierig zu sein, oder? (*Nein*) Ich glaube, etwas kann nur schlecht sein, wenn man es falsch anwendet, oder?*
K: Das ist wahr. Aber du musst immer auf diejenigen aufpassen, die das Wissen, das du ihnen gibst, nutzen, um sicherzustellen, dass sie es nicht auf eine falsche und schädliche Weise nutzen.
D: *Aber manchmal weiß man nicht, wie die Leute es nutzen werden, wenn man versucht, ihnen den Weg zu zeigen. Reicht es, wenn ich es auf die richtige Art und Weise mache und hoffe, dass sie es richtig anwenden?*
K: Wenn du deine Energien in diese Arbeit steckst, die du tust, und diese Energie auch in den Schutz dieser Arbeit steckst, damit sie

nicht missbraucht oder misshandelt werden kann, wird dies einen
Schutz um sie herum erzeugen.
D: *Ich hoffe, dass es seinen Zweck erfüllt und das Richtige tut.*
K: Du darfst nicht hoffen, du musst glauben. Die Hoffnung hat keine
Macht oder Kraft, aber der Glaube schon.

** Wenn sie in ihren Vorträgen nach ihren eigenen vergangenen Leben gefragt wurde, hat Dolores oft über ein Leben in der Bibliothek von Alexandria gesprochen, als diese verbrannt wurde.

Soweit ich mich erinnere, gehörte sie zu den Personen, die sich um die in der Bibliothek aufbewahrten Schriftrollen kümmerten. Sie war niemand, der auf ihnen schrieb oder sie studierte, sondern jemand, der die Schriftrollen herausholte, wenn ein Gelehrter oder Professor sie anforderte. Es war ihre Aufgabe, sie zu schützen.

Als die Römer die Bibliothek in Brand steckten, versuchte Dolores als die Person, die sie damals war, so viele Schriftrollen wie möglich zu retten. Dabei wurde sie getötet und konnte ihren Auftrag nicht erfüllen.

Dolores hat oft erklärt, dass sie deshalb das Gefühl hat, das verlorene Wissen zurückholen zu wollen. Viele Leute fragen sie: »Musst du gleich die ganze Bibliothek neu schreiben?«

Während eines Aufenthalts in Russland hatte Dolores ein Gespräch mit einem jungen Mann, der zur Zeit des Brandes ebenfalls in Alexandria war. Er war einer der Gelehrten, die die Schriftrollen studierten, und war ebenfalls dabei, als das Feuer ausbrach. Auch er versuchte, so viele Schriftrollen wie möglich zu retten, wurde aber von einem herabfallenden Balken, der ihn an den Schultern traf, getötet.

Ich weiß nicht, ob Dolores jemals jemand anderen gefunden hat, der während dieser Zeit dort war, aber bereits eine Person zu finden, war erstaunlich. **

H: *Habt ihr bei eurer Arbeit etwas mit dem Studium der Sterne und*
   Planeten zu tun? Ist das in irgendeiner Weise hilfreich?
K: Wir beobachten die Bewegungen der Sterne, denn sie sagen, was
   sein wird. Die Antriebskraft der Menschen, die hier sind, auf dem
   ganzen Planeten, ja.
H: *Welches ist der wichtigste Stern?*

K: Man kann nicht sagen, dass einer wichtiger ist als der andere. Denn es kommt darauf an, welche Gewichtung man zu empfangen versucht. Ihre Energie wird für unterschiedliche Dinge verwendet und wir können nicht sagen, dass einer wichtiger ist als der andere.

H: Kannst du uns ein wenig darüber erzählen, welche von ihnen zum Beispiel für eure Energie wichtig sind? (Pause) Ist das möglich oder nicht? (Sie begann sich zu verspannen.)

D: Entspanne dich, entspanne jetzt.

Ich versuchte, ein weiteres Aufnahmeband aus seiner Hülle zu holen. Wenn wir über die Sterne sprechen würden, wollte ich weitermachen. Andernfalls ging dieses Band zu Ende. Aber anscheinend wollte sie nicht darüber reden.

D: Ich möchte dir für das danken, was du uns erzählt hast. Ist es in Ordnung, wenn wir von Zeit zu Zeit zu dir kommen und mit dir sprechen?

K: Ich werde euch sagen, was ich sagen darf.

D: Okay, wir wollen nicht, dass du uns etwas erzählst, was du nicht willst oder wofür du Ärger bekommen könntest. Wir sind auch nur auf der Suche nach Wissen. Und wir wollen es auf die richtige Weise nutzen. Ich weiß wirklich zu schätzen, was du uns gesagt hast. Wir sprechen gerne mit dir. Danke.

H: Danke.

Karen hatte uns gebeten, Anweisungen für die Anwendung der Heilenergie zu besorgen. Als sie erwachte, strotzte sie wieder vor Energie und wollte sie erneut irgendwo hinleiten. Sie hatte sie offenbar von der Druidin übernommen. Sie ging zu jedem von uns, legte ihre Hände auf unser Aurafeld und versuchte, die Energie als Heilkraft freizusetzen.

Wir konnten definitiv ein Kribbeln spüren, das sich durch unsere Körper bewegte.

Da Harriet nicht in der Stadt war, fand die folgende Sitzung im Haus meiner Tochter Nancy statt. Es war niemand anderes anwesend, der als Zeuge fungieren konnte. Am Ende der Sitzung bereute ich es, niemanden dabei gehabt zu haben. Was während dieser Sitzung geschah, erschütterte mich und war die beunruhigendste Erfahrung, die ich als Therapeutin gemacht habe. Nachdem ich auf meiner Reise durch die Zeit zunächst eine andere Persönlichkeit getroffen hatte, versetzte ich Karen wieder in die 700er Jahre, und die Druidin tauchte in einer friedlichen Szene auf.

K: Ich sammle Kräuter. Sie sind für Präparate zur Heilung der Kranken.
D: *Ist das etwas, das du öfter tust?*
K: Das ist ein Teil meiner Arbeit, ja.
D: *Weißt du, welche Kräuter du verwenden musst? (Ja) Weißt du auch, wie man sie zubereitet?*
K: Ja, manche werden einfach roh gegessen, andere müssen aufgebrüht und in eine nutzbare Form gebracht werden.
D: *Ich glaube, das ist kompliziert.*
K: Man muss nur vorsichtig sein. Manche Kräuter sind hilfreich, wenn man sie in der richtigen Menge anwendet. Aber wenn man zu viel davon zu sich nimmt oder sie nicht lange genug ziehen lässt, können sie tödlich sein.
D: *Man muss also darauf achten, die richtigen Mengen zu verwenden. (Ja) Welche Art von Kräutern sammelst du? Kennst du die Namen?*
K: Es gibt den Nachtschatten und den Fingerhut, und es gibt auch den Schierling und das Schafsgarbenkraut** und andere Dinge.

** Das Schafgarbenkraut ist ein Wassernabelkraut oder der eng verwandten Gattung Centella. **

D: *Ich habe gehört, dass einige dieser Kräuter giftig sind.*
K: Ja. (Sie begann zu niesen.) Es sind die Blumen, die in der Luft sterben.
D: *Oh ja, sie lassen Teile von sich in die Luft fliegen, wenn man durch sie hindurchgeht, nicht wahr? (Sie räusperte sich.)*

K: Also, einige von denen sind Farne und so, die haben die ... (versuchte, die richtigen Worte zu finden) ah, die Sachen, die hinten rauskommen, die Samen. (Sie nieste wieder.)

Sie fand keine Worte für die Sporen, die Farne abgeben, oder die Pollen, die von Pflanzen freigesetzt werden. Sie schienen die Ursache für die Reizung ihres Halses und ihrer Nase zu sein.

D: *Sie sind in der Luft. (Ja) Ich kenne viele Kräuter, aber ich weiß nicht, ob es die sind, die du verwendest. Wie Salbei? Kennst du das?*
K: Das ist mir nicht bekannt.

Sie nieste und hustete wieder. Ich gab ihr Suggestionen, um das körperliche Unbehagen zu lindern. »Es wird dich nicht stören. Das sind nur Dinge in der Luft, sie werden dir nichts ausmachen.« Als sie aufhörte zu husten, fragte ich wieder nach den Kräutern. »Es gibt auch die, die Rosmarin und Thymian heißen. Das sind Kräuter, die ich kenne. «

K: Ich weiß nichts von ihnen.
D: *Was ist mit Maiapfel?*

Ich dachte an Pflanzen, die in den Wäldern des Ozark-Plateaus wachsen, wo ich lebe.

K: Beschreibe es mir.
D: *Er wächst sehr niedrig am Boden. Er hat eine Pflanze mit einem sehr großen Blatt, meist nur ein Blatt in Form einer Hand. Und er hat eine kleine runde Frucht und ist meistens grün.*
K: Ist er giftig?
D: *Das glaube ich nicht.*
K: Ich kenne ihn nicht.

Karen waren diese Pflanzen vertraut, da sie viele Jahre in den Ozarkbergen gelebt hatte, aber die Druidin kannte sie offenbar nicht.

D: *Vielleicht wächst er nicht da, wo du lebst. Und wir haben etwas, das Ginseng heißt. (Sie runzelte die Stirn.) Ich habe mich gefragt, ob ihr dieselben Kräuter verwendet, die wir verwenden. Einige der Kräuter, von denen ich spreche, werden beim Kochen von Speisen verwendet.*
K: Die, die ich sammle, dienen der Heilung.
D: *Das ist ein Unterschied. Es gibt etwas, das heißt Gänsefuß.*
K: Das kann gegessen werden. (Sie hustete wieder.)

Obwohl er als Unkraut und Schädling für Gärtner gilt, ist der Gänsefuß essbar und wird in den Hügeln, in denen ich lebe, zu Salaten verarbeitet. Sie hatte also recht.

D: *Du hast mir gesagt, dass du Beeren und Nüsse isst.*
K: Ja, und Obst. Es gibt ein paar Kräuter, die ich esse. Einige von ihnen sammeln sich um das Viertel (Ich glaube, das Wort war Viertel/quarter. Unklar. Vielleicht: Wasser/water. Oder bezog sie sich auf die Mondphase?) zusammen mit verschiedenen anderen solcher Dinge. Meistens sind es Früchte, Beeren und Nüsse.
D: *Was esst ihr im Winter?*
K: Dinge, die aufbewahrt wurden. Manchmal essen die Leute die Wurzeln von verschiedenen Dingen und ... (Sie hustete wieder und räusperte sich. Ich gab wieder Suggestionen für ihr Wohlbefinden.)
D: *Ich weiß, dass in der Winterzeit viele Pflanzen nicht wachsen. Dann ist es schwer, etwas zu essen zu finden.*
K: Wenn es sehr schlimm wird, gibt es immer gekochte Rinde.
D: *Oh? Schmeckt das gut?*
K: (Lacht) Nein! Das hat einen bitteren Geschmack. Aber es hängt von der Rinde ab. Ulmenrinde zum Beispiel ist gut für einige Dinge, wenn der Körper nicht in Ordnung ist.
D: *Zum Heilen, meinst du?*
K: Ja. Eichenrinde kann man essen und Kiefernrinde oder Tannenrinde ist auch gut. Wenn man über den Geschmack hinwegkommt, dann kann man sich davon ernähren.
D: *Wenn es nichts anderes zu essen gibt. Hast du jemals gekocht?*

K: Es wird nicht viel gekocht. Die meisten Dinge werden in ihrem natürlichen Zustand gegessen, mit Ausnahme von Dingen wie der Rinde, die gekocht wird. Aber es gibt viele Früchte, die lange haltbar sind. Der Apfel bleibt eine ganze Weile haltbar, solange er kühl gelagert wird.

Sie fing wieder zu husten an, weshalb ich beschloss, sie in der Zeit springen zu lassen, um die Beschwerden durch die Pollen in der Luft zu lindern.

D: *Nun, das scheint dich zu stören, also lass uns weitergehen. Wir werden diese Szene jetzt verlassen und zu einer anderen Zeit weitergehen. Wir gehen weiter zu einem wichtigen Tag in deinem Leben. Ein Tag, den du als wichtig erachtest, wenn du älter bist. 1, 2, 3, es ist ein wichtiger Tag in deinem Leben, wenn du älter bist. Was machst du gerade?*
K: Ich bin bei der Zeremonie. (Das Husten hörte sofort auf.)
D: *Welche Zeremonie ist das?*
K: Für die Dame.
D: *Auf der Insel? (Ja) Kannst du mir davon erzählen? (Pause) Oder darfst du es mir erzählen? (Pause) Ich möchte nicht, dass du in irgendwelche Schwierigkeiten kommst. Ist es eine schöne Zeremonie?*
K: Ja. Ich bin einen Rang höher.
D: *Heute ist also ein wichtiger Tag. Wie nennt ihr diese Ränge? Haben sie Namen oder Positionen?*
K: Ja. Es gibt die Hohepriesterin. Das ist das Höchste, was man erreichen kann. Dann gibt es die Priesterinnen und die Anwärterinnen. Und darunter gibt es noch die Jungfern. Ich soll zur Priesterin gemacht werden. Ich war eine Anwärterin.
D: *Gibt es viele von euch, die diese Position erreicht haben?*
K: Nein, es gibt nur zwei unter uns, die diese Position erreicht haben.
D: *Dann ist es eine Ehre, so weit gekommen zu sein. Wie viele, sagtest du, seid ihr?*
K: Wir sind vielleicht dreißig insgesamt. Vielleicht noch ein paar mehr.
D: *Und es gibt nur die eine Hohepriesterin. Ist sie sehr alt?*

K: Ich weiß es nicht. Es ist schwer, das Alter einzuschätzen. Es heißt, dass die Hohepriesterin alterslos ist, wegen der Kraft der Dame in ihr. Nur, wenn die Hand weggenommen wird, kann der Tod eintreten.

D: *Sagtest du, dass ihr diese Zeremonien jeden Monat abhaltet?*

K: Manchmal schon.

D: *Wie viele Tage bleibt ihr auf der Insel?*

K: Bis wir verschiedene Dinge lernen. Auch diesmal werden wir fast den ganzen Monat bleiben, weil es Zeremonien gibt, die vollendet werden müssen. Auch die Kräuter, die wir gesammelt haben. Und wir müssen das hier tun, wo wir geschützt sind, damit die Arbeit getan werden kann und es keine Möglichkeit gibt, dass andere über uns herfallen.

D: *Du sagtest, dass es Leute gibt, die versuchen, eure Geheimnisse zu lüften?*

K: Ja, es gibt solche, die uns gegen diejenigen einsetzen wollen, die sie nicht mögen. Sie wissen, dass unsere Macht groß ist.

D: *Es wäre schlimm, wenn diese Leute eure Macht ausnutzen würden, oder?*

K: Das wäre ein Gräuel. Uns wird beigebracht, dass wir uns umbringen müssen, wenn wir erwischt werden, wenn es keinen anderen Weg gibt. Damit wir nicht benutzt werden können.

D: *Glaubst du, dass sie die Macht auf eine gute Weise nutzen könnten?*

K: Nein. Wie kann etwas Niederträchtiges lernen, etwas Reines zu benutzen, wenn es nichts als Niedertracht in sich hat?

D: *Aber wenn du erwischt werden würdest, könnten sie dich doch nicht zwingen, etwas zu sagen, oder?*

K: Vielleicht haben wir Angst, dass sie zum Teil wissen, was wir sind, und sie könnten dieses wenige Wissen, das sie haben, gegen uns verwenden und uns vielleicht zum Reden bringen. Dieses Risiko dürfen wir nicht eingehen.

D: *Du könntest sie täuschen. Du müsstest ihnen nicht die Wahrheit sagen. Sie würden den Unterschied nicht erkennen.*

K: So ist das Gesetz. Wenn man sich nicht selbst tötet, wird man von denen aus seinem Kreis getötet, weil man den Glauben verloren hat.

D: *Ich verstehe, dass du deshalb das Gefühl hast, dass du mir manche Dinge nicht sagen kannst. Ich bin aber kein Feind, ich bin nur jemand, der mit dir spricht. Das weißt du, nicht wahr?* (Ja) *Du hast nicht das Gefühl, dass ich dir etwas antun würde, oder?*

K: Ich fühle das nicht, aber wie kann ich das den anderen erklären, wenn sie mich fragen?

D: *Ja, ich verstehe. Dann ist es besser, das Risiko nicht einzugehen. Nein, du musst mir nichts sagen, wenn du das Gefühl hast, dass du es nicht darfst. Obwohl ich dir versichern kann, dass es für dich komplett sicher ist, dich mit mir zu unterhalten. Haltet ihr euch einfach von den Leuten fern, die euch schaden wollen?*

K: Ja. Wir halten uns so weit wie möglich von ihnen fern.

D: *Wie sehen sie aus? Woran kann man sie erkennen?*

K: Sie sind groß und tragen seltsame Kleidung. Und sie haben Speere und marschieren. Sie sind Kriegsleute.

D: *Gibt es sie in der Nähe eures Aufenthaltsortes?*

K: Wir haben hier keine gesehen. Aber es heißt, sie sind schon eine Tagesreise entfernt gesichtet worden.

D: *Was machen sie auf dem Land?*

K: Die Dame sagt, dass sie kommen, um zu erobern.

D: *Dann wollen wir nicht, dass solche Leute deine Geheimnisse erfahren.*

Sie fing wieder an zu husten. Ich dachte, dass es gereicht hatte, sie von den fliegenden Pollen wegzubringen, um den Husten zu lindern.

D: *Warum hustest du?*

K: Es ist etwas, das ich aus mir ... ausleite. Es ist ... lass es mich erklären. Wenn man die Energien nimmt und benutzt, um zu heilen, was in einer anderen Person ist, nimmt man es auf sich. Und ich fange gerade erst an, es auszuleiten.

D: *Dann hast du jemanden geheilt und einen Teil dessen, was mit ihm nicht in Ordnung war, in dich aufgenommen. Ist es das, was du meinst?* (Ja) *Gibt es eine Möglichkeit, zu heilen, ohne einen Teil der Krankheit zu übernehmen?*

K: Es gibt Menschen, die höher stehen als ich, die diese Fähigkeit haben, aber diese Empathie ist einfach ein Teil dessen, was ich bin.
D: *Ich dachte, du könntest dich vielleicht schützen, damit du nicht einen Teil ihrer Krankheiten übernimmst.*
K: Irgendwann, ja. Aber ich lerne immer noch.
D: *Es ist gut, dass du bereit bist, es auf dich zu nehmen. Aber dann musst du es auch ausleiten. Ich habe mich schon gefragt, warum du so hustest.*

Ich hatte den Eindruck, dass wir hier genug gelernt hatten, also ließ ich sie zu einem anderen wichtigen Tag in ihrem Leben weitergehen. Als ich mit dem Zählen fertig war, zeigte ihr Gesicht deutlich, dass etwas nicht stimmte.

K: Ich wurde ... zum Heilen geschickt. (Sie schien verängstigt.)
D: *Wo bist du?*
K: In einem Zimmer ... und sie haben die Tür abgeschlossen!
D: *Wer hat die Tür abgeschlossen?*
K: Die Leute, die hier sind. Das war ein Trick!
D: *Oh? Du meinst, diese Leute sind nicht wirklich krank?* (Nein*) Aber du dachtest, es sei sicher? Es sei in Ordnung, dorthin zu gehen?*

Sie ließ sich mit ihrer Antwort viel Zeit. Ihre Angst war offensichtlich.

K: Es ist eine Hütte. Wir waren schon einmal hier. Und ... sie haben sie getötet! Sie haben die Menschen getötet, die hier lebten.
D: *Wer sind die Leute, die die Tür verschlossen haben?*
K: Sie sind ... sie müssen Fremde sein. Sie sprechen miteinander. Ich kann sie hören.

Ich wusste nicht, ob sie schon dabei war, etwas zu erleben, aber sie hatte definitiv Angst.

D: *Was glaubst du, was passieren wird?*

K: (Ihre Stimme klang angestrengt.) Ich muss sterben! Ich will es nicht, aber ich muss!
D: *Warum? Worüber reden sie?*
K: Ich weiß es nicht. Ich kann sie nicht verstehen. Sie sprechen in ihren seltsamen Worten.

Hier begann etwas Ungewöhnliches zu passieren, das mich beunruhigte. Sie holte tief Luft und hörte auf zu sprechen. Sie schien in etwas verwickelt zu sein, das ich nicht verstand. Sie legte ihre Hände über ihrem Solarplexus zusammen. Die Finger und Daumen berührten sich und zeigten nach außen, die Arme und Handballen ruhten auf dem Solarplexus. Dieselbe Position hatte sie mir schon einmal gezeigt, als sie beschrieb, wie sie die Energie auf die Eingeweihten richtete. Dieses Mal schien es anders zu sein. Irgendetwas stimmte nicht. Sie war zu angespannt. Ich fühlte mich unwohl. Sie konzentrierte sich stark auf etwas und ihre Atmung begann sich zu verändern. Ich hatte das Gefühl, dass die Persönlichkeit sich etwas antat. Sie hatte gesagt, dass sie sich umbringen müsste, falls sie gefangengenommen würde. War die Macht der Druiden so stark, dass sie Kontrolle über ihr eigenes Leben und ihren Tod hatten? Ich wusste es nicht, und ich wollte es auch nicht herausfinden. Es heißt, dass das Unterbewusstsein die Person selbst in diesem tiefen Zustand der Hypnose schützt und dass sie nie in Gefahr ist. Aber die intensive Anstrengung, mit der sie sich konzentrierte, und die Veränderung ihrer Atmung machten mich unruhig. Ich befürchtete, dass die Druidin vielleicht so mächtig war, dass sie Karens aktuellem Körper Schaden zufügen konnte, ohne es wirklich zu wollen, so wie sie ihr Leben im achten Jahrhundert zerstört hatte. Ist das möglich? Ich weiß es nicht, aber ich wollte es nicht riskieren, derartige Macht zu testen. Die Woche zuvor hatte sie eine enorme Energie hervorgebracht, die sie von der anderen Persönlichkeit übernommen hatte. Ich hielt es für sicherer, sie aus der intensiven Konzentration und auch aus der Situation zu holen. Vorsicht ist besser als Nachsicht.

D: *Okay. Ich zähle bis drei, dann kannst du diese Situation verlassen und mir erzählen, was passiert ist. So wird es angenehmer sein, nicht wahr? (Keine Antwort) (Ich bestand darauf.) Wird es so angenehmer sein? (Ja) (Endlich hatte ich ihre Konzentration gebrochen.) Okay. Ich zähle bis drei, dann ist es vorbei, und du kannst auf das Erlebnis zurückblicken und beschreiben, was passiert ist, ohne dass du involviert bist. Ich glaube, das wird viel angenehmer sein. 1, 2, 3, was auch immer passiert ist, ist bereits geschehen, und du kannst ohne jegliche emotionale Beteiligung darauf zurückblicken. Sprich objektiv darüber.*

Ich war sehr erleichtert, als sie ihre Hände senkte und wieder begann, normal zu atmen.

D: *Kannst du mir sagen, was passiert ist?*
K: Es wurde beschlossen, dass die beste Methode, dieses Leben zu beenden, darin besteht, einfach aufzuhören zu funktionieren.
D: *Hattest du die Macht, das zu tun? (Ja)*

Bei den Worten »aufhören zu funktionieren« bekam ich Gänsehaut. Ich glaube, ich traf die richtige Entscheidung, sie aus ihrer Konzentration herauszuholen. Andere sagten mir später, dass wahrscheinlich nichts passiert wäre, aber sie waren nicht dabei gewesen. Ich glaube, es wäre zu riskant gewesen, es herauszufinden. Ich versuche in solchen Fällen immer, meinem Instinkt zu folgen. Die Sicherheit der Person steht an erster Stelle. Karen und ich waren während dieser Sitzung die Einzigen im Haus. Ich hatte nicht den Vorteil, dass Harriet mich mit ihrer Erfahrung und ihrem Rat leiten konnte. Dies war das einzige Mal in dreißig Jahren Erfahrung, dass ich mich in einer Situation wiederfand, die mir Angst machte und mich daran zweifeln ließ, sie bewältigen zu können. Offenbar besaß die Druidin große Macht, und ich bin froh, dass ich nicht erleben musste, wie weit diese Macht reichte. Jetzt, da sie außer Gefahr war, entspannte ich mich und versuchte, meine Fassung wiederzuerlangen, während ich fortfuhr.

D: *Glaubst du, das waren die Leute, die dir wehtun wollten? Um zu versuchen, deine Macht zu nutzen?*
K: Sie wünschen sich Wissen, ja.

D: Aber du konntest ihre Sprache nicht verstehen. Wie hätten sie dich dazu bringen können, ihnen Geheimnisse zu verraten?
K: Am Anfang sprachen sie die Sprache der Menschen hier. Sie wussten also, wie man diese Sprache spricht, aber ich konnte sie nicht verstehen, als sie sich untereinander unterhielten.
D: Glaubst du, dass sie etwas getan hätten, um dich dazu zu bringen, deine Geheimnisse preiszugeben?
K: Sie hätten es versucht. Ich wollte nicht scheitern, wenn sie es versucht hätten, also habe ich das Problem beseitigt.
D: Du hast einfach aufgehört zu funktionieren?
K: Ja. Sie waren sehr wütend. Sie konnten den Gedanken nicht ertragen, dass ihnen die Möglichkeit, diese Macht zu haben, entrissen worden war. Sie suchten nach einer Waffe, und sie dachten, dass ich vielleicht Gift genommen hatte.
D: Aber du hattest keine Wahl, oder?
K: Ich konnte den Gedanken nicht ertragen, unter dem Druck, den sie ausüben würden, zusammenzubrechen. Niemals wieder hätte ich dann mit meinen Freunden zusammen sein und meine Dame verehren können. Deshalb hatte es keinen Sinn, dieses Leben weiterzuführen.
D: Dann hast du das Gefühl, dass es richtig war, was du getan hast. Andere haben das Gleiche getan. (Ja) In diesem Fall war es das Einzige, was du tun konntest. Siehst du jetzt, nachdem du den Körper verlassen hast, irgendwelche deiner anderen Freunde?
K: Ja, sie sind bei mir.
D: Oh, das ist gut. Du wirst noch eine Weile mit ihnen zusammen sein. Manchmal passieren Dinge, die uns nicht gefallen, die wir nicht tun wollen, aber das sind Dinge, die wir nicht kontrollieren können. Ich glaube, du warst ein sehr tapferer Mensch. Ein sehr guter Mensch. Du hattest viel Wissen. Du wolltest nur nicht, dass es auf die falsche Weise benutzt wird. Dass es in die falschen Hände gerät.
K: Wir streben nach Wissen, um es für das Gute zu nutzen. Und wir schwören einen Eid, damit diese Macht nicht in die Hände derer fällt, die von Habgier oder Bosheit geleitet werden, denn genau das brachte die Väter meines Volkes vor langer Zeit zu Fall. Das ist es, was wir schwören.

D: Ja, es kann auf keinen Fall auf eine schlechte Art und Weise verwendet werden. Du bist ein sehr edler Mensch, ein sehr guter Mensch.

Ich ließ Karen die Szene verlassen und weitere hundert Jahre in die Vergangenheit gehen. Sie landete im Leben des reisenden Minnesängers, das in einem anderen Kapitel dieses Buches behandelt wird. Die Erfahrung hatte keinerlei bleibenden Auswirkungen auf sie. Sie ließ das Leben der Druidin einfach hinter sich.

Kapitel 2
Die Druidin, Teil 1 (Bernadine)
(Aufgenommen am 9. Februar 1984)

Ich hatte einige Male mit Bernadine zusammengearbeitet, um die Ursache für das entstellende Leiden zu finden, das sie seit ihrer Jugendzeit hatte. Es war eine Krankheit, die ihr fast ständig Schmerzen bereitete, aber sie hatte sich erstaunlich gut angepasst und gelernt, damit zu leben. Sie wusste, wie man die Schmerzen durch kontrollierte Gedanken in den Griff bekam, und führte ein normales Leben, war aber auch in der Metaphysik sehr bewandert und eine versierte Astrologin. Später erfuhr ich, dass es Scalara (phonetisch im Englischen) genannt wurde. Wir konnten es mit einem parallelen Leben verbinden, in dem sie ein deutscher Soldat während des Zweiten Weltkriegs gewesen war.

** Wir hoffen, dass wir bei unseren Recherchen in Dolores' Akten auch die vielen anderen Geschichten finden, in die sie bei ihrer Arbeit mit diesen Menschen eingetaucht ist. Wie man sich vorstellen kann, gibt es viele! **

In dieser Sitzung wollten wir andere Leben erkunden, die hoffentlich nichts mit Bernadines Krankheit zu tun hatten. Sie fand in ihrer Wohnung in Fayetteville statt.

Ich wandte eine Methode an, die ich heute nicht mehr verwende. Ich bat sie, in einem großen Fotoalbum ein Foto zu suchen, das im aktuellen Leben aufgenommen wurde, und sich dann daran zu erinnern, was zu der Zeit geschah. Diese Methode funktioniert gut, wenn man jemanden im aktuellen Leben zurückführt. Ich glaube, wir hatten nach dem Zeitpunkt gesucht, an dem die Entstellung zum ersten Mal aufgetreten war.

D: *Zwölf Jahre alt. Ein glücklicher Tag. Kannst du so ein Bild finden? (Mhm.) Sag mir, wie es aussieht.*

B: Oh, sie machen ein Foto von der Familie. Wir stehen draußen beim Auto. Und ich habe meine Haare in Locken auf dem Kopf. (Kichern) Es sieht aus wie auf Lockenwicklern, nur dass es einfach große Locken sind. Und ich will eigentlich gar nicht fotografiert werden.

D: *Du freust dich nicht darüber?*

B: Ich mag es einfach nicht, wenn Fotos gemacht werden. Aber sie zwingen mich, trotzdem mitzumachen. Und ich lehne mich auf das Auto ... auf das Ende. Ich stehe an einem Ende, zusammen mit dem Rest der Familie.

D: *Und das geschah an dem Tag, an dem dieses Bild aufgenommen wurde?*

B: Mhm, und wir hatten Verwandte zu Besuch. Deshalb wollten sie das Foto machen. Da sind meine Oma und mein Opa.

D: *Aber du warst nicht glücklich darüber.*

B: Ich wollte einfach nicht, dass ein Foto von mir gemacht wird.

D: *Okay. Dann hör auf, dieses Bild anzusehen. Blättere noch ein bisschen weiter und suche ein anderes Bild von dir, als du etwa fünf Jahre alt warst. An einem glücklichen Tag. Kannst du dich finden?* (Mhm) *Wie sieht das Bild aus?*

B: Ich bin barfuß. Es ist auf einem Zeltlager-Treffen. Und meine Haare sind ganz kurz geschnitten, wie ein ... Bob.

D: *Ist noch jemand auf dem Bild?*

B: Mhm. Da ist ein junger Mann. Ich glaube, er war der Prediger, oder der Sohn des Predigers, oder etwas in der Art.

D: *Etwa in deinem Alter, oder wie?*

B: Nein. Er muss zwanzig sein oder so etwas in der Art.

D: *Oh. Nur ihr beide auf dem Bild?* (Mhm) *Und du hast gesagt, du bist barfuß.*

B: Mhm. Ich habe ein kurzes Kleid an. Es ist... (kichert) Ich habe Unterhosen darunter, die Mama passend zum Kleid gemacht hat.

D: *(Kichern) Ich wette, du bist ein süßes kleines Mädchen.*

B: Ich denke schon. Ein bisschen grantig, denke ich.

D: *(Kichern) Okay. Lass uns noch ein paar Bilder anschauen. Lass uns ein Bild von dir finden, als du noch ein Baby warst. In dem Album gibt es bestimmt auch Babyfotos. Kannst du ein Babyfoto für mich finden? (Ja) Okay. Wie sieht es aus?*
B: Na ja, wie jedes Baby, denke ich.
D: *Gibt es noch etwas anderes auf dem Bild?*
B: Meine Mutter. Ich sitze auf ihrem Schoß.
D: *Ist sie die einzige andere Person auf dem Bild?*
B: Nein, meine Schwester ist neben ihr. Nur wir drei.
D: *Eine ältere Schwester?*
B: Mhm. Wir waren damals nur zu zweit.
D: *Oh. Ihr wart der Anfang einer großen Familie, nicht wahr?*
B: Neben der ältesten.
D: *Da bist du noch ein kleines Baby auf dem Bild.*
B: Mhm. Das ist komisch. Es sieht so aus, als ob ich dunkles Haar hätte. Ich glaube nicht, dass ich dunkles Haar hatte.
D: *Du glaubst, du hattest helles Haar?*
B: Ich denke schon. Ich dachte immer, ich hatte es.
D: *Aber auf dem Bild ist es dunkel?*
B: Mhm. Es ist schwarz-weiß.
D: *Aber das ist ein Bild von dir, als du ein kleines Baby warst.*
B: Ich sehe irgendwie aus wie mein Papi.
D: *Nun, in diesem Fotoalbum sind viele, viele Bilder. Viele, viele Seiten. Ich möchte, dass du noch ein paar Seiten umblätterst. Lass uns zu der Zeit zurückgehen, als du noch ein kleines Baby warst, und schauen, was du sehen kannst, wenn wir weiter zurückgehen. Es gibt viele, viele Seiten und viele, viele Bilder. Finde eines, das für dich wichtig ist. Und wenn du dieses Bild gefunden hast, halte inne und schau es dir an. Ein Bild, das für dich wichtig ist. Damals, als du noch ein kleines Baby warst. Du siehst vielleicht anders aus. Du denkst vielleicht nicht, dass es dasselbe ist. Aber du wirst es wissen, wenn du es findest. Ein Bild, das wichtig ist. Lass mich wissen, wenn du es gefunden hast.*
B: *(Seufzen)* Was ich immer sehe, ist ...
D: *Was?*
B: Was ich immer wieder sehe, ist ... meine schwangere Mami.
D: *Ist deine Mutter schwanger?*

B: Sie ist schwanger. Ich glaube, mit mir. Sie und Daddy und ein anderes Paar.

D: *Du schaust es dir an? Siehst du dir das Bild an?* (Mhm) *Sieht sie jung aus?*

B: Ja. Hübsch.

D: *Okay. Ich werde dir jetzt ein paar Fragen stellen. Und du wirst die Antworten wissen. Sie werden direkt in dein Bewusstsein kommen, und du wirst die Antworten auf die Fragen kennen. Ist deine Mutter zu diesem Zeitpunkt mit dir schwanger?* (Ja) *Siehst du zu oder bist du im Körper? Welches Gefühl hast du dabei?* (Lange Pause)

B: Ich bin nicht ... Es ist ein Körper da drin, aber ich bin noch nicht drin.

D: *Kannst du den Körper sehen oder weißt du es einfach?*

B: Beides.

D: *Hast du den Eindruck, dass du beobachtest, oder was für ein Gefühl hast du?*

B: Es ist komisch. Es ist, als ob ich da drin bin und auch hier draußen.

D: *An zwei Orten auf einmal?* (Mhm) *Versuch mal zu beschreiben, wie sich das anfühlt.*

B: Ich weiß, dass ich das bin, aber ich bin noch nicht ganz da. Es ist, als ob ich weiß, dass ich dort sein werde. Und doch möchte ich auch hier draußen bleiben. Ich bin mir nur nicht ganz sicher, ob ich das will.

D: *Warum bist du dir nicht sicher?*

B: Ich glaube nicht, dass ich noch einmal ein Baby sein möchte.

D: *Ist der Körper weit entwickelt?*

B: Ziemlich. Er hat Finger und Zehen. Und das Herz schlägt.

D: *Bist du schon mal in den Körper eingetreten oder hast du die ganze Zeit zugeschaut?*

B: Oh, das habe ich schon gemacht. Ich will nur nicht bleiben. Es ist alles sehr eingeschlossen. Es ist wie ein Gefängnis.

D: *Das kann ich verstehen.*

B: Ich möchte wissen, was draußen vor sich geht.

D: *Was hast du vor zu tun?*

B: Ich muss bald reingehen und bleiben.

D: *Ist es in Ordnung, draußen zu bleiben und zuzusehen?*

B: Nicht allzu lange. Ich glaube, sie wollen, dass ich reingehe und bleibe.
D: *Wer will das?*
B: Sie. Die anderen, die mich geschickt haben.
D: *Weißt du, wer sie sind?*
B: Die Weisen.
D: *Du sagtest, sie haben dich geschickt. Kannst du mehr dazu sagen?*
B: Jetzt nicht. Es ist bereits entschieden.
D: *Hattest du vorher etwas dazu zu sagen?*
B: Ich glaube schon. Ich glaube, ich habe beschlossen, dass es an der Zeit war. Ich wollte nur dieses Mal kein Mädchen sein.
D: *Oh. Warum nicht?*
B: Ich wollte es einfach nicht. Ich wäre lieber ein Junge gewesen.
D: *Hat jemand diese Entscheidung für dich getroffen?*
B: Sie haben mir gesagt, dass ich es tun muss.
D: *Gibt es etwas, das du als Mädchen dieses Mal lernen musst?*
B: Ja. Ich will es trotzdem nicht tun.
D: *Haben sie dir gesagt, dass du es tun musst? Es gibt keinen Ausweg?*
B: Ich muss es tun.
D: *Hast du eine Idee, weshalb du zurückkommen wirst?*
B: Einige Lektionen lernen, die ich noch nicht gelernt habe. Sich um andere Menschen zu kümmern. Sich zu kümmern.
D: *Glaubst du, das ist etwas, was du letztes Mal nicht getan hast? (Ja) Glaubst du, dass dies die wichtigste Lektion ist, oder gibt es noch andere?*
B: Oh, da gibt es noch mehr. Aber das ist das, was ich vor allem lernen muss.
D: *Aha. Was machst du jetzt gerade?*
B: (Pause) In den Körper gehen. Es ist so verkrampft. Ich mag es nicht, so gefesselt zu sein.

Sie atmete schwer.

D: *Ist es bald Zeit, geboren zu werden?*
B: Ich glaube, noch nicht.
D: *Aber sie haben dir gesagt, dass du drinnen sein musst?*
B: (Unbehagen) Ja, ich soll bleiben.

D: *Es ist etwas, das du erleben sollst.*
B: Ja. (Emotional) Ich möchte weg. Aber das ist eine Sache, die ich lernen muss ... nicht wegzulaufen.
D: *In einer Situation zu bleiben?* (Mhm) *Wie denkt deine Mutter über all das? Weißt du das?*
B: Sie ist sich manchmal nicht ganz sicher.
D: *Kannst du sagen, was sie denkt und fühlt?*
B: Sie will mich, aber sie ist sich über etwas unsicher.
D: *Weißt du, was es ist? (Lange Pause, keine Antwort.) Ist es wichtig, zu wissen, wie sie sich fühlt?*
B: Ich glaube schon.
D: *Wie fühlt sich dein Vater? Weißt du das?*
B: Er will, dass ich ein Junge bin.
D: *Hat er noch andere Kinder?*
B: Ja. Er hat schon ein Mädchen. Und dann hatten sie noch eins, das gestorben ist.
D: *Zwischen dir und dem anderen Mädchen?*
B: Mhm. Das ist etwas, das meine Mutter beunruhigt.
D: *Oh. Vielleicht ist sie deswegen ein bisschen besorgt.*
B: Ich glaube schon.
D: *Aha. Nun, du weißt ja, wie Männer sind. Sie wollen immer Söhne. Das wirst du nicht persönlich nehmen, oder?*
B: Ich möchte auch ein Junge sein!

Ich beschloss, sie zum Zeitpunkt der Geburt gehen zu lassen, damit sie nicht zu viel von der Enge und dem Unbehagen mitbekommen würde. Ich gab ihr auch die Möglichkeit, die Geburt zu beobachten, anstatt sie mitzuerleben. Ich habe in anderen Sitzungen Klienten die eigentliche Geburt miterleben lassen, und das kann eine sehr traumatische Erfahrung sein. Sie verspüren Schmerzen im Kopf- und Schulterbereich und haben Mühe beim Atmen. Oft hat man das Gefühl, zu ersticken und nach Luft zu ringen. Das ist nicht nur für die betroffene Person unangenehm, sondern auch für den Hypnotiseur. In solchen Momenten erinnere ich mich selbst daran, dass sie durch die Erfahrung nicht geschädigt werden, denn sie wurden geboren, sie sind gut angekommen. Ich versuche, jegliches Unbehagen so gut es geht zu lindern. Ich habe festgestellt, dass es der ankommenden Seele überlassen wird, ob sie die eigentliche Geburt miterleben oder im Raum warten will, bis das Baby geboren ist, und dann in den Körper eintritt. In jedem Fall ist es eine Erfahrung, die die Seele machen möchte. Die einzige Regel ist, dass die Seele eintreten muss, wenn das Baby von der Lebenskraft der Mutter getrennt wird und seinen ersten Atemzug macht, oder das Kind wird tot geboren.

D: Ich zähle bis drei, und wenn ich bis drei gezählt habe, bist du am Zeitpunkt deiner Geburt. In dem Moment, in dem du geboren wirst. Und du kannst das ohne jegliche Beschwerden erleben. 1, 2, 3, du bist im Moment deiner Geburt. Kannst du mir sagen, was gerade passiert?
B: Das ist in einem Auto. Und wir fahren ins Krankenhaus. Es ist ein weiter Weg.
D: Sind deine Mutter und dein Vater im Auto? (Ja) Wer fährt?
B: Mein Vater.
D: Wie fühlt sich deine Mutter?
B: Sie ist froh, dass es soweit ist. Sie will es hinter sich bringen. Das will ich auch!
D: Ist es noch weit bis zum Ziel?
B: (Pause) Es ist noch ein bisschen hin.
D: Kannst du mir sagen, was du erlebst? Was du fühlst? Kannst du mir eine Vorstellung davon geben, wie es ist?
B: Ich will ... ich will raus! Ich will aber trotzdem nicht geboren werden.
D: Es ist schwer, beides zu haben, nicht wahr?
B: Es ist, als ob ich ... in zwei Teile gezogen werde.
D: Okay. Lass uns weitermachen, bis wir im Krankenhaus sind. Schafft sie es ins Krankenhaus? Sag mir, was los ist.
B: Gehen irgendwohin. Sie wird mitgenommen. Es wird hart.
D: Hast du das Gefühl, an zwei Orten gleichzeitig zu sein?
B: (Schwer atmend) Nein. Ich bin hier.
D: Du bist geboren?
B: Nein. Ich bin immer noch ... es passiert gerade. Es tut weh.
D: Es wird dich nicht wirklich stören. Entspanne dich einfach. Du wirst nicht wirklich etwas fühlen. Du kannst darüber reden. Es ist

gut, über Dinge zu reden. (Schweres Atmen) Wo wird sie ... wo wirst du geboren?

B: Wir sind im Kreißsaal, glaube ich. Es ist ... viel Lärm. Und helle Lichter.

D: Bist du jetzt draußen?

B: Mhm. (Ein tiefer Atemzug.)

D: Das ist eine Erleichterung, nicht wahr?

B: Ich mag das nicht! (Pause, während sie schwer atmet.) Es ist kalt! Es tut weh!

D: Was tut weh? Du bist geboren, nicht wahr?

B: Ich glaube schon.

D: Warum tut es weh?

B: Überall. Mein Kopf, er tut weh.

Ich gab beruhigende Suggestionen, um die körperlichen Beschwerden zu lindern.

B: Der Arzt musste etwas tun. Ich saß fest.

D: Und das war der Grund für die Unannehmlichkeiten?

B: Teilweise.

D: Fühlt es sich jetzt besser an?

B: Mhm. Es ist immer noch kalt! Ich wünschte, sie würden mich in Ruhe lassen!

D: Was machen sie?

B: Sie haben mich auf den Kopf gestellt. Sie haben mir einen Klaps gegeben. Und sie ... wollten mich einfach nicht in Ruhe lassen.

D: Werden sie etwas tun, damit dir nicht kalt ist?

B: Ich hoffe es. Sie haben mich von meiner Mutter weggenommen. Das gefällt mir nicht.

D: Wo ist deine Mutter?

B: Sie liegt da drüben auf dem Tisch.

D: Weiß sie, was hier los ist?

B: Das glaube ich nicht. (Unverständliches Nuscheln)

D: Nun, sie werden dich wahrscheinlich zu deiner Mutter zurückbringen. Es gibt all diese Dinge, die sie zuerst tun müssen, nicht wahr?

B: Ich mag es nicht, geboren zu werden. Ich möchte zurückgehen!

D: *Wohin?*

B: Weg von hier!

D: *Wohin möchtest du zurückgehen?*

B: Zu den anderen.

D: *Hat es dir dort gefallen? (Ja) Aber das hier ist etwas, das du tun musst, oder?*

B: Mhm. Ich schaue jetzt zu.

D: *Was siehst du?*

B: Mich und meine Mutter.

D: *Was geschieht?*

B: Oh, sie machen immer noch mit mir herum. Ich ... war eine Weile weg. Ich muss aber wieder zurückgehen.

D: *Wo ist deine Mutter jetzt?*

B: Sie machen etwas mit ihr. Und sie ist froh, dass es vorbei ist. Es ist alles in Ordnung mit ihr. Es ist gut, dass ich ein Mädchen bin.

D: *Das macht ihr doch nichts aus, oder?*

B: Sie ist einfach froh, dass ich hier bin. Ich kann mich immer noch nicht daran gewöhnen.

D: *Magst du es lieber, wenn du zusehen kannst? Statt das Baby zu sein? (Mhm) Diese Menschen, die dich gezeugt haben, hast du sie schon einmal gekannt? (Ja) Deine Mutter und deinen Vater?*

B: Beide.

D: *Weißt du, was Karma ist?*

B: Warum ich gekommen bin?

D: *Gibt es etwas, wie z.B. Karma, von dem du glaubst, dass es der Grund ist, warum du zu diesen Menschen gekommen bist? (Ja) Glaubst du, du kannst mir davon erzählen? Es mir erklären? (Pause, keine Antwort. Sie war sehr entspannt. Vielleicht müde von der Geburt.) Warum gerade diese Leute? Gab es einen Grund? (Ja) Sag ihn mir. (Pause) Es ist in Ordnung, jetzt darüber zu sprechen. Wenn du älter wirst, vergisst du es vielleicht. Und du kannst es mir jetzt sagen, bevor die Erinnerung gelöscht wird.*

B: (Pause) Hmmm. Ich sehe meine Großmutter.

D: *Ist sie da?*

B: Sie ist involviert. Es ist die Mutter meines Vaters. Ich sehe sie. Sie ist ... sie war mal meine Mutter. Und er war mein Bruder. Und er ... er hat mir etwas angetan. (Pause) Etwas Schlimmes.

D: *Oh? Es wird dich nicht stören, darüber nachzudenken. Manchmal ist es so besser zu verstehen. Dein Vater war in einem anderen Leben dein Bruder?*

B: Mhm. Da ist noch etwas anderes. (Sanft) Er muss sich um mich kümmern.

D: *Wird er auf diese Weise ausgleichen, was er dir angetan hat?*

B: Teilweise. Er kümmert sich dieses Mal auch um viele andere Leute. Und ich ... ich soll das beobachten. Ich soll von ihm lernen.

Bernadines Vater war in diesem Leben ein evangelischer Pfarrer.

D: *Glaubst du, dass es eher sein Karma ist als deines?*

B: Ich glaube schon. Ich glaube schon.

D: *Was ist mit deiner Mutter? War sie in dieselbe Situation verwickelt?*

B: Etwas anderes.

D: *Kannst du erkennen, wie es bei deiner Mutter war?*

B: (Pause) Es wurde auf der anderen Seite entschieden. Ich habe zugestimmt, dieses Leben mir ihr zu teilen. Sie soll mich lehren. Und mir bei dem helfen, was ich zu tun habe. Das geht weit zurück. Sehr weit zurück. Ich sehe uns in langen Gewändern. (Ihre Stimme war so leise, dass ich sie kaum verstehen konnte.) Es ist eine Gruppe von Frauen. Wir tragen alle weiße Gewänder. Wir beschäftigen uns mit Dingen, die andere Menschen nicht verstehen.

D: *Was meinst du damit, dass andere Leute das nicht verstehen?*

B: Manche Leute nennen es »religiöse Praktiken«. Aber es sind einfach nur Naturgesetze, die sie nicht verstehen. Sie haben sie vergessen. Sie ist die Priesterin. Sie ist die weise Frau. Sie unterrichtet den Rest von uns.

D: *Wo bist du? In einem Gebäude?*

B: Meistens im Freien. Wir sind auf einer Insel.

D: *Gibt es einen Namen für das, was ihr seid?*

B: (Pause) Wir heißen ... (Sie hatte Schwierigkeiten, den Namen auszusprechen.) Drue ... Drue ... (Sie versuchte offensichtlich, Druide oder Druidin zu sagen.)

Ich hatte das verblüffende Gefühl, dass sie von der gleichen Gruppe sprach, von der Karen im Jahr zuvor gesprochen hatte. Wie konnte ich nun Fragen stellen und eine Bestätigung erhalten, ohne sie zu beeinflussen? Ich würde vorsichtig vorgehen müssen. Bernadine und Karen kannten sich, aber Bernadine war viel älter, ungefähr in meinem Alter.

D: Seid ihr immer auf der Insel?
B: Nein. Nicht immer.
D: Warum kommt ihr auf die Insel?
B: Es ist unser heiliger Ort.
D: Was macht ihr, wenn ihr auf der Insel seid?
B: Wir haben Zeremonien. Und sie hat Kontakt mit den Meistern.
D: Habt ihr eine bestimmte – ähm, »Person« oder einen »Gott«, den ihr verehrt? Wäre das das richtige Wort? (Pause) Wenn ihr eure Zeremonien abhaltet?
B: Es ist alles.
D: Es ist was?
B: Das Alles.
D: Gefällt es dir dort mit ihr und den anderen?
B: Oh, ja.
D: Seid ihr schon sehr lange dort?
B: Ich nicht. Die anderen, einige von ihnen, schon. Ich bin neu, jung, im Vergleich zu einigen der anderen. Ich lerne erst.
D: Woher kommst du? Wie bist du zu dieser Gruppe gekommen?
B: Sie haben mich gefunden.
D: Hattest du keine Familie?
B: Früher.
D: Was meinst du damit, sie haben dich gefunden?
B: Meine Mutter und mein Vater wurden getötet.
D: Und dann haben sie dich mitgenommen? (Ja) Nun, wenn ihr nicht auf der Insel seid, wo lebt ihr dann?
B: An verschiedenen Orten.
D: Ihr habt keinen festen Wohnort?
B: Nein. Es gibt mehrere Orte, an die wir gehen. Wir gehen dorthin, wo die Dinge wachsen, die wir brauchen. Manchmal müssen wir uns verstecken, weil es Leute gibt, die uns nicht mögen.

D: *Wer sind die Leute, die dich nicht mögen?*
B: Die Richter.
D: *Wo leben diese Menschen?*
B: In den Städten. Wir halten uns von den Städten fern.
D: *Warum mögen sie euch nicht?*
B: Sie sagen, wir benutzen Magie.
D: *Sie sind ignorant, nicht wahr? (Ja) Sie verstehen es einfach nicht. Gibt es auch Männer in eurer Gruppe? (Nein) Ich habe gehört, dass es einige Männer gibt, die Druiden sind.*
B: Es gibt einige andere Gruppen. Aber in unserer Gruppe gibt es keine.
D: *Nur Frauen?*
B: Ja, in der, in der ich bin.
D: *Gibt es viele in eurer Gruppe?*
B: Das ändert sich. Manchmal sind wir nur ein paar wenige. Manchmal mehr. Einige gehen an andere Orte. Manche bleiben länger auf der Insel.
D: *Wie kommt man auf die Insel?*
B: Es gibt einen Weg. Nicht immer. Wenn wir gehen, gibt es einen Weg.
D: *Fährst du mit einem Boot? (Ich fragte dies absichtlich, um nichts zu suggerieren.)*
B: Manchmal muss man mit einem Boot kommen. Aber wir gehen, wenn es ... ich will sagen, wir gehen manchmal rüber. Manchmal gibt es dort Wasser und man kann dort nicht gehen.
D: *Du meinst, das Wasser ist nicht immer da?*
B: Nein. Es ist nicht immer eine Insel. Man muss wissen, wann und wohin man gehen muss.

Hier änderte sich ihre Stimme und die Art und Weise, wie sie die Reihenfolge der Worte gestaltete. Es war offensichtlich, dass sie sich völlig in die Persönlichkeit des anderen Wesens hineinversetzt hatte.

D: *Manchmal verdeckt das Wasser den Weg, den man gehen muss?*
B: Ja. Sehr oft.
D: *Woher weiß man, wann man überqueren darf?*

B: Die Hohepriesterin weiß es immer. Ich habe diese Dinge noch nicht gelernt.
D: *Gefällt es dir dort?*
B: Ja. Es gibt viel zu lernen.
D: *Magst du die anderen Frauen, die mit dir zusammen sind?*
B: Natürlich. Warum sollte ich das nicht?
D: *Nun, ich habe mich das einfach gefragt. Gibt es Frauen, mit denen du dich angefreundet hast? (Ja) Kennst du ihre Namen? Von denjenigen, mit denen du besonders befreundet bist? Wer war hilfsbereit? (Pause, hatte Schwierigkeiten.) Kannst du dich an ihre Namen erinnern?*

Ich war auf der Suche nach einer Verifizierung für Karen. Selbst, wenn es sich um dieselbe Gruppe handelte, konnte es natürlich sein, dass sie vor oder nach Karens Zeit dort gewesen war. Wir können nicht wissen, wie lange die Gruppe aktiv war. Es ist dennoch bemerkenswert, dass sie beide offenbar dieselbe Zeit und denselben Ort beschrieben.

B: (Pause, hatte Schwierigkeiten.) Lu-reen (phonetisch).
D: *Wie heißt du? (Pause) Fällt dir der Name ein?*
B: (Ich hatte Verständnisschwierigkeiten und ließ sie es einige Male wiederholen.) Liena (phonetisch: Li-en-a).
D: *Ja, manchmal ist es schwer, sich an Namen zu erinnern.*
B: Ich danke dir.
D: *Keine Ursache. Gibt es dort, wo ihr eure Zeremonien auf der Insel abhaltet, einen Altar? (Ja) Wie sieht der Altar aus?*
B: Es ist Stein.
D: *Hat er eine bestimmte Farbe?*
B: Weiß.
D: *Ist irgendetwas daran anders?*
B: Ich weiß nicht. Anders als was?
D: *Nun, ich weiß es nicht. Als gewöhnliche Steine, die man in den Feldern findet. Auf dem Land.*
B: Es ist weiß.
D: *Verwendet ihr diesen Altar bei euren Zeremonien?*
B: Die Hohepriesterin, ja.

D: Trägst du irgendeine Art von ... ich möchte »Schmuck« sagen, oder irgendeine Art von religiösen Gegenständen an deinem Körper?
B: Einen Gürtel. Was ich trage, ist anders als das, was die Priesterinnen tragen. Die Hohepriesterin trägt eine Kette um ihren Hals. Sie ist ziemlich groß. Sie hat ... ich weiß nicht, wie man das nennt.
D: Wie sieht es aus?
B: Ein Juwel.
D: Oh. Ich wette, es ist wunderschön.
B: Das ist es.
D: Haben die anderen auch so etwas um ihren Hals?
B: Nicht wie ihres.
D: Das ist ein schöner Ort, nicht wahr? (Ja) Und es sind auch freundliche Leute, nicht wahr?
B: Ja, das sind sie.
D: Wäre es in Ordnung, wenn ich irgendwann wiederkomme und mit dir spreche?
B: Ich glaube schon.
D: Du hast keine Einwände dagegen? (Nein) Ich bin nur neugierig und stelle gerne Fragen. Ich habe keinerlei böse Absichten. Okay. Lass uns diese Szene jetzt verlassen.

Sie wurde zurück in die Gegenwart geholt und orientierte sich. Als Bernadine aufwachte, erinnerte sie sich an nichts von der Sitzung. Wir sprachen über alles, und sie konnte sowohl die Verbindung zu ihrer Mutter sehen als auch die Nähe, die sie zu Karen empfand. Sie schien zu glauben, dass die Gürtel, die die Leute trugen, verschiedene Farben hatten, wobei jede Farbe deren Rang verkörperte.

Kapitel 3
Die Druidin, Teil 2 (Bernadine) (Aufgenommen am 4. April 1985)

Es dauerte über ein Jahr, bis wir uns wieder der Geschichte der Druidin widmen konnten, die ich mit Karens ähnlicher Geschichte zu verbinden versuchte. An dem Tag, an dem wir die folgende Sitzung durchführten, ging es in erster Linie darum, Bernadine von ihren Schmerzen zu befreien. Obwohl sie sehr daran gewöhnt war, mit diesen Schmerzen umzugehen, gab es Tage, an denen sie unerträglich wurden und die einzige Lösung darin bestand, ins Bett zu gehen. Die Schmerzen traten dann vor allem in ihrem linken Auge und auf dieser Seite des Kopfes auf. In derartigen Phasen konnte sie kein Licht mehr ertragen. Sie setzte sich dann eine Augenklappe oder Augenmaske auf, schaltete das Licht im Schlafzimmer aus und ging ins Bett. An diesem Tag wollten wir es mit Hypnose versuchen, ihr Erleichterung zu verschaffen. Während sie hypnotisiert sein würde, wollten wir zudem versuchen, wieder mit der anderen Persönlichkeit Kontakt aufzunehmen. Unser wichtigstes Anliegen war jedoch, die Schmerzen zu lindern. Nachdem ich ihr Schlüsselwort ausgesprochen hatte, gab ich ihr die Suggestion, dass ihr Auge in kühlem Wasser gebadet werden würde; ein sehr beruhigendes Gefühl. Ich wusste, ich würde sie sorgfältig beobachten müssen, um sicherzustellen, dass die Beschwerden während der Sitzung nicht wieder auftraten. In dem Fall würde ich die beruhigenden und schmerzlindernden Suggestionen verstärken. Es war jedoch schwierig, ihre Körperzeichen vollständig zu überwachen, denn wegen der Augenmaske konnte ich die REMs, oder Augenbewegungen, nicht sehen. Ich musste mich auf andere Anzeichen verlassen.

D: *Ich zähle jetzt bis drei, und dann reisen wir zurück durch Zeit und Raum.*

Ich brauchte ihr gar nicht zu sagen, wohin sie gehen sollte. Am Ende des Zählens befand sie sich bereits in einer anderen Zeit. Vielleicht war sie so eifrig, um dem Unbehagen, das ihr Körper empfand, zu entkommen. Jedenfalls tauchte sie sofort in die andere Persönlichkeit ein. Ich fragte sie, was sie sah.

B: Einen Baum. Einen kleinen Baum. Es muss ein Schössling sein. Nicht sehr groß. Aber größer als ich es bin. Er hat noch keine Blätter. Er hat ein paar kleine Äste.
D: *Wo ist dieses Bäumchen?*
B: Hm. Es ist hier draußen, ganz allein. Ich weiß nicht genau, wo.
D: *Was ist das Besondere an dem Bäumchen?*
B: Es hat medizinische Eigenschaften. Wir nehmen die Zweige und zerdrücken sie. Und dann verwenden wir das Produkt dieser Zerkleinerung in unseren Heilmitteln.

Ihre Stimme klang seltsam langsam und methodisch, als wären ihr die Sprache, die sie gerade sprach, und die Worte, die sie gerade benutzte, fremd. Sie sprach sehr bewusst.

D: *Welche Art von Heilung wäre damit verbunden?*
B: Es wird mit anderen Tränken gegen die Schmerzen ... das Fieber kombiniert.
D: *Was ist das für ein Bäumchen? Hat es einen Namen? Welche Baumart ist es?*
B: (Langsam und bewusst) Ich bin in vielen Dingen noch unwissend. Es ist mir gezeigt worden. Ich weiß nicht, ob es einen Namen hat.

Ihre Stimmbänder und ihr Mund schienen Schwierigkeiten zu haben, diese Worte zu bilden. Sie waren ihr eindeutig fremd.

D: *Wer zeigt dir diese Dinge?*
B: Die anderen Schwestern. Die älteren Schwestern.

D: *Sie geben das Wissen weiter?* (Ja) *Dann machst du das noch nicht sehr lange?*
B: Ich bin neu in der Ausbildung. Ich muss noch viel lernen.
D: *Es dauert bestimmt lange, all diese Dinge zu lernen.*
B: Ich hoffe, dass ich eines Tages so weise bin wie sie.
D: *Hast du deine Einweisung schon hinter dir?*
B: Nein. Nicht die abschließende. Ich habe die Einweisung für Anfänger erhalten. Das war nur der Schwur. Das hat mich sozusagen zu einem Lehrling gemacht. (Dieses Wort war für sie schwer auszusprechen.)
D: *Wo fand die Einweisung für Anfänger statt?*
B: Auf der Insel.
D: *Waren viele Menschen dort?*
B: Alle Schwestern.
D: *Gab es viele, die Schwestern werden wollten?*
B: Nur diejenigen, die bereits die Zustimmung erhalten haben, dürfen auf die Insel reisen.
D: *Es ist nicht einfach, eine Schwester zu werden? Ist es das, was du meinst?*
B: Ja. Unsere Zunft ist nicht so bekannt und akzeptiert.
D: *Woher kamst du, bevor du zu den Schwestern kamst?*
B: Aus einem Dorf. Nur ein paar Familien.
D: *Warst du sehr alt, als du dort weggegangen bist?*
B: Als ich zu den Schwestern kam? (*Ja*) Nein. Nun ... wie alt ist alt? Ich hatte vierzehn Sommer.
D: *Was hielten deine Eltern davon, dass du weggegangen bist?*
B: Ich habe keine Eltern.
D: *Mit wem hast du im Dorf gelebt?*
B: Mit einer anderen Familie, die mich aufgenommen hat. Meine Eltern sind tot.
D: *Was ist mit der anderen Familie? Was haben sie gedacht, als du gegangen bist?*
B: Ein Maul weniger zu stopfen.
D: *Dann hat es sie nicht gestört.*
B: Sie hatten kein Mitspracherecht, da sie nicht meine wahre Familie gewesen sind.

D: *Wie ist es dazu gekommen, dass du gegangen bist? Wie hast du von den Schwestern erfahren?*
B: Ich traf eine in einer Schlucht, als ich auf Wanderschaft war. Ich bin Wanderer. Und rede mit den kleinen Leuten.
D: *Oh, ich habe schon von ihnen gehört. Kannst du sie sehen?*
B: Kannst du das nicht?
D: *(Ich versuchte, ihr Vertrauen zu gewinnen.) Ich glaube schon, manchmal. (Aye) Ich habe mit anderen Menschen gesprochen, die das können.*
B: Ich rede mit ihnen. Und manche Leute sagen, ich sei dumm.
D: *Oh, das habe ich auch schon gehört. Jedes Mal, wenn wir Dinge tun, die anders sind, nennen sie uns so, nicht wahr? (Aye) Aber wir wissen es besser, nicht wahr? (Aye) Du hast eine Frau getroffen?*
B: Aye. Das war eine der Schwestern. Und sie hat mit mir gesprochen. Sie ist auch eine Freundin von den kleinen Leuten. Und sie kennt mich. Sogar besser als meine Mutter, als sie noch lebte.

Ihr Akzent wurde immer stärker, je mehr sie die Worte so sprach, wie sie es gewohnt war. Manchmal klang es ein wenig irisch, aber nicht ganz. Das war definitiv nicht Bernadine, die da sprach, sondern die andere Persönlichkeit. Es ist die Art und Weise, wie sie (die Somnambulen) das Englische in ihre eigene Sprache umwandeln, indem sie die Wörter in einer ungewöhnlichen Reihenfolge anordnen. Es hört sich dann immer so an, als würden sie in ihrem Kopf eine Sprache in eine andere übersetzen, weil die Wörter in einer anderen Reihenfolge stehen. Dies ist ein Zeichen eines echten Somnambulen. Sie werden wirklich zu der anderen Persönlichkeit.

D: *Glaubst du, dass ein Teil des Wissens von den kleinen Leuten stammt?*
B: Aye. Ist sicher.
D: *Dass die kleinen Leute den Schwestern etwas von diesem Wissen erzählen?*
B: Tun sie.
D: *Wie ist dein Name? Wie kann ich dich nennen? (Lange Pause. Keine Antwort.) Gibt es etwas, wie ich dich nennen kann?*

B: Heiße Linel. (Sie schien unsicher zu sein.)
D: *Linel (phonetisch: Lin-nel). Sage ich das richtig? (Aye) Okay. Wie bist du gekleidet?*
B: Ist nur ein Kleid aus grobem Stoff. Ist sehr schlicht. Und lange Ärmel. Nicht viel Farbe.
D: *Hängt es einfach nur locker?*
B: Aye. So ist es heute.
D: *Trägst du es an anderen Tagen anders?*
B: Manchmal trage ich den Gürtel. Das Seil.
D: *Hat das Tragen des Gürtels eine Bedeutung?*
B: Aye. Ist das Zeichen der Schwestern.
D: *So erkennt ihr euch. Ist es das, was du meinst?*
B: Aye. Das ist eines der Merkmale.
D: *Was ist an dem Gürtel anders, woran ihr euch gegenseitig erkennen könnt?*
B: Kommt manchmal darauf an, wie es gebunden ist. Manchmal, was auf dem Gürtel steht. Um die zu erkennen, die verschiedene Ränge haben.
D: *Du meinst eine Verzierung am Gürtel oder so?*
B: Aye. Könnte man so nennen.
D: *Wenn du noch Anfängerin bist, welche Art von Ornament ist auf deinem? Was ist bei dir anders?*
B: Ich trage kein Ornament (vorsichtig ausgesprochen), wie du es nennst. Wird sich verdient, wenn man die Prüfung besteht.
D: *Oh. Dann hast du nur den Gürtel? (Aye) Wie sieht das Ornament aus, wenn man die Prüfung bestanden hat?*
B: Mehr als eine.
D: *Ich möchte es gerne lernen und verstehen. Was zeigt die verschiedenen Ebenen?*
B: Das kann ich dir nicht sagen.
D: *Aber du weißt, dass ich nichts verrate.*
B: Ist nur für Eingeweihte.
D: *Nun, ich möchte nicht, dass du in Schwierigkeiten gerätst. Aber du weißt, dass du mir Dinge erzählen kannst, die du sonst niemandem erzählen würdest.*
B: Hab' geschworen. Ich kann mein Wort nicht brechen.

D: Ich respektiere das. Das tue ich wirklich. Aber ich möchte, dass du dich bei mir sicher fühlst. Das kannst du, oder?
B: Nein, ich trau' dir nicht. Und ich habe mein Wort gegeben.
D: Das ist schon in Ordnung. Ich würde dich niemals bitten, dein Wort zu brechen. Wenn ich dir eine Frage stelle und du sie mir nicht beantworten kannst, sag es einfach. Ich werde das respektieren. Ich will nur, was gut für dich ist. Wenn du es mir nicht sagen kannst, lass es mich einfach wissen. Das ist schon in Ordnung. Bist du mit dem Leben dort zufrieden?
B: Aye. So viel besser als ein weiteres Maul in einer Familie zu sein, in die ich nicht gehöre.
D: Du hast dich dort fehl am Platz gefühlt. Meinst du das?
B: Aye. Sind freundlich, aber bin nicht ihre Familie.
D: Du fühlst dich mit den Schwestern mehr wie in einer Familie?
B: Ja. Ist jetzt meine Familie.
D: Habt ihr so etwas wie eine Anführerin?
B: Aye. Gibt verschiedene Anführerinnen. Haben unsere Oberschwester, und sie ist die Herrin über alle, wenn sich die Gruppen zusammenschließen.
D: Es gibt also auch noch andere Gruppen?
B: Oh, aye. Leben nicht alle am selben Ort. Sind viel unterwegs. Um nicht von denen erkannt zu werden, die uns verfolgen.
D: Warum verfolgen Leute euch? Ihr tut doch nichts Böses.
B: Sie verstehen nicht. Sie denken ... manche denken, wir sind Hexen. Manche denken, wir sind ... böse, weil sie nicht verstehen, was wir tun.
D: Machst du böse Dinge?
B: (Eindringlich) Nein! Nein!
D: Helft ihr anderen Menschen?
B: Ja, ist unsere Arbeit. Zu heilen und mit der Natur und dem kleinen Volk zu arbeiten. Wissen vergrößern. Ist viel geheim. Ist, was ihnen nicht gefällt. Wollen wissen, woher wir unsere Kraft nehmen.
D: Warum, glaubst du, wollen sie diese Dinge wissen?
B: Haben keine Kontrolle, wenn wir Macht haben, die sie nicht verstehen. Deshalb fürchten sie uns.

D: *Sprichst du von einer bestimmten Gruppe Menschen oder einfach von allen?*

B: Oh, nicht alle. Gibt viele, denen wir Heilung bringen, und viele suchen uns auf und beschützen uns. Manchmal sorgen sie auch für uns. Aber sagen den Richtern nichts davon. Denn die glauben, es sei ihre Aufgabe, uns zu fangen, uns eine Falle zu stellen. Uns beim Praktizieren von Magie zu erwischen, wie sie es nennen.

D: *Dann sind das so etwas wie Beamte? Meinst du das? (Ja) Wie könnt ihr euch von diesen Leuten fernhalten?*

B: Wir werden von vielen Menschen gewarnt, wenn sie wissen, dass sie unterwegs sind. Halten uns in den Wäldern und Schluchten auf, fern von den Straßen. Gehen nur in die Dörfer, wenn wir informiert werden, dass die Luft rein ist. Manchmal gibt es Leute, die unehrlich sind und uns betrügen. Wir müssen also sehr vorsichtig sein.

D: *Wo wohnt ihr, wenn ihr so oft umziehen müsst?*

B: Aye. Wir leben mit Mutter Natur (hatte Schwierigkeiten mit dem Wort »Mutter«). Mit den Hügeln und den Höhlen und dem Wald. Und mit unseren Freunden. Das sind die Elementarwesen. Manchmal führen sie uns. Und wir haben unsere Geheimverstecke.

D: *Kennst du die Alten? (Keine Antwort.) Hast du jemals diesen Begriff gehört?*

B: (Vorsichtig) Soll nicht von ihnen sprechen.

D: *Ich habe von ihnen gehört. Ich habe mich gefragt, ob du sie kennst.*

B: Habe davon gehört. Was weißt du von ihnen?

Interessant war, dass sie die gesamte Zeit über (im Englischen) das vertraute Pronomen »ye« verwendet hatte. Jetzt, wo sie misstrauisch wurde, wechselte sie (im Englischen) zum Pronomen »you«. Es war schwierig, diese Frage zu beantworten, ohne sie zu beeinflussen. Ich wusste: Wenn ich es richtig machte, würde ich vielleicht ihr Vertrauen gewinnen.

D: *Nun, ich weiß, dass sie in den Hügeln und Höhlen leben. Und sie praktizieren die alten Religionen von vor vielen, vielen Jahren.*

Und sie sind mit den Schwestern befreundet. Das weiß ich. Ist das richtig?

B: Woher bist du?

D: Oh, man könnte sagen, ich bin auch eins mit der Natur.

B: Nur wir wissen solche Dinge. Es ist ein gefährliches Wissen.

D: Ich weiß. Deshalb habe ich dir gesagt, dass du mir vertrauen kannst. Denn ich weiß viele Dinge. Und ich würde nie auf die Idee kommen, dir zu schaden. Ich habe gehört, dass die Alten die alte Religion der alten Götter praktizieren. Und es sind nicht mehr viele übrig. Ist das richtig?

B: Es ist ... Ich weiß nicht, ob ich mit jemandem sprechen darf, der das Wissen bereits hat. Ich möchte meinen Schwur nicht brechen. Und ... (Ich konnte sehen, dass sie angespannt war und innerlich in zwei Richtungen gezogen wurde.)

D: Das ist in Ordnung. Ich respektiere das.

B: Wer von den Alten weiß, muss ein Freund sein, sonst hätte er nicht bis heute überlebt.

D: Ja, das ist wahr. Ich muss auch sehr vorsichtig sein.

B: Du kennst die Alten selbst?

D: Nein, ich habe nur von ihnen gehört. Ich durfte sie noch nicht treffen. Aber ich weiß, dass es sie gibt.

B: Nur den Eingeweihten ist es erlaubt, sie zu treffen. Ich habe dieses Privileg noch nicht gehabt.

D: Eines Tages wirst du es aber vielleicht.

B: Ja, das hoffe ich.

D: Ich habe auch gehört, dass die Alten die Schwestern mit Lebensmitteln versorgen.

B: Sie geben uns viel. Wir sind ihnen viel schuldig.

D: Oh, sie sind sehr freundliche Menschen.

B: Aye. Es ist traurig, dass es diejenigen gibt, die sie zerstören wollen.

D: Das sind die Leute, die es nicht verstehen. Sie sind nicht wie wir. (Aye) Gehst du sehr oft auf die Insel?

B: Nur zu bestimmten Zeiten im Jahr. Manche gehen öfter. Bei jedem Mond gibt es welche, die gehen, aber nicht alle.

D: Dort ist es sicher.

B: Aye. Ich würde gerne mehr Zeit dort verbringen. Aber ich habe Arbeit und Ausbildung, die an anderen Orten erledigt werden muss.

D: *Die Insel ist ein Ort, an den die bösen Menschen nicht folgen können.*

B: Ja, sie kennen sie nicht. (Überrascht) Woher weißt du das?

D: *Ich habe dir gesagt, dass ich viele Dinge weiß. Ich habe viel Wissen über eure Weisen. Deshalb werde ich dich nicht verraten.*

B: Denn es ist ein Geheimnis.

D: *Ja. Ich weiß von der Landbrücke.*

B: Das weißt du? (*Ja*) Hast du sie überquert?

D: *Nein, das ist mir nicht erlaubt, denn ich bin keine Schwester. Aber ich bin euch Schwestern sehr nahe.*

B: Ja, es ist eine besondere Reise, die wir machen müssen.

D: *Ich weiß, dass sie nicht die ganze Zeit da ist.*

B: Nein, das ist es, was uns schützt.

D: *Es hält die anderen davon ab, euch zu folgen. Davon werden sie nie erfahren.*

B: Aye. Wir hoffen, dass keiner unserer Verfolger davon erfährt.

D: *Ich glaube nicht, dass sie das tun. Ich habe nie mit jemand anderem darüber gesprochen.*

B: Sie ist, wie du ja weißt, in Nebel gehüllt. So wissen nur wenige, dass sie überhaupt existiert.

D: *Ja, man kann sie nicht sehen, weil sie meistens unter Wasser ist, nicht wahr?* (Aye) *Das ist sehr gut. Ist es eine lange Brücke vom Festland zur Insel?*

B: Oh, ... vielleicht ... (Unsicher) Ich zähle die Schritte ... ich weiß nicht, wie ich sonst ein Beispiel geben soll. Vielleicht dreißig ... oder so.

D: *Schritte? Vom Ufer zur Insel?* (Aye) *Dann ist es nicht sehr weit.*

B: Nein. Nur ... man muss den Weg kennen, um an diese bestimmte Stelle zu kommen. Das ist eine viel längere Reise.

D: *Aber könnten die Verfolger nicht mit einem Boot kommen?*

B: Vielleicht, wenn sie von den Versammlungen wüssten. Aber wir hoffen, dass niemand davon erfährt.

D: *Dann wissen sie nicht, dass ihr da seid.*

B: Das wollen wir nicht hoffen.

D: *Gibt es nur die eine Insel?*
B: Auf der wir uns treffen, meinst du?
D: *Gibt es dort noch andere Inseln?*
B: Aye. Ist ein Teil unserer Sicherheit. Wenn sie es erfahren, wissen sie nicht, welche Insel.
D: *Das ist gut. Wenn es nur eine Insel gäbe, wäre sie leichter zu finden. Aber wenn es viele gibt, wissen sie nicht, dass ihr überhaupt da seid.*
B: Aye. Ist leicht, verwirrt zu werden. Besonders im Nebel. Im Nebel sieht alles gleich aus.
D: *Ist der Nebel immer da?*
B: Ich weiß es nicht, wenn ich nicht da bin. Wenn ich da bin, ist er es auch. Manche sagen, dass die Dame den Nebel zu unserer Sicherheit erzeugt. Ich weiß nicht, ob das wahr ist.
D: *Das könnte sein. Es ist möglich.*
B: Aye. Ich denke, das ist vielleicht wahr, denn sie ist mächtig.
D: *Ich habe von ihrer Macht gehört. Durftest du sie je sehen?*
B: (Pause) Nicht ihr Gesicht. Aber ich habe sie in ihrem Licht gesehen. Ich weiß nicht, ob man ihr Gesicht nach der Einweihung sehen kann. Wir sind nicht über alle diese Dinge informiert.
D: *Dann musst du noch viel lernen, nicht wahr?* (Aye) *Hast du enge Freundinnen unter den Schwestern?*
B: Sie sind alle meine Freundinnen. Es ist sehr gut, so viele Freundinnen zu haben.
D: *Das ist gut. Viele Menschen haben ihr ganzes Leben lang keinen richtigen Freund.* (Aye) *Dann seid ihr wie eine Familie, nicht wahr?*
B: Können uns glücklich schätzen, eine solche Familie zu haben.
D: *Ja, das ist sehr gut. Also gut. Hast du jemals von den Druiden gehört? Sagt dir der Name etwas?*
B: Werden manchmal von einigen Leuten so genannt. Aber wir nennen uns nicht so.
D: *Wie nennt ihr euch?*
B: (Lange Pause) Ist mir nicht erlaubt, geheime Dinge zu sagen. Aber wir nennen uns gegenseitig »Schwestern«.
D: *Ich wusste nicht, dass das ein Geheimnis ist. Aber ich habe gehört, dass die Druiden hauptsächlich Männer waren.*

B: Aye. Das ist nicht dasselbe wie wir. Aber es gibt die, die uns so nennen. Denn auch wir haben geheime Zeremonien und viel von den alten Lehren mit der anderen Sekte gemeinsam.

D: *Dann habt ihr keine Männer in eurer Sekte?*

B: Nein. Wir sind nur Schwestern.

D: *Haben die Männer andere Überzeugungen als ihr?*

B: Ja. Einige. Ich weiß selbst nicht viel von ihnen, außer dass sie ... für einige Zwecke genutzt werden, die uns nicht erlaubt sind. Einige ihrer Anwendungen können wir nicht gutheißen.

D: *Oh, dann habt ihr unterschiedliche Überzeugungen.*

B: Nach meinem Verständnis haben sie einige der gleichen alten Lehren, die wir haben. Aber sie haben sie zu Bräuchen gemacht, die von den Geistern nicht gebilligt werden. Ist nur mein Wissen. Ich weiß nicht, ob ich richtig liege.

D: *Aber du denkst, dass sie das Wissen dann auf die falsche Weise missbrauchen.*

B: Man sagt unter den Schwestern, dass dem so ist.

D: *Ist das der Grund, warum sich beide Sekten nicht vermischen?*

B: Das ist der Grund, warum wir nicht ...

D: *Miteinander zu tun haben.*

B: Aye. Unser Ziel ist es, Heilung und Liebe und Harmonie in unsere Welt zu bringen. Dies ist unser Ziel.

D: *Ja, das ist auch mein Ziel. Ich möchte den Menschen, die nach Wissen suchen, Wissen vermitteln. Ich möchte es auf die richtige Weise tun. Du siehst also, wir denken ähnlich, nicht wahr?*

B: Es ist seltsam, dass du keine Schwester bist. Es gibt nicht viele einfache Leute, die das wissen, was du weißt.

D: *Vielleicht erlauben sie mir eines Tages, eine Schwester zu sein. Wer weiß?*

B: Du willst eine Schwester sein?

D: *Möglicherweise.*

B: Ist ein gutes Leben, wenn man stark ist und es einem nichts ausmacht, im Freien zu leben und von guten Leuten und der Natur abhängig zu sein.

D: *Glaubst du, sie würden mich in Betracht ziehen, wenn ich mit jemandem über einen Beitritt sprechen würde?*

B: Ich weiß es selbst nicht, aber die ältere Schwester kann es dir vielleicht sagen. Sie ist sehr freundlich und weise. Und ich weiß nicht, wie ... ob sie Frauen in die Gruppe lassen. Ich weiß nur, dass die meisten von uns als Neulinge, als Novizinnen, anfangen.
D: *Denkst du, ich bin zu alt? Dass sie mich vielleicht nicht lassen?*
B: Ich weiß es nicht. Du könntest dich erkundigen.
D: *Ich würde gerne eine Freundin sein.*
B: Ist kein Grund, keine Freundin zu sein.
D: *Ich kann beim Schutz helfen. Das ist gut.*
B: Du bist eine, die von der Ankunft unserer Verfolger weiß?
D: *Das wäre doch eine Idee, oder? Ich könnte euch warnen.*
B: Dafür werden wir immer dankbar sein, denn davon hängt unser Überleben ab.
D: *Ich respektiere, was ihr tut, und ich würde euch auf jede mögliche Weise helfen.*
B: Das ist gut. Für diejenigen, die vom Guten wissen, das wir tun.
D: *Ich bin sehr neugierig. Deshalb stelle ich viele Fragen.*
B: Neugierig?
D: *Weißt du, was das bedeutet?*
B: Das ist ein seltsames Wort.
D: *Es bedeutet, dass ich viele Dinge wissen will, also stelle ich viele Fragen.*
B: Aye! Das tust du!
D: *(Kichern) Aber nicht, um dich in Schwierigkeiten zu bringen. Es bedeutet nur, dass ich viele Dinge wissen will.*
B: Oh! Ich selbst möchte auch viele Dinge wissen.
D: *Das ist es, was das Wort »Neugierde« bedeutet. (Oh?) Man will es wissen.*
B: Sicher. Bin dann auch neugierig.
D: *Wenn du mir etwas nicht beantworten darfst, sage es mir einfach. Denn ich kann nicht wissen, ob es ein Geheimnis ist. Ich stelle einfach Fragen.*
B: Ich antworte, wenn ich kann.
D: *Das ist alles, um das ich dich bitte. Gibt es irgendwelche großen Steine dort, wo du lebst?*
B: An vielen Orten. Du meinst die Markierungen?

D: *Nun, ich habe gehört, dass es einige Orte gibt, an denen viele Steine zusammen stehen. Meinst du das?*

B: Aye. Das sind die, die von den Alten aufgestellt wurden. Sie sind ganz besondere Orte für Energie und Weisheit. Und vieles darüber weiß ich noch nicht. Aber es gibt diejenigen, die viel über diese Dinge wissen.

D: *Gibt es dort, wo du lebst, solche großen Markierungen?*

B: Diejenigen, die auf dem großen Platz beisammen sind, sind ein ganzes Stück von dem Ort entfernt, an dem wir gerade sind. Zu Fuß vielleicht ... kommt darauf an, wie schnell man geht. Aber ich könnte sie in ... einem Tag erreichen, und vielleicht in der Hälfte eines weiteren Tages.

D: *Oh, dann ist es nicht wirklich nah.*

B: Nicht direkt hier, nein.

D: *Ist das die große Steingruppe?*

B: Das ist die, von der ich spreche.

D: *Ja. Ich habe gehört, dass es eine gibt, die in einem großen Kreis angeordnet ist. Ist sie das?*

B: Ja, das ist die, worauf du wohl anspielst. Denn sie ist vielen bekannt. Und viele verstehen nicht, was ihr Zweck ist.

D: *Es gibt auch kleinere?*

B: Aye. Es gibt einzelne an verschiedenen Orten.

D: *Hast du einen Namen für den großen Kreis, wie ihr ihn in eurem Land nennt?*

B: Ich weiß nicht, wie ihn andere nennen. Ich weiß nicht, ob es mir erlaubt ist, darüber zu sprechen. Man hat mir nicht gesagt, ob dies geheim ist.

D: *Nicht unbedingt. Vor allem, wenn es ein bekannter Ort ist, ist es vielleicht kein Geheimnis. (Sie war verwirrt.) Kannst du mir sagen, wie die Leute den großen Kreis nennen?*

B: Manche nennen ihn den Magischen Kreis. Für manche ist er das. Und ... ich darf wahrscheinlich nicht von uns sprechen. Ich weiß nicht, ob ich darüber sprechen soll.

D: *Das ist schon in Ordnung. Wenn du dich dabei nicht wohl fühlst, ist das okay.*

B: Ich will mein Wort nicht brechen.

D: *Das ist schon in Ordnung. Ich glaube nicht, dass es wahr ist, aber ich habe gehört, dass die Druiden den großen Kreis gebaut haben.*

B: Es waren die Alten. Wenn sie als Druiden bekannt sind. Der Begriff wird von den Leuten auf unterschiedliche Weise verwendet. Wir wollen nicht die Druiden von heute als dieselben ansehen, die die magischen Steine gelegt haben.

D: *Ich dachte immer, es wäre viel älter und stünde schon viel länger dort.*

B: Sicher, länger als die Druiden von heute. Und ich weiß nicht genau, ob die Alten, die sie aufgestellt haben, Druiden waren oder nicht. Weil der Name falsch verwendet wird.

D: *Viele Leute wissen nicht, was der Name Druide eigentlich bedeutet. (Aye) Nun, gehst du jemals zu besonderen Anlässen in den großen Kreis?*

B: Ja. Ich war schon zweimal dort. Und ich würde gerne wieder hingehen. Denn es ist viel ... ich weiß nicht, wie ich es erklären soll. Vieles geschieht dort, wenn man sich in der Umgebung aufhält, und die Kraft wird verstärkt. Und einige aus unserer Gruppe gehen zu bestimmten Zeiten dorthin, um Zeremonien abzuhalten. Aber ich weiß nichts über sie. Das tun nur die hohen Eingeweihten.

D: *War das ein besonderer Anlass, als du dort gewesen bist?*

B: Aye. Es war eine Versammlung. Aber wir durften nicht mitmachen bei dem, was die hohen Eingeweihten taten.

D: *Weil du neu warst? (Aye) Aber du durftest zusehen. War es ein besonderer Tag?*

B: Wir erhielten eine Nachricht von anderen Gruppen. Und ich weiß nicht, ob es eine besondere Zeit für die Wiederholung gibt, wie beim Weg zur Insel. Ich denke, dass vielleicht von einer der Oberinnen zusammengerufen wird.

D: *Ich dachte, dass sie vielleicht an bestimmten Tagen hingehen.*

B: Ist vielleicht der Zweck. Falls ja, dann habe ich es selbst nicht gelernt. Es gibt vieles, was ich noch nicht weiß.

D: *Ja, es gibt so viel, das man lernen kann. Hast du jemals von einem Ort gehört, von dem ich gehört habe, dass er der Tanz der Riesen genannt wird? Hast du jemals diesen Begriff im Zusammenhang mit den Steinen gehört?*

B: Ist seltsam ... eine seltsame Redensart. Tanz der Riesen?

D: *Mhm. Ich habe gehört, dass es einen Kreis gibt, der so heißt.*

B: Du meinst, der Ort heißt so?

D: *Ja. Das ist vielleicht nicht in deinem Teil des Landes so.*

B: Ich weiß nicht von einem solchen Ort. Die Geschichten besagen, dass sich im Kreis viele seltsame Dinge ereignen. Und nicht nur die kleinen Leute, sondern auch andere Kreaturen, die dem normalen Menschen unbekannt sind, erscheinen. Und ich weiß nicht, ob das auch für Riesen gilt, aber es ist möglich.

D: *Alles ist möglich. Ich glaube, der Mann, der mir das erzählt hat, war in Erin. Kennst du dieses Land?*

B: Erin? Aye, das ist jenseits des Meeres.

Ich bezog mich auf Informationen, die mir der wandernde Minnesänger in einem anderen Kapitel gegeben hatte.

D: *Oh, das könnte der Grund sein, warum du diesen Ort noch nicht gesehen hast. Hast du einen Namen für dein Land? (Pause, keine Antwort) Wo lebst du?*

B: (Verwirrt) Land? Dorf?

D: *Die Leute geben ihm keinen Namen?*

B: Manche Dörfer haben Namen. Wir haben kein Zuhause und leben an vielen Orten.

D: *Ich habe mich nur gewundert. Aber Erin ist auf der anderen Seite des Meeres.*

B: Hab' ich mir sagen lassen.

D: *In Ordnung. Ich muss jetzt gehen. Wäre es in Ordnung, wenn ich wiederkomme und mit dir spreche? (Aye) Du siehst, ich will dir nichts Böses.*

B: Denke, das tust du nicht. Möchte nicht unhöflich sein, aber ich antworte so, wie ich glaube, dass ich es darf.

D: *Das ist völlig in Ordnung. Das ist alles, worum ich bitte. Wenn ich also irgendwann wiederkommen kann, würde ich das wirklich zu schätzen wissen. Und wir können wieder miteinander sprechen.*

B: Aye. Vielleicht möchtest du mit der älteren Schwester darüber sprechen, Schwester zu werden.

D: *Das ist möglich. Ich werde darüber nachdenken. (Aye) Aber es hat mir Freude gemacht, mit dir zu sprechen. Du hast meine Neugierde geweckt.*

B: Ja, das ist ein gutes Wort.

D: *Das ist ein seltsames Wort, nicht wahr? (Aye) In Ordnung. Danke, dass du mit mir gesprochen hast. Lass uns die Szene jetzt verlassen.*

Ich versetzte Bernadine zurück in die Gegenwart und fuhr mit der Schmerzlinderung fort, bevor ich sie erwachen ließ. Sie fühlte sich im Anschluss sehr erleichtert, und sie hatte keinerlei Erinnerung an die Sitzung. Dies bestätigte meine Schlussfolgerung, dass sie somnambul war.

Die Zeit verging und unsere Leben verliefen in verschiedene Richtungen. Ich hatte keine weitere Sitzung mehr mit Bernadine, so dass wir nicht herausfinden konnten, ob sie das gleiche Schicksal wie Karen erlitten hatte. Sie half mir später bei den astrologischen Daten für Nostradamus Band II. Wir blieben befreundet, fanden aber keine Zeit für eine weitere Sitzung. Bernadine starb kurz nach Weihnachten 1995. Das an sich war eine seltsame Geschichte, die mit ihren Schmerzen zusammenhing. Ich weiß jedoch nicht, ob sie Teil eines Buch sein sollte, in dem dieses Material verwendet wird.

Abschnitt 2

Brendas Geschichte als Astelle

Einleitung
Astelle

Als ich Brenda zum ersten Mal traf, war sie neugierig darauf, ob sie frühere Leben hatte und ob sie überhaupt hypnotisiert werden konnte. Das sind Fragen vieler Klienten. Da es ein ganz natürlicher Zustand des Körpers ist, hatte ich keine Bedenken. Ich war selbst neugierig, wohin sie gehen würde und welche Art von Leben wir finden würden. Ich sollte schließlich eine ganze Weile mit Brenda arbeiten, weil sie sich als ein sehr gutes Subjekt erwies und überaus bereit war, zu sehen, was sich »da hinten« verbarg. Als ich mit Brenda zu Beginn meiner Laufbahn arbeitete, wandte ich noch nicht die Methode an, mit der ich meine Klienten heutzutage »zu der angemessensten Zeit und an den angemessensten Ort« gehen lasse. Dies ist sehr effektiv, um zu sehen, woher Probleme im aktuellen Leben kommen. Ich war damals immer noch dabei, herauszufinden, was mit dieser Arbeit möglich war. Mit Brenda ging ich in Hundert-Jahres-Schritten in der Zeit zurück, um zu sehen, wer und wo sie jeweils war. Später fand ich heraus, dass ich meine Klienten einfach anweisen konnte, in die entsprechende Zeit und an den entsprechenden Ort zu gehen.

Da ich mit Brenda mit der Absicht gearbeitet habe, über einen Zeitraum von vielen Sitzungen alles über ihre vergangenen Leben herauszufinden, benutzten wir ein Schlüsselwort, mit dessen Hilfe sie sehr leicht und schnell in eine tiefe Tranceebene gelangen konnte. Ein Schlüsselwort verwende ich immer dann, wenn ich das Gefühl habe, dass ich wieder mit jemandem arbeiten könnte – wie auch in diesem Fall. Ich benutzte also ihr Schlüsselwort und zählte sie zurück.

Eine Anmerkung von Dolores

Zu Beginn dieser Geschichte, als Brenda die Schrecken der Inquisition und die Herzlosigkeit der Kirche beschrieb, sagte ich zu ihr nach der Sitzung: »Brenda, was machst du mit mir? Ich kann auf keinen Fall darüber schreiben. Sie werden mich am höchsten Baum aufhängen, wenn ich auch nur versuche, über die schrecklichen Dinge zu berichten, die die Kirche damals getan hat. Sie werden es niemals dulden, solche Dinge über ihre Kirchenväter zu hören.« So geht es mir immer noch. Diese Geschichte birgt zu viel Sprengstoff in sich. Es ist wahrscheinlich die Wahrheit darüber, wie sich die Kirche damals verhalten hat, aber ich habe das Gefühl, ich muss noch eine Weile warten, bevor ich es wage, darüber zu schreiben. Ich werde mit meinen anderen Geschichten schon genug Spott ernten und bin daher noch nicht bereit, mich mit dieser Geschichte aus dem Fenster zu lehnen.

****

Bevor Dolores starb, arbeitete sie an diesem Buch. Ich glaube, sie wusste, dass die Informationen veröffentlicht werden mussten und die Zeit dafür reif war.

Ich habe diese Kapitel in der Reihenfolge ihrer Aufzeichnung angeordnet, damit die Leser die Informationen auf dieselbe Weise erhalten wie Dolores.

~Nancy

Kapitel 4
Eine Anhängerin der »Alten Wege« (Aufgenommen am 29. April 1986)

Ich hatte bereits eine Weile mit Brenda gearbeitet und dabei mit ihr viele verschiedene Leben durchlaufen. Da sie sich im somnambulen Zustand wohlfühlte und in diesem Zugang zu einer Vielzahl von Informationen hatte, verbrachte ich Monate damit, zahlreiche Möglichkeiten zu erforschen. Zu diesem Zeitpunkt meiner Forschungen im Jahr 1986 war ich immer noch dabei, herauszufinden, was mit der Tiefenhypnose erreicht werden konnte. Da es keine Lehrbücher zu diesem Thema gab, entwickelte ich im Laufe der Zeit meine eigenen Regeln.

In diesem Jahr 1986 nahm ich zum ersten Mal Kontakt mit Nostradamus auf, und Brenda sollte bei diesem Kontakt eine wesentliche und entscheidende Rolle spielen. Aber zur damaligen Zeit, bevor das Projekt begann, entdeckten wir erst noch, was alles möglich war. Ich hatte sie bereits durch mehrere andere Leben geführt, und während des Zwischenzustands, den wir »Tod« nennen, sagte mir ihr Unterbewusstsein, dass ich eine lange zurückliegende Lebenszeit erforschen sollte, in der Brenda als Astelle bekannt war. Mir wurde gesagt, dass dieses Leben für Brenda wichtig wäre, um die Beziehungen in ihrem jetzigen Leben zu verstehen.

Nachdem sie in den tiefen Trancezustand eingetreten war, wies ich sie also an, durch die Zeit zurückzureisen, um das Leben von Astelle ausfindig zu machen. Ich hatte keine Ahnung, in welcher Zeit wir uns befinden würden, aber ich hatte keinen Zweifel, dass ein solches Leben existierte. Das Unterbewusstsein hätte uns nicht vorgeschlagen, es zu finden, wenn es nicht Realität wäre.

Als ich mit dem Zählen fertig war, fragte ich sie, was sie gerade tat. Sie antwortete, dass sie in einer Küche etwas zubereitete. Ihr Name war tatsächlich Astelle (phonetisch mit dem Akzent auf der erste Silbe).

D: *In welchem Land sind wir?*
B: (Zögert.) Ah ... es ist ein Herzogtum.** Dieser Teil wird vom Herzog regiert. Und er hat sich mit den Flandern verbündet.
D: *Ich frage mich, ob du mal gehört hast, wie es genannt wird?*
B: Es ist einfach ein Herzogtum. Es gibt einen Namen dafür, den die Adligen benutzen. Aber das ist für das tägliche Leben nicht wichtig, also weiß ich es wirklich nicht.

** Ein Herzogtum ist das Territorium eines Herzogs oder einer Herzogin. **

D: *Du hast gesagt, du bist in der Küche. Wohnst du hier?*
B: Ja. Ich arbeite hier unten ... für einen der Adligen hier im herzoglichen ... Haus. Ich bin ein Küchenmädchen ... Spülmädchen? Ich bin mir nicht sicher, wie man das nennen könnte. Ich arbeite hauptsächlich in der Küche.
D: *Kannst du mir etwas über diesen Ort erzählen? Wie er aussieht?*
B: Die Küche?
D: *Nun, das oder ... ist es ein Haus? Oder ist es größer?*
B: Wenn das Haus, das du meinst, das Gebäude ist, in dem die einfachen Leute leben, dann ist es noch viel größer als das. Es hat viele Zimmer. Meistens ist es zweistöckig, aber ein Teil davon ist dreistöckig. Es ist aus Stein gebaut, und die meisten Häuser sind normalerweise aus Flechtwerk.
D: *(Ich verstand nicht.) Woraus?*
B: Flechtwerk. Man nimmt Stroh und eine Art Lehm, baut ein leichtes Gerüst, streut das Stroh auf das Gerüst und gibt Lehm darauf, um es zu fixieren. Dann trocknet es zu einer harten Wand.
D: *Oh? Wenn es Stroh ist, was passiert dann, wenn es regnet? Würde es sich nicht einfach auflösen?*
B: Oh, weißt du, immer wenn Lehm nass wird, versiegelt er jegliche Öffnungen. Und wenn der Ton trocknet, entsteht manchmal ein Leck. Dann nimmt man mehr Lehm und tupft damit die Stellen ab, wo die Lecks sind.

D: Woraus sind die Dächer solcher Häuser gemacht?
B: Aus dem Gleichen. Und im Sommer sind die Dächer gewöhnlich aus frischem Stroh. Und die Tür ist normalerweise entweder aus Holz, wenn man wohlhabend ist, oder es hängt eine Art Tierhaut über der Tür.

Enzyklopädie: Architektur. Flechtwerk (wattle) and Lehm (daub): Eine Bauweise, die auf verflochtenen grünen Zweigen (oder Reben) beruht, durch deren Zwischenräume Lehm gepresst und verfilzt wird. Bei mittelalterlichen Fachwerkgebäuden wurde die Ausfachung oder Füllung zwischen den Balken oft auf diese Weise hergestellt.

Als ich 1986 zum ersten Mal von dieser Bauweise hörte, dachte ich, dass sie sehr wackelig und definitiv nicht haltbar sei. Seitdem habe ich jedoch viele Reisen nach Europa unternommen, insbesondere nach England, und musste feststellen, dass ich mit dieser Annahme falsch lag. Ich habe eine gute Freundin, die eine Werbeagentur in einem sehr alten Gebäude in der kleinen Stadt Ringwood im Süden Englands betreibt. In Amerika können wir mit unserem Eigentum machen, was wir wollen, aber in England muss die Authentizität der ursprünglichen Struktur erhalten bleiben. Wenn ein Gebäude wieder aufgebaut oder umgestaltet wird, muss es genau im Stil des Originals gebaut werden. Meine Freundin hatte das dreistöckige Gebäude umgestaltet, aber sie zeigte mir etwas sehr Interessantes im zweiten Stock: Die Wand eines der Büros war freigelegt und mit einer Glasscheibe abgedeckt worden. Als sie auf die ineinander verschlungenen kleinen Äste und den Putz in der Wand zeigte, sagte sie: »Das ist es, was dieses Gebäude zusammenhält!« Es handelte sich tatsächlich um eine Flechtwerkskonstruktion, und der Lehm, der Gips oder was auch immer verwendet wurde, war zu einer zementartigen Konsistenz ausgehärtet. Er war stark genug, um vierhundert Jahre zu überdauern, und abgesehen von einigen Absetzungen und Verschiebungen stand das Gebäude immer noch. Ich fand heraus, dass diese Bauweise ziemlich praktisch, wirtschaftlich und dauerhaft war. Wahrscheinlich bestehen viele der alten Mauern in Europa aus Flechtwerk und Lehm.

D: Ist das die Art von Zuhause, in der du gelebt hast, bevor du hierher kamst?
B: Ich kann mich nicht erinnern. Ich bin schon mein ganzes Leben hier. Ich glaube, ich wurde hier im Haus geboren. Ich bin mir nicht sicher.
D: Würde man diesen Ort ein »Schloss« nennen? Kennst du dieses Wort?
B: (Langsam) Ich kenne ... dieses ... Wort nicht. Ich glaube, es passt nicht. Ich habe es noch nie gehört.

Echte Somnambulisten zeichnen sich dadurch aus, dass sie Wörter, die in ihrer Zeit nicht existieren, nicht verstehen, obwohl sie sie in ihrem jetzigen Leben sehr gut kennen. Das ist ein Zeichen für echtes Zeitreisen und dafür, dass sie sich völlig in der anderen Perspektive befinden.

D: Dann ist das einfach ein großes Haus.
B: Eine große ... Ich versuche, den Namen zu finden, den es hat. Ich kann das Wort nicht finden. Aber ich werde dir sagen, wie es aussieht, und vielleicht weißt du ein Wort dafür.
D: Okay, ich kenne viele Wörter.
B: Die Küche, in der ich die meiste Zeit arbeite, hat eine hohe Decke. Sie hat Balken, die quer über die Decke gehen. Die Balken sind schwarz vom Rauch. Und es gibt einen großen, begehbaren Ofen, in dem wir kochen. Und an der Wand hängen alle möglichen Töpfe und Pfannen und Utensilien. Und es gibt einen großen ... oder besser gesagt, einen langen Tisch. Er geht über die ganze Länge des Raumes. Und auf diesem Tisch bereiten wir das Essen zu und alles andere. Wir schneiden das Essen und alles andere hier auf und geben es in die Töpfe hinein. Wir stellen die Töpfe neben oder über das Feuer, je nachdem, wie wir das Essen zubereiten. Der Boden ist auch aus Stein, aber aus flachen Steinen. Er muss aus Stein sein, denn Holzböden halten nicht sehr lange mit den Essensresten und allem.
D: Das macht Sinn. Sind viele von euch in der Küche, um die Arbeit zu erledigen?

B: Nun, es gibt ... mal sehen ... (Sie schien sich umzusehen und zu zählen.) Es gibt den Hauptkoch ... und es gibt die beiden anderen, die sich auch um die Aufgaben des Hauptkochs kümmern. Und dann gibt es noch eine Handvoll von uns, die das Schneiden und Schälen und solche Sachen machen. Und dann sind da noch die beiden Hunde.

D: *Sind die Hunde immer in der Küche?*

B: Ja. Sie helfen dabei, dass sich auf dem Boden nichts auftürmt.

D: *Oh. Du meinst, wenn ihr kocht, werft ihr Dinge einfach auf den Boden?*

B: Ja, mitten ins Stroh.

D: *Oh, auf dem Boden über dem Stein liegt Stroh?*

B: Ja, Stein wäre zu kalt, besonders im Winter. Also legen wir Stroh auf den Steinboden, damit es nicht so kalt ist. Wir sind nur Diener, also haben wir keine Fußbedeckung.

D: *Und dann werft ihr die Essensreste einfach auf den Boden auf das Stroh?*

B: Ja. So wird es auch im Speisesaal gemacht, wenn die Adligen essen. Knochen und dergleichen werden auf den Boden geworfen, und die Hunde der Adligen fressen die Reste.

D: *Dann liegt im Esszimmer ebenfalls Stroh auf dem Boden. Es müssen viele Hunde im Haus sein.*

B: Die übliche Zahl für ein Haus dieser Größe.

D: *Was ist die übliche Zahl?*

B: Darüber habe ich noch nicht nachgedacht. Ich würde sagen, acht oder zehn.

Sie fuhr mit der Beschreibung des Hauses fort: »Da sind die Flure, die vom Esszimmer abzweigen und zu den anderen Teilen des ... Hauses führen. Und sie haben kein Stroh auf ihren Böden, weil die Leute die Flure nicht benutzen. Man geht einfach die Gänge entlang, um in einen anderen Teil des Hauses zu gelangen. Die Zimmermädchen, die in den Zimmern arbeiten, haben mir erzählt, dass die Zimmer sehr schön aussehen, mit Wandteppichen und so. Und es gibt Teppiche auf dem Boden.«

D: *Ich habe gehört, dass die Wandteppiche dazu beitragen sollen, das Haus wärmer zu machen. Stimmt das?*

B: Ja, das ist wahr, denn es gibt Zugluft. Und selbst, wenn es nicht zieht, strahlt die Kälte von den Wänden – da sie aus Stein sind – irgendwie nach innen ab. Sie dringt bis in die Knochen vor. Und die Wandteppiche helfen, sie ein wenig zurückzuhalten.

D: *Gibt es in diesem Haus Fenster?*

B: Fenster sind Öffnungen in den Wänden, die keine Türen sind? (*Ja*) Sie sind in der Regel lang und schmal. Und sie haben Fensterläden. Hauptsächlich sind sie für den Sommer gedacht, um die Belüftung zu verbessern. Sie sind so gemacht, dass sie für die Bogenschützen praktisch sind.

D: *Ich dachte, man müsste sie irgendwie schließen können, sonst wird es kalt.*

B: Ja, das machen die Fensterläden.

D: *Dann müssen die Bogenschützen durch sie hindurchschießen können, sagtest du?* (Ja) *Warum? Besteht manchmal Gefahr?* (Ja) *Gibt es noch mehr Feuerstellen im Haus?*

B: Ja, natürlich. Jedes Zimmer hat mindestens einen Kamin. Das Esszimmer hat zwei. In der Küche ist der Kamin so groß, dass ein zweiter nicht nötig ist. Aber alle anderen Zimmer haben Kamine. Mit Ausnahme des Zimmers ganz oben im Turm. Ich habe gehört, dass es dort ein wundersames metallenes Schild gibt, in dem ein Feuer am Laufen gehalten wird. Ich war noch nie dort. Ich habe nur das gehört, was ich von anderen Bediensteten gehört habe.

D: *Du meinst, es ist ein Behälter, in den das Feuer gelegt wird?*

B: Man nennt es Schild, und ich habe gehört, dass es wie eine sehr flache Schale ist, aber sehr groß. Sehr schwach gewölbt und sehr groß und rund. Und in der Mitte davon wird ein kleines Feuer gemacht und erhalten. Und ich hörte eine wundersame Sache, dass es mit Ketten von der Decke herabhängt. Ich vermute, dass der Meister in diesem Raum mit unheiligen Dingen zu tun hat. Es heißt, dass er damit die Geister herbeiruft. Aber darüber wird nicht gesprochen.

D: *Das kann ich verstehen. Aber das klingt nach einer so wundersamen Art zu heizen, dass es mehr davon im Haus geben müsste.*

B: Ich habe gehört, dass es für große Räume nicht geeignet ist. Es ist gut für kleine Räume. Aber selbst dort muss ein Fenster teilweise offen sein, damit Rauch entweichen kann.

D: *Oh, ja. Nur die Kamine haben Schornsteine, nicht wahr? (Ja) Du sagtest, du seist nie in diesem Raum gewesen?*

B: Nein. Ich kenne niemanden, der das wahrheitsgemäß von sich behaupten kann. Was ich gehört habe, ist nur vom Hörensagen. Oder vielleicht waren ein oder zwei Diener dort drin, um es bei Gelegenheit zu reinigen. Ich bin mir sicher, dass der Herr zu diesen Zeiten seine unheiligen Utensilien gut verstaut hat. Aber sie sagten, es sei ein sehr ungewöhnlicher Raum.

D: *Nun, man weiß nie, ob einige der Dinge, die man hört, wahr sind oder nicht. Vielleicht ist es nur Gerede.*

B: Vielleicht. Aber jeder weiß, dass es in diesem Raum keinen Schornstein gibt, also muss es eine Möglichkeit geben, ihn zu heizen. Wenn er tatsächlich beheizt wird.

D: *Verbringt er viel Zeit dort drinnen?*

B: Das weiß ich nicht. Ich glaube, dass er mehrere Abende die Woche dort verbringt. Es wird gesagt, dass es dort Pergamente gibt. Das, was die Adligen benutzen, um darauf zu schreiben, weißt du. Es könnte sein, dass er dort Einiges an Wissen aufhebt.

D: *Kannst du lesen?*

B: (Eindringlich) Nein! Das machen die Adligen. Ich kann auch nicht sehr weit zählen. Aber ich musste ein wenig zählen können, um beim Kochen zu helfen.

D: *Dann könnten nur die Adligen die Pergamente lesen, die er hat. (Ja) Wie alt bist du ungefähr? Weißt du das?*

B: Ah ... (nachdenklich) es heißt, dass ich seit ... (unsicher) fünfzehn Jahren hier bin? Vielleicht sechzehn.

D: *Dann bist du eine junge Frau.*

B: Ich bin im heiratsfähigen Alter.

D: *Aber du glaubst, du bist dort geboren?*

B: Ich glaube schon. An etwas anderes kann ich mich nicht erinnern.

D: *Kennst du deine Mutter oder deinen Vater?*

B: Ich habe eine schwache Erinnerung an meine Mutter. Meinen Vater kenne ich nicht.

D: *Lebt deine Mutter noch?*

B: Sie starb, als ich klein war.
D: *Bist du deshalb dortgeblieben?*
B: Ich wäre sowieso hiergeblieben. Hier gehöre ich hin.
D: *Haben sich andere Leute im Haus um dich gekümmert?*
B: Ich denke schon.
D: *Ist das alles, woran du dich erinnerst? Nur die Arbeit in dieser Küche?*
B: Das ist es, was ich mache, wenn ich arbeite. Aber zwischen den Mahlzeiten oder an einem Feiertag gehe ich auch mal nach draußen auf die Felder.
D: *Du meinst, du hilfst auf den Feldern?*
B: Nein, nein, einfach so draußen. Ich genieße es, mit anderen Leuten meiner Schicht unterwegs zu sein.
D: *Hast du im Haus einen Ort, an dem du schläfst?*
B: Ja. Es gibt eine Stelle in der Nähe der Küche, neben einer ... Schau, jeder von uns schläft an einem anderen Ort, je nachdem, wo er schlafen möchte. Der Ort, an dem ich schlafe, ist ein ... es gibt eine Nische unter einer Treppe. Es ist eher wie ein Schrank. Und ich habe diesen Platz für mich beansprucht. Die anderen Bediensteten halten ihn nicht für begehrenswert, weil es nur ein kleiner Schrank ist und es keine Fenster oder so etwas gibt. Aber sie wissen nicht, dass die Rückwand des Schranks sehr nahe an der Rückwand des Kamins liegt, so dass es im Winter immer warm ist.
D: *Dann wusstest du genau, was du tatst, als du dir diesen Platz besorgt hast. (Lachen)*
B: Ja. Wenn ich frische Luft brauche, kann ich sie tagsüber bekommen, aber nachts muss ich warm bleiben.
D: *Hast du ein Bett oder irgendetwas anderes, auf dem du in dem kleinen Zimmer schläfst?*
B: Ich schlafe auf dem Boden. Manchmal, wenn der Meister einen Mantel wegwirft, nehme ich ihn und lege ihn auf den Boden.
D: *Und so ist es warm. (Ja) Was für Kleidung hast du an? Was trägst du?*
B: Ich trage einen Rock und eine Bluse mit Mieder und ein Kopftuch.
D: *Welche Farben haben sie?*

B: Nicht wirklich irgendeine Farbe. Sie haben eine Art Eichelfarbe. Ich schätze, man könnte sie als graubraun bezeichnen. Mein Rock ist hellbraun, und meine Bluse hat eine Art dunkle Cremefarbe. Sie wurde nie gefärbt. Mein Mieder ist dunkelbraun. Und mein Halstuch ... Ich trage mein Halstuch um die Taille. Früher war es blau, aber jetzt ist es grau.

D: Von der Wäsche? (Ja) Trägst du etwas auf dem Kopf?

B: Nein. Manchmal trage ich im Sommer ein Kopftuch.

D: Welche Haarfarbe hast du?

B: Zwischen Gold und Rot.

D: Trägst du deine Haare auf eine bestimmte Art und Weise?

B: Nein, ich flechte sie nur.

D: Ich habe mich eben gefragt, ob deine Leute in ihrem Leben jemals helle Farben tragen.

B: Die Bediensteten tun das nicht. Das wäre nicht schicklich.

D: Nur die Adligen würden helle Farben tragen?

B: Es sind nicht wirklich leuchtende Farben, sondern reine Farben, während unsere Farben immer verblasst sind. Und sie tragen reine Farben, die irgendwie dunkel sind. Weinfarben. Kastanienbraun, Burgunderrot, Blau, Gold, Schwarz. Du weißt schon, reine Farben. Meine Kleidung hingegen ist eher graubraun. Eine Zwischenfarbe.

D: Und die anderen Bediensteten sind alle gleich gekleidet und tragen dieselben Farben? (Ja) Kleiden sich Männer anders?

B: Ja. Das hängt davon ab, ob Sie ein Adliger oder ein Diener sind. Die Dienerschaft trägt aus praktischen Gründen Hosen. Sie gehen bis zu den Waden. Und ein Hemd und eine Weste. Und normalerweise eine Art Mütze. Die weiblichen Bediensteten tragen wie ich einen Rock, eine Bluse, ein Mieder und ein Kopftuch. Die meisten von ihnen tragen ihr Kopftuch auf dem Kopf. Ich trage meins um die Taille, weil ich so dünn bin, dass ich es mir um die Taille binden kann. Und auch, weil es eine andere Frau im Haus gibt, die ziemlich hässlich ist. Sie ist sehr eifersüchtig auf mein Haar, deshalb weigere ich mich, es zu bedecken. (Sie lächelte, und ich lachte.) Die Adligen tragen Gewänder, die bis zum Boden reichen, und Kopfbedeckungen in verschiedenen schönen Farben, je nach ihrem Stand. Die Frauen tragen lange Kleider mit langen Ärmeln, in verschiedenen Farben.

D: Was für eine Kopfbedeckung tragen sie?

B: Das hängt von ihrer Stellung ab. Verschiedene Formen von Hüten und Mützen. Manchmal mit Schleier und so weiter, manchmal nicht. Die Hüte gibt es in verschiedenen Formen. Manchmal liegen sie eng am Kopf an und sind wie ein Turban um den Kopf gewickelt. Manchmal haben sie Krempen und Kronen und so weiter. Und die verschiedenen Formen haben unterschiedliche Bedeutungen.

D: Weißt du, was sie bedeuten?

B: Nur die, die ich gesehen habe. Die Geistlichen, die Priester, tragen verschiedene Hutformen, je nachdem, wie hoch sie in der Priesterschaft stehen. Und ein Adliger, der mit dem Recht zu tun hat, trägt eine Art Hut. Und ein Adliger, der mit ... der Legislative – ist das das richtige Wort? – zu tun hat, trägt eine andere Art von Hut.

D: Die Legislative wäre eine Art Gesetz. Ich denke, es ist wahrscheinlich komplizierter.

B: Der eine legt das geltende Recht aus, der andere hilft, neue Gesetze zu schaffen, wenn neue Gesetze erforderlich sind.

D: Dann ist es das richtige Wort.

B: Und einige Adlige, die nur mit dem Land zu tun haben, haben eine andere Art von Hut. Und einige Adlige, die mit dem Handel zu tun haben, hätten eine andere Art von Hut.

D: Und man erkennt sie daran, was sie anhaben. (Ja) Was ist mit dem Hausherrn? Hat er eine bestimmte Art von Hut?

B: Er hat mit dem Land zu tun, deshalb trägt er diese Art Hut. Er hat eine niedrige Krone und eine großzügige Krempe, und die Krempe ist geformt. Ich weiß nicht, wie ich ihn besser beschreiben soll. Und er ist normalerweise schwarz.

D: Wie nennt man den Herrn des Hauses? Hat er einen Titel?

B: Wir nennen ihn »mein Herr«.

D: Der Herr?

B: Mein Herr. Oder »Herr«. Er ist ein Herzog.

D: Kennst du seinen Namen? Gibt es noch einen anderen Namen außer diesem?

B: Hm, einer seiner Namen ist Paul. (Pause) Mehr weiß ich nicht. Ich bin mir sicher, dass da ein paar Familiennamen im Spiel sind. Aber ich kann mich nie an sie erinnern, also kümmere ich mich nicht darum. Manchmal ist mein Gedächtnis nicht gut.

D: Aber du hast nur einen Namen?

B: Ja. Ich bin Astelle. (Als ich es aussprach, korrigierte sie mich. Der Akzent lag eindeutig auf der ersten Silbe.)

D: Dann haben Diener normalerweise keine zwei Namen?

B: Nein. Manchmal haben Handwerker im Dorf, wie der Schmied oder was auch immer, eine Bezeichnung, die beschreibt, was sie tun. Wie Johann der Schmied. Aber es ist kein Name, es ist nur eine Beschreibung.

D: Das liegt daran, dass es mehr als einen Johann geben könnte. (Ja) Für mich ist Astelle kein gewöhnlicher Name.

B: Hier ist er es auch nicht. Ich weiß nicht, warum meine Mutter mich so genannt hat. Ich habe gehört, dass die Bedeutung des Namens etwas mit den Sternen zu tun hat. Aber ich bin mir nicht sicher. Vielleicht wegen der Farbe meiner Haare.

D: Das Rot und Gold? (Mhm) Bist du dort glücklich?

B: Ich denke schon. Ich weiß es nicht. Was ist Glück? Was ist Unglück? Ich lebe einfach von Tag zu Tag.

D: Oh, man sagt, Glück ist ein mentaler Zustand. Aber zumindest bist du nicht unglücklich, oder? Wenn du weißt, was dieses Wort bedeutet.

B: Ich weiß, was dieses Wort bedeutet. Ich bekomme zu essen und ich habe einen Platz zum Schlafen.

D: Nun, ich nehme an, wenn jemand nicht glücklich wäre, würde er woanders sein wollen.

B: Ich habe mich oft gefragt, was jenseits dessen ist, was ich sehen kann. Aber es ist nicht meine Aufgabe, zu reisen.

D: Selbst, wenn du die Chance hättest, würdest du also trotzdem nirgendwo hingehen. Ist das richtig?

B: Nein. Ich würde reisen. Aber es ist nicht meine Aufgabe, einfach aufzustehen und ohne Grund zu reisen. Wenn mein Meister mich an einen Ort schickt, würde ich gehen.

D: *Aber wenn du nicht wirklich glücklich bist, dann bist du wenigstens zufrieden. Wäre das ein gutes Wort? (Sie schien verwirrt.) Es ist alles in Ordnung.*
B: Es ist alles in Ordnung.
D: *Du wirst also nicht schlecht behandelt.*
B: (Lachen) Nur von der Adeligen, die auf meine Haare eifersüchtig ist. Sie mag es, mich zu schlagen.
D: *Tut sie das? Weshalb sollte sie dich schlagen?*
B: Weil sie hässlich ist und ich nicht.
D: *Ich glaube nicht, dass ihr das das Recht dazu gibt.*
B: Nun, sie ist eine Adelige und ich bin eine Dienerin. Das gibt ihr das Recht. Wenn sie mich schlagen will, kann sie das.
D: *Ist sie so etwas wie die Dame des Hauses?*
B: Nein. Sie ist eine Art Cousine der Dame des Hauses.
D: *Dann wohnt sie einfach dort. (Ja) Wie nennst du sie? Hat sie einen Namen?*
B: Das ist die Lady Joslyn.
D: *Versuchst du, ihr aus dem Weg zu gehen?*
B: Ich bleibe einfach hier in der Küche und arbeite. Aber ab und zu kommt sie runter. Immer, wenn sie sich über etwas ärgert, kommt sie hier runter und schlägt mich.
D: *Sie lässt es an dir aus, obwohl du nichts damit zu tun hast.*
B: Nun, das ist ihr Vorrecht. Sie ist eine Adelige.
D: *Nimmst du ihr das übel? Wenn du weißt, was das bedeutet?*
B: Ich weiß, was das bedeutet. Äh ... Ich erwarte einfach, dass das passiert. Ich nehme ihr das nicht übel, aber ich habe das Gefühl, dass sie mir etwas übel nimmt. Denn da ist noch etwas anderes. Es gibt einen jungen Adligen, der als Knappe hierher geschickt wurde. Er hat den Rang eines Kammerdieners erlangt und wird bald zum Ritter geschlagen. Sie hat sich für ihn interessiert, aber er erwidert ihr Interesse nicht. Und sie kann sich nicht erklären, warum. Weil sie nicht weiß, dass ... er und ich ein Liebespaar sind.
D: *Oh? Wie ist das passiert?*
B: An guten Tagen sind die Diener, Knappen und Ritter auf dem Übungsplatz und trainieren ihre Fähigkeiten. Und manchmal bitten sie darum, dass man ihnen etwas zu essen bringt, damit sie ihre Arbeit nicht unterbrechen müssen. Normalerweise ist es dann

meine Aufgabe und die einiger anderer, ihnen das Essen zu bringen.

D: *Und so hast du ihn kennengelernt? (Ja) Aber hat er nicht einen anderen ... Stand?*

B: Ja. Deshalb können wir auch nicht heiraten. Aber er behauptet, dass er mich wirklich liebt. Ich weiß, dass ich ihn wirklich liebe. Ich mache mir darüber keine Sorgen. Eine Sache, die ich gelernt habe, ist, dass man jeden Moment so nehmen muss, wie er kommt. Mach dir keine Sorgen über die Konsequenzen, denn was passieren wird, wird passieren, also nimm das Gute mit, wenn es kommt.

D: *Wie ist sein Name?*

(Ich hatte Schwierigkeiten, den von ihr genannten Namen zu verstehen und auszusprechen. Sie musste ihn mehrere Male wiederholen. Es klang wie: Thoroff, phonetisch.)

D: *Wie sieht er aus?*

B: (Mit Bewunderung gesprochen) Er ist groß und schön. Er ist stark. Er hat Haare, die wie Flachs sind, sie sind sehr hell. Sie werden weiß, wenn er viel in der Sonne ist. Und seine Haut wird goldfarben. wenn er in der Sonne liegt. Er ist sehr schön anzuschauen. Seine Augen sind blau wie der Himmel.

D: *Hast du ihn schon lange als Liebhaber?*

B: Seit etwa einem Jahr.

D: *Trefft ihr euch irgendwo? Er kann ja nicht in die Küche kommen, oder?*

B: Nein, das kann er nicht. Manchmal kommt er zu mir in den Schrank. Manchmal treffen wir uns auch draußen. Es gibt eine bestimmte Stelle bei der Baumgruppe, wo wir hingehen, wenn das Wetter warm ist. Und wenn das Wetter kalt ist, treffen wir uns in den Ställen. Dort, wo er wohnt, können wir uns nicht treffen, weil alle Ritter und Diener und so weiter zusammen in großen Zimmern wohnen. Sie schlafen in Gruppen. Also können wir dort nicht hingehen.

D: *Glaubst du, dass ihr euch auch noch treffen könnt, wenn er ein Ritter ist? Er wird dann einen hohen Rang haben.*

B: Ja. Wir werden uns weiterhin treffen, solange er hier an diesem Ort ist. Die Lady Joslyn versucht, uns das Leben schwer zu machen. Sie fordert ihn ständig auf, sie zu besuchen. (Lachen) Manchmal versucht sie, ihn aufzufordern, sie zu unpassenden Tageszeiten zu besuchen. Und der Herzog ist darüber etwas empört. Er nimmt es Roff nicht übel, denn er weiß, wie die Lady Joslyn ist. Aber sie sucht verzweifelt nach einem Ehemann. Sie ist nicht hübsch. Sie hat eine unangenehme Stimme. Und sie denkt nur an sich selbst. Es ist nicht angenehm, mit ihr zusammen zu sein.

D: Wird sie älter? Ist das der Grund, warum sie verzweifelt ist?

B: Ja, sie ist eine alte Jungfer.

D: Wie alt ist alt?

B: Sie ist ... vierundzwanzig, fünfundzwanzig?

D: Ist man zu diesem Zeitpunkt normalerweise schon verheiratet?

B: Oh, ja.

D: Du sagtest, dass sie ihn zu unpassenden Tageszeiten rufen lässt. Wie meinst du das?

B: Sie fordert ihn auf, sie zu besuchen ... nach der Abendessenszeit. Und dann versucht sie, ihn bis in die frühen Morgenstunden bei sich zu behalten, um ihn zu kompromittieren. Und dann wird sie versuchen, zu behaupten, dass sie ein Kind von ihm hat, damit sie vereinigt werden.

D: Oh, dann müsste er sie heiraten. Ist das so üblich?

B: In ihrem Fall, ja. Aber er hat mir gesagt, dass ihre Pläne nicht funktionieren werden. (Lächelnd) Er sagte, dass sie so hässlich ist, dass er keinen hochbekommen würde.

D: (Lachen) Aber deshalb ruft sie ihn doch in ihr Zimmer?

B: Ja. Und alle Damen wissen, dass sie nicht schwanger ist, und dass es auch nicht so aussieht, als ob sich das ändert.

D: Aber du sagtest, der Herzog ist darüber empört? (Ja) Er weiß nicht, dass in Wirklichkeit nichts passiert, oder?

B: Seine Dame versichert ihm, dass nichts passiert. Aber der Grund, warum er empört ist, ist, dass Lady Joslyn sich unangemessen verhält. Er droht damit, sie wegzuschicken.

D: (Lachen) Das würde dir nichts ausmachen, oder?

B: Nein, das würde es nicht.

D: *Ist das der Grund, warum sie dich schlägt? Weil sie eifersüchtig ist?*

B: Ja. Man sagt mir, dass ich hübsch bin. Ich habe mich noch nie gesehen. Ich weiß es nicht. Ich mag die Farbe meiner Haare. Roff sagt, ich sei schön, aber Roff ist nicht objektiv.

D: *(Lachen) Hast du schon einmal von einem »Spiegel« gehört?*

B: Die Damen des Hauses haben Stücke aus poliertem Metall, in denen sie sich spiegeln können. Wenn sie sich für ein Abendessen oder einen Tanz oder etwas Ähnliches fertig machen, halten ihre persönlichen Diener diese für sie hoch, damit sie sich selbst sehen können. Aber nur ganz schwach.

D: *Aber du hast dich noch nie so in einem Spiegel gesehen? (Nein) Nun, es hört sich so an, als ob sie, wann immer sie über etwas wütend wird, es an dir auslässt. Ist das so?*

B: Ja. Nachdem sie es an ihren eigenen Dienern ausgelassen hat.

D: *Sie muss ein ganz schönes Temperament haben.*

B: Ja, das ist ein Grund, warum sie nicht sehr beliebt ist. Ihr Temperament geht einher mit ihrer Stimme. Sie krächzt. (Ich habe gelacht.)

D: *Hat der Herzog eine große Familie, die bei ihm wohnt?*

B: Oh, ja. Eine große Familie und ein großes Gefolge.

D: *Hat er Kinder?*

B: Ja. Es heißt, dass er auch viele uneheliche Kinder unter den Bediensteten hat. Ich vermute, dass er mein Vater sein könnte. Aber natürlich darf ich nicht darüber sprechen.

D: *Ist er alt genug, dass er es sein könnte?*

B: Oh, ja, er ist in seinen Vierzigern.

D: *Aber zumindest kümmert er sich um seine Kinder, wenn er weiß, wer die Kinder sind. Ist das richtig?*

B: Ja. Er erlaubt ihnen, hier zu bleiben und einen Platz zum Leben und Arbeiten zu haben. Und seine Dame, die Lady Evelyn, sie nimmt es in die Hand. Es wurde gesagt, dass meine Mutter sehr schön war. Und dass es kein Wunder war, dass der Herzog sie verführt hat.

D: *Ist das unter den Bediensteten üblich?*

B: Was?

D: *Sich auf diese Weise mit dem Adel zu vermischen?*

B: Das ist das Vorrecht des Herzogs. Wenn er mit einer seiner Dienerinnen schlafen will, kann er das tun.

D: Sie haben nichts dazu zu sagen?

B: Nein, es wird als eine Ehre angesehen, vom Herzog dafür ausgewählt zu werden. Es gibt einige, mit denen er nicht schläft, egal wie schön sie sind. Aber er ist trotzdem freundlich zu ihnen. Es wird vermutet, dass diejenigen von uns, die er so behandelt, seine Kinder sind.

D: Oh. Das ist sehr gut möglich. Man kann nie wissen. Weißt du, was eine Religion ist?

B: Religion? Das ist wie die Kirche?

D: Ja. Gibt es eine bestimmte Art von Religion an dem Ort, an dem du lebst?

B: Es gibt die heilige Römische Kirche.

D: Ist das, an was die Menschen glauben?

B: Es ist das, an was das Königshaus glaubt. Und die Adligen. Diejenigen von uns, die Diener sind, haben andere Glaubensquellen. Aber das ist außerhalb unserer eigenen Kreise nicht allgemein bekannt.

D: Kannst du mir davon erzählen?

B: Wenn du es wünschst. Du darfst es den Adligen aber nicht sagen, denn wir würden mit heftigsten Mitteln bestraft werden.

D: Du kannst mir immer vertrauen. Ich werde es niemandem erzählen.

B: Du bist nicht von der Inquisition?

D: Oh, nein. Nein, ich bin einfach eine Freundin, der man alles erzählen kann.

B: Ja, ich finde, du hast etwas von einem vertrauten Geist an dir.

D: Was meinst du? (Ich hatte nicht richtig verstanden.) Was ist ein unvertrauter Geist?

B: Ein vertrauter Geist, kein unvertrauter Geist.

D: Oh, ich dachte, du hättest »unvertrauter« gesagt. (Lachen) Ein vertrauter Geist, wäre das etwas, das du erkennst oder mit dem du dich wohlfühlst?

B: Es gibt Möglichkeiten, vertraute Geister zu erkennen. Schau, der Herzog hat einst einen Teil unserer Religion studiert, aber er hat sie verdreht und nutzt sie für seine eigenen Zwecke. Es gibt unter uns Dienern einige, die den alten Wegen folgen. Und die Kirche versucht, das auszumerzen.

D: *Ist das die Inquisition, von der du sprachst?* (Ja) *Was macht die Inquisition?*

B: Die Inquisition verhört, foltert und richtet einen dann hin.

D: *Suchen sie nach Menschen, die an Dinge glauben, die anders sind? Woher wissen sie das?*

B: Das tun sie nicht. Sie suchen nur nach Leuten, an denen sie ihre kranken Gelüste auslassen können. Jeder, der es wagt, anders zu denken. Jeder, der es wagt, aufzublicken und etwas anderes zu sehen, egal ob er Christ oder Nichtchrist ist. Jeder, der ein bisschen anders handelt. Jeder, der ein wenig anders aussieht.

D: *Es klingt nicht sehr religiös, wenn sie solche Dinge tun.*

B: Nein. Deshalb bin ich auch nicht in der Kirche aufgewachsen.

D: *Nun, du sagtest, du glaubst, dass der Herzog einige der alten Wege genommen und sie verzerrt hat.* (Ja) *Glaubst du, dass er das auch im Turmzimmer tut?*

B: Ja, er ruft die böse Seite der Dinge an. Aber die Inquisition konnte ihm nichts anhaben, denn er ist zu mächtig. Also nehmen sie die von uns, die sich nicht wehren können.

D: *Also muss man vorsichtig sein. Ich habe ein bisschen was von den alten Wegen gehört. Kannst du mir ein wenig mehr darüber erzählen, was das bedeutet?*

B: Wir folgen den Zyklen der Erde. Es gibt Kräfte in der Erde und im Mond, durch die sich die Göttin offenbart. Und wenn man in Harmonie mit diesen Kräften handelt, können wundersame Dinge im Leben geschehen. Das ist ein Grund, warum ich mir keine Sorgen um Roff und Lady Joslyn mache. Denn die Baumgruppe, zu der ich ihn mitnehme, wenn wir nachts nach draußen gehen, ist ein besonderer Ort der Kraft. Und jedes Mal, wenn wir dorthin gehen, stärkt es die Bande zwischen uns.

D: *Warum ist es ein besonderer Ort der Kraft?*

B: Es ist ein Hain für die Göttin. Es ist eine Gruppe von dreizehn Eichen.

D: *Haltet ihr dort Treffen oder Rituale ab?*

B: Ja. Aber ich darf nicht darüber sprechen.

D: *Das ist schon in Ordnung. Aber ich möchte, dass du weißt, dass du mir vertrauen kannst. Wenn du so weit bist, kannst du es mir eines Tages sagen. Du weißt, dass ich dir immer zuhören werde. Hat die Göttin auch einen Namen? Oder wird sie einfach Göttin genannt?*

B: Wir nennen sie einfach die Göttin. Es heißt, dass sie viele Namen hat, entsprechend ihren vielen Gesichtern. Denn die Göttin verändert sich ständig mit den Jahreszeiten und den Mondphasen. Sie hat also viele Namen, die sich auf all das beziehen. Es ist sehr kompliziert, mit den Namen Schritt zu halten. Und so nennen wir sie die Göttin oder die Erdmutter.

D: *Das macht es leichter. Dann nennt ihr eure Religion einfach die »Alten Wege«? (Ja) Sie hat keinen anderen Namen?*

B: Nicht, dass ich wüsste. Wir nennen sie nur so.

D: *Okay. Es klingt, als hättest du Probleme mit Lady Joslyn.*

B: Das ist in Ordnung. Wir wissen, dass sich alles früher oder später ausgleichen muss. Sie treibt ihren Teil des Gleichgewichts zu weit. Und wenn das Gleichgewicht dann wiederhergestellt ist, wird sie dabei zerstört.

D: *So funktioniert das also?*

B: Ja. Man muss in Harmonie bleiben, damit man nicht zerstört wird, wenn die Dinge aus dem Gleichgewicht geraten.

D: *Hattest du jemals einen anderen Liebhaber im Haus?*

B: Nein. Es gab einige junge Adlige, die versucht haben, etwas mit mir zu machen, aber Roff hat sie daran gehindert.

D: *Dann ist er größtenteils der Einzige gewesen.*

B: Er ist der Einzige.

D: *Nun, was macht ein Knappe im Haus? Hat er bestimmte Aufgaben?*

B: Ja. Wenn ein Junge zum ersten Mal zur Ausbildung hierher kommt, ist er ein Knappe. Er macht viele der Dinge, die die Diener tun, aber er tut es, um die inneren Abläufe des Systems zu lernen. Er kümmert sich um die Ritter oder Herren. Und er ist die ganze Zeit bei ihnen. Er hilft ihnen beim Anziehen. Er bringt ihnen Essen und Trinken auf ihre Zimmer, wenn sie es wünschen. Und er überbringt Botschaften für sie. Und wenn er älter wird, wird er zum Kammerdiener. Dann hilft er dem Ritter oder Herrn mit seinen Waffen. Er hilft ihm, sie zu polieren und sich um sie zu kümmern. Und er hilft ihm, sich für die Schlacht oder zum

Beispiel auch für Staatsangelegenheiten anzuziehen. Und er fungiert als sein Adjutant. In der Zwischenzeit wird er von den Waffenmeistern selbst an den Waffen ausgebildet. Und dann, wenn er einen gewissen Entwicklungsstand erreicht hat, fängt er an, die Dinge zu tun, die Ritter tun, damit er ausgebildet wird und selbst eines Tages ein Ritter werden kann.

D: *Sie müssen all diese Phasen durchlaufen, bevor sie Ritter werden können. (*Ja*) Wurde er auch in diesem Haus geboren?*

B: Roff? (*Ja*) Nein. Die Söhne eines Haushalts werden immer zur Ausbildung in einen anderen Haushalt geschickt, um sicherzustellen, dass sie ordentlich ausgebildet werden.

D: *Dann kommt er von woanders her. Und ein Ritter, ist das dann der höchste Rang, den er erreichen kann?*

B: Nein. Das wäre nur die höchste Stufe seiner Ausbildung. Er wird dann die Ausbildung abgeschlossen haben, die er braucht, um einen Platz im Leben einzunehmen.

D: *Was wären die Aufgaben eines Ritters?*

B: Ein Ritter verteidigt und kämpft. Ein Ritter begleitet auch wichtige Leute und beschützt sie vor Dieben und Wegelagerern. Auch, wenn der Herzog eine wichtige Nachricht an einen anderen, weit entfernten Ort überbringen lassen muss, überbringt ein Ritter die Nachricht und bringt die Antwort zurück und sorgt dafür, dass er unterwegs von niemandem aufgehalten wird.

D: *Wir haben ein Wort für eine derartige Person, das »Soldat« heißt. Ich dachte, dass er vielleicht so etwas sein könnte. Du sagtest, er verteidigt sich.*

B: Das Wort kenne ich nicht.

D: *Es ist sehr ähnlich. Sie haben Waffen und verteidigen sich.*

B: Und in Friedenszeiten, wenn die Ritter nicht viel zu kämpfen haben, werden oft zum Spaß Turniere veranstaltet, um ihre Fähigkeiten aufrechtzuerhalten, damit sie weiterhin in Bestform für die Verteidigung sind.

D: *Ich habe davon gehört. Kannst du sie dir ansehen?*

B: Oh, ja. Es ist immer ein großer Feiertag und jeder darf zuschauen. Die Dienerschaft muss natürlich an ihrem Platz bleiben und darf sich nicht unter die Adligen mischen. Aber es macht trotzdem Spaß, zuzusehen, und ich feuere Roff immer an.

D: *An welchem Feiertag würden diese Dinge stattfinden?*
B: Was meinst du?
D: *Du sagtest, es ist meistens an einem Feiertag?*
B: Ja. Immer wenn ein Turnier ansteht, werden alle ...
D: *Oh, sie machen es zu einem Feiertag.* (Ja) *Ich dachte, es wäre an einem bestimmten Feiertag.*
B: Nun, der 1. Mai ist immer ein großer Tag für ein Turnier.
D: *Warum ist der Maifeiertag wichtig?*
B: Nun, wir kennen den wahren Grund, auch wenn die Kirche ihn nicht zugeben will. Es ist ein wichtiger Tag in den alten Wegen. Es ist der Beginn des Frühlings und des neuen Lebens für die Erde.
D: *Ich dachte, der Frühling beginnt früher.*
B: Das ist auch so. Und diejenigen von uns, die den alten Wegen folgen, wissen das. Wir feiern das früher. Aber diejenigen, die nicht den alten Wegen folgen und stattdessen mit der Kirche zu tun haben, sind sich dessen nicht bewusst. Und so feiern sie es am 1. Mai.
D: *Warum feiert die Kirche das Fest am 1. Mai?*
B: Die Kirche hat ihre eigenen Gründe. Ich habe keine Ahnung. Es muss irgendeinen Heiligen in der Vergangenheit geben haben, der am 1. Mai etwas getan hat.
D: *Dann können sie das als Vorwand zum Feiern benutzen?* (Ja) *Nun, das war alles sehr interessant. Ich weiß es zu schätzen, dass du mir diese Dinge erzählt hast. Darf ich wiederkommen und mit dir über diese Dinge sprechen?* (Ja) *Und dich auf diese Weise besuchen?* (Ja) *Du weißt, dass ich dir nichts Böses will, nicht wahr?*
B: Du vermittelst mir das Gefühl, ein vertrauter Geist zu sein. Aber ich muss ein bisschen abwarten und sicherstellen, dass du die Prüfung bestehst.
D: *Oh? Was für eine Prüfung?*
B: Du wirst es wissen, wenn es soweit ist.
D: *Hmmm. Das ist ja interessant. Wirst du mich testen?*
B: Vielleicht. Oder es könnte jemand anderes sein.
D: *Was würde passieren, wenn ich die Prüfung nicht bestehe?*
B: Dann würde ich dich verbannen und nicht mehr mit dir sprechen.

D: Nun, ich mache mir darüber keine Sorgen. Denn ich weiß, dass ich dir nichts Böses will.
B: Das wird dir in der Prüfung gute Dienste leisten.
D: Ich bin einfach neugierig und möchte viele Dinge wissen. Deshalb stelle ich auch so viele Fragen. Aber ich würde dir nie etwas antun.
B: Das ist gut, denn sonst dürftest du es nicht.
D: Ich komme dich einfach gerne besuchen. Wenn du jemandem etwas sagen möchtest und nicht willst, dass es jemand anderes erfährt, bin ich immer für dich da.
B: Sehr gut.
D: Jeder braucht so jemanden. (Ja)

Das war alles, was Astelle mir über den geheimnisvollen »Test« erzählte, der durchgeführt werden sollte. Ich brachte Brenda wieder in ihr volles Bewusstsein zurück und erzählte ihr nichts von meiner Neugierde darauf, was der Test wohl beinhalten würde und wann und wie er durchgeführt werden würde. Würde ich etwas davon mitbekommen? Ich hatte keine Ahnung, was Astelle mit mir vorhatte. Aber ich wusste, dass ich ihr Vertrauen gewinnen musste, wenn sie weiterhin Informationen mit mir teilen sollte. Ich wollte vor allem mehr über die Praxis der »alten Wege« erfahren.

Kapitel 5
Der Prüfung
(Aufgenommen am 6. Mai 1986)

Ich verwendete die Schlüsselwörter und zählte Brenda zurück in das Leben von Astelle.

D: Wir sind in die Zeit zurückgegangen, in der Astelle lebte. Was machst du gerade?
B: Ich bin in der Küche. Ich sitze am Tisch, der in der Mitte des Raumes steht. Ich helfe, das Essen vorzubereiten. Heute Abend wird es ein Bankett geben.
D: Was für Essen bereitest du zu?
B: Ich bereite hauptsächlich Gemüse zu. Ich bereite es vor. Ich habe verschiedene Arten von Füllungen für die Braten zubereitet. Dazu gehört auch, dass ich das Gemüse schneide und die Gewürze dazugebe. Es gibt ein junges Schwein, das gefüllt werden soll. Und es wird einen Lammbraten geben. Und ein Reh.
D: Woher kommt das Gemüse?
B: Von den Bauern. Um diesen Ort herum gibt es Gemüsefelder. Dieser Ort hat ein Gelände, auf dem sich die Herren und Damen tummeln können. Aber darüber hinaus gibt es noch Gemüsefelder. Und die Bauern bringen einen bestimmten Teil ihrer Ernte hierher, um ihre Steuern zu bezahlen.
D: Oh? Sie müssen dem Herzog Steuern zahlen? (Ja) Dürft ihr etwas von diesem Essen haben?
B: Nachdem die Adligen fertig sind. Was auch immer übrig ist und die Hunde nicht bekommen. Aber hier in der Küche ist es leicht, etwas abzubekommen. Man muss ja dafür sorgen, dass es schmeckt, bevor man es zum Tisch bringt.
D: Du musst es probieren? (Ja) Was ist der Anlass des Banketts?

B: Einige Familienangehörige des Herrn, die weit weg wohnen, sind zu Besuch gekommen. Sie sind hierhergekommen, um zu helfen ... Ich bin mir bei den Verzweigungen nicht ganz sicher. Ich glaube, sie wollen einige Ehen arrangieren, während sie hier sind. Außerdem wollen sie vereinbaren, sich in Kriegszeiten gegenseitig zu helfen und so weiter. Und so sind sie hierhergekommen, um zu schlemmen und zu speisen und diese verschiedenen Verträge und Vereinbarungen zu treffen.

D: *Du sagtest, sie kämen von weit her?*

B: Ja, mehrere Tagesreisen entfernt.

D: *Sind die Leute, die gekommen sind, schon mal hier gewesen?*

B: Ja, aber das ist schon lange her. Ich war damals ein kleines Mädchen.

D: *Du hast von Krieg gesprochen. Glaubst du, dass es einen Krieg geben wird?*

B: Das weiß man nie. Es gibt immer verschiedene Streitigkeiten und Meinungsverschiedenheiten. Es ist daher immer gut, ein paar Vereinbarungen und Verträge parat zu haben, nur für den Fall, dass die Situation eintritt.

D: *Kommen sie aus einem anderen Land oder aus einem anderen Teil dieses Landes?*

B: Sie kommen von Osten. Aus Frankreich.

D: *Du hast mir noch nicht gesagt, wie das Land heißt, in dem du lebst. Weißt du, wie es heißt?*

B: Ich habe schon verschiedene Bezeichnungen gehört. Die Händler nennen es Flandern. Ich glaube, einige der anderen Namen, die ich gehört habe, sind Bezeichnungen, die Menschen aus anderen Ländern dafür haben. Und das sind Wörter, die ich nicht aussprechen kann.

D: *Und du sagtest, sie werden Ehen arrangieren? Welche Art von Ehen?*

B: Eine Ehe ist eine Ehe.

D: *(Lachen) Ich meinte, zwischen den Leuten, die im Haus wohnen, oder wie?*

B: Ja. Zwischen den Menschen, die hier im Haus leben, und Menschen, mit denen sie in Verbindung stehen. Und vielleicht auch zwischen Leuten aus ihrem Gefolge.

D: Gibt es jemanden im Haus, der heiraten möchte? (Ich dachte dabei natürlich an Lady Joslyn.)
B: (Lächelnd) Ja, aber sie hat ihren Blick auf Roff gelegt.
D: (Lachen) Ich dachte dabei an Joslyn. Meinst du, sie könnten versuchen, eine Ehe zwischen Joslyn und jemand anderem zu arrangieren?
B: Ja, weil es eine bessere Ehe für sie wäre. Roff ist ein Kammerdiener, der bald in den Ritterstand erhoben wird. Er ist nicht von so hoher Geburt wie die Lady Joslyn.
D: Könnte sie ihn heiraten, wenn sie es wollte?
B: Ja, aber sie hat keine klare Sicht in dieser Sache. Und so ...
D: Du meinst, sie hat nicht zu sagen, wen sie heiratet?
B: Oh, das könnte sie. Es ist nur so, dass der Herzog weiß, dass es besser wäre, wenn sie einen anderen heiraten würde. Und so wird er wahrscheinlich darauf bestehen.
D: Wie denkst du darüber? Dass sie eventuell weggeht oder einen anderen heiratet?
B: Oh, das würde mir gefallen. Das würde das Leben für mich sehr angenehm machen.
D: Behandelt sie dich immer noch auf dieselbe Weise?
B: Ja. Manchmal sogar noch schlechter. Denn es ist für alle offensichtlich, dass ich hübscher bin als sie. Ich arbeite nur in der Küche und muss jeden Tag dasselbe anziehen – das ist alles, was ich habe – und ich habe nicht den feinen Schmuck, den sie hat, oder den Puder und all das, was sie sich ins Gesicht schmiert. Und ich habe gehört, dass die Leute sagen, dass ich die Hübschere von beiden bin, obwohl ich kein Puder im Gesicht habe, keinen Schmuck oder so etwas. Das gefällt ihr nicht. Und sie wird besonders wütend, wenn sie mich singen hört.
D: Singst du gerne?
B: Es hilft dem Tag beim Vergehen.
D: Welche Art von Liedern singst du?
B: Ganz normale Lieder. Normalerweise summe ich nur etwas, das ich mir während der Arbeit ausdenke. Ich höre nicht wirklich auf das, was ich singe, also sagen die Leute: »Sing das noch mal.« Und ich sage: »Was habe ich denn gesungen?" Weil ich nicht wirklich zuhöre. Die Leute sagen, meine Stimme klingt angenehm. Aber

die Stimme von Lady Joslyn (Ich lachte.) ... klingt wie eine rostige Türangel.

D: *(Lachen) Das klingt nicht sehr schmeichelhaft. Nun, singst du jemals irgendwelche Lieder, die auch von anderen Leuten gesungen werden?*

Ich versuchte, sie dazu zu bringen, etwas für mich zu singen, das ich später überprüfen konnte. Dies hatte in der Vergangenheit mit der anderen Person funktioniert, die in einem anderen Leben ein Barde war.

B: Ich weiß es nicht. Ich singe einfach hier in der Küche. Und meistens nur für mich selbst, weil ich niemanden sonst stören will. Also vergiss, dass ich das Singen erwähnt habe.

D: *Ich bin nur neugierig, weil ich Musik mag. Und ich habe mich gefragt, ob es ein paar Lieder gibt, die immer gesungen wurden, die du vielleicht wiederholt hast.*

B: Ich weiß es nicht. Ich komme nicht viel mit den Leuten zusammen. Ich bin immer hier in der Küche. Ich gehe auf keine ihrer Feiern.

D: *Okay. Aber ich mag Musik, deshalb habe ich mich das gefragt. Du hast mir mal erzählt, dass Joslyn dich manchmal schlägt. Stimmt das?*

B: Ja. Mit ihrer Haarbürste.

D: *Ist es ein großes Exemplar?*

B: Es sind ... es sind zwei Handbreit.

D: *Das ist groß. Die Bürsten, an die ich gewöhnt bin, sind klein. Ich hätte nicht gedacht, dass sie sehr weh tun würden.*

B: Ich versuche ihr immer wieder zu sagen, dass ... Schau, Bürsten sind selten und schwer zu bekommen und schwierig herzustellen. Die meisten Leute benutzen Kämme. Und ich versuche ihr zu sagen, dass sie ihre Bürste ruinieren wird und dann keine mehr hat. Aber sie hat ja noch den Stiel, und mit dem schlägt sie mich.

D: *(Lachen) Es kümmert sie nicht.*

B: Nein, das hat es noch nie getan.

D: *Ist es ihr jemals gelungen, Roff zu verführen?*

B: Nein. Denn es gibt diesen einen Teil des Verstandes, der mitmachen muss, und wenn er nicht mitmacht, funktioniert die ganze

Verführung nicht. Und sie schreit ihn an und zerkratzt ihm das Gesicht und gibt ihm eine Ohrfeige, weil sie sagt, er sei ganz vernarrt in mich.

D: *Sie versteht es einfach nicht, oder?*

B: Nein. Oder vielleicht versteht sie es nur zu gut und es gefällt ihr nicht.

D: *Könnte sein. Weißt du, ich habe mal mit dir über deinen Glauben gesprochen. Ich interessiere mich dafür.*

B: Er ist in Harmonie mit der Erde.

D: *Gibt es viele von euch, die die alten Wege praktizieren?*

B: Mehr, als die Kirche vermutet. ... Und wir ... wir haben uns eine Prüfung ausgedacht, um dich zu testen.

D: *Hast du das? Ich bin neugierig.*

B: Und ... wir haben dich getestet. Du bist, wer du vorgibst zu sein. Und du bist kein Mitglied der Inquisition. Deshalb werde ich deine Fragen beantworten.

D: *Wann hast du mich getestet? War ich mir dessen bewusst?*

B: Nein. Wir wollten nicht, dass du dir dessen bewusst bist, denn dann wärst du befangen gewesen.

D: *Wer ist wir?*

B: Ich und einige andere hier an diesem Ort. Es muss ein Wort für diesen Ort geben. Ich kenne ein Wort in meiner Sprache. Aber diese Sprache, die ich zu benutzen scheine, ah ...

D: *Wie würdest du ihn in deiner Sprache bezeichnen?*

B: Moment. Verwirre mich nicht. Es gibt das Wort »Schloss«, aber das passt nicht. Auch das Wort »Villa« passt nicht. Ich finde diese Wörter. Ich versuche zu sehen, was passt. Bergfried! Bergfried. In diesem Bergfried.

D: *Nennt ihr das in eurer Sprache so? Du hast gesagt, es gibt ein anderes Wort.*

B: Nein, das ist das Wort in der Sprache ... in deiner Sprache. Es ist aber viel schöner als ein gewöhnlicher Bergfried. Es ist eine Art Zwischending zwischen einem Bergfried und einem Herrenhaus.

D: *Ja. Ein Herrenhaus ist ein sehr großes Haus. Und ein Schloss ist auch sehr groß.*

B: Ja. Ein Bergfried** ist eher ein Militärstandort, wie es scheint. Und er ist strategisch günstig gelegen. Er ist befestigt, aber nicht so stark wie eine Festung. Es ist so etwas wie ein befestigtes Herrenhaus.

** Begriff, der dem französischen donjon entspricht, für den stärksten Teil der Befestigung einer Burg, den Ort der letzten Zuflucht im Falle einer Belagerung oder eines Angriffs. Der Bergfried war entweder ein einzelner Turm oder eine größere befestigte Anlage. **

D: Oh, deshalb müsste der Name anders lauten. Ich verstehe. Nun, hast du diesen anderen Leuten gesagt, dass ich aufgetaucht bin und mit dir gesprochen habe? (Ja) Fanden sie es nicht seltsam?
B: Nein. Wir sprechen ziemlich oft mit körperlosen Stimmen. Das ist ein Teil unserer Religion. Die Kirche würde sagen, dass das Dämonen sind, aber das sind sie nicht.
D: Aber du musstest dir eine Prüfung ausdenken, bevor du wieder mit mir sprechen durftest?
B: Nicht unbedingt, um mit dir sprechen zu dürfen. Wir mussten uns einen Test ausdenken, um sicher zu sein, dass es nicht zu einer Katastrophe führen würde.
D: Oh? Könnte das passieren?
B: Oh, ja. Du könntest ein Trick gewesen sein, ein Spion, der von der Kirche geschickt wurde. Jemand, der seine Stimme gegen uns erheben kann. Es wäre verhängnisvoll, wenn ich etwas sagen würde, das die Inquisition verwenden könnte.
D: Jetzt weißt du, dass ich keine Katastrophe verursachen werde.
B: Nein. Du bist ... es ist schwer zu beschreiben, aber der Test ... wir haben dich getestet. Du kommst von einem anderen Ort und aus einer anderen Zeit. Irgendwie bist du dazu in der Lage, deine Stimme zu uns zu projizieren. Aber du hast überhaupt keine Verbindung zur Kirche. Und es gibt keine Möglichkeit ... selbst wenn du der Kirche alle Informationen geben würdest, würde die Kirche dich für einen Dämon halten und nicht zuhören.
D: Sie würden mir nicht glauben. Das ist wahr. Selbst in unserer Zeit würden sie mir nicht glauben. Es ist nur für meine eigene Neugierde.
B: Bist du denn auch vorsichtig mit der Kirche?
D: Ich glaube nicht, dass sich die Kirche jemals ändern wird.

B: Nein, das wird sie nicht. Aber es gibt immer Anhänger der Künste, des Glaubens. Es gibt immer diejenigen von uns, die unsere Erdmutter respektieren. Die große Mutter. Sie hat viele Namen. Und solange es auch nur einen Menschen gibt, der die große Mutter respektiert, ist alles in Ordnung. Je mehr Menschen die große Mutter respektieren, desto mehr Harmonie gibt es. Eines Tages wird die Kirche schwächer werden, verdorren und austrocknen. Das ist der natürliche Kreislauf von allem, was nicht in Harmonie ist mit der großen Mutter. Es wächst, es nimmt ab, es verdorrt und vertrocknet. Und die Kirche, sie wuchs bereits. Und sie scheint jetzt am größten zu sein und bleibt dann einfach gleich. Dann wird sie schwächer werden, verdorren und vertrocknen. Und die große Mutter wird immer noch da sein.

D: *Ja. Du hast von der Inquisition gesprochen. Das hört sich für mich nicht so an, als ob es ein guter Teil der Religion wäre.*

B: Nein. Wenn eine Religion oder irgendetwas in dieser Art zu Zwang und Gewalt greifen muss, um sich zu behaupten, bedeutet das, dass sie zu schwinden begonnen hat. Sie erkennen, dass das Ende für sie kommt. Und sie wollen nicht, dass es geschieht. Das Ende mag noch viele hundert Jahre entfernt sein, aber dennoch ... (Sie gähnte und es war schwer zu verstehen.) Dinge wie diese sind Teil des Endes.

D: *Ich glaube, es macht sie noch unsicherer, wenn sie so etwas tun müssen.*

B: Nun, ja, sie sind unsicher. Sie sind nicht im Einklang mit der großen Mutter. Und der Hauptpunkt, der garantiert, dass die Kirche verkümmern und verdorren wird, ist, dass sie darauf bestehen, dass der himmlische Vater alles sei. Aber so ist es nicht. Es ist die große Mutter.

D: *Na ja, sie müssen ihn männlich machen, nehme ich an.*

B: Ja, und sie richten alles auf die männliche Art aus, Dinge zu tun. Das ist nicht richtig. Es lässt die Hälfte der Menschheit außen vor, wenn sie das tun.

D: *Das ist wahr. Denn das Männliche kann eigentlich nichts von sich aus tun. Nicht nach den Gesetzen der Natur.*

B: Und ihr großer Vater hat nie eine Frau gehabt. Er hat einmal, so heißt es, seinen Geist herabgeschickt, um eine Jungfrau zu schwängern, ohne dass sie jemals einen Mann gekannt hat. Das ist unnatürlich. Und sie sagen, dass er keine Frau braucht. Auch das ist unnatürlich. Die große Mutter hatte mehrere Gatten und Geliebte. Und aus ihren Lenden ist alles Leben hervorgegangen.

D: Dann hast du wahrscheinlich die Geschichte von der Jungfrau und dem Kind, das sie zur Welt brachte, gehört, auf die sich die Religion stützt.

B: Ja. Jeder hat sie gehört. Dafür sorgt die Kirche schon.

D: Das ist also das, was sie alle glauben machen wollen. (Ja) Ich weiß nicht, ob du es mir sagen kannst oder nicht, aber ich bin neugierig auf den Test. Kannst du mir sagen, was der Test war, jetzt, wo er vorbei ist? Wie ich getestet wurde?

B: Ich bin mir nicht sicher, ob es klug wäre, dir das zu sagen.

D: Jetzt, wo der Test vorbei ist, werdet ihr es nicht wieder tun, nehme ich an.

B: Aber wenn andere deiner Art kommen, müssen wir auch sie testen.

D: Ich glaube nicht, dass jemand kommen wird. Ich kenne niemanden sonst, der kommen wird. Man kann nie wissen, aber ich glaube, ich bin die Einzige, die momentan kommt.

B: Wir sind in den heiligen Hain gegangen. Wir haben hier sehr viel Glück. Wir haben den heiligen Hain der mächtigen Kraft. Er liegt oben auf einem Hügel, was gut ist. Und es gibt einen Fokussierungsstein in der Mitte. Wir haben einen Fokussierungsstein benutzt und einen Topf mitgebracht, den wir mit Wasser gefüllt haben. Und wir haben die hohen Kräfte angerufen. Wir haben dich ihnen vorgestellt und sie gebeten, uns von dir zu erzählen. Und es gibt einige von uns, die lesen können, was im Wasser gezeigt wird. Diejenigen, die das können, blickten in das Wasser und sagten uns, was sie über dich erfahren haben.

D: Kannst du das mit mir teilen?

B: Das ist schwer zu erklären. Es waren viele wundersame Dinge, die nicht in der Sprache der Menschen ausgedrückt werden können.

D: Kannst du es versuchen? Ich bin neugierig.

B: Sie sagten, dass sie Mitleid mit dir haben. Denn du bist unter dem Einfluss der Kirche aufgewachsen, mit dem Bild des Kirchenvaters, das dir eingebläut wurde. Sie konnten jedoch sehen, dass du im Grunde versucht hast, den Weg der großen

Mutter zu gehen. Aber es gab niemanden, der dir geholfen hat, und du warst auf dich allein gestellt. Und das war der erste Punkt, der für dich sprach. Dass du im Grunde genommen in Harmonie mit der großen Mutter und mit ihrer Kraft warst. Und sie sagten, dass du wundersame Dinge besitzt. Du hast ein schwarzes Objekt, das die Stimmen der Menschen nimmt und festhält und sie wieder zurückgeben kann, ohne jemanden stumm zu machen.

D: *Ja, das tue ich. Es ist ein wundersames Objekt.*

B: Und du hast wundersame Gegenstände zum Schreiben. Du kannst das tun, ohne ein Tintenfass und einen Reibstein zur Hand zu haben. So haben wir viele Dinge über dich erfahren. Aber das war nicht der wichtigste Teil. Sie mussten etwas über dich herausfinden. Und sie sahen, dass du ein Werkzeug der großen Mutter bist. Sie benutzt dich für ihre Zwecke. Wir sahen, dass du nicht aus unserer Zeit stammst. Dass du aus der kommenden Zeit kommst. Und dort, wo du herkommst, beginnt die Kirche zu verdorren. Sehr bald wird sie austrocknen und verwehen. Aber sie schwindet schon seit geraumer Zeit, und sie beginnt zu verwelken. Und sie geht in ihren Todeskampf, der sehr ... wie du weißt, kann die Anstrengung, die damit verbunden ist, wenn etwas in den Todeskampf geht, sehr stark und energisch sein. Und so befindet sich die Kirche in eurer Zeit in ihrem Todeskampf, der sie stark, kraftvoll und mächtig erscheinen lässt, aber sie ist sehr unsicher, denn sie wird von allen Seiten untergraben. Und bald wird die Kirche ganz verdorren, vertrocknen, verwehen, während die große Mutter noch da sein wird. Es zeigte sich, dass ihr in einer gesegneten Zeit lebt, in der die Anhänger der großen Mutter keine Angst vor der Inquisition haben müssen. Das ist gut so. Und dass in eurer Zeit viele Wege des Folgens der großen Mutter entdeckt worden sind. Und ihre Anhänger benutzen diese verschiedenen Wege. Deshalb sind wir übereingekommen, dass ich dir, da du mich kontaktiert hast, helfen werde, wo ich kann. Vielleicht wissen wir etwas über die große Mutter, das in eurer Zeit verloren gegangen ist und das euch helfen könnte. Es gibt Dinge, die verloren gehen, und sie werden im Laufe der Zeitalter wiedergewonnen. Das ist der natürliche Kreislauf der Dinge.

D: *Ja, das stimmt, denn im Laufe der Zeit werden Bücher und Pergamente zerstört, Menschen sterben und viel Wissen geht verloren. Das ist es, was ich immer versuche: verlorenes Wissen wiederzuerlangen, das den Menschen helfen könnte. Deshalb hast du recht, dass ich nicht den Wunsch habe, dir zu schaden. Ich bin einfach auf der Suche nach Wissen. In unserer Zeit werden wir nicht ganz so verfolgt wie ihr damals. Es gibt immer noch einige Leute, die falsche Vorstellungen haben, aber das sind diejenigen, die total in der Kirche drin sind, und sie verstehen es nicht. Aber es gibt jetzt keine Folterungen oder Todesfälle mehr wie in eurer Zeit. Das ist der Unterschied. Dieser Teil ist doch gut, oder? (Ja) Wir haben eine andere Art von Verfolgung.*

B: Die Verfolgung, die ihr in eurer Zeit erlebt, ist eher eine geistige als eine physische Verfolgung.

D: *Ja. Hatten sie eine Vorstellung davon, wie weit ich in der Zukunft von dir entfernt bin, aus der ich spreche?*

B: Viele Lebensalter. Das ist schwer zu sagen. Wenn man solche Informationen findet, sind die menschlichen Dinge, wie Zahlen und dergleichen, nicht wichtig. Wichtig sind die Gefühle und die Eindrücke, die man erhält.

D: *Dann konnten sie anhand der Objekte, die sie sahen, erkennen, dass es sich um eine andere Zeit handelte.*

B: Und aus der Entfernung, aus der du gekommen bist. Sie sagten, dass es so aussah, als ob sie in einen sehr langen Tunnel blickten. Und es ist die Länge des Tunnels, die ihnen eine Vorstellung davon gibt, wie weit man in der Zeit entfernt ist. Die Inquisition würde mich umbringen, wenn ich so etwas sagen würde, denn sie sagen, dass die Zeit nur jetzt ist. Und was in der Vergangenheit passiert ist, ist nicht wichtig, es sei denn, es wurde in der Bibel aufgezeichnet. Und dass man sich keine Sorgen um die Zukunft machen soll. Dass es so etwas wie Zukunft nicht gibt, außer dem, was in der Bibel aufgezeichnet wurde. Aber dann wollen sie dir nichts darüber erzählen, weil sie sagen, dass Laien das nicht verstehen würden und es deshalb nicht wissen müssen.

D: *Das ist interessant. Sie stützen sich auf all das, was in der Bibel steht. Stimmt das?*

B: Angeblich schon. Ich glaube, sie passen es ihren eigenen Vorstellungen an.

D: Ja. Man hat mir gesagt, dass die Menschen in deiner Zeit die Bibel nicht selbst gelesen haben. Dass der Priester ihnen sagte, was darin stand.

B: Wir dürfen nicht in der Bibel lesen, denn die Bibel gilt als zu heilig, um von gewöhnlichen Händen, von entweihten Händen, berührt zu werden.

D: Nun, in unserer Zeit ist es uns erlaubt, sie zu lesen und zu studieren und zu versuchen, sie zu verstehen. Aber auch heute noch finden die Menschen viele verschiedene Bedeutungen darin.

B: Ja. Das liegt daran, dass sie nicht in Harmonie mit der großen Mutter sind. Wenn sie den Weg der großen Mutter gingen, könnten sie die Schlacke wegwerfen und das Gute behalten.

D: Weil es heute viele Interpretationen und Bedeutungen gibt. Dass jeder daraus ziehen kann, was er will. Das ist eines der seltsamen Dinge an der Bibel. (Ja) Sie ist im Grunde ein gutes Buch, aber die Menschen verdrehen sie für ihre eigenen Interpretationen.

B: Es ist ein gutes Buch. Aber es ist nicht das einzige gute Buch, das es gibt. Und es ist auch nicht der König der Bücher.

D: Gibt es jemanden in deiner Gruppe von Anhängern – ich denke, das ist ein gutes Wort –, der überhaupt lesen kann?

B: Lass mich nachdenken. (Pause) Ich vermute, es könnte eine geben. Aber falls sie lesen kann, hält sie es geheim, weil sie es nicht können sollte.

D: Ich habe mich nämlich gefragt, ob ihr etwas aufgeschrieben habt. Irgendwelche Pergamente oder Dinge, die ihr bei euren Zeremonien verwendet.

B: Es gibt einige Pergamente, auf denen Zeremonien stehen. Für einige der Zeremonien, die wir nicht oft durchführen.

D: Das meiste davon wisst ihr einfach? (Ja) Nun, ich würde gerne über einen längeren Zeitraum mit dir arbeiten, wenn du mir das erlaubst.

B: Du hast die Prüfung bestanden.

D: Ich fände es schön, falls du mir das gestattest, wenn du mir etwas über Magie oder Zaubersprüche erzählen könntest, die in unserer Zeit von einem normalen Menschen verwendet werden können.

B: Ich werde sie dir sagen, wenn du dafür sorgst, dass die Anhänger der Mutter davon erfahren. Um sicherzustellen, dass auch andere Anhänger der Mutter sie nutzen können.

D: *Das ist es, was ich meine. Um sie an die richtigen Leute weiterzugeben. Dinge, die sie nutzen können, um sich selbst und anderen Menschen zu helfen. (Ja) Wir wollen nichts, was irgendjemandem schaden könnte.*

B: Gelegentlich muss man Rituale zum Schutz vor denen durchführen, die einem schaden wollen.

D: *Ja, das würde mich interessieren, denn ich möchte bei meiner Arbeit geschützt sein. (Pause) Hättest du so etwas, das du mir mitteilen könntest? Zum Schutz?*

B: Lass mich nachdenken. Es gibt so viele Dinge, die ich in meinem Alltag tue, dass es mir schwer fällt, sie auseinanderzuhalten. (Pause) Eine Sache, die zur Nachtzeit gut ist – Ich fange mal mit den einfachen an, damit du sichergehen kannst, dass du verstehst.

D: *In Ordnung. Ich weiß das zu schätzen.*

B: Nachts, wenn du dich zum Schlafen niederlegst, sollte der Raum, in dem du schläfst, nur einen Eingang und einen Ausgang haben, nur eine Tür. Und gegenüber dieser Tür, auf dem Boden, nimmst du etwas Salz und denkst an dieses Salz. Denke stark daran und stell dir vor, dass das Salz von sich aus Licht erzeugt, so wie eine Kerze Licht erzeugt. Dass es sein eigenes Licht erzeugt. Und dass dieses Licht sich überall hin ausbreiten und alle bösen Mächte vertreiben kann. Nimm dieses Salz und streue es auf den Boden vor deiner Tür. Und es bildet eine schützende Wand, so dass du im Schlaf nicht verletzt werden kannst.

D: *Das ist sehr gut. Gibt es noch etwas anderes? Du sagtest, du würdest mit den einfachen Sachen anfangen.*

B: Wann immer du mit Menschen in Kontakt kommst und du dir nicht sicher bist, ob sie es gut oder böse mit dir meinen, halte etwas Salz bereit, um sie damit zu bestreuen. Auf ihrem Rücken oder ihren Schultern oder was auch immer, so dass sie es nicht bemerken. Denke an eine weiße Wand zwischen dir und ihnen, um dich zu schützen. Das wird ihre Gedanken und ihre Zungen verwirren, so dass sie nicht in der Lage sind, den Schaden anzurichten, den sie vorhatten.

D: *Bis jetzt sind diese Dinge einfach zu tun. Es ist nicht sehr viel nötig, um sie durchzuführen. Das ist sehr gut.*

B: Die wichtigsten Rituale sind die, die man mit seinem Geist macht. Es ist schwer, sie zu beschreiben. Deshalb beginne ich mit einfachen Ritualen. Um dich darauf vorzubereiten, später die schwierigeren Rituale kennenzulernen.

D: *Vielleicht kann ich sie verstehen, weil ich den Gebrauch des Geistes in meiner Zeit studiert habe. Ich hoffe, dass ich in der Lage sein werde, sie zu verstehen. Hast du noch etwas? Oder willst du noch warten?*

B: Ich habe überlegt, wie ich dir davon erzählen kann. Im Frühling und im Sommer, wenn das Wetter warm und angenehm ist und der Mond zunimmt, gehe an einen Ort, an dem es Blumen gibt, die blühen und gut duften. Besonders gut wäre es, wenn es nachtblühende Blumen sind, denn du wirst nachts dorthin gehen. Und du wählst eine Blume, die dich repräsentiert, und Du wählst eine Blume, die denjenigen repräsentiert, den du liebst. Binde sie zusammen. Finde eine Lichtung, auf der du noch die Blumen und Sträucher riechen kannst und wo das Mondlicht auf diese Blumen scheint. Gehe dreizehn Mal im Kreis um sie herum.

D: *Um die beiden Blumen herum oder um die anderen Blumen?*

B: Die beiden Blumen, denn du hast sie auf den Boden gelegt, während der Mond auf sie scheint. Und jedes Mal, wenn du um diese Blumen herumgehst, bittest du die große Mutter – in dieser besonderen Situation bittest du sie so, wie sie ist, wenn sie im Mond verkörpert ist. Du bittest die große Mutter, denjenigen, den du liebst, sein Herz und dein Herz zu verflechten, sie so zu verflechten, wie diese Blumen verflochten sind. Und euer Leben miteinander zu verflechten, und so weiter. Und jedes Mal, wenn du um die Blumen gehst, bittest du um eine andere Verflechtung. Und du musst wirklich innehalten und an dreizehn verschiedene Verflechtungen denken, damit du nicht die gleichen wiederholst. So, dass ihr sehr gut miteinander verbunden und verflochten seid. Und wenn du dann dreizehn Mal um diese Blumen herumgegangen bist, bleibst du stehen, schaust zum Mond und streckst deine Hände zu ihm hinauf. Und du sagst: »Ich habe die große Mutter darum gebeten, und ich weiß, dass es so sein wird.

Wie es erbeten wurde, so soll es sein.« Und dann nimmst du die beiden Blumen und bringst sie dorthin zurück, wo du sie zwischen den Sträuchern gefunden hast. Und du vergräbst sie in der Erde zwischen diesen Büschen, wo es rundherum duftet. Und dann gehst du weg, ohne dich umzusehen.

D: *Das klingt nach einem Liebeszauber.*

B: Das ist es.

D: *Hast du das bei dir und Roff gemacht? (Ja) Das ist sehr effektiv. Gibt es noch andere, die du mir zu diesem Zeitpunkt mitteilen möchtest? Ich möchte nichts, was jemanden verletzt. Aber du hast gesagt, du dürftest diese nicht benutzen, oder?*

B: Nein, das ist nicht nötig. Denn wenn du nicht in Harmonie mit der Erdmutter bist, wenn du hinausgehst und Menschen und allem anderen Schaden zufügst, wird die Göttin nach einer Weile die Dinge selbst in die Hand nehmen und zurückschlagen. Weil sich jemand, der den Menschen schadet, auch gegen die Göttin wendet. Nach einer Weile müssen die Dinge wieder so gemacht werden, wie sie waren.

D: *Dann mag die Göttin auch keine Gewalt. (Nein) Das ist gut, denn ich glaube auch so. Ich mag es nicht, jemanden zu verletzen oder ein böses Wort gegen jemanden zu richten.*

B: Das ist wahr. Deshalb wird sich die Kirche am Ende selbst zerstören, denn alles, was sie getan hat, hat nichts als Gewalt verursacht. Die Kreuzzüge, zum Beispiel.

D: *Weißt du etwas über die Kreuzzüge?*

B: Ich weiß nicht wirklich etwas über sie. Aber ich habe Geschichten über sie gehört.

D: *Die fanden nicht in deiner Zeit statt, oder? (Nein) Hast du jemals von einer Gruppe von Frauen gehört, die Druidinnen genannt wurden? Kennst du sie unter einem anderen Namen? Druide oder Druidin?*

B: Wenn ich dich richtig verstehe, ich bin mir nicht sicher, ob ich das tue, denke ich, dass das einer der Namen ist, die sie uns geben. Denjenigen, die nicht ein Teil von uns sind, aber den Weg gehen. Und sie sind sich nicht sicher, was wir tun, und es gibt viele verschiedene Namen, die sie uns geben.

D: *Was meinst du mit denen, die den Weg gehen?*

B: Diejenigen von uns, die der großen Göttin folgen.

D: *Was ich über die Druiden und Druidinnen gehört habe, war, dass sie viele Jahre vor deiner Zeit lebten. Es ist möglich, dass sie einige der gleichen Glaubensvorstellungen hatten.*

B: Diejenigen, die den Weg der Göttin gehen, gibt es schon seit Anbeginn der Zeit. Es hat uns schon immer gegeben. Seit vielen Zeitaltern müssen wir sehr verschwiegen sein mit dem, was wir tun, oder wir werden getötet.

D: *Ich habe mit einer gesprochen, die das praktiziert hat. So wie ich mit dir spreche, weißt du? (Ja) Und sie lebte viele hundert Jahre vor dir. Und sie sagte, sie verehrten die Dame. (Ja) Glaubst du, dass es sich dabei um dieselbe Art von Sache handeln könnte?*

B: Ich glaube schon. Uns gab es schon immer, und wir machen keinen großen Lärm um unseren Glauben, so wie es Christen tun. Wir geben ihn von den Eltern an die Kinder weiter.

D: *Einige dieser Frauen waren allerdings nie verheiratet und folgten nur diesen Überzeugungen.*

B: Manche haben das getan. Jeder hat seine eigene Entscheidung zu fällen. Und wir tun nichts, um jemandem unsere Religion zu zeigen. Gelegentlich interessiert sich jemand von sich aus dafür. Sie fangen an, den Weg zu gehen, so gut sie können, ohne die Hilfe von irgendjemandem. Und wenn wir sehen, dass jemand das tut, beobachten wir ihn lange Zeit. Und wenn sie so weitermachen, dann gehen wir auf sie zu und beginnen, ihnen zu helfen. Aber das geschieht fast nie.

D: *Dann versucht man gewöhnlich nicht, das ganz alleine zu machen. Ich freue mich über alles, was du mir sagen kannst, denn, wie ich schon sagte, die anderen haben mir Dinge erzählt. Aber manchmal waren sie so stark an die Geheimhaltung gebunden, dass sie Dinge nicht preisgeben konnten.*

B: Es ist schwierig, den Weg zu finden und ihn selbst zu gehen, wenn einem die christliche Kirche im Weg steht und den Verstand vernebelt. Ja, die Schweigepflicht ist notwendig. Nicht alle Gruppen haben die Tests, die wir für vertraute Geister haben. Denn jeder hat andere Gaben von der Göttin erhalten. Und wir haben großes Glück mit den Gaben, die wir in unserer Gruppe haben.

D: *Das ist sehr verständlich. Sie haben Angst, weil die Kirche sehr mächtig ist. Und sie hatten immer Angst, dass es Vergeltungsmaßnahmen gegen sie geben würde. (Ja) Deshalb bin ich froh, dass du mir Dinge erzählen kannst. Ich habe so viele verschiedene Zeiträume ausprobiert, um die Antworten zu finden. Hast du noch andere Zaubersprüche, die du mir jetzt mitteilen könntest?*

B: Zur Zeit nicht. Die meisten Zaubersprüche und Rituale, die wir haben, sind für die Liebe, wie ich es dir gesagt habe, und für den Schutz. Das sind die grundlegenden, alltäglichen Zaubersprüche. Es gibt auch schwierigere Dinge, wie zum Beispiel die Gedanken des Feindes zu kennen und dergleichen. Und auch die Gedanken von jemandem zu verwirren, wenn er dir schaden will. Aber das sind sehr schwierige Dinge. Und es ist fast unmöglich, sie jemandem zu beschreiben, der nicht ein langjähriger Anhänger der großen Mutter ist. Ich vermute, dass Lady Joslyn unter anderem deshalb wütend auf mich ist, weil ich ihre Gedanken immer durcheinanderbringe. Immer wenn sie in der Nähe von Roff ist, fängt sie an zu stottern und macht sich lächerlich. Einmal hat sie mich besonders wütend gemacht, weil sie mich ohne Grund geschlagen hat. Und ich habe ihre Gedanken verwirrt, als sie zu einem Bankett ging mit dem Gutsherrn. Und sie sagte immer wieder die seltsamsten Dinge, die für das, was geschah, keinen Sinn ergaben. Sie regte sich sehr auf. Und je mehr sie sich aufregte, desto schlimmer wurde es.

D: *(Lachen) Weiß sie, dass du das mit ihr machst?*

B: Nein. Sie könnte eventuell eine Ahnung haben, da es ihr noch nie gelungen ist, mich aus der Fassung zu bringen. Sie kann aber nichts beweisen.

D: *Da musst du vorsichtig sein. (Ja) Hast du nicht einmal gesagt, dass ihr den Verdacht habt, dass der Herr dort oben im Turmzimmer etwas macht? (Ja) Hast du noch etwas darüber gehört?*

B: Soweit wir das beurteilen können, ist das, was er tut, nicht für die Göttin, sondern eine Verfälschung der vestalischen (?) (mystischen?) Aspekte seiner Kirche.

D: *Ich dachte, die christliche Religion würde so etwas nicht tun.*

B: Priester würden wollen, dass du das sagst. Priester würden wollen, dass du das glaubst. Aber Priester tun viele Dinge im Verlauf einer Messe, die, wenn sie nicht so verfälscht wären, die Messe fast zu einem Ritual machen würden.

D: *Oh? Kannst du mir mehr dazu sagen?*

B: Du hast sicher schon gesehen, dass es dort Statuen gibt, vor denen Kerzen brennen. Und viele Menschen verbringen Zeit damit, die Statuen zu betrachten, während die Kerzen vor ihnen brennen. Das ist eine Art, ein Ritual durchzuführen. Und es gibt verschiedene Teile der Messe, die für die Symbolik gedacht sind, die in Wirklichkeit Dinge sind, die sie – ich vermute, was passiert ist, ist, dass vor langer Zeit, als die Kirche zum ersten Mal auf die Anhänger der Mutter traf, einige der Anhänger der Mutter die Kirche infiltrierten und Priester wurden. Und sie begannen, einige unserer Methoden in die Messe einzuführen, um die Messe zu verfälschen. Damit die Macht, die sie mit ihr ausüben wollen, unwirksam wird. Denn wenn die Messe nicht verfälscht wäre, könnten sie mit ihr viel Macht ausüben, geistige Macht, unsichtbare Macht, die der Welt viel Schaden zufügen würde. Und so haben sie die Messe verfälscht, damit sie, was deren Macht angeht, wertlos ist.

D: *Was ist deiner Meinung nach Teil der Symbolik der Messe?*

B: Nun, in der Messe werden immer die Zahlen drei, sieben und zwölf betont. Und diese Zahlen haben Bedeutungen, die nicht mit ihrer Bibel verbunden sind. Sie haben stattdessen Bedeutungen, die mit der Göttin verbunden sind.

D: *Oh? Ich weiß nicht viel über die Zahlen. Wie sind sie mit der Göttin verbunden?*

B: Die Zahl Zwölf ist mit der Göttin durch den Zyklus der Jahreszeiten verbunden. Es gibt zwölf Monate im Jahr. Früher gab es dreizehn Monate im Jahr. Aber dann kam eine große Veränderung über die Erde, und die Göttin war sehr traurig, weil es eine schreckliche Veränderung war. Und als die Veränderung vollzogen war, gab es nur noch zwölf Monate im Jahr.

D: *Weißt du, was diese Veränderung war?*

B: Ich weiß es nicht. Es geschah vor so vielen Jahren, bevor die christliche Kirche überhaupt existierte.

D: *Aber die Erinnerung wird weitergetragen?*
B: Ja, das ist eine der Legenden, die wir haben.
D: *Was ist mit der Zahl Sieben?*
B: Die Zahl Sieben ist eine spirituelle Zahl. Aber die Zahlen haben verschiedene Ebenen. Die Drei steht für Vermehrung. Sie steht für Wachstum und Kinder. Es braucht zwei Menschen, um ein Kind zu zeugen, und dann sind sie drei.
D: *Du meinst, sie stellt den Schöpfungsprozess dar?*
B: Ja. Es ist eine aktive Zahl. Ein aktives Element. Etwas mit drei Seiten ist aktiv, es kann sich bewegen. Etwas mit vier Seiten hingegen ist stabil und fest und sitzt still. Vier ist also eine Art Ruhezahl. Fünf ist eine sehr physische Zahl. Sie ist die Zahl des Menschen, wegen der fünf Gliedmaßen des Körpers. Die Arme, die Beine, der Kopf. Sechs wiederum ist eine weitere aktive Zahl, aber auf einer spirituelleren Ebene. Sechs bedeutet, über das Menschliche hinauszugehen und die höheren Ebenen zu erreichen. Sechs ist geistige Kreativität und geistige Vermehrung. Die Sieben setzt dem Ganzen die Krone auf, denn die Sieben ist die Vollkommenheit der Sechs. Was ich meine, ist schwer zu erklären und zu vermitteln.
D: *Ich glaube, ich verstehe.*
B: Deshalb ist die Sieben eine wichtige Zahl. Alle Zahlen sind wichtig. Sie haben alle ihre Bedeutung und ihren Nutzen. Aber die Kirche, so wie sie auf ihre Art und Weise alles verfälscht hat, hat auch dies verfälscht.
D: *Was ist mit Eins und Zwei? Die hast du nicht erklärt.*
B: Die Eins ist die Quelle. Der Ursprung der Energie. Es gibt eine Zahl vor der Eins. Es ist eine nicht existierende Zahl. Sie steht für das Nichts. Es ist gut, über diese Zahl zu meditieren, denn sie steht für die Leere, das Universum. Sie steht für die Grenzen des Bewusstseins und darüber hinaus. Die Eins ist die Energiequelle, aus der alle Dinge entstanden sind. Die Zwei ist eine gute Zahl für Liebeszauber, denn sie steht für die große Mutter und ihren Gemahl.
D: *Du sagtest, dass die Eins den Schöpfer repräsentiert. Hältst du diesen Schöpfer für die Erdmutter?*
B: Ja, sie ist die Energiequelle, aus der alles entstanden ist.

D: *Das wäre dann das Schöpfungsbild in deinem Kopf.*
B: Ja. Die zentrale Energiequelle, für die sie der primäre Kanal ist. Die Energie hinter der großen Mutter.
D: *Dann ist da noch etwas anderes hinter ihr. Meinst du das?*
B: Nein, es ist ein Teil von ihr, aber die große Mutter ist der Teil, den wir sehen können und den wir verstehen können. Es gibt mehr als das, was wir verstehen können. Und die Zahl Eins steht für die Energie hinter dem, was wir nicht verstehen können. Aber die große Mutter ist mehr als das, was wir verstehen können. Und die Energie, die dies antreibt und die Energie, die Teil des Universums ist, wird durch die Eins repräsentiert. Das ist nur die Energie. Aber das gesamte Konzept der großen Mutter, das jenseits dessen ist, was irgendjemand verstehen kann, weil sie alles Vorstellbare umfasst und sogar darüber hinaus, wird durch die Zahl dargestellt, die es nicht gibt.
D: *Die Zahl vor der Eins.* (Ja) *In Ordnung. Wir waren bei Sieben angelangt. Was ist mit Acht? Hat sie eine Bedeutung?*
B: Die Acht ist eine spirituelle Ruhephase. Nachdem man die Vollkommenheit von Sieben erreicht hat, ist Acht ein geistiges Ruhen und Meditieren. Neun ist eine spirituelle Verbindung zur Drei, denn es sind drei Dreien. Sie ist eine sehr starke Zahl für Kreativität und dergleichen. Zehn steht für die krönende Vollendung. Alle Zahlen jenseits der Zehn sind lediglich Ausformungen der bereits besprochenen.
D: *Das würde Sinn machen, denn sie werden einfach zu Multiplikationen, wenn man höher geht.* (Ja) *Sehr interessant. Du denkst, die Zahlen sind Teil der Symbolik, die die Kirche übernommen hat?* (Ja) *Gibt es noch mehr Symbolisches in der Kirche oder der Messe, das du erkennen kannst?*
B: Eine Sache, die sie tun, die wir auch tun, ist, dass wir oft Feuer machen und Kräuter ins Feuer legen, damit der Rauch bestimmte Farben annimmt und bestimmte Gerüche entstehen, die dabei helfen, die Göttin zu beschwören. Und sie benutzen ihre Fässer**, um die Stimmung zu erzeugen, die sie sich für die Messe wünschen. Denn sie haben jeden darauf – ich denke, man könnte es trainieren nennen –, sich in einen bestimmten Geisteszustand zu

versetzen, sobald sie den von ihnen verwendeten Weihrauch riechen.

** Ein Weihrauchfass ist das Weihrauchgefäß, das während der Messe verwendet wird. **

D: *Verwenden sie dieselbe Art von Kräutern, die ihr verwendet?*
B: Nein. Wir verwenden alle möglichen Arten und sie verwenden immer nur eine bestimmte Kombination.
D: *Weißt du, wie diese Kombination lautet?*
B: Nicht ganz. Es ist eine sehr harte, maskuline Kombination.
D: *Kann man vielleicht am Geruch erkennen, was es ist?*
B: Bei manchen ja, bei manchen nein. Wir vermuten, dass sie vielleicht ein paar Rauschmittel dazugeben, um alle unter Kontrolle zu halten. Um sie empfänglicher dafür zu machen, was der Priester zu sagen hat.
D: *Und das liegt auch am Geruch?*
B: Ja. Es gibt bestimmte Pflanzen, die starke Säfte haben. Und wenn die Säfte verbrannt werden, gelangen sie in den Rauch und beeinflussen jeden, der den Rauch einatmet.
D: *Würde sich das nicht auch auf den Priester auswirken?*
B: Könnte sein, aber so wie sie den Weihrauch anwenden, glaube ich nicht, dass die Priester dem stark ausgesetzt sind. Und wenn doch, dann haben sie möglicherweise eine andere Pflanze, deren Säfte sich in einer Weise auswirken, die für den Priester günstig ist. Oder sie bewirkt vielleicht, dass er nicht so stark davon betroffen ist.
D: *Hmmm. Ich frage mich, welche Art von Pflanze sie verwenden würden?*
B: Es gibt mehrere, die sie nutzen könnten. Ich weiß nur nicht, welche. Aber ich vermute, dass sie zwei oder drei davon nutzen.
D: *Haben sie Namen, die ihr verwendet?*
B: Nein. Wir wissen, wie sie aussehen. Und wenn wir sie für etwas brauchen, gehen wir in den Wald und holen sie.
D: *Ist das der Grund, warum ihr keinen Namen für die anderen Kräuter habt, die ihr auch verwendet?* (Ja) *Ihr wisst nur, wie die Blätter und Wurzeln aussehen?* (Ja) *Das ist interessant. Fällt dir*

noch etwas ein, was die Kirche in der Messe verwenden würde? Ich möchte diese Dinge gerne wissen.

B: Ja, es ist gut, sich dessen bewusst zu sein, um sich vor dem Weihrauch der Priester zu schützen.

D: *Gibt es noch andere Symbole, die sie verwenden würden?*

B: Das abscheulichste von allen. Auch wenn sie es nicht sagen würden, wissen sie, dass die große Mutter die Kraft des Universums ist. Aber ihre Kraft ist keine direkte männliche Kraft, sondern eher eine indirekte, wie die Wirkung von Wasser auf Stein.

D: *Eine allmähliche.*

B: Ja. Eine fließende Kraft. Und sie wissen, dass Menschen sie finden und ihr folgen werden, trotz ihrer Lehren. Was sie also getan haben, ist, dass sie das Symbol genommen haben, welches diese Macht darstellt und welches die Menschen finden könnten, und es im Sinne ihrer Kirche erklären. Sie haben es ausgenutzt und entweiht, um den Anschein zu erwecken, dass es überhaupt keine Macht hat, oder zumindest eine geringere Macht für ihre Anhänger. Und das ist es, was sie die Jungfrau Maria nennen.

D: *Hmmm. In unserer Zeit wird sie verehrt. Sie soll gleichwertig mit ihrem Sohn sein. Es ist, als ob man alle drei anbetet.*

B: Ja. Das ist auch hier so. Sie beten sie an, aber sie ordnen sie dem Vater unter. Damit sie keine eigene Macht hat, aber den Vater sozusagen mit ihren weiblichen Reizen austricksen könnte. Oder um ihn zu überreden, barmherzig zu sein.

D: *Ach, deshalb bitten sie sie um Gefallen?*

B: Ja, und sie machen sie sehr unterwürfig gegenüber dem Vater. Es scheint, als ob die Göttin selbst keine Macht hat.

D: *Glaubst du, dass die Geschichte der Jungfrau Maria wahr ist? Oder wurde sie nur aus diesem Grund eingeführt?*

B: Ich glaube, sie wurde teilweise aus diesem Grund eingeführt. Ich glaube, es steckt eine Geschichte dahinter, die für ihre eigenen Zwecke verdreht wurde, damit sie ihre Macht festigen konnten. Denn ich denke, was wirklich geschah, war, dass sie Jesus gebar und Joseph der Vater war. Aber als sie das erste Mal miteinander geschlafen hatten, wusste sie nicht, was vor sich ging. Und so merkte sie nicht, dass sie ihre Jungfräulichkeit verloren hatte. Man hatte ihr gesagt, sie solle ihre Jungfräulichkeit bewahren, aber sie wusste nicht, wovon man sprach. Und so wusste sie nicht, dass sie ihre Jungfräulichkeit verloren hatte, bis sie mehrmals mit Joseph geschlafen hatte. Irgendwann später wurde ihr klar, dass sie ein Kind bekommen würde. Sie wusste aber, dass nur Frauen, die keine Jungfrauen waren, ein Kind bekamen, und dachte, sie hätte ihre Jungfräulichkeit noch. Das lag daran, dass sie jung war und nichts wusste. Und so nahm die Kirche dies auf und verdrehte es so, dass sie tatsächlich eine Jungfrau gewesen war und nur durch einen geistigen Einfluss schwanger wurde.

D: *Sie konnten es nicht anders vertreten, denke ich. Was ist mit dem Sohn, Jesus? Habt ihr hierzu Gedanken in eurem Glauben?*

B: Er war ein Diener der Göttin und versuchte, die Menschen zur Göttin zu bekehren. Er versuchte, die jüdische Religion aufzuweichen, damit die Menschen der Göttin gegenüber aufgeschlossener wurden. Und es wäre ihm gelungen, wenn es nicht die Inquisition gegeben hätte. Es heißt nämlich, dass sich seine Anhänger nach seinem Tod in zwei verschiedene Gruppen aufteilten. Die eine Gruppe folgte der Göttin so, dass sie damit sehr zufrieden gewesen wäre. Und die andere Gruppe war machthungrig. Und die machthungrige Gruppe stellte Regeln auf, änderte Dinge, um ihre Macht zu festigen, und versuchte, die andere Gruppe zu verdrängen. Ich vermute, dass sie damit ziemlich erfolgreich waren. Hätten sie die andere Gruppe nicht ausgerottet, gäbe es die Kirche nicht. Es gäbe zwar Anhänger Christi, aber sie wären nicht unter einer allmächtigen Kirche zusammengeschlossen. Es wären stattdessen Gruppen, die die Göttin so verehren, wie wir sie verehren.

D: *Das macht Sinn. Das sind Dinge, an die ich nie gedacht habe, aber sie machen Sinn. Ich weiß es wirklich zu schätzen, dass du mir diese Dinge erzählst. Ich muss jetzt gehen, aber wäre es möglich, dass ich wiederkomme und wir unser Gespräch fortsetzen?*

B: Du hast die Prüfung bestanden.

D: *Und ich versuche, diese Informationen zu lernen und sie an deine heutigen Anhänger weiterzugeben.*

B: Ich habe keine Anhänger.

D: *Ich meine die Anhänger deiner Religion, deines Glaubens.*

B: Die Anhänger der Göttin.

D: *Ja, das ist richtig. Ich habe es falsch gesagt, nicht wahr? Aber du weißt, was ich meine. Ich werde versuchen, es an diejenigen weiterzugeben, die daran interessiert sind.*

B: Ja. Sag ihnen, dass ihre Schwester Astelle es mit Liebe schickt.

D: *Und wenn ich wiederkomme, können wir das Gespräch über die Zaubersprüche und derartige Dinge fortführen.*

B: Rituale.

D: *Rituale? Nennst du sie so? (Ja) Ich würde auch gerne einige der Legenden hören. Das wäre interessant.*

B: Du hast heute schon einiges gehört.

D: *Ja. Ich würde gerne noch etwas mehr hören. Also gut. Ich weiß das wirklich zu schätzen und ich danke dir. Ich würde gerne zu einem anderen Zeitpunkt wiederkommen. Und wir werden unser Gespräch fortsetzen. Ich danke dir vielmals und wünsche dir alles Gute und einen schönen Tag.*

B: Dir auch.

(Das Subjekt wurde wieder aus der Trance geholt.)

Kapitel 6
Pentagramme und mehr
(Aufgenommen am 13. Mai 1986)

Ich verwendete die Schlüsselwörter und zählte sie zurück in die Zeit, in der Astelle lebte.

D: *Wir sind in der Zeit zurückgereist, in der Astelle lebte. Was machst du?*
B: Ich bin draußen auf dem Feld. Ich sammle ein paar Trüffel.**

** Trüffel sind die Fruchtkörper eines unterirdischen Ascomyceten-Pilzes, einer der vielen Arten der Gattung Tuberaceae. Einige Trüffelarten werden als Lebensmittel sehr geschätzt. Der französische Gastronom Jean Anthelme Brillat-Savarin nannte Trüffel »den Diamanten der Küche«. Essbare Trüffel werden in der italienischen, französischen und zahlreichen anderen nationalen Haute Cuisines verwendet. Sie werden in natürlicher Umgebung gezüchtet und geerntet. **

D: *Was ist das?*
B: Es ist ... ich bin mir nicht sicher ... es ist eine Art von ... nun, es ist nicht wirklich eine Pflanze ... es ist wie ein ... (hatte Schwierigkeiten bei der Beschreibung) hast du schon von Pilzen gehört? (*Ja*) Sie sind eine Pflanze, aber sie sind keine Pflanze? Trüffel sind eine Pflanze, aber keine Pflanze. Sie wachsen unter der Erde, und man muss sie ausgraben.
D: *Oh, dann ist es etwas zu essen.* (*Ja*) *Wie findest du sie, wenn sie sich unter der Erde befinden?*
B: Ein Teil von ihnen befindet sich oberhalb des Bodens, aber der Großteil von ihnen liegt unter der Erde. Manche Leute benutzen

Schweine, um sie aufzuwühlen, weil die Schweine sie finden können. Die Schweine fressen sie gerne. Aber ich habe kein Schwein bei mir. Ich finde sie einfach selbst. Es gibt eine Möglichkeit, Dinge zu spüren, die man nicht sieht. Die Kirche lehrt das nicht, aber diejenigen von uns, die der alten Religion folgen, wissen es besser. Und so nutze ich diese Fähigkeit, Dinge zu spüren, die nicht gesehen werden, um sie zu finden. Es ist hauptsächlich eine Ausrede, um für eine Weile aus der Küche zu kommen und draußen zu sein, denn es ist ein schöner Tag.

D: Werden sie gekocht?

B: Ja, sie werden mit ... es gibt ein Gericht, das der Koch macht. Oder das die Köchin machen kann. Ich glaube nicht, dass sie es jetzt gerade macht. Und sie können auf verschiedene Arten zubereitet werden.

D: Was ist außer den Trüffeln noch in dem Gericht enthalten?

B: Oh, das hängt davon ab, wie man es zubereitet. Eine Möglichkeit ist, ihn als Teil einer Füllung zu verwenden, um einen Braten oder eine Gans zu füllen oder etwas Ähnliches. Oder als Teil einer Art ... nicht Suppe, sondern Trüffel und Gemüse mit einer Soße, die zu Fleisch oder so serviert wird.

D: Ich habe noch nie Trüffel gesehen. Deshalb habe ich mich gefragt, wie sie aussehen. Haben sie eine bestimmte Farbe?

B: Nun, es gibt verschiedene Farben von ihnen, und einige gelten als begehrenswerter als andere. Sie haben normalerweise eine bestimmte Form. Und die Oberfläche hat verschiedene Texturen. Es scheint, dass die Textur von der Farbe abhängt.

D: Welche Farben können sie haben?

B: Nun, die meisten von ihnen sind normalerweise rötlich- orange. Einige haben eine ledrig-weiße Farbe. Und andere von ihnen sind schwarz. Aber das ist nur die Oberfläche. Im Inneren sind sie alle weiß. Mit Ausnahme der rötlich-orangenen, die innen eher rosa ist.

D: Oh. Ich glaube, ich habe noch nie einen gesehen. Die weiß- graue Farbe, die du beschreibst, erinnert mich an Pilze.

B: Ja. Und sie sind durch und durch fest, so wie Pilze es sind. Sie haben keine Haut und keine Frucht, es ist einfach ... da.

D: Ich würde sie wahrscheinlich nicht einmal erkennen, wenn ich einen sehen würde. (Lachen) Ich habe noch nie etwas in dieser Farbe gesehen.
B: Sie sind schwer zu finden. Es gibt sie nicht sehr häufig. Die Pilze und die schwammigen Pilze gibt es viel häufiger.
D: Gut, dass du sie finden kannst, wenn sie unter der Erde sind.
B: Nun, ein Teil von ihnen ragt ein bisschen über den Boden hinaus. (Sanft) Bisschen? Woher kommt dieses Wort?
D: (Sie hatte so leise gesprochen, dass ich ihre Bemerkung nicht gehört hatte.) Wo? Was?
B: Ich habe ein Wort benutzt und festgestellt, dass es ein mir unbekanntes Wort ist.
D: Wie lautete das Wort?
B: Bisschen. Ich sagte, »ein bisschen«. Ich wollte »ein wenig« sagen.
D: Das bedeutet es. Ein kleines bisschen. Nun, ich weiß, dass ich sie noch nie gegessen habe. Haben sie einen besonderen Geschmack?
B: Hm, sie haben einen milden Geschmack, aber durchdringend. Du weißt, dass Pilze einen milden Geschmack haben, aber wenn man sie in etwas hinein tut, merkt man, dass Pilze drin sind. So ist es auch mit Trüffeln. Sie haben einen milden Geschmack, aber man merkt, dass sie in einem Gericht sind, wenn man sie hinzugibt.
D: Du bist also ziemlich gut darin, deine Sinne so einzusetzen.
B: Oh, es tut gut, sie zu benutzen, denn je öfter man sie benutzt, desto besser und zuverlässiger werden sie.
D: Das ist wahr, je mehr man sie benutzt. Erinnerst du dich an das Gespräch mit mir?
B: Ja. Du hast die Prüfung bestanden.
D: Das ist richtig. Du hast mir von den verschiedenen Dingen erzählt, die die Kirche getan hat. Ich habe mich gefragt, woher du diese Dinge weißt. Warst du jemals in einer Kirche?
B: Jeder weiß über die Kirche Bescheid, ob er es will oder nicht.
D: Warst du schon einmal in einer Messe?
B: Nein. Aber diejenigen von uns, die der alten Religion folgen, müssen wissen, was die Kirche tut, um sich zu schützen. Und oft sind diese Dinge, die wir über den Gottesdienst wissen ... Schau, einige von uns gehen zur Messe, um, ich denke, man könnte sagen, den Priester auf die falsche Fährte zu bringen. Und sie

können uns dann sagen, was in der Messe vor sich geht. Und wir sagen: »Aha! Das macht Sinn.« Aus diesen und jenen Gründen.

D: *Die Ähnlichkeiten.*

B: Mhm. Und sie tun Dinge aus Unwissenheit und wiederholen sie einfach, weil die Person vor ihnen es getan hat. Und so wissen wir, dass sie die wahre Bedeutung vieler Dinge, die sie tun, gar nicht kennen.

D: *Sie wissen nicht wirklich, was sie da tun. (Ja) Nun, die, die zur Messe gehen, wo würden sie dafür hingehen? Gibt es eine Kirche in der Nähe?*

B: Ja. Hier auf dem Gelände gibt es ein Priorat* und die Privatkapelle des Herzogs.

*Aus Wikipedia: Priorat: ein Kloster von Männern oder Frauen mit religiösen Gelübden, das von einem Prior oder einer Priorin geleitet wird. *

D: *Im Haus? (Ja) Aber du warst noch nie in einem dieser Häuser. (Nein) Nun, du hast mal die Inquisition erwähnt. Sind das Priester?*

B: Ja. Es gibt einen bestimmten Zweig der katholischen Priesterschaft, der nur damit beschäftigt ist, Leute zu foltern. Und das ist normalerweise ... Schau, alle möglichen Arten von Männern fühlen sich zum Priestertum hingezogen. Deshalb gibt es so viele Zweige der Priesterschaft, um diese verschiedenen Typen von Männern unterzubringen. Und es gibt eine Art von kranken Männern, die ihre Freude daran haben, Dinge zu verletzen. Sie verletzen entweder Tiere oder Menschen. Nur, wenn sie etwas verletzen, fühlen sie sich als vollständiger Mensch, als wertvoll. Und das sind genau die Typen, die sich zur Inquisition hingezogen fühlen.

D: *Es klingt nicht sehr religiös, Menschen verletzen zu wollen.*

B: Sie reden sich ein, dass sie es tun, um Gott zu ehren, und sie beten sich in Hysterie.

D: *Ich habe immer gedacht, dass Religion etwas Gutes tun sollte.*

B: Das sollte sie auch.

D: *Aber andere Menschen zu verletzen, scheint nicht richtig zu sein. Mal sehen, ob ich genau verstehe, was die Inquisition ist. Versuchen sie, Menschen zu finden, die der Kirche nicht gehorchen oder die Wege der Kirche nicht befolgen?*

B: Ja. Sie halten es für ihre Pflicht, die Braut Christi für ihn rein zu halten – um ihre eigenen Begriffe zu verwenden.

D: *Ich frage mich, was sie damit meinen?*

B: Es kann bedeuten, was immer sie wollen. Was auch immer zu diesem Zeitpunkt passend ist.

D: *Was ist für sie die Braut Christi?*

B: Sie beziehen sich auf die Kirche, wenn sie von der Braut Christi sprechen. Und sie sagen, sie wollen sie für ihren Bräutigam rein halten. Und so benutzen sie diese Ausrede für ihre eigenen Motive. Offen gesagt, wenn eine solche Vorstellung wahr wäre und der Bräutigam auf die Erde käme, um eine Kirche zur Frau zu nehmen – was keinen Sinn macht – dann wäre es nicht die katholische Kirche. Wer hat schon von einer solchen Vorstellung gehört.

D: *Ja, ich kann nicht verstehen, wie sie es rein halten können, wenn sie verletzen und töten.*

B: Ganz genau.

D: *Das ist wie ein Verschmutzen. (Mhm) Nun, was machen sie? Gehen sie einfach durch das Land und suchen nach Menschen? Oder wie machen sie das?*

B: Sie sind überall und machen Ärger. Es gibt überall Agenten der Inquisition. Und wenn nicht gerade ein Agent der Inquisition vor Ort ist, gibt es normalerweise ein oder zwei oder drei bezahlte Informanten, die die Agenten der Inquisition darüber informieren, was vor sich geht. Ich glaube, sie werden danach bezahlt, wie viele Leute sie ausliefern. Je mehr Leute sie ausliefern, desto mehr Geld bekommen sie. Es hängt also davon ab, wie gierig sie sind, wie viele Leute aus verschiedenen erfundenen Gründen verraten werden.

D: *Die Informanten werden bezahlt?*

B: Ja. Einen bestimmten Betrag pro Kopf, genau wie bei Rindern.

D: *Wonach suchen sie? Woher wissen sie es?*

B: Sie müssen nicht nach etwas suchen. Sie können sich einfach ausdenken, was sie finden müssen. Sie suchen nach jedem, der den Mut hat, ihnen direkt in die Augen zu sehen. Sie suchen nach jedem, der Fragen stellt. Menschen, die sich über Dinge wundern. Zum Beispiel, wenn jemand sagt: »Warum schweben die Wolken, die so fest aussehen, über der Erde, während alles andere, was fest ist, auf der Erde sitzt?«

D: Ja, über solche Dinge mache ich mir auch Gedanken.

B: Ja, alles, was damit zu tun hat. Auch, wenn jemand eine Missbildung hat, hacken sie auf ihm herum. Oder wenn jemand eine Markierung auf der Haut hat. Manchmal, wenn sie nicht genug Leute haben, auf denen sie herumhacken können, schnappen sie sich jemanden und machen ein Zeichen auf seiner Haut und sagen dann, es sei ein Hexenmal. Und oft, wenn es jemanden gibt, den sie für eine Last für die Gemeinschaft halten, jemanden, der wertlos ist, werden sie auf ihm herumhacken. Das sind in der Regel einige der alten Witwen und einige der alten Männer.

D: Das ist ganz schön beängstigend, denn für mich ist das nicht gerade religiös. Das würde bedeuten, dass ich es auch abbekommen würde, oder? Denn ich liebe es, Fragen zu stellen. (Lachen)

B: Du wärst in Gefahr. Du müsstest von uns beschützt werden. Und du müsstest mehrere Lektionen lernen, bevor du überleben könntest.

D: Ich bin sehr wissbegierig. Ich bin sehr neugierig. Das würde ihnen gar nicht gefallen, oder?

B: Nein, das würde es nicht. Du sollst nur auf deine Zehen schauen, wenn einer von ihnen in deiner Nähe ist, und deinen Hut abnehmen und kriechen. Und wenn du nicht in der Messe bist und alles in dich aufsaugst, was sie sagen, ohne etwas davon in Frage zu stellen, dann sollst du auf deinem Land pflügen und nicht darüber nachdenken, was jenseits der Grenzen deines Feldes ist.

D: Man darf nichts wissen wollen oder neugierig sein?

B: Genau. Du sollst deinen Platz kennen und dort bleiben. Auf diese Weise wird die Welt schön und ordentlich sein.

D: Ich glaube, der menschliche Geist will immer mehr wissen.

B: Das ist wahr. Sie glauben aber, dass es bereits Ketzerei ist, mehr wissen zu wollen.

D: *Ich habe immer gedacht, dass Ketzerei bedeutet, dass man etwas sagt, was nicht in der Bibel steht oder nicht dem Glauben entspricht.*

B: Das ist richtig, das ist die Bedeutung von Ketzerei. Aber für die von der Inquisition ist Ketzerei alles, was sie wollen. Niesen zur falschen Zeit ist Ketzerei.

D: *(Lachen) Man kann ein Niesen nicht kontrollieren.*

B: Wenn du zu einem ungünstigen Zeitpunkt niest, dann ist es offensichtlich, dass du ein Agent des Teufels bist, der versucht, die Dinge zu stören. (Ich lachte.) Wenn sie dich also nicht wegen Ketzerei kriegen können, dann kriegen sie dich wegen Komplizenschaft mit dem Teufel.

D: *Oh, Mann! Man würde sich vor allem fürchten, was man tut.*

B: Das ist es, was sie zu tun versuchen. Sie versuchen, die Menschen zu unterjochen.

D: *Man wüsste überhaupt nicht, ob irgendetwas von dem, was man tut, sicher wäre, oder?*

B: Das stimmt.

D: *Ich kann verstehen, dass du zögerst, mit mir zu sprechen. (Ja) Ich finde das sehr beängstigend. Man hätte Angst vor jeder Bewegung oder jedem Wort, das man sagt.*

B: Ich glaube, sie tun das, um die Leute davon abzuhalten, viel zu reisen, um die Leute auf ihrem Land zu halten, denn niemand traut Fremden.

D: *Das hat man mir schon öfter gesagt, wenn ich diese Dinge tue, die ich jetzt tue. Sie sagen mir: »Du bist eine Fremde und du musst vorsichtig sein.«*

B: Ja. Aber du hattest Glück. Du wolltest herausfinden, was wir tun, und du hast dich an jemanden der alten Religion gewandt, und wir haben Mittel und Wege, um herauszufinden, ob man dir vertrauen kann oder nicht. Und unsere Methoden sind in Harmonie mit dem Universum, so dass niemand geschädigt wird. Und es wird kein Schmerz verursacht.

D: *Ja. Und du konntest sehen, dass ich auch auf diese Weise in Harmonie bin.*

B: Hmmm, so in etwa. Du bist in mancher Hinsicht nicht in Harmonie, aber ich denke, das liegt an deiner Umgebung. Du bemühst dich, in Harmonie zu sein, aber einige der Dinge, mit denen du leben musst, sind Dinge, die dich aus der Harmonie bringen. Es liegt nicht daran, dass du grundsätzlich nicht in Harmonie bist, denn du versuchst ja, in Harmonie zu sein. Es liegt einfach an den Umständen.

D: *Und an den Zeiten, in denen ich lebe. Die Zeiten sind anders. (Ja) Nun, das bedeutet, dass jeder, der in irgendeiner Weise deformiert ist oder ein Mal hat ... einige dieser Male werden von Geburt an verursacht. (Ja) Sie betrachten das alles als Zeichen von Hexerei? Ist es das, was du sagtest?*

B: Ja. Wenn jemand von Geburt an ein Mal hat, bedeutet das, dass seine Mutter mit dem Teufel geschlafen hat. Sie hat mit Satan geschlafen, und deshalb sind ihre Kinder mit dem Mal Kains oder einem anderen unsinnigen Zeichen markiert. Und daher sollten die Kinder getötet werden, weil sie die Ausgeburt Satans sind. Und ihre Mutter sollte getötet werden, weil sie in engem Kontakt mit Satan steht.

D: *Versuchen die Mütter dann, die Male ihrer Kinder zu verbergen?*

B: Ja, wenn sie Glück haben, ist das Mal dort, wo es von der Kleidung verdeckt wird. Und wenn sie Pech haben, behalten sie die Kinder dort, wo nur Nachbarn, Freunde und Familie sie sehen. Und lassen sie nicht von Fremden gesehen werden, bis sie älter sind.

D: *Dann sehen sie eine Missbildung als das Gleiche an?*

B: Ja. Eine Missbildung wird dadurch verursacht, dass sich die Eltern einer schrecklichen Sünde hingegeben haben. Und zur Strafe verformt Gott, ihr Gott, angeblich das Kind, um die Eltern zu bestrafen. Und da das Kind nur als eine Form der Bestrafung benutzt wird, ist es ohnehin kein vollwertiger Mensch. Es wird nur als Lehrobjekt benutzt. Also ist das Kind auch nicht wichtig.

D: *Dann würden sie das Kind oder den Erwachsenen mit einer Missbildung ebenfalls töten?*

B: Genau. Oder das Kind und seine Eltern.

D: *Die Eltern auch?*

B: Es hängt davon ab, welche Person die Inquisition am liebsten töten würde. Wenn zum Beispiel ein Mitglied der Inquisition die Frau begehrt, würde es den Mann töten. Wenn ein Mitglied der Inquisition den Ehemann begehrt, würden sie die Frau töten.

D: Hmmm. Sprichst du von den Informanten oder den Priestern?

B: Von den Priestern.

D: Ich dachte, dass sie keinen Sex haben sollten.

B: (Ein lautes Lachen.) Ha-ha! Es stimmt, dass sie nach ihren Lehren zölibatär leben sollen. Ich persönlich glaube, dass es unnatürlich ist, zölibatär zu leben. Das ist nicht die Art und Weise, wie die Dinge sein sollten. Es ist nicht in Harmonie. Außerhalb des Rhythmus mit dem Universum. Es ist nicht im Einklang mit der Muttergöttin, zölibatär zu leben. Und diese Priester halten eine Fassade des Zölibats aufrecht, eine Maske. Aber sie ist falsch und hohl, denn hinter der Maske sind sie überhaupt nicht zölibatär. Ich kenne keinen einzigen Priester, der jemals zölibatär gelebt hat. Sie sind alle sehr ausschweifend. Und sie machen es, so oft sie wollen, mit wem sie wollen. Und es ist egal, mit welchem Geschlecht.

D: Dann kann auch niemand etwas sagen, oder?

B: Nein, denn es geschieht hinter verschlossenen Türen. Die Priester veranstalten rauschende Feste, weil sie die besten Ernten erhalten. Und bei diesen Festen, so heißt es, finden alle möglichen Ausschweifungen statt. Häufig nutzen die Priester die jungen Burschen aus, die gerade in den Priesterstand eingetreten sind.

D: Passieren diese Dinge in dem Haus, in dem du wohnst? Weißt du von etwas?

B: Nein. Nicht in diesem Ausmaß. Der Priester, der hier ist ... Ich glaube, er kümmert sich um sich selbst mit seiner Hand. Gelegentlich nimmt er sich einen jungen Knappen, weißt du, wenn er im Beichtstuhl sitzt. Und wenn jemand für eine Sünde Buße tun will, denkt er sich manchmal eine ungewöhnliche Buße aus.

D: Ich verstehe. Glaubst du, dass das meiste davon an einem Ort wie dem Priorat stattfinden würde?

B: Nein, das Priorat ist hier auf dem Gelände. Wie im Dorf. Das Dorf ist ziemlich klein. Aber die größeren Orte, wo mehr Leute und Priester sind. Du weißt schon, wie in den Städten.

D: Diese Dinge haben dir deine Freunde erzählt? (Ja) Weil du gesagt hast, dass du keine persönlichen Kenntnisse hast.

B: Genau. Das sind Dinge, die sie gesehen haben. Außerdem haben wir Möglichkeiten, Dinge zu beobachten, die vor sich gehen, ähnlich wie wir dich beobachtet haben.

D: *Dann könnt ihr auf diese Weise weit entfernte Ereignisse sehen? Was tatsächlich geschieht?* (Ja) *Ihr habt so mehr Wahrheit, nicht wahr?* (Ja) *Mehr Wissen über die Wahrheit. Gibt es eine große Stadt in der Nähe deines Wohnortes?*

B: Ich weiß es nicht. Ich glaube, es könnte in ein paar Tagesritten eine geben. Aber ich weiß es nicht. Ich habe diesen Ort noch nie verlassen.

D: *Ich habe mich gefragt, ob du jemals den Namen einer großen Stadt in der Nähe gehört hast.* (Nein) *Diese Priester, heiraten sie jemals?*

B: Einige von ihnen schon. Es soll aber geheim sein und niemand weiß davon. Die meisten von ihnen haben einfach Mätressen oder kleine Jungs. Oder beides.

D: *Für mich ist das nicht das, was Jesus Christus beabsichtigte. Ich glaube nicht, dass er das gelehrt hat.*

B: Nach meinem Verständnis stimme ich zu.

D: *Vor allem sagen sie, dass sie versuchen, das zu tun, was er wollte, und ich glaube nicht, dass es das ist, was er wollte. Weder die Inquisition noch irgendetwas der anderen Dinge.*

B: Das ist wahr. Deshalb sagt man auch, dass sich die Kirche in ihrem Niedergang befindet. Sie wird dem natürlichen Zyklus solcher Dinge folgen, sie wird verblassen und zu Tode verdorren. Und die Muttergöttin wird immer noch da sein. Das ist der Kreislauf aller patriarchalisch geprägten Religionen. Sie fangen mit guten Absichten an, aber auch mit einigen egoistischen. Das Ergebnis ist, dass sie nicht in Harmonie mit ihrer Erdmutter sind und aus dem Gleichgewicht geraten. Und nach einer Weile fallen sie schließlich in sich zusammen und verdorren. Das war das Schicksal der Religionen, die nicht in Harmonie mit der Muttergöttin sind.

D: *Ich bin neugierig. Du sagtest mir vor kurzem, dass ich lernen müsste, mich zu schützen, falls ich auch da wäre?* (Ja) *Kannst du mir sagen, wie ich mich schützen kann?*

B: Dort, wo du bist, scheinst du ausreichend geschützt zu sein, obwohl mehr Schutz nie schadet. Aber der Schutz durch das weiße Licht, das du benutzt, ist sehr wirksam. Wir haben gesehen, dass du es einsetzt. Was du auch tun kannst, um viele Dinge geschehen zu lassen, ist das Zeichnen von Pentagrammen – aus verschiedenen Gründen.

D: *Kannst du mir das erklären? Ich weiß nichts von diesen Dingen.*

B: Das Tetragrammaton* oder das Pentagramm besteht aus einem fünfzackigen Stern, der von einem Kreis umgeben ist. Das macht man immer dann, wenn man sich z.b. vor Dieben und Räubern und dergleichen schützen will. Einige Bauern machen das, aber die Inquisition weiß nichts davon. Wenn sie zum Beispiel ihre Ernte hierher bringen, um sie in den Lagerhäusern abzuliefern, und unterwegs über Nacht anhalten müssen, belegen sie ihren Wagen mit einem Pentagramm. So schützen sie ihre Ernte, damit die Diebe sie nicht in der Nacht stehlen können. Manche Bauern, die die Wahrheit dahinter nicht kennen, malen mit etwas Lehmstaub oder ähnlichem ein Pentagramm auf ihren Wagen, um ihn zu schützen. Und das reicht dann auch. Aber es ist am besten mit dem Geist. Und was man tut, ist – mal sehen, ob ich das beschreiben kann – weißt du, wie manchmal, wenn die Sonne zwischen den Wolken hindurch scheint, Lichtspeere auf den Boden fallen?

*Dieses Wort war phonetisch schwer zu buchstabieren. Tetragrammaton. Dem Wörterbuch zufolge ist dies der hebräische Name Gottes, der mit vier Buchstaben als YHWH oder JHVH umschrieben wird. *

D: *Oh, ja, das ist sehr schön.*

B: Ja, das ist es. Nun, nimm einen solchen Lichtspeer und tue so, als wäre es eine Schreibfeder, mit der du schreibst. Und die Lichtspeerspitze kann jede Farbe haben, die du für den Zweck brauchst, für den du das Pentagramm verwendest. In diesem Fall, für den Schutz, wie ihn der Bauer für seinen Wagen braucht, wäre er weiß. Und du würdest zuerst den fünfzackigen Stern zeichnen. Und zwar in einer Linie, ohne den Federkiel zu heben. Und dann, wenn du mit dem Zeichnen fertig bist und an der Spitze des letzten Punktes angelangt bist, zeichnest du von dort aus einen Kreis um den Stern, ohne deine Feder, oder in diesem Fall deinen Lichtspeer, zu heben.

D: *Okay. Direkt vom Pentagramm zum Kreis ohne Anheben? Alles eine durchgehende Linie.*

B: Ja. Und wenn du das zeichnest, stellst du dir im Geiste vor, was du schützen willst. Darüber wird es dann gelegt.

D: *Ich verstehe. Einige wissen nicht, dass man es mit dem Verstand machen kann, und sie zeichnen tatsächlich das Pentagramm. (Ja) Das klingt, als ob es sehr effektiv wäre.*

B: Man kann das Pentagramm auf viele verschiedene Arten für viele verschiedene Dinge verwenden. Wenn zum Beispiel jemand krank ist und man möchte, dass er wieder gesund wird, zeichnet man ein Pentagramm in ... (Pause) Nun, es hängt davon ab, um welche Art von Krankheit es sich handelt. Aber wenn es sich um eine Krankheit im Allgemeinen handelt, zeichnet man ein Pentagramm in goldgelber Farbe mit einem Hauch von Rosa darin. Man stellt sich vor, dass es den Körper umschließt. Groß genug mit dem Kreis drumherum, groß genug, um den Körper zu umschließen. Und man stellt es sich auf dem Körper vor.

D: *Der Kreis, der den Körper umgibt?*

B: Genau. Und wenn du in jemandem Leidenschaft wecken willst, stellst du dir vor, dass du und diese Person zusammen stehen. Und dann projizierst du ein rotes Pentagramm auf euch. Ein helles, intensives Purpurrot.

D: *Um die beiden Menschen herum. (Ja) Hmmm, das klingt, als wäre das sehr intensiv.*

B: Man kann sie für viele verschiedene Dinge verwenden.

D: *Ich habe mich gefragt, ob es verschiedene Bedeutungen für die unterschiedlichen Farben gibt. (Ja) Sie werden für verschiedene Zwecke verwendet.*

B: Rot steht für Leidenschaft. Gelb steht für Gesundheit. Blau steht für geistige Klarheit. Violett steht für das Erreichen der höheren Sphären.

D: *Grün?*

B: Grün bedeutet, mit Lebewesen in Kontakt zu kommen. Mit Pflanzen und Tieren. Und die Mutter Erde im Allgemeinen. Weiß kann für alle diese Dinge verwendet werden, aber auch für den allgemeinen Schutz, da Weiß alle Farben des Lichts zusammen enthält. Zumindest sagen das einige. Die Priester leugnen dies. Aber einige in der alten Religion sagen, dass, da der Regenbogen der Sonne entspringt und die Sonne weißes Licht ist, alle Farben im weißen Licht sein müssen.

D: *Das macht Sinn.*

B: Aber egal, ich schweife ab. Mal sehen ... weiß, rot, blau, grün, gelb, violett. Orange steht für Freundschaft. Blau kann auch für eine Freundschaft verwendet werden, aber Orange steht für eine liebevolle Freundschaft, während Blau für eine Freundschaft steht, die dich geistig anregt.

D: *Es sind verschiedene Arten von Freundschaft. (*Ja*) Was ist mit Rosa an sich?*

B: Rosa an sich steht für wahre Liebe, Zuneigung und Fürsorge.

D: *Deshalb hast du es mit Gelb kombiniert, weil es wohltuend ist? (*Ja*) Man kann also Mischungen verwenden? (*Ja*) Mal sehen, welche anderen Farben gibt es noch? Hast du jemals dunkle Farben wie Braun oder Schwarz für irgendetwas verwendet?*

B: Es ist sehr gefährlich, diese Farben zu verwenden. Wenn man ein braunes Pentagramm auf ein Lebewesen wirft, würde es krank werden.

D: *Oh. Weil es dunkel ist?*

B: Weil Braun eine Mischung von Farben ist, wie Schlamm. Und da es eine Mischung von Farben ist, heben sie sich gegenseitig auf und haben einen negativen Einfluss. Schwarze Pentagramme sind sehr mächtig, und wir können sie für verschiedene Dinge verwenden. Manche Menschen, die einen schwächeren Charakter haben, würden schwarze Pentagramme verwenden, um anderen Unglück zu bringen. Sie wollen, dass ihnen negative Dinge passieren oder dass sie negative Einflüsse anziehen. Ich habe erwähnt, dass Violett für das Erreichen der höheren Sphären steht. (*Ja*) Die nächste Farbe nach Violett ist Schwarz. Wenn man also Violett erreicht hat, kann man Schwarz nutzen, um bis zum Kern des Universums vorzudringen und Geheimnisse herauszufinden, mit denen der Verstand manchmal nicht umgehen kann.

D: *Verwenden deine Leute jemals schwarze Pentagramme, um negative Dinge zu bewirken?*

B: Ich weiß es nicht. Jemand könnte gelegentlich privat etwas tun, wenn ihm jemand übel mitspielt. Man könnte ein schwarzes Pentagramm auf diese Person werfen, gerade lange genug, um ihr eine Lektion zu erteilen, und es dann zurückziehen, aber das wäre eine private Sache. Manchmal, wenn Lady Joslyn besonders unausstehlich und negativ ist, werfe ich ihr ein sehr kleines schwarzes Pentagramm in den Weg, damit sie über etwas stolpert.

D: *(Lachen) Ich frage mich, was deine Religion davon hält, solche Dinge zu verursachen.*

B: Nun, wenn jemand jemandem gelegentlich in die Nase zwicken will, um ihm eine Lektion zu erteilen, weil er eine Lektion braucht, dann ist das in Ordnung. Aber böswillig zu sein und ohne Grund Unglück zu verursachen, das ist nicht erlaubt. Und generell Unglück zu verursachen, auch wenn es Gründe dafür gibt, ist nicht notwendig. Denn das, was auf sie zukommt, wird früher oder später sowieso auf sie zukommen, weil das Universum so aufgebaut ist. Aber wenn sich jemand in deinem Leben ständig negativ verhält und du dich irgendwie revanchieren willst, kannst du das tun, solange du ihm keinen Schaden zufügst. Manchmal tue ich das ein wenig aus Gehässigkeit, wenn Lady Joslyn besonders böse zu mir war. Und ich tue es aus einem Gefühl des Unfugs heraus, damit sie vor Roff, sagen wir mal, anmutig aussieht. (Ich lachte.) Manchmal, wenn sie bei einem großen Bankett beeindrucken und im Mittelpunkt stehen will, belege ich ihren Mund, ihre Lippen, mit einem kleinen schwarzen Pentagramm, so dass sie, wenn sie etwas sagt, es nicht richtig ausspricht. Sie wird sagen, was sie sagen wollte, aber sie wird es aus Versehen so sagen, dass es als Doppeldeutigkeit aufgefasst wird, und die Leute verstehen sie anders.

D: *(Lachen) Du meinst, dass es auf diese Weise niemandem wirklich schadet. (Nein) Denn ich habe immer gehört, dass das, was man aussendet, zu einem zurückkommt.*

B: Richtig. Nun, sie sendet so viel Negativität aus, dass es nicht auf mich zurückprallen würde, wenn ich gelegentlich so etwas zur Selbstverteidigung mache. Denn es ist nur ein Teil dessen, was auf sie zurückprallen wird.

D: *So kann man es sehen. (Ja) Du sprichst immer wieder vom Universum. Was weißt du über das Universum? Deine Welt wirkt so begrenzt. Du hast gesagt, du kannst nicht wirklich von diesem Haus weggehen.*

B: Es stimmt, dass meine physische Welt begrenzt ist. Aber einer der Vorteile meiner Religion ist, dass, egal wie begrenzt du physisch bist, es keine Grenzen für dich im Geist gibt. Und du kannst jederzeit und überall hingehen, indem du einfach deinen Geist benutzt. Du kannst deinen Geist überall hin projizieren. Und so neigen wir dazu, das Universum im Allgemeinen zu erforschen und zu versuchen, herauszufinden, wie die Dinge funktionieren und warum sie funktionieren, wie sie funktionieren. Und wir versuchen herauszufinden, was die Erdmutter im Sinn hatte, als sie das Universum erschuf. Wir sprechen aber niemals darüber, was wir tun, denn das wäre Ketzerei auf höchstem Niveau.

D: *Das wäre tatsächlich Nachforschen und Wissensdurst. Macht ihr das als Gruppe?*

B: Normalerweise ja, weil es auf diese Weise effektiver ist. Als Einzelpersonen können wir etwas davon als persönliche Meditation machen. Aber am effektivsten ist es, wenn wir uns als Gruppe zusammenfinden und unsere Energie gemeinsam nutzen, denn das scheint sie irgendwie zu verstärken.

D: *Wo macht ihr das? Bei der Baumgruppe? (Ja) Habt ihr eine bestimmte Art von Ritual oder Zeremonie dafür?*

B: Nun, bevor wir anfangen, gehen wir alle zu der Baumgruppe, und jeder von uns findet die Stelle, an der er sich wohlfühlt. An der er sich auf die Erdmutter einstimmen kann. Wir alle gehen zu unserem Lieblingsplatz und bereiten uns darauf vor, denn es bedarf zunächst einer gewissen Vorbereitung. Wir machen unseren Geist frei, entspannen unseren Körper und denken nicht an die Dinge, die während des Tages passiert sind. Wir fangen einfach an, uns vorzustellen – nun, es gibt zwei Dinge, die man sich vorstellen kann. Entweder man stellt sich ein weißes Licht vor, und man taucht in dieses weiße Licht ein, so wie man an einem Sommertag in einen Tümpel eintauchen würde.

D: *Okay. Aber ich möchte nicht, dass du das jetzt tust. Ich möchte nur, dass du mir den Ablauf erklärst. (Ich hatte Veränderungen in ihren körperlichen Reaktionen bemerkt.)*

B: Das tue ich auch.

D: *Okay. Denn es wäre gefährlich für dich, es draußen zu machen, während du nach deinen Trüffeln suchst. Sag mir einfach, wie du vorgehst.*

B: Eine andere Möglichkeit wäre, sich eine Nacht voller Sterne vorzustellen, in der der Mond nicht scheint. Und man stellt sich vor, dass man in der Tiefe der Schwärze zu den Sternen hinauffliegt. Was auch immer man wählt, man macht es, um die Begrenzungen, die man als nur eine Person hat, zur Seite zu schieben.

D: *Das klingt, als ob es sehr angenehm wäre.*

B: Das ist es. Und dann, wenn du dich bereit fühlst, kommt die Gruppe zusammen. Wir setzen uns im Kreis auf den Boden und fassen uns an den Händen. Und wenn wir das tun, steht normalerweise etwas in der Mitte des Kreises, auf das wir uns konzentrieren können. Für diejenigen von uns, die etwas Visuelles brauchen, auf das sie schauen können.

D: *Ist das etwas Bestimmtes?*

B: Normalerweise ein Muster auf dem Boden aus Steinen oder Kieselsteinen oder so.

D: *Ein bestimmtes Muster?*

B: Das kommt darauf an. Manchmal ist es ein Pentagramm, und manchmal ist es ein Muster, das nichts bedeuten soll. Es soll einem nur helfen, die Barrieren zu überwinden.

D: *Dann schaut ihr darauf?*

B: Ja. Und da wir uns an den Händen halten, fließt die Energie zusammen. Und von dort aus können wir die Energie für den Zweck nutzen, für den wir uns versammelt haben. Wenn es der Zweck ist, das Universum zu erforschen, dann stellen wir uns alle vor, dass wir entweder in das weiße Licht oder in die Tiefen des Raums fallen. Und wir reisen gemeinsam mit unserem Geist und sehen viele wundersame Dinge.

D: *Ihr verwendet keine Tränke oder Kräuter, um dabei zu helfen?*
B: Nein. Wir haben zwar einige Tränke vorrätig, die wir für bestimmte Zwecke verwenden. Aber hierfür ist es gut, einen klaren Kopf zu haben.
D: *In unserer Zeit glaubt man, dass euer Volk manchmal Drogen auf unterschiedliche Weise verwendet hätte.*
B: Das tun wir.
D: *Dass die Drogen vielleicht dieses Gefühl hervorrufen, reisen zu können.*
B: Nein. Diese Art des Reisens muss man mit seinem Verstand machen. Nun, manchmal treffen wir uns an bestimmten Tagen des Jahres zu Feierlichkeiten mit einer anderen Gruppe der alten Religion, die nicht aus dieser unmittelbaren Gegend stammt. Und da wir es nicht gewohnt sind, mit dieser anderen Gruppe zusammenzuarbeiten, nehmen wir manchmal einen Trank zu uns, der dazu beiträgt, die Barrieren abzubauen, damit unsere Energie zusammenfließen kann, als wären wir eine Gruppe. Denn bei der Gruppe, mit der man sein ganzes Leben lang arbeitet, ist es sehr einfach, die Barrieren wegzuschieben. Aber wenn man mit einer neuen Gruppe arbeitet, ist das schwierig, und so hilft das Getränk, diese Barrieren abzubauen. Und es scheint so, als ob wir das mit dem verborgenen Teil unseres Geistes tun, mit dem die meisten Menschen nicht in Kontakt sind. Und diese Barrieren wegzuschieben, hilft einem auch, die inneren Barrieren wegzuschieben, so dass man mit allen Seiten seines Geistes in Kontakt kommen und sie zu einer Person zusammenfügen kann.
D: *Was ist das für ein Trank?*
B: Ich bin mir nicht sicher. Nur wenige wissen, wie man ihn herstellt. Es gibt bestimmte Kräuter und Beeren, die darin enthalten sind. Die Beeren gelten als giftig. Aber sie sind nicht wirklich giftig, sie sind nur sehr stark. Sie haben eine drastische Wirkung auf den Körper. Und wenn man zu viele davon zu sich nimmt, können sie einen töten. Aber nicht, weil sie giftig sind, sondern nur, weil sie so stark sind. Wir verwenden diese Beeren und einige normale Beeren, die gut schmecken. Und bestimmte Kräuter und Blumen, die bestimmte Wirkungen haben. Und sie werden in einem bestimmten Verhältnis zusammengemischt, um die benötigte

Wirkung zu erzielen. Und dann wird es gelagert und gärt wie Wein, aber es wird nicht wirklich alkoholisch. Irgendwie bringt die Art der Gärung die Wirkstoffe zum Vorschein und hilft dabei, sie zu kombinieren oder irgendwie zu konzentrieren. Ich weiß nicht genau, wie das funktioniert. Ich bin noch nicht alt genug, um zu lernen, wie man das macht. Aber ich sehe zu, wie sie es machen, und ich habe schon die Kräuter dafür gesammelt.

D: *Es scheint, als müsste man sehr vorsichtig sein, um die richtigen Verhältnisse zu finden.*

B: Ja, um die gewünschte Wirkung zu erzielen, denn die verschiedenen Anteile haben unterschiedliche Auswirkungen.

D: *Welche Farbe haben die Beeren, die als giftig gelten?*

B: Weiß.

D: *Ich habe versucht, mir vorzustellen, was für eine Pflanze das sein könnte. Aber man mischt sie mit anderen Beeren in verschiedenen Farben?* (Ja) *Da muss man vorsichtig sein. Wenn man sie im falschen Verhältnis nimmt, wäre das wohl keine sehr angenehme Erfahrung.*

B: Nein. Man könnte daraus eine Mischung machen, die jemanden umbringt, aber das tun wir nicht ... normalerweise. Es gibt verschiedene Mischverhältnisse, die unausgewogene Effekte verursachen. Unausgewogen im Vergleich zu dem, was eigentlich passieren sollte.

D: *Welche Auswirkungen hätte es auf den Körper, wenn es falsch gemischt werden würde?*

B: Ein Effekt, der besonders beängstigend ist, ist, dass das Herz zu hart und zu schnell schlägt. Oder man bekommt Schweißausbrüche am ganzen Körper und die Haut fühlt sich an, als würde sie brennen. Oder man spürt eine Art Lähmung. Oder andere solche Dinge.

D: *Es wäre nicht sehr angenehm, wenn man die falsche Kombination erwischt. Es ist besser, das denjenigen zu überlassen, die wissen, wie man es mischt.* (Mhm) *Sind das die einzigen Anlässe, an denen ihr Drogen konsumiert? Wenn ihr zusammen seid?*

B: Wenn jemand aus unserer Gruppe krank ist, nehmen wir manchmal etwas, um die Wirkung des Pentagramms zu verstärken. Aber normalerweise nur bei diesen Treffen.

D: Verwenden die normalen Menschen irgendwelche Drogen, wenn jemand krank ist?
B: Nur Fleisch und Wein.
D: Ach? Wenn sie krank sind?
B: Nein. Es sei denn, es kommt jemand, der Kräuter und dergleichen kauft und einige Kräuter verwendet, damit es ihm besser geht. Es gibt bestimmte Baumrinden, die helfen, Schmerzen zu lindern. Von der Weide. Und es gibt bestimmte Kräuter, die, wenn sie zu einem Trank verarbeitet werden, ein gutes Tonikum sein sollen.
D: Ich habe mich gefragt, was die Kirche von der Verwendung von Medikamenten und Kräutern für kranke Menschen hält.
B: Oh, sie sind dagegen. Aber das hindert den einfachen Bauern nicht daran, es trotzdem zu tun. Die Kirche sagt, dass die Leute, wenn sie krank sind, einen Haufen Geld an die Kirche zahlen sollen, und sie wird einen ihrer ausgebildeten Ärzte schicken, der sich um sie kümmert. Und das sorgt auch für einen Priester, der für deine Seele betet. Es hängt von deinem Gnadenstand ab, wie krank du bist oder wie gut es dir geht und wie viel du der Kirche zahlen musst.
D: Oh, das klingt sehr kostspielig. Man zahlt eine Menge ... was? Geld oder Waren?
B: Entweder oder. Beides. Was auch immer man hat.
D: Dann würde man nur behandelt werden, wenn man wohlhabend ist. Wenn man diese Dinge hat, oder? (Ja) Dann würden sie die einfachen Leute nicht behandeln?
B: Normalerweise nicht. Es sei denn, ein besonders guter Diener einer reichen Person wird krank. Die reiche Person würde dann für die Behandlung ihres Dieners bezahlen.
D: Dann würde ich annehmen, dass die gewöhnlichen Menschen zu deinen Leuten, den Leuten der alten Religion, kommen würden für Hilfe. Tun sie das?
B: Nein. Manchmal kommen die Bauern und sagen: »Ich habe gehört, dass du dich mit Kräutern auskennst. Kannst du meiner Tochter helfen? Sie ist krank.« Oder so etwas in der Art. Aber das ist alles, was gesagt wird, auch wenn viel mehr verstanden wird als das, was gesagt wird.

D: *Ich habe so viele Fragen. Ich bin froh, dass du so viel Geduld mit mir hast.*
B: Das ist kein Problem.
D: *Als ihr das Universum erkundet habt, was habt ihr herausgefunden? Was ist eure Sichtweise? Wie ist es dort?*
B: Das ist schwer zu sagen. So wie das Universum ist, ist es schwer, es mit Dingen zu beschreiben, die man auf der Erde gesehen hat und die man verstehen kann. Auf der einen Seite ist das Universum wie eine riesige Kugel. Auf der anderen Seite ist das Universum wie ein Tunnel, der immer weiter und weiter und weiter geht. Er dreht sich in Schleifen und verheddert sich in sich selbst und so weiter. So ähnlich ist es auch mit der Zeit.
D: *Das hast du herausgefunden?*
B: Nun, es scheint, dass Zeit und Universum dasselbe sind. Wir haben viele Dinge herausgefunden. Es ist schwer zu erklären, was wir herausgefunden haben. Und wenn wir versuchen würden, es in Worte zu fassen, bräuchten wir uns keine Sorgen darüber zu machen, dass die Priester es herausfinden, denn die normalen Leute würden uns zuerst umbringen.
D: *(Lachen) Weil es so seltsam wäre? (Ja) Wenn ihr diese Dinge macht, erkundet ihr einfach eine Weile als Gruppe und kommt dann irgendwann zurück in den Hain?*
B: Zuerst erkunden wir eine Zeit lang als Gruppe. Normalerweise gibt es einen Grund dafür, dass wir uns überhaupt dort getroffen haben. Und wenn wir zurückkommen, finden wir heraus, was vor sich geht, das diejenigen von uns in der alten Religion betreffen könnte. Und dann bereiten wir uns auf dieses Ereignis vor.
D: *Ihr wollt nicht überrascht werden.*
B: Genau. Wir kümmern uns dann um verschiedene andere Dinge. Wenn es zum Beispiel eine Frau in der Gruppe gibt, die schwanger werden möchte, dann machen wir ihren Körper empfänglich für eine Schwangerschaft. Und wenn es eine andere Frau gibt, die Probleme mit ihrem Rücken hat, dann können wir dafür sorgen, dass die Schmerzen verschwinden. Und so weiter und so fort.
D: *Bei dieser Frau, die schwanger wird, macht ihr das mit dem Verstand? Mit eurem Denken? Oder verwendet ihr Kräuter?*
B: Nein, mit unserem Denken.

D: *Es gibt Geschichten, die über lange Zeiträume hinweg erzählt wurden – es klingt komisch für mich – aber es gab Leute, die sagten, dass ihr tatsächlich geflogen seid. Ihr habt euren Körper benutzt, um diese verschiedenen Dinge zu tun und an verschiedene Orte zu gelangen.*

B: Nun, manchmal bekommen einige der normalen Leute eine Ahnung von dem, was wir tun, oder wir erwähnen etwas, das weit weg passiert ist. Und sie können sich das nicht anders erklären, als dass vielleicht einer von uns physisch dorthin fliegt und sieht, wie es passiert. Es ist schwer, ihnen zu erklären, dass man seinen Geist projiziert und stattdessen mit seinem Verstand handelt. Denn man kann überall hingehen, wenn man die Essenz seines Geistes benutzt. Mit seiner höheren Essenz.

D: *Dann stammen die Geschichten daher. Überliefert. (Ja) Ich verstehe. Nun, wir kennen das Wort »Hexe«. Benutzt man dieses Wort in eurer Zeit?*

B: Manchmal. Es gibt verschiedene Wörter, die sie verwenden. Manchmal sagen sie einfach »alte Dame« und verwenden es als Ausdruck des Respekts. Sie sagen: »Bist du eine alte Dame?« und meinen damit jemanden, der sich mit Kräutern und dergleichen auskennt, um einem Mitglied ihres Haushalts bei Krankheit oder Ähnlichem zu helfen. Sie meinen nicht »Bist du alt und grau?«, sondern »Bist du alt im Sinne von weise?«

D: *Wissend. Welche anderen Begriffe werden verwendet?*

B: Manchmal sagt man »Leute der Bäume«, weil wir uns immer in einer Baumgruppe treffen.

D: *Verwendet jemand das Wort »Hexe«?*

B: Die Kirche tut es, aber wer schenkt der Kirche schon Beachtung?

D: *(Lachen) Ich habe mich gefragt, was für sie eine Hexe ist.*

B: Für die Kirche? (*Ja*) Ich bin eine Hexe, du bist eine Hexe, jeder ist eine Hexe.

D: *(Lachen) Einfach jeder, der etwas tut, was der Kirche nicht gefällt?*

B: Das ist korrekt.

D: *Wir kennen die Worte »Hexe« und »Hexerei«. Deshalb habe ich mich gefragt, was diese Worte für euch bedeuten.*

B: Hexerei ist das Wort, das sich auf die alte Religion bezieht.

D: *Ist das ein Wort, das ihr benutzt, um euch selbst zu beschreiben?*

B: Was? Hexerei? Nein, aber ich benutze auch keine Worte, um mich zu beschreiben. Ich sehe mich einfach als das, was ich bin. Und da wir nicht wirklich viel über uns reden, weil wir es nicht können, sind viele Worte nicht nötig.

D: *Dann betrachtet ihr eure Gruppe nicht als Hexen? (Nein) Insbesondere die Art und Weise, wie die Kirche das Wort gebrauchen würde.*

B: Die Kirche würde »Hexe« für jemanden gebrauchen, der sich auf die negative Seite der Dinge konzentriert. Der die Vorstellung der Kirche vom Teufel anbetet. Was die Kirche nicht weiß, ist, dass Satan eine christliche Erfindung ist. Denn damit sich eine Religion durchsetzen kann, damit sich eine Figur der Bewunderung durchsetzen kann, muss es eine Art Gegenfigur geben, die versucht, diese andere Figur zu töten, damit die Menschen Mitleid mit der guten Figur haben und der guten Figur folgen. Folglich sind der Teufel und Satan eine Erfindung der Kirche.

D: *Sie erschaffen damit sozusagen einen Krieg zwischen den beiden Mächten. Ist es das, was du meinst?*

B: Ja. Sie erfinden das, um das Interesse der Menschen zu wecken und sie an die Religion zu binden.

D: *Dann glaubst du nicht wirklich, dass es einen Teufel gibt?*

B: Nein, das glaube ich nicht, denn das ist eine Erfindung der Kirche. Ich will damit nicht sagen, dass es keine negativen Kräfte gibt. Aber was vielleicht negativ erscheint, ist nicht unbedingt negativ. Es gleicht nur aus, was scheinbar gut ist, denn alles muss im Gleichgewicht sein. Und das alles ist Teil der Muttergöttin.

D: *Es tut mir leid, sagen zu müssen, dass die Menschen auch heute noch glauben, dass es einen Teufel gibt. Ich glaube nicht daran, aber andere Leute tun es immer noch. (Ja) Die Idee ist nicht wirklich verschwunden. Hast du jemals das Wort »Hexenzirkel« (coven) gehört?*

B: (Pause) Ja. Das ist eine Gruppe, wie wir es sind.

D: *Ja, das bedeutet es auch heute. Eine Gruppe von Leuten, die zusammenkommen, um die Dinge zu praktizieren, von denen du gesprochen hast. Habt ihr keine Angst, dass euch jemand entdeckt, wenn ihr alle zusammen da draußen seid?*

B: Diese Möglichkeit besteht immer, aber wenn wir unseren Geist projizieren, können wir viele Dinge sehen. Und wir können Dinge sehen, die normale Augen nicht sehen können. Wir können sehen, ob es jemand gut oder schlecht mit uns meint. Und so können wir die Gefahr erkennen, lange bevor sie kommt. Wir haben also Zeit, um von der geistigen Ebene herunterzukommen, uns zu verstreuen und zu verschwinden. So dass derjenige, der dort ankommt, nur eine Baumgruppe sieht und sonst nichts.

D: *Das habe ich mir auch schon gedacht. Wenn ihr meditiert, könnte man euch überraschen.*

B: Ja. Aber während du deinen Verstand für andere Dinge einsetzt, kannst du ihn auch zum Schutz verwenden.

D: *Ihr fühlt euch am sichersten bei dieser Baumgruppe. (Ja) Du hast von bestimmten Feiertagen gesprochen, an denen ihr euch mit anderen Gruppen wie eurer trefft. Welche Feiertage sind das?*

B: Es gibt den Heiligen (Hallowed) Abend. Und da ist das Beltanefest (Beltane).*

D: *Was ist das? Das sind Feiertage, die ich nicht kenne.*

* Wörterbuch: Beltane: »Das Frühlingsfest, das in vorchristlicher Zeit in den keltischen Ländern am Maifeiertag gefeiert wurde.« Dies könnte sich auch auf das beziehen, was sie zuvor über das Feiern des Frühlings am Maifeiertag sagte. *

** Beltane ist ein keltisches Wort, das »Feuer des Bel« bedeutet (Bel war eine keltische Gottheit). Es ist ein Feuerfest, das die Ankunft des Sommers und die Fruchtbarkeit des kommenden Jahres feiert. Diese Rituale führten oft zu Eheschließungen, entweder direkt im kommenden Sommer oder im Herbst. Beltane ist der gälische Maifeiertag. Meistens wird es am 1. Mai gefeiert, also etwa auf halbem Weg zwischen der Frühjahrstagundnachtgleiche und der Sommersonnenwende. **

B: Bei uns gibt es vier Hauptfeiertage, die so nah wie möglich an den Sonnenwenden und Tagundnachtgleichen liegen.

D: *Kannst du mir etwas darüber erzählen?*

B: Nun, wir kommen zusammen. Und aufgrund der Jahreszeit fließen die Erdenergien auf eine bestimmte Art und Weise, die unsere Vorhaben begünstigen, also nutzen wir das aus.

D: *Habt ihr einen Namen für die Tagundnachtgleiche im Frühling?*

B: Ja. Manchmal ist es schwierig, die Namen zu behalten, weil die Namen nicht wichtig sind. Der Heilige (Hallowed) Abend ist im Herbst.

D: *Um die Herbsttagundnachtgleiche herum?*

B: Mhm. Winter ist Lammas. Frühling ist Beltane. Und der Sommer ist das Hochfest. Das im Sommer heißt »Hochfest«, weil dann die Sonne am stärksten ist. Aber das größte Fest findet im Herbst am Heiligen (Hallowed) Abend statt. Außerdem treffen wir uns gerne zu bestimmten Mondphasen und machen dort bestimmte Dinge.

D: *Das wollte ich dich gerade fragen. Warum ist der Heilige Abend das größte Fest? Ist er wichtiger als die anderen?*

B: Ja, denn das ist das Ende eines Jahres und der Beginn des nächsten in unserem Zyklus. Es ist wie das Neujahr für die Christen.

D: *Macht ihr zu dieser Zeit irgendetwas anders?*

B: Ja, wir haben dann meist aufwändigere Rituale. Und wir haben eher die Kräutertränke zur Hand. Wir neigen dazu, am Heiligen Abend aufs Ganze zu gehen, denn manchmal kann die Kombination aus Meditation, Kräutertränken und der Energie der Gruppe, mit der man vertraut ist, sehr profunde Erfahrungen hervorrufen.

D: *Was für Erfahrungen?*

B: Dinge wie Prophezeiungen und dergleichen. Oder manchmal erhält man einfach eine sehr klare Vision davon, wie die Dinge in vielen Jahren aussehen werden.

D: *Und du glaubst, das hat etwas mit der Jahreszeit und dem Mond zu tun?*

B: Ja, denn all das beeinflusst die Art und Weise, wie die Energien durch die Erde fließen. Und so, wie die Energien durch die Erde fließen, so fließen sie auch durch einen selbst.

D: *Ich verstehe. Ich versuche, all diese verschiedenen Dinge zu verstehen. Ich habe so viele Fragen. Lammas, sagtest du, ist im Winter? (Ja) Gibt es irgendetwas, das zu dieser Zeit anders gemacht wird?*

B: Normalerweise rufen wir zu dieser Zeit die Kraft des Feuers an und nutzen sie. Normalerweise machen wir ein Feuer und starren in die Flammen, und das scheint etwas mit dem Geist zu machen. Und während der Geist auf diese Weise verändert wird, kann die Gruppe verschiedene Dinge tun.

D: *Was genau zum Beispiel?*

B: Nichts Spezielles. Was auch immer getan werden muss.

D: *Zum Beispiel die Reisen oder wenn jemand in der Gruppe etwas möchte?*

B: Ja. Außerdem machen wir normalerweise etwas mit dem Boden. Damit die Energie im Boden gut fließt, wenn der Frühling kommt, damit die Ernten gut gedeihen.

D: *Was macht ihr mit dem Boden?*

B: Wir machen es mit unserem Verstand. Alles wird mit unserem Verstand gemacht.

D: *So, als würde man das Land auffrischen und bereit machen? (Ja) Du sagtest, Beltane ist im Frühling? Was ist dann besonders?*

B: Die Tagundnachtgleiche. Dann ist alles im Gleichgewicht. Das Gleichgewicht kippt immer in die eine oder andere Richtung, aber zur Tagundnachtgleiche ist es ausgeglichen. Und so gibt es Dinge, die dann getan werden.

D: *Du meinst, ein Teil eurer Rituale hat mit dem Anbau zu tun?*

B: Nein. Weil das schon erledigt ist. Die Rituale haben damit zu tun, dass die Dinge im Gleichgewicht sind, weil es die Tagundnachtgleiche ist.

D: *Ich verstehe.*

B: Nein, du verstehst es nicht.

D: *(Lachen) Ich versuche es. Normalerweise betrachte ich die Tagundnachtgleiche als den Beginn der Anbausaison, wenn alles wieder anfängt zu wachsen.*

B: Nun, das stimmt nicht. Denn wenn die Tagundnachtgleiche kommt, hat die Wachstumsperiode bereits begonnen. Wenn die Tagundnachtgleiche kommt, ist das Verhältnis von Tag und Nacht im Gleichgewicht. Und die himmlischen Dinge sind im Gleichgewicht. (Sie klang ein wenig irritiert oder verärgert über mich.) Du musst auf höhere Dinge schauen. Du schaust nicht hoch genug. Ich glaube, du schätzt uns nicht hoch genug ein, einfach weil wir aus der Vergangenheit kommen.

D: *Ja. Ich glaube, die Leute denken, dass man diese Art von Wissen damals nicht wirklich hatte.*

B: Die Kirche hat versucht, dieses Wissen zu unterdrücken, aber wir haben es weitergegeben. Früher war dieses Wissen viel verbreiteter, und es gab viel mehr Wissen. Aber die Kirche hat das alles seit mehreren Jahrhunderten unterdrückt oder versucht, es wie eine Kerze auszulöschen.

D: *Glaubst du, dass sie bis zu einem gewissen Grad erfolgreich waren?*

B: Oh, ja. So gut wie alles Wissen wurde unterdrückt, bis auf das, was kleine Gruppen wie wir bewahren konnten.

D: *Dann gab es in der Vergangenheit viel mehr.*

B: Oh, ja. Sogar noch viel Erstaunlicheres als die Dinge eurer Zeit.

D: *Weißt du davon? Oder stammt das aus deinen Legenden?*

B: Ich weiß kaum etwas darüber.

D: *Glaubst du, es waren physische oder geistige Dinge?*

B: Beides.

D: *Es ist sehr gut, dass es Gruppen wie die eure gibt, die versuchen, diese Dinge weiterzuführen. Sie versuchen, sie zu bewahren.*

B: Was es allerdings schwierig macht, ist, dass wir mehr wissen, als wir wissen dürften, und es daher schwierig ist, so unwissend zu sein wie alle anderen.

D: *(Lachen) Ja, ich glaube, das ist der schwierigste Teil von allem. Ich denke, es wäre sehr schwer für mich, der Kirche nicht in die Augen zu schauen und zu sagen: »Ich glaube nicht an das, was ihr tut.« (Lachen)*

B: Ja, genau. Das verstehest du.

D: *Ja, das wäre gefährlich. Du sagtest, dass das Hochfest im Sommer ist, wenn die Sonne am höchsten steht. (Ja) Okay. Ich glaube, ich verstehe jetzt die Feiertage und warum sie wichtig sind. Und du sagtest, es gibt bestimmte Mondphasen, die wichtig sind?*

B: Ja, die verschiedenen Mondphasen haben unterschiedliche Bedeutungen, denn die Mondphasen entsprechen dem Jahreszyklus. Wenn man Dinge, die während bestimmter Feste im

Jahr getan werden, in der Zeit dazwischen braucht, richtet man sich nach den Mondphasen.

D: Gibt es Mondphasen, die für euch wichtiger sind als andere? Oder was ist deren Bedeutung?

B: Nun, ich würde nicht unbedingt sagen, dass welche »wichtiger« sind. Es ist nur so, dass man für bestimmte Dinge die Mondphasen kennen sollte, um sicherzustellen, dass die Phase nicht im Gegensatz zu dem steht, was man vorhat.

D: Ich weiß ein paar Dinge über den Mond und das Wachsen von Pflanzen.

B: Ja, das ist eine Sache. Aber auch bestimmte geistige Dinge, die wir oft im Rahmen unserer Religion tun, um einander zu helfen und uns selbst zu helfen. Und je nachdem, was wir machen wollen, muss das mit der Phase des Mondes übereinstimmen. Wenn ich zum Beispiel ein Ritual machen will, das Roff hilft, sich mir nahe zu fühlen, muss ich es machen, wenn der Mond zunimmt. Und wenn ich ein Ritual durchführen will, damit das Leben für Lady Joslyn besonders lästig wird, muss ich es bei abnehmendem Mond machen. Für bestimmte Dinge ist der Vollmond am besten geeignet, und für andere Dinge ist die Dunkelheit des Mondes am besten geeignet.

D: Für welche Dinge ist der Vollmond am besten geeignet?

B: Glück mit materiellen Gütern zu haben, gute Beziehungen zu den Menschen um dich herum zu haben und solche Dinge. Die Dunkelheit des Mondes kann genutzt werden, um Rituale durchzuführen, die helfen, die Barrieren zwischen den verschiedenen Aspekten deines Selbst wegzuschieben. Und die Dunkelheit des Mondes kann auch genutzt werden, um mit denjenigen in Kontakt zu treten, die bereits auf die nächste Daseinsebene übergegangen sind.

D: Wenn ihr euch in eurem Baumhain trefft, macht ihr das meistens bei Vollmond?

B: Wir treffen uns bei allen Mondphasen, denn es gibt immer etwas anderes zu tun. Wir treffen uns ziemlich oft.

D: Dann würdet ihr nicht nur bis zu dieser Mondzeit warten.

B: Nein, denn wenn die Mondzeit für eine bestimmte Sache nicht geeignet ist, können wir unseren Geist immer an Orte projizieren, um zu sehen, wie es dort aussieht.

D: *Besteht eure Gruppe aus Menschen, die dort leben und arbeiten? (Ja) Handelt es sich um eine große Gruppe?*

B: Ich weiß es nicht. Groß im Vergleich zu was?

D: *Ich habe mich gefragt, wie viele es sind. Dreißig? Das wäre eine große Zahl.*

B: Nein, nicht so viele. Wir sind fünfzehn ... oder siebzehn? Es kommt darauf an, wie man zählt, denn zwei von uns sind wie Hausierer und reisen.

D: *Oh, sie sind nicht die ganze Zeit da? (Richtig) Dann treffen sie sich mit euch, wenn sie auf der Durchreise sind? (Richtig) Ich habe mich gefragt, wie groß diese Gruppe ist. Ich habe gehört, dass man mit den Geistern derer, die hinübergegangen sind, Kontakt aufnehmen kann.*

B: Ja, das ist richtig. Zuerst dachten wir, dass du ein Geist bist, der hinübergegangen ist. Denn der Geist nimmt für eine Weile einen Körper an, und dann geht man hinüber, um die Lektionen zu betrachten die man gelernt hat. Und dann kommt man zurück und nimmt wieder einen Körper an. Und wir dachten, du wärst einer von denen, die einen Körper verlassen haben und noch lernen und nachdenken, bevor sie einen anderen Körper annehmen. Und wir waren überrascht, als wir entdeckten, dass du jemand bist; ein Geist, der sich gerade in einem Körper befindet.

D: *Das ist ein bisschen ungewöhnlich, nicht wahr?*

B: Ja, aber nicht unbekannt. Es ist in Ordnung, denn dass du mit uns Kontakt aufnehmen kannst und den Test bestanden hast, bedeutet, dass du auch eine Anhängerin der Göttin bist. Und auch, wenn du dich in dem Teil deines Verstandes, dessen du dir am meisten bewusst bist, als Anhänger des patriarchalischen Gottes bezeichnest, bist du in Wirklichkeit tief im Inneren eine Anhängerin der Göttin.

D: *Ich glaube, mehr als alles andere bin ich auf der Suche nach Wissen.*

B: Das macht dich zu einer Anhängerin der Göttin. Die Geheimnisse des Universums zu erforschen und sie für alle sichtbar darzulegen.

D: Ja, das ist es, was ich zu tun versuche. Ich habe mich gefragt, ob ihr mich sehen könnt oder ob ihr mich nur hört?
B: Wir sehen dich nicht mit den Augen, wie Augen sehen können. Wir sehen dich mit unserem Verstand. Wir können deine Absichten in unserem Geist sehen.
D: Aber wenn ich zu Besuch komme, hörst du mich meistens sprechen, oder? Ist das so?
B: Das ist schwer zu beschreiben.
D: Weil ich oft neugierig bin, wie die Leute mich erleben.
B: Es ist so, dass ich mit dir in meinem Kopf spreche.
D: Ah, das habe ich mir gedacht. Viele Leute sind sich dessen nicht bewusst.
B: Das ist richtig, denn die meisten Menschen sind sich der verschiedenen Aspekte ihres Selbst nicht bewusst.
D: Ich reise auf diese Weise durch viele Zeitabschnitte, und die meisten Menschen können mit mir reden, aber sie sind sich nicht bewusst, dass ich tatsächlich da bin. Deshalb war ich überrascht, als du mich wahrzunehmen schienst.
B: Es liegt daran, dass wir beide Anhängerinnen der Göttin sind.
D: Das muss der Unterschied sein. Die anderen Leute haben wahrscheinlich nicht diesen Teil ihres Geistes genutzt.
B: Du hast recht.
D: Aber ich habe noch nie jemandem etwas zuleide getan, wenn ich das tat. Ich bin sehr vorsichtig. (Ja) Ich interessiere mich sehr für diese Rituale, weil ich sie gerne an die heute lebenden Anhänger der alten Religion weitergeben möchte. Sie sind immer noch geheim. Einige dieser Rituale sind vielleicht verloren gegangen.
B: Das ist wahr, oder vielleicht verwenden sie jetzt andere Aspekte dieser Rituale. Aber sie sind bei ihnen willkommen. Ich kann sehen, dass du mit einigen Anhängern der Göttin in Kontakt bist. Und wenn du sie an alle verteilst, werden sie an den richtigen Stellen ankommen. Ich kann sehen, dass einige der Anhänger der Göttin, die du kennst, mit anderen Anhängern in Kontakt sind. Und es gibt auch einige, die für sich sind. Ich kann verstehen, warum du sagst, dass sie geheim bleiben müssen. Es gibt vor allem eine, die allein arbeitet, aber die, die allein arbeiten, tun das,

weil es schwierig ist, mit anderen in Kontakt zu treten. Auch sie brauchen dieses Wissen.

D: *Ich dachte, sie würden sich vielleicht dafür interessieren, wie sich die Rituale verändert haben. Und sie wollen vielleicht zu eurer Art der Ausführung zurückkehren.*

B: Ja, oder sie fügen unseren Weg zu ihrem Weg hinzu, um einen vollständigeren Weg zu entwickeln.

D: *Es mag viele Dinge geben, die verloren gegangen sind, oder auch die Gründe dafür. Einige in unserer Zeit tragen Pentagramme, Pentakel.*

B: Ja, das kann ich sehen. Und das ist auch gut so, denn es ist ein Zeichen dafür, dass die Kirche definitiv am Verwelken ist. Wenn die Leute Pentagramme offen tragen können, ohne Angst vor der Inquisition zu haben, ist das eine gute Sache. Und ich bin sehr froh, das zu sehen. Ich wünschte, ich könnte ein Pentagramm offen tragen.

D: *Sie tragen sie an Halsketten, Ringen und an anderen Dingen.*

B: Ja, und manchmal auch als Schwertschnalle. (Sie meinte damit wahrscheinlich eine Gürtelschnalle.)

D: *Natürlich wissen die meisten Menschen nicht, was es bedeutet, wenn sie es sehen. Die Menschen in eurer Zeit tragen keine Pentagramme in der Öffentlichkeit, oder?*

B: Nein, wir tragen nichts.

D: *Wie erkennt ihr euch gegenseitig?*

B: Wir tragen nichts, aber wir haben subtile Gesten, die wir verwenden, wenn wir uns unterhalten. Sie sehen aus wie ganz gewöhnliche Gesten, aber jemand, der sie kennt und erkennt, kann sie erwidern.

D: *Kannst du mir mehr dazu sagen?*

B: Das ist sehr schwer zu beschreiben. Es ist etwas, womit man aufwächst. Man weiß, wie verschiedene Leute sich auf eine bestimmte Art und Weise halten und bestimmte Handgesten benutzen. Es scheint zunächst einfach die Art zu sein, die die Leute hier haben. Und so ist es auch, aber in gewisser Weise ist es anders.

D: *Du meinst, du legst deine Hand auf einen bestimmten Teil deines Körpers?*

B: Entweder das oder man hält die Finger auf eine bestimmte Art und Weise, wenn man gestikuliert.

D: *Könntest du mir das zeigen, damit ich es erkenne, falls ich jemanden sehe.*

B: Ich glaube nicht, dass dir dieses Wissen weiterhilft, denn das ist nur etwas für unsere lokale Gruppe hier.

D: *Eure lokale Gruppe, okay. Es wäre eine Möglichkeit, sich gegenseitig kennenzulernen.*

B: Eine Geste, die wir machen, die uns allen gemeinsam ist, sind die Hörner der Göttin. (Sie hielt ihre Hand hoch. Sie hatte alle Finger mit Ausnahme des Daumens und des kleinen Fingers nach unten gefaltet. Sehr ähnlich wie das Zeichen für die Texas Longhorns. Ich beschrieb es für das Tonbandgerät.)

D: *Oh, der Daumen und der kleine Finger?*

B: Ja. Manche machen das so. (Sie gestikuliert wieder.)

D: *Der erste Finger und der kleine Finger.*

B: Ja. Es steht für die Mondphase. Das erste Quartal.

D: *Oh. Die Mondsichel, wie wir sie nennen?*

B: Ja, die Mondsichel.

D: *Das nennt man die »Hörner der Göttin«? (Ja) Ich habe gehört, dass es in unserer Zeit manchmal die »Hörner des Teufels« genannt wird. (Lachen)*

B: Dann hat die Kirche ganze Arbeit geleistet.

D: *(Lachen) Das wäre also eine Geste, um sich zu erkennen. Ich kann verstehen, dass ihr sie von der Form des Mondes ableitet, denn er sieht wie Hörner aus, wenn er sich in der letzten Phase befindet.*

B: Oder in der ersten Phase.

D: *Ja, so oder so. – Ich habe mich gefragt, ob die Leute Kreuze tragen. Weißt du, was ein Kreuz ist?*

B: (Mit empörter und angewiderter Stimme.) Ja, ich weiß, was ein Kreuz ist.

D: *Trägt das Durchschnittsvolk sie oder nur die Kirche?*

B: Priester tun das natürlich. Einige der abergläubischeren Bauern haben öfter irgendwo ein Kreuz am Körper. Normalerweise sind es zwei zusammengebundene Stöcke. Manchmal hat auch ein Mädchen zwei Stöcke zusammengebunden und mit einer Art

Band um den Hals gebunden. Das soll sie vor dem Teufel oder Vampiren oder was auch immer schützen.

D: *Hmmm, glauben sie an Vampire?*

B: Nicht wirklich. Ich habe Gerüchte gehört, dass dieser Glaube östlich von hier stärker ausgeprägt ist. Sie glauben, dass dort fantastische Kreaturen lauern, die darauf warten, sich ihre ewigen Seelen zu schnappen.

D: *Was ist für dich ein Vampir? Für dich hat das Wort vielleicht eine andere Bedeutung als für mich.*

B: Nein, es gibt nur eine Bedeutung für dieses Wort.

D: *Was bedeutet es?*

B: Ein Vampir ist eine weitere Erfindung der Kirche. Ich bin mir nicht sicher, ob es Vampire gibt, aber angeblich handelt es sich um einen Geist, der in einem Körper gefangen ist, und der Geist weigert sich, loszulassen und zur nächsten Entwicklungsstufe überzugehen. Um im Körper zu verbleiben und seine Kraft zu erhalten, muss er menschliches Blut trinken.

D: *Das wäre ein Geist?*

B: Nun, es ist ein Geist in einem Körper. Du bist ein Geist, ich bin ein Geist.

D: *Oh, ein Geist in einem Körper. Okay. Denn ich dachte, wenn es nur ein Geist wäre, müsste er nicht trinken. Du meinst einen Geist in einem Körper.*

B: Du musst mir zuhören. Ich sagte, es war in einem Körper.

D: *Ich verstehe. Und die Kirche hat sich das ausgedacht?*

B: Ich glaube schon. Entweder das oder sie haben auf wundersame Weise eine Idee davon bekommen ... denn ein Geist ist nur eine bestimmte Zeit in einem Körper, dann muss er zur nächsten Entwicklungsstufe weitergehen. Und irgendwie ist es der Kirche gelungen, zu erkennen, dass manche Geister nicht loslassen, wenn sie sollten. Und so erfand die Kirche phantastische Dinge darüber, warum sie nicht loslassen und wie sie sich im Körper halten. Und welche Auswirkungen sie auf normale Menschen haben.

D: *Glaubst du, sie haben das nur getan, um die Angst zu verstärken? (Ja) Ich verstehe. Nun, ich genieße dieses Gespräch wirklich, aber es wird Zeit für mich, wieder zu gehen. (Lachen) Gewöhnlich muss ich genau dann gehen, wenn ich über etwas sprechen möchte.*

Aber ich kann dich ja beim nächsten Mal um mehr Informationen bitten, nicht wahr? (Ja) Vielleicht kannst du mir mehr über diese Dinge erzählen. Ist es in Ordnung, wenn ich wiederkomme und mit dir spreche? (Ja) Jedes Mal, wenn du mich kommen lässt, lerne ich viele neue Dinge. Ich danke dir, dass du mir zu kommen erlaubst. (Ja) In Ordnung, dann werde ich dich wiedersehen und dir noch ein paar meiner Fragen stellen. Habe Geduld mit mir, wenn ich etwas nicht ganz verstehe.

B: Ich werde es versuchen.

D: *Dann danke ich dir, Astelle. (Sie korrigierte vehement meine Aussprache, indem sie den Akzent auf der ersten Silbe setzte.) Ich spreche es immer falsch aus, nicht wahr? Aber ich weiß trotzdem, wer du bist.*

(Das Subjekt wurde wieder aus der Trance geholt.)

Kapitel 7
Mit den Tieren sprechen
(Aufgenommen am 20. Mai 1986)

Ich verwendete die Schlüsselwörter und zählte sie zurück in das Leben von Astelle.

D: *Wir sind in die Zeit zurückgekehrt, in der Astelle lebte. Was machst du gerade?*
B: Ich bin in den Ställen.
D: *Was machst du da?*
B: (Ihre Stimme klang traurig.) Ich halte mich von Lady Joslyn fern.
D: *Oh, hat sie dir das Leben schwer gemacht? (Ja) Willst du mir davon erzählen?*
B: Was gibt's da zu sagen? Es ist das, was sie normalerweise tut. (Seufzend) Sie haben versucht, einen Verehrer für sie zu finden, aber die lehnen sie alle ab. Und dann wird sie wütend und schlägt mich mit ihrer Bürste.
D: *Als ob es deine Schuld wäre.*
B: Nun, sie glaubt, dass es daran liegt, dass ich hübscher bin als sie.
D: *Ich glaube, du hast mir einmal erzählt, dass sie ein großes Bankett hatten, zu dem viele Leute kamen. Und sie wollten versuchen, eine Hochzeit für sie zu arrangieren? (Mhm) Hat das nicht geklappt?*
B: Nun, sie arrangierten die Hochzeit, und als die Leute in ihre Heimat zurückkehrten, um dem Mann von der arrangierten Hochzeit zu erzählen, hatte er bereits geheiratet, während sie weg waren.
D: *Ich wette, das hat Lady Joslyn nicht gerade glücklich gemacht.*
B: Sie schrie. Und sie hat immer weiter geschrien und mit den Augen gerollt und mit Sachen geworfen.
D: *Werden solche Hochzeiten arrangiert, bevor jemand die andere Person gesehen hat?*

B: Das ist ganz normal.

D: *Und sie hatte gedacht, es wäre alles vorbereitet.*

B: Ja, das hatte sie. Aber der Mann hatte von ihr gehört und davon, wie sie so ist. Ich glaube, er wollte sie nicht heiraten. Man sagt, dass er eine andere Frau liebte und diese heiratete. Er wollte niemanden heiraten, den er nicht liebte.

D: *Ich habe mich gefragt, ob er wirklich geheiratet hat oder das nur gesagt hat, weil er sie nicht heiraten wollte.*

B: Soviel ich gehört habe, hat er wirklich geheiratet.

D: *Die Lady Joslyn war also wirklich unglücklich.*

B: Ja. Es hat auch andere Versuche gegeben. Aber sie sind alle gescheitert. Wenn die Lady Joslyn begreifen würde, dass sie, wenn sie nicht so verzweifelt wäre, zu heiraten, und aufhören würde, zu schreien und sich Sorgen zu machen, gar nicht so hässlich wäre. Und dann wäre sie vielleicht begehrenswerter für einen Freier. Aber sie scheint nicht in der Lage zu sein, das so zu sehen.

D: *Du sagtest, sie sei sauer auf dich, also dachte ich, dass vielleicht gerade etwas passiert sei.*

B: Nun, Roff hat sie gestern Abend wieder abgewiesen. Und heute Morgen kam sie in die Küche und fand ihn und mich zusammen. Dann war sie verärgert.

D: *Das war es. (Ja) Hat Roff jemals versucht, etwas dagegen zu tun, wenn sie dir weh tut?*

B: Nein. Sie sah uns zusammen und drehte sich einfach um und ging weg. Aber später am Tag, ich glaube, es war kurz vor der Essenszeit, beschloss sie, oben in ihrem Zimmer zu essen. Und sie wollte ausdrücklich, dass ich das Essen hochbringe. Als ich das Essen hochbrachte, wartete sie schon mit ihrer Haarbürste.

D: *Dann macht sie nichts in seiner Gegenwart. (Nein) Das würde sie noch schlechter aussehen lassen, oder? (Ja) Also versteckst du dich jetzt in den Ställen?*

B: Das kann man so sagen. Sie kommt nie zu den Ställen runter. Sie reitet nicht gerne. Und deshalb bin ich hier unten und beobachte die Männer auf dem Übungsplatz. Ich werde noch nicht wirklich in der Küche gebraucht.

D: *Du versuchst einfach, ihr aus dem Weg zu gehen?*

B: Ja. Außerdem ist es hier sehr ruhig. Ich höre den Pferden beim Reden zu. Und ich höre den Wind wehen.

D: *Du kannst hören, wie die Pferde miteinander reden?* (Ja) *Ich habe noch nie jemanden gekannt, der die Tiere sprechen hören kann.*

B: Nun, man kann sie reden hören, aber man kann nicht unbedingt immer verstehen, was sie sagen. Das hängt davon ab, wie gut man mit der Muttergöttin auskommt. Wenn man mit ihr in Harmonie ist, kann man verstehen, was sie sagen.

D: *Wie hört sich das an?*

B: Mit deinen Ohren hörst du die Geräusche, die sie normalerweise machen. Aber in deinem Kopf ist es so, als würdest du zwei Menschen reden hören.

D: *Es klingt wie Worte, wie mentale Kommunikation?*

B: Es klingt wie Worte.

D: *Hmmm, ich frage mich, worüber Pferde wohl reden würden?*

B: Verschiedene Dinge. Sie reden viel über das Wetter. Und darüber, ob sie wieder beschlagen werden müssen oder nicht. Die Hengste, die wir zur Zucht einsetzen, haben nur eines im Kopf.

D: *(Lachen) Das ist alles, woran sie denken?* (Ja) *Was denken sie über Menschen? Über ihre Herren?*

B: Oh, ich höre einige skandalöse Dinge über einige der Leute im Haushalt hier. Die Pferde tratschen viel. Über die unterschiedlichen Leute, die hierher in den Stall kommen, um Liebe zu machen. Sie denken, es sei hier sicher, aber sie verstehen nicht, was die Pferde sagen. Die reden über jeden. (Ich lachte.) Und sie machen sich über die verschiedenen Merkmale der Menschen lustig.

D: *Was zum Beispiel?*

B: Na ja, es gibt zum Beispiel einen Mann, der humpelt. Und sie imitieren es, indem sie in ihrem Stall herumhumpeln. Und ein anderer Mann hat eine große Nase und einen kleinen Mund. Und ein Pferd kann besonders gut imitieren, wie er spricht. Das ist sehr lustig. Einfach solche Dinge.

D: *Normalerweise würde man denken, dass sie sich nicht dafür interessieren oder es gar nicht bemerken. Viele Leute denken, dass sie einfach nur dumme Tiere sind.*

B: Das ist richtig, und genau da liegt ihr Fehler. Die Tiere sind überhaupt nicht dumm. Es ist einfach nur eine Mauer zwischen ihnen und uns, so dass wir nicht miteinander reden können. Die Menschen, die dort hinuntergehen, um Liebe zu machen, wissen nicht, dass die Pferde das bemerken. Und wenn sie es merken, denken sie, dass es keine Rolle spielt, weil Pferde nur mit anderen Pferden zu tun haben. Sie wissen nicht, dass es Menschen unter uns gibt, die verstehen können, was die Pferde sagen.

D: *(Lachen) Wissen die Pferde, dass du sie verstehen kannst?*

B: Ich glaube schon. Es gibt ein oder zwei, von denen ich sicher weiß, dass sie es tun.

D: *Ich glaube, in der Welt der Tiere gibt es vieles, was die Menschen nicht wissen. (Ja) Hast du jemals versucht, mit anderen Tieren zu kommunizieren?*

B: Oh, ja. Ich kann nicht unbedingt etwas erwidern, aber ich kann hören, was sie zu sagen haben.

D: *Wenn du also versuchst, mit ihnen zu reden, würden sie dich nicht wirklich verstehen?*

B: Ich könnte mit ihnen mit meinen Gedanken sprechen, und sie könnten mich verstehen. Aber einige von ihnen sind wie Menschen. Sie werden misstrauisch, wenn ich das tue.

D: *Sie sind nicht daran gewöhnt. (Richtig) Aber man kann zumindest wissen, was sie denken. (Ja) Ich glaube, die meisten Leute denken, dass Tiere nicht viel zu sagen haben.*

B: Nun, das hängt davon ab, was für ein Tier es ist und was es gemacht hat.

D: Du erinnerst dich doch an mich, oder?

B: Ja. Du hast die Prüfung bestanden.

D: Ja.

Als Dolores in einer anderen Sitzung zu Astelle zurückkehrte, wollte sie ein Thema weiterverfolgen, zu dem sie ihre Fragen nicht hatte stellen können. Das Folgende hat sie dabei gefunden:

D: *Das letzte Mal, als wir sprachen, musste ich gehen, und wir konnten unser Gespräch nicht zu Ende führen. Du sagtest, dass einige der Leute Kreuze aus Holzstücken tragen, die zusammengebunden sind. (Ja) Und sie tragen sie um ihren Hals, um sich vor Dingen zu schützen. Eines der Dinge, die du erwähnt hattest, war, dass sie an Vampire glaubten. Und ich hatte nicht alle Informationen darüber erhalten. Du meintest, das wäre ein Glaube an etwas, das die Kirche erfunden hatte? Ist das korrekt?*

B: Ja. Die Kirche hat alles Mögliche getan und wird alles Mögliche tun, um die Menschen verängstigt und dumm zu halten. Eine ihrer besten Waffen ist die Angst. Und so erfinden sie diese wilden Geschichten, die sie den Menschen erzählen, um ihnen Angst zu machen, damit sie leichter zu kontrollieren sind. Ich habe gehört, dass es ein Glaube ist, der aus Bergen östlich von hier stammt. Aber ich weiß nicht, wo das sein könnte. Keiner hat mir das gesagt. Und ich war noch nie dort.

D: *Glauben du, dass die Geschichten auf Tatsachen beruhten? Auf etwas, das real ist?*

B: Das ist schwer zu beantworten. Manchmal denke ich ja, manchmal denke ich nein. Es gibt viele Dinge, die in der Welt geschehen, die der Mensch nicht versteht oder deren Ursprung er nicht kennt. Diese Dinge sind sehr rätselhaft. Manchmal passt eine wunderliche Erklärung, und manchmal, wenn man ein bisschen tiefer schaut, gibt es einen Grund, den der Verstand akzeptieren kann.

D: *Ich dachte mir, dass die Kirche vielleicht nicht alles erfunden hat. Es könnte etwas geben, das sie genommen und hinzugefügt haben.*

B: Ich glaube, sie haben Geschichten über Wölfe genommen, die sich im Winter Kinder schnappen. Sie haben diese Geschichten genommen und alles andere dazuerfunden, einschließlich der Erwähnung der Puppe.

Ich muss die Erwähnung einer Puppe überhört haben, denn ich reagierte nicht darauf. Ich frage mich, worauf sie sich hier bezogen hatte?

D: *Was für Überzeugungen haben die Menschen? Was glauben sie, das ein Vampir tut?*
B: Oh, was passiert, wenn der Vampir Blut nimmt?
D: *Die Geschichte dessen, was sie sein sollen.*

Ich wollte ihre Geschichte. Ich wollte sie nicht beeinflussen. Aber ich war mir nicht sicher, wie ich es formulieren sollte.

B: Ja. Nun, die Kirche möchte, dass man denkt, dass sie Untote sind. Dass sie tot sein sollten, es aber nicht sind. Aber eine weise Frau in unserem Kreis hat gesagt, dass derartige Menschen lebendig sind, aber auf eine merkwürdige Weise krank. Und dass vielleicht die einzige Nahrung, die sie am Leben hält, Blut ist.
D: *Wie kommen sie an das Blut?*
B: Die Geschichte besagt, dass sie einen in den Ellbogen oder in den Nacken beißen, um Blut zu bekommen. Ich habe gehört, dass sie dich überall dort beißen, wo das Blut nahe der Oberfläche fließt.
D: *Nun, das scheint eine seltsame Vorstellung zu sein. Und die Kirche sagt ihnen, dass sie diese Kreuze schützen würden?*
B: Ja, das tut sie. Ich habe da meine ernsthaften Zweifel. So wie die Kirche sich selbst verdorben hat, funktioniert keiner ihrer Zauber mehr. Und so wird sie alles versuchen, um die Macht zu behalten.
D: *Glaubst du, dass es früher einmal Magie gab, die funktionierte?*
B: Ja, das tue ich, auch wenn die Kirche das nie zugeben würde.
D: *Früher? (Ja) Gibt es noch andere Dinge wie Vampire, von denen sie will, dass die Leute glauben, dass es sie gibt?*
B: Die Kirche versucht immer, die Menschen mit der Idee von Dämonen zu erschrecken. Mit der Vorstellung, dass Dämonen überall sind, bereit, die verschiedensten Dinge zu tun, je nachdem, wo sich der Dämon befindet. Es geht darum, all das, was die Kirche einem erzählt, beiseitezulegen und zu versuchen, die Dinge klar zu sehen. Viele Menschen haben nicht die Kraft, das zu tun.
D: *Sie lassen sich einfach darauf ein. (Ja) Glaubst du, dass Dämonen real sind? (Nein) Glaubst du, dass es so etwas wie Geister gibt?*
B: Es gibt so etwas wie Geister und Menschen von der anderen Seite des Schleiers. Ich habe sie gesehen. Aber das ist nicht das, was die

Kirche als Dämonen beschreibt – und auch nicht als Engel. Es ist anders, als die Kirche es beschreibt. Die Kirche versucht, allem eine mathematische Bedeutung beizumessen, obwohl es in der Natur nicht so ist.

D: *Was meinst du mit »mathematisch«?*

B: Sie versuchen zum Beispiel zu verbreiten, dass es sieben Himmelreiche gäbe, weil sie die Sieben für eine heilige Zahl halten. Und sie versuchen die Leute glauben zu machen, es gäbe dreizehn Abteilungen der Hölle, weil sie dreizehn für eine Zahl der Hexerei halten. Und das ist völlig willkürlich. Sie legen die Zahlen einfach fest, weil sie ihnen gut erscheinen. Sie wissen nicht, wie sie ihren Gefühlen folgen und das, was da ist, ganz natürlich da sein lassen können. Sie versuchen, alles in ihr Schema der Welt zu pressen.

D: *Was sagt man denn über Engel?*

B: Genau deshalb führen sie immer wieder Versammlungen durch. Sie können sich nicht darauf einigen, was ein Engel ist.

D: *Du meinst Kirchenratsversammlungen?*

B: Die einen sagen, dass sie sehr groß und prächtig sind, und die anderen sagen, dass sie so klein sind, dass mehrere von ihnen auf der Oberfläche eines Löffels tanzen könnten. Sie können sich nicht einigen. Einerseits sagen sie, Engel seien geistige Wesen, andererseits geben sie ihnen lächerliche Körperbeschreibungen. Geister sind nicht an den Boden gebunden wie du und ich. Und so geht die Kirche davon aus, dass sie Flügel haben müssen. Aber Wesen von der anderen Seite brauchen keine physischen Manifestationen. Das ist verwirrend.

D: *Ich frage mich, ob sie sie jemals gesehen haben oder ob sie sie sich nur ausdenken.*

B: Sie erfinden sie.

D: *Ich dachte, dass sie vielleicht etwas in ihren heiligen Büchern haben, das ihnen sagt, dass sie existieren.*

B: Ich weiß es nicht. Ich habe noch nie gehört, dass sie existieren.

D: *Was glaubst du, was Engel tun? Was ist ihre Aufgabe?*

B: Ein Engel soll die Gläubigen beschützen, vor allem vor dem Teufel und seinen Dämonen. Aber auch ganz allgemein, um die Menschen vor sich selbst zu beschützen.

D: Okay. Und Dämonen sollen ... was sein?
B: Kobolde des Satans. Es ist ermüdend, über dieses Thema zu sprechen.
D: Ich wollte nur Informationen bekommen. (Lachen) Einige dieser Überzeugungen gibt es auch noch in meiner Zeit.
B: Ich verstehe.
D: Viele sind diese Überzeugungen immer noch nicht losgeworden. Deshalb habe ich mich gefragt, woher sie kommen. Ich werde von etwas anderem sprechen. Die Menschen glauben auch an Heilige, nicht wahr? (Ja) Wer sind denn die Heiligen?
B: Nun, die Kirche würde sagen, dass eine Person, die ein besonders heiliges oder gottseliges Leben für ihre Kirche lebt, natürlich auch besonders gesegnet ist, wenn sie stirbt. Und Vorteile gegenüber anderen Verstorbenen hat. Und deshalb gibt es Gegenstände, die diese Menschen darstellen, damit man sie verehren kann. Und auch, damit ich diese verschiedenen ... (Pause) Ich bin verwirrt.
D: Was?
B: Mein Geist ist ganz verwirrt. Es scheint, dass ich beim Reden Schwierigkeiten habe. Es scheint, als gäbe es hier zwei Verstände auf einmal.
D: Oh? Stört dich das?
B: Es macht das Sprechen schwierig, weil es sich anfühlt, als wären zwei Verstände gleichzeitig hier, was mich sehr schläfrig macht. Und der andere Geist denkt auch über Dinge nach und ist besorgt. Und ich denke über die Dinge nach, die ich dir zu sagen versuche. Und dieser andere Verstand ... Ich muss mich sehr anstrengen, um meine Konzentration aufrechtzuerhalten. Und wann immer meine Konzentration ein wenig nachlässt, ist der andere Verstand mit anderen Gedanken da. Und ich vergesse, was ich eigentlich sagen wollte. Und das macht mich müde, wenn ich versuche, mich so zu konzentrieren.

Ich denke, das bedeutete, dass sie sich Brendas Gedanken bewusst wurde oder dass Brendas Gedanken versuchten, sich in irgendeiner Weise einzumischen oder einzugreifen.

D: Vielleicht kann ich helfen. Vielleicht ist es das. Du bist einfach nur schläfrig
B: Das könnte sein. Ich habe nicht gut geschlafen, nachdem die Lady Joslyn mich geschlagen hat.

Ich dachte, die beste Möglichkeit, die Verwirrung zu beenden, wäre, sie in eine andere Szene zu versetzen. Also bat ich sie, zu einem wichtigen Tag ihres Lebens weiterzugehen. Als ich aufhörte zu zählen, verkündete sie aufgeregt: »Ich bin auf dem Bankett. Die Leute essen und die Musiker spielen.«

D: Hast du dort eine Aufgabe zu erledigen?
B: Ich bin jetzt damit fertig. Ich habe gerade das Essen für das Bankett herausgebracht. Ich höre noch den Musikern zu, bevor ich zurück in die Küche gehe.
D: Welche Art von Musikern sind es?
B: Die ganz normale Sorte. Sie sind eine reisende Gruppe von Musikern, und sie haben hier Halt gemacht. Sie reisen auf der Straße. Und sie werden nach heute Abend weiterziehen.
D: Sind es viele?
B: Oh, sechs oder sieben von ihnen.
D: Was für Instrumente spielen sie?
B: Die meisten sind Instrumente, in die man hineinbläst. Und es gibt einige, an denen Saiten befestigt sind, die man anschlägt. Ich bin mir nicht sicher. Ich mag Musik, aber ich weiß nicht viel über die Instrumente.
D: Ist die Musik schön?
B: Ja. Sie ist spritzig. Gut für ein Bankett. Es klingt schön. Und wenn sie nicht gerade Instrumente spielen, erzählen sie Witze.
D: (Lachen) Was für Witze?
B: Gewöhnlich gewagte. Verschiedene Dinge. Sie machen sich über Leute hier auf dem Bankett lustig.
D: Kannst du mir ein Beispiel nennen?
B: Nun, zum Beispiel haben sie gesagt: »Wann ist ein Festsaal ein Stall?« Und jemand fragte: »Wann?« Und sie sagten: »Wenn Pferde am Tisch sitzen.« Und sie zeigten auf Lady Joslyn, als sie das sagten.

D: Oh-oh! Was meinten sie? Ihr Aussehen? *(Ja)* *(Lachen)* Ich frage mich, was sie darüber dachte?

B: Sie hat das Stück Fleisch, das sie gerade aß, auf den Boden geworfen und ist aus dem Zimmer gestampft. Und sie ist nicht mehr zurückgekommen.

D: *(Lachen)* Hmmm. Gibt es noch andere Witze, die sie erzählen? Ich lache auch gerne.

B: Das ist das Wichtigste, an das ich mich erinnere, weil es auf Kosten der Lady Joslyn ging. Sie haben sich den ganzen Abend über alle lustig gemacht. Sie meinen das nicht ernst, sondern tun es nur, um alle zum Lachen zu bringen.

D: Mhm. Es war nur die falsche Art von Witz für sie.

B: Ja, aber alle anderen haben gelacht.

D: Erzählen sie auch Witze über den Herrn, den Meister?

B: Oh, ja. Oh, ja. Aber es ist die Art von Witzen, bei denen man weiß, dass sie sich zwar über den Meister lustig machen, aber gleichzeitig respektieren sie ihn. Und so ist es eine Art Kompliment.

D: Singen sie auch?

B: Ein bisschen. Normalerweise dann, wenn es sich um ein Lied handelt, das einen Text hat, den sich jemand gewünscht hat.

D: Kennst du einige der Lieder, die sie singen?

B: Nein, ich habe sie noch nicht gehört. Das ist eine neue Truppe, die hier noch nie vorbeigekommen ist. Es heißt, sie kommen aus dem Süden, und sie haben einige Lieder, die man so weit im Norden nicht oft hört.

D: Gibt es noch eine andere Art der Unterhaltung?

B: Nun, das ist die Hauptunterhaltung, solange die Damen am Tisch sitzen. Ich vermute, sie haben etwas anderes geplant, wenn die Damen sich zurückziehen und gehen. Normalerweise würden die Damen bis zum Ende des Banketts bei den Herren bleiben, aber mit dieser anderen Unterhaltung, die noch geplant ist, wurde beschlossen, dass die Damen ihr Bankett früher beenden und gehen müssen.

D: Oh, ich frage mich, was für eine Art von Unterhaltung das sein könnte?

B: Das kann man nicht sagen.

D: *Hast du eine Ahnung?*
B: Ich vermute, dass es darum geht, unnatürliche Dinge mit einer nackten Frau zu tun.
D: *Oh? So etwas machen sie bei diesen Banketten?*
B: Ich weiß es nicht. Das ist nur ein Gerücht, das ich gehört habe
D: *Sie betrachten das als eine Form der Unterhaltung? (Ja) Würde die Frau extra dafür geholt werden oder wäre es jemand aus dem Haus?*
B: Eine, die dazugeholt wird. Eine, die zu der Truppe gehört.
D: *Hmmm. Ich kann verstehen, warum sie nicht wollen, dass die Frauen dabei sind. Ich war neugierig, was für Arten von Unterhaltung es bei euch gibt. Gibt es bei dem Bankett etwas Besonderes zu essen?*
B: Verschiedene Arten von Fleisch, die auf unterschiedliche Weise zubereitet werden. Und verschiedene Arten von Brot. Die Fleischsorten sind mit verschiedenen Füllungen versehen.
D: *Essen sie jemals etwas Süßes? (Nein) Ich habe mich gefragt, ob die Leute zu deiner Zeit Süßes gegessen haben.*
B: Manchmal ja, aber nicht sehr oft.
D: *Warum ist das so?*
B: Das, was die Dinge süß macht, ob es nun flüssig oder fest ist, ist sehr schwer zu finden. Vor allem Honig ist in dieser Gegend sehr schwer zu finden.
D: *Oh, das habe ich nicht gewusst. Dann würde man nicht so oft Süßes essen.*
B: Genau. Es ist einfach eine Leckerei für zwischendurch.
D: *Ich habe auch schon von Salz gehört. (Pause) Weißt du, was Salz ist?*
B: Ja. Ich weiß, was Salz ist. Es gibt einen Handel mit Salz. Und wir haben etwas vorrätig, aber nicht viel.
D: *Ein Handel mit Salz? Was meinst du?*
B: Es gibt einen Hausierer, der ab und zu Salz an uns verkauft. Wir verwenden es nicht allzu oft bei den Banketts. Wir verwenden es hauptsächlich zum Einmachen von Fleisch.
D: *Ihr verwendet es nicht beim Kochen?*

B: Nun, das Fleisch, das in Salz konserviert wurde, gibt viel davon in die Gerichte ab. Deshalb verwenden wir Kräuter und so, um das Essen schmackhaft zu machen.

D: *Ich habe von anderen Leuten gehört, dass Salz wertvoll ist. Es ist schwer zu finden. Stimmt das?*

B: Ich bin mir nicht sicher. Wir scheinen viel davon zu haben, aber es ist ein weiter Weg bis hierher.

D: *Ihr verwendet es also nicht im Übermaß.*

B: Richtig.

D: *Nun, ich nehme an, das ist auch nicht nötig, wenn das Fleisch auf diese Weise konserviert wird. Bewahrt ihr so das Fleisch für den Winter auf?*

B: Es ist eine Möglichkeit, das zu tun. Eine andere Möglichkeit ist, wenn man eine Keule oder so etwas hat. Man bestreicht sie mit Wachs, so dass das Wachs sie versiegelt.

D: *Das verhindert, dass sie schlecht wird? (Ja) Hätte ich nicht gedacht. Sind das die einzigen Möglichkeiten, Lebensmittel während der Wintermonate aufzubewahren?*

B: Das ist die beste Methode. Das Fleisch, das im Winter frisch geschlachtet wird, hält sich eine Weile, wenn die Tage kalt sind. An anderen Tagen ist man darauf angewiesen, das Fleisch einzusalzen. Wenn das Fleisch frisch geschlachtet ist, wird es an den kalten Tagen normalerweise zerlegt und eingesalzen. So ist es auch für andere Zeiten haltbar.

D: *Weißt du, was Gemüse ist? (Ja) Gibt es das auch im Winter?*

B: Manches davon. Vor allem das, was im Boden wächst, so wie Rüben und Karotten. Sie halten sich noch eine Weile, wenn die Anbauzeit vorbei ist. Andere halten sich nicht so gut.

D: *Weißt du, was Früchte sind?*

B: Oh, ja. Wir haben viele Früchte. Äpfel, Birnen, Beeren verschiedener Art. Es gibt auch eine Möglichkeit, sie zu konservieren, wenn es nötig ist. Sie sind dann so lange haltbar, wie man sie braucht.

D: *Wie macht ihr das?*

B: Mit Brandy. Ein sehr starkes alkoholisches Getränk. Man nimmt das Obst und schneidet es in die gewünschte Größe. Dann übergießt man es mit Brandy und lässt es einfach stehen. Man macht einen Deckel drauf, um Schmutz und Ungeziefer fernzuhalten. Und im Winter, wenn du Obst brauchst, nimmst du es einfach aus dem Brandy. Und dann filtert man den Branntwein, der übrig bleibt, und gießt ihn durch ein Tuch, weil er den Geschmack der Früchte mit dem Branntwein verbindet, und das ergibt ein sehr gutes Getränk.

D: *So bekommt das Obst auch einen anderen Geschmack, oder?*

B: Ja. Aber alles, was man mit Lebensmitteln macht, um sie länger haltbar zu machen, verändert ihren Geschmack.

D: *Oh ja, das stimmt. Und das sind Dinge, die ihr im Winter esst?*

B: Ja. Der Herr des Hauses lässt manchmal andere Dinge bringen, aber das ist normalerweise für die Zeit der Feiertage.

D: *Welche Feiertage sind für den Hausherrn wichtig?*

B: Er und sein Haushalt halten gewöhnlich die Feiertage ein, die laut der katholischen Kirche eingehalten werden müssen. Weihnachten. Ostern. Der Tag des Heiligen Petrus. Der Tag des Heiligen Paulus. Verschiedene andere Tage von Heiligen sind ebenfalls wichtig, genau wie die Tage vor und nach Weihnachten und Ostern.

D: *Gibt es besondere Veranstaltungen, die um Weihnachten herum stattfinden?*

B: Das ist schwer zu sagen. Es wird dann mehr gesungen über religiöse Dinge. Es gibt mehr Messen. Und von den Menschen, die der Kirche angehören, wird erwartet, dass sie bestimmte Dinge tun, um zu zeigen, dass sie diese Feiertage befolgen – egal, welcher Feiertag es ist.

D: *Was tun sie, um diese verschiedenen Bräuche zu befolgen?*

B: Das ist schwer zu sagen. Ich versuche, mich so weit wie möglich davon fernzuhalten, denn wir haben unsere eigenen Feiertage um diese Zeiten herum. Und um in der richtigen Stimmung dafür sein zu können, versuche ich, mich von den Aktivitäten der Kirche fernzuhalten.

D: *Okay. Ich dachte, dass es vielleicht etwas sehr Wichtiges sein könnte, bei dem du helfen musstest.*

B: Einfach mehr kochen.

D: *Mehr Kochen. Du sagtest, es gibt dann spezielle Dinge, die gekocht und gegessen werden?*

B: Na ja, wenn sie an frische Lebensmittel rankommen, dann wird das zubereitet. Und was es in den Lagerräumen gibt.
D: *Na ja, es hört sich auf jeden Fall nach einer guten Zeit an. Warum ist es ein bedeutender Tag?*
B: Warum ist was ein bedeutender Tag?
D: *Ist er nur bedeutend, weil ein Bankett stattfindet?*
B: Meinst du jetzt gerade?
D: *Ja, diesen Tag.*

Als ich mir das Band anhörte, wurde mir klar, dass es für sie verwirrend gewesen sein muss. Ich hatte zunächst über die Feiertage gesprochen und dann den Fokus gewechselt und wieder nach dem Bankett gefragt, ohne mich klarer auszudrücken.

B: Es ist wichtig für den Haushalt, weil diese Truppe vorbeigekommen ist und das etwas Besonderes ist. Und es ist wichtig für mich, denn obwohl ich nicht viel von Musik verstehe, denke ich mir manchmal eine Melodie aus, und ich möchte hören, wie sie klingt. Ich habe ein paar der Musiker der Truppe überredet, sie mir vorzuspielen. So kann ich hören, wie es klingt, um sicherzugehen, dass es so klingt, wie ich es mir vorstelle.
D: *Ach, die Lieder, die du dir ausgedacht hast, meinst du?* (Richtig) *Deshalb ist der Tag so wichtig. Es kommt nicht oft vor, dass eine Musikgruppe vorbeikommt.*
B: Nein, das tut es nicht.
D: *Dann habt ihr die meiste Zeit nicht viel Unterhaltung im Haus?*
B: Normalerweise machen wir uns unsere eigene Unterhaltung. Die Unterhaltung von außen ist ein besonderes Vergnügen. Normalerweise ist die Unterhaltung, die wir haben, so etwas wie Turniere für die verschiedenen Ritter und Diener und Knappen und so, um zu sehen, wer der Geschickteste oder der Stärkste in etwas ist. Einfach Dinge, die ein normaler Haushalt tut.
D: *Sind diese Turniere jemals gefährlich?*
B: Nein, nein, denn der Herr des Hauses kann nicht seine gesamte Hausgemeinschaft bei einem Turnier umbringen. Sie sind so konzipiert, dass sie eine Herausforderung darstellen, ohne das Leben zu gefährden. Wenn du nicht aufpasst, könntest du dich

verletzen, aber das wäre nur auf deine eigene Ungeschicklichkeit zurückzuführen.

D: *Um welche Art von Turnieren handelt es sich dabei?*

B: Bogenschießen, Lanzen, Messer, Reiten. Einige der Knappen und Ritter geben gerne mit ihrem Reiten an, indem sie Dinge tun, von denen man nicht denken würde, dass sie auf einem Pferd möglich sind. Einfach solche Dinge. Schwertkämpfe.

D: *Dann sind sie wie Geschicklichkeitsspiele. Gibt es jemals Wettkämpfe mit anderen Rittern von anderswo, die gefährlich sein könnten?*

B: Nein. Sie werden hauptsächlich mit Geschicklichkeitsspielen in Form gehalten, damit sie bereit sind, falls wir in den Krieg ziehen müssen. Bei diesen Wettbewerben wird normalerweise viel gewettet. Das macht den größten Teil des Unterhaltungsaspekts aus, zu sehen, wie jeder wie verrückt auf seinen Favoriten wettet.

D: *Habt ihr Geld? Oder womit wird gewettet?*

B: Normalerweise wettet man mit Dingen, die man hat, oder mit Dingen, die man bekommen kann.

D: *Ich habe gehört, dass es manchmal Wettbewerbe zwischen Rittern aus verschiedenen Häusern gibt, die ziemlich ernst werden können.*

B: Das stimmt, wenn es eine Fehde zwischen den beiden Häusern gibt. Und sie wird immer schlimmer, bis die kompletten Haushalte involviert sind. Aber wenn es keine Fehde gibt, warum sollt man dann Wettbewerbe abhalten, um die besten Ritter zu töten? Wenn es ein Wettkampf ist, wie wir ihn hier zur Unterhaltung veranstalten, geht es nur darum, wer der Geschickteste ist. Nicht um zu sehen, wer getötet werden kann.

D: *Das leuchtet mir ein, denn Ritter benötigen viele Jahre der Ausbildung. Ist Roff schon ein Ritter oder ist er noch ein Knappe?*

B: Er ist noch ein Knappe. Ich glaube aber, dass er bald ein Ritter wird, weil er alle Fähigkeiten beherrscht, die er dafür benötigt. Und ich glaube, sie warten auf einen großen Wettkampf mit einem richtigen Ritter, bei dem mehr Leute zu sehen sind, und machen dann eine größere Feier. Man braucht eine bestimmte Anzahl von Jahren, um alles zu lernen. Und bei jedem Menschen dauert es unterschiedlich lange.

D: *Wie lange ungefähr?*

B: Ich bin mir nicht ganz sicher.

D: *Wenn sie so weit sind, findet die Zeremonie dann für viele auf einmal statt?*

B: Nein, normalerweise nur für einen oder zwei.

D: *Das ist interessant. Ich weiß, dass du das Bankett genießt, aber darf ich dir noch ein paar Fragen zu deiner Religion stellen?* (Ja) *Weil uns sonst niemand hören kann, nicht wahr?* (Lachen)

B: Das nehme ich an. Ich stehe einfach neben den Musikern. Und der Großteil der Menge ist ... dort drüben.

D: *Nun, sie werden sowieso nicht wissen, wovon wir reden.* (Richtig) *Du sprachst von verschiedenen Ritualen, die ihr durchführt?* (Ja) *Macht ihr jemals etwas mit Kerzen?*

B: Oft ist es hilfreich, eine Kerze zu verwenden, um den Geist für das Ritual zu beruhigen. Aber normalerweise verlangen die Rituale, die wir machen, nicht wirklich etwas. Meistens geht es nur darum, den Geist in die richtige Stimmung zu bringen, so dass er das, was man will, auch verwirklichen kann.

D: *Dann müsst ihr keine verschiedenfarbigen Kerzen verwenden?*

B: Es ist hilfreich, wenn man sie hat, aber wenn man sie nicht hat, muss man ohne sie auskommen.

D: *Dann sind sie nicht wirklich notwendig.*

B: Sie helfen, den Ritualen mehr Kraft zu verleihen. Aber du kannst die Rituale auch ohne sie durchführen.

D: *Was ist mit verschiedenen Arten von Steinen? Ich meine nicht Juwelen, sondern ...*

B: Edelsteine?

D: *Ja. Glaubt ihr an solche Dinge?*

B: Ah, ja, sie haben magische Kräfte zum Schutz und so für den Besitzer. Jeder der Edelsteine hat seine eigene Bedeutung. Ich kenne die Edelsteinkunde nicht, aber ich bin noch jung. Ich lerne noch. Es gibt eine ältere Frau in der Gruppe, die sich damit auskennt, und ich würde es gerne von ihr lernen. Aber sie hatte noch keine Gelegenheit, einen große Menge von Edelsteinen zu ergattern, so dass ich lernen könnte, was sie weiß. Um mir zu zeigen, wofür sie gut sind, für die Rituale. Der Durchschnittsmensch, alle, jeder, jeder macht zumindest etwas zu seinem Schutz oder für was auch immer. Normalerweise wissen sie nicht, dass es von unserer Religion kommt, aber sie tun es trotzdem, einfach aus Gewohnheit. Es wurde von den Eltern an die Kinder weitergegeben.

D: Was für Dinge würden sie tun?

B: Oh, immer wenn der Steuereintreiber vorbeikommt, machen sie die Hörner der Göttin zum Schutz. Und alles, was sie wissen, ist, dass es eine Geste zum Schutz ist. Die Bedeutung, die dahinter steckt, ist ihnen nicht klar.

D: Was noch?

B: Manchmal spucken sie sich selbst über die Schulter, wenn jemand, der krank ist, an ihnen vorbeigeht, denn das soll negative Einflüsse vertreiben. Und manchmal streuen die Ehefrauen der Bauern in ihrer Küche Salz als Glücksbringer. Sie sind sich nicht bewusst, dass Salz sehr viel Glück, Schutz und Reinigung bringt.

D: Nun, was ist mit den Edelsteinen? Trägt man sie?

B: Die Herren und Damen tragen die Edelsteine. Sie tragen Perlen und Rubine und Smaragde und Opale.

D: Aber sie wissen nicht, welche Kräfte dahinter stehen?

B: Nein, das tun sie nicht. Sie tragen sie einfach, weil sie hübsch aussehen.

D: Wenn du diese Dinge gelernt hast, kannst du es mir vielleicht sagen. Wir haben bei uns einen Stein, den man Kristall nennt. Hast du so etwas schon einmal gesehen? Vielleicht gibt es das nicht in deinem Teil der Welt?

B: Ein Kristall? Ist das wie das, in dem ich mein Spiegelbild gesehen habe?

D: Er ist klar, man kann hindurchsehen. Weißt du, was Glas ist? (Nein) Nun, es ist ein Material, durch das man hindurchsehen kann.

Dies war ein weiteres Beispiel dafür, dass jemand in dieser Zeit nicht weiß, was Glas ist. Das ist schon viele Male vorgekommen.

B: Wie Wasser, aber es ist fest? So ähnlich wie Eis?

D: Ja, so ähnlich wie Eis, nur dass es nicht wegschmilzt. Ein Kristall ist ein Stein. Er sieht so ähnlich aus wie Eis, nur dass er hart ist.

B: So etwas habe ich noch nie gesehen.

D: *Es gibt einige Menschen auf der Welt, die glauben, dass diese Steine große Kräfte haben, sogar Heilkräfte.*

B: Ich kann mir vorstellen, dass sie dafür gut wären, aber wir haben sie hier nicht.

D: *Aber du sagtest, es gäbe etwas, in dem du sich selbst sehen konntest?*

B: Nun, manchmal lassen die Damen des Haushalts ein Stück Metall so polieren, dass man sich selbst sehen kann.

D: *Du hast mir einmal gesagt, dass du dich noch nie selbst gesehen hast.*

B: Nein. Manchmal kann man seine Umrisse im Wasser sehen.

D: *Ja, das stimmt. – Habt ihr irgendwelche Überzeugungen bezüglich der Sterne?*

B: Es heißt, dass die Sterne einem helfen können, den Plan für sein Leben zu bestimmen. Vielleicht ist das wahr, denn es gibt so viele von ihnen, dass sie für jedes Leben anders sein könnten. Es kommt nur darauf an, dass man die Fähigkeit hat, zu interpretieren, was sie zu sagen haben. Ich weiß, dass es diese Fähigkeit gibt, aber wir haben sie hier nicht. Wir haben nur ein paar Ansichten über die Sterne. Nur Kleinigkeiten.

D: *Was zum Beispiel?*

B: Der Liebesstern. Wenn du einen Wunsch an den Liebesstern richtest, soll er in Erfüllung gehen.

D: *Welcher ist das?*

B: Er ist der erste am Abend. Und wenn du eine Sternschnuppe siehst, wird ein bestimmtes Ereignis in deinem Leben eintreten.

D: *Etwas Gutes oder Schlechtes?*

B: Einfach ein wichtiges Ereignis, das man nicht vergessen wird. Es könnte so oder so sein. Und andere solche Dinge.

D: *Du hast mir einmal erzählt, dass es viele Legenden gibt, die an dein Volk weitergegeben wurden. Und es gab eine über die Welt vor langer, langer Zeit. Du hast mir etwas darüber erzählt.*

B: Tut mir leid. Worüber?

D: *Lenke ich dich von etwas ab?*

B: (Pause) Es scheint, dass unsere Kommunikation heute nicht klar ist.

D: Oh, nun, wir werden nicht mehr lange miteinander reden.
B: Deshalb entschuldige ich mich. Ich versprach, dir zu helfen.
D: Ich dachte, die Musik würde dich vielleicht ablenken.
B: Das tut sie. Ich höre sie mir an und versuche aber auch, dir zuzuhören. Manchmal gerät es durcheinander und ich kann mich nicht an alles erinnern, was du gesagt hast.
D: Du könntest dich von der Musik entfernen, aber ich weiß, dass du dich dafür interessierst.
B: Wenn du deine Frage noch einmal stellen könntest, werde ich sie beantworten.
D: In Ordnung. Nicht mehr lange, dann kannst du deine Musik genießen. Du hast mal über die Legenden deines Volkes gesprochen. (Ja) Du erwähntest etwas darüber, wie die Welt vor vielen, vielen Jahren aussah. Kannst du dich daran erinnern, darüber gesprochen zu haben?
B: Ich glaube, ich habe das einmal erwähnt, aber ich weiß nicht mehr, was ich gesagt habe.
D: Ich versuche auch, mich zu erinnern. Irgendetwas ist mit der Welt passiert.
B: Das Einzige, woran ich mich gerade erinnern kann, ist, wie die Zahl der Tage der Jahreszeiten früher anders war.
D: Es war so etwas in der Art, ja. Was ist passiert?
B: Wir waren uns nie im Klaren darüber, was genau passiert ist. Wir wissen es nicht. Wir wissen nur, dass etwas passiert ist. Und irgendwie, aus irgendeinem Grund, war dann alles anders. Die Monate waren anders, die Jahre waren anders, die Jahreszeiten waren anders. Und den Legenden zufolge wuchsen die Feldfrüchte mehrere Jahre lang nicht. Aus irgendeinem Grund war die Luft vergiftet oder so.
D: Das ging über mehrere Jahre?
B: Ja. Und dann ging die Vergiftung in der Luft weg, aber die Tage wurden nie wieder so, wie sie waren.
D: Glaubst du, dass die Tage länger oder kürzer waren? Weißt du das?
B: Ich weiß es nicht. Ich weiß nur, dass die Anzahl der Tage anders ist. Früher hatte alles runde Zahlen. Und jetzt sind die Zahlen alle irgendwie spitz und schwer zu merken. Die Anzahl der Tage im Monat, die Anzahl der Monate im Jahr.

D: *Waren sie alle unterschiedlich?*

B: Ja. Und es wird gesagt, dass es eine Weile gedauert hat, bis die Leute die Monate wieder verstanden haben. Es war also eine schwierige Zeit für alle.

D: *Hmmm. Es muss etwas wirklich Gewaltiges passiert sein.*

B: Das ist wahr. Aber ich kann mir nicht vorstellen, was das sein könnte, das so etwas tun würde.

D: *Nein. Nicht, wenn es die Ernten und alles beeinträchtigt.*

B: Ich denke, das werden wir wahrscheinlich nie erfahren, nicht einmal du in deiner wundersamen Zeit.

D: *Nein, wir wissen es nicht. Wir haben diese Geschichte noch nie gehört. Manchmal sterben Geschichten einfach aus, und wir wissen nichts von ihnen, wenn sie nicht weitergegeben werden. (Richtig) Wie viele Tage gibt es jetzt in eurer Zeit?*

B: Es ist schwierig, sich das zu merken. Es scheint, dass die Tage für jeden zweiten Monat anders sind. Manchmal sind es dreißig, manchmal einunddreißig.

D: *Wie viele Tage gab es früher in einem Monat? Hast du dieses Wissen?*

B: Ich glaube, es waren achtundzwanzig. Ich bin mir nicht sicher. Das ist schwer zu sagen.

D: *Natürlich wäre es einfacher, sich zu orientieren, wenn alle Monate gleich wären, oder?*

B: Ja. Es könnten achtundzwanzig oder dreißig oder sogar zweiunddreißig gewesen sein. Es war irgendeine Zahl wie diese. Es war jeden Monat dieselbe Zahl.

** In der Legende von Starcrash wird erzählt, dass etwas mit der Erde passiert ist, das den »Mond einen anderen Weg gehen ließ«. Es schien, dass etwas Katastrophales geschah, das die Jahreszeiten und das Wetter veränderte. **

D: *Wie viele Monate hat ein Jahr?*

B: Zwölf. Aber die Legenden besagen, dass es früher dreizehn waren.

D: *Habt ihr für jeden Monat einen anderen Namen?*

B: Die Monate sind die Monate. Es gibt Namen für die Monate. Sie sind überall dieselben. Manchmal unterscheiden sie sich leicht in anderen Sprachen aus anderen Ländern, aber es sind die gleichen Monate.

D: *Wie nennt ihr sie? Ich möchte wissen, ob sie so heißen wie wir sie jetzt nennen.*

B: Ich denke, dass es so ist. Es gibt keinen Grund, warum sie sich ändern sollten.

D: *Man kann nie wissen. Deshalb stelle ich so viele Fragen, um zu sehen, wie sich die Dinge verändert haben. (Ja) Weißt du zum Beispiel, in welchem Monat ihr euren Heiligen (Hallowed) Abend habt?*

B: Das ist der Erntemonat. Er wird auch Oktober genannt.

D: *Und du sagtest Lammas?*

B: Februar.

D: *Und lass mich mal sehen. Da war noch einer. Ich habe schon wieder vergessen, was es war. Ihr hattet das Hochfest und dann noch eines im Frühjahr, nicht wahr?*

B: Die Feste für die Tagundnachtgleichen im Frühling und Herbst fallen nicht immer auf denselben Monat. Denn manchmal findet die Tagundnachtgleiche nicht im gleichen Monat statt. Die Sonnenwenden fallen normalerweise in denselben Monat, aber die Tagundnachtgleichen nicht immer. Die Feste stammen aus der Zeit vor der Umstellung, und sie werden nach dem Mondmonat begangen, weil die Mondmonate den alten Monaten am nächsten sind. Und sie richten sich nach den Mondphasen und nicht immer nach dem regulären Kalender.

D: *Du meinst also, dass der Heilige (Hallowed) Abend nicht immer im Oktober stattfinden würde?*

B: Normalerweise schon. Ich glaube, sie haben ihn auf das Ende des Oktobers gelegt, um sicherzustellen, dass jeder zumindest dieses eine Fest zur gleichen Zeit feiert, um mehr Energie zu erzeugen. Das Fest im Frühling, Beltane, ist normalerweise im April und manchmal im Mai. Das variiert. Manchmal bin ich verwirrt, in welchem Monat das Fest stattfindet, weil man es nicht wirklich sagen kann, bis es soweit ist. Man muss die Mondzyklen im Auge behalten, um zu wissen, wann es soweit sein wird.

D: *Normalerweise wachsen die Pflanzen zu diesem Zeitpunkt schon eine ganze Weile. Es ist nicht der Beginn der Wachstumszeit.*

B: Das hängt davon ab, wie kalt der Winter war, aber du hast recht.

D: *Du sagtest, das Hochfest findet im Sommer statt?*

B: Ja. Im Juni.

D: *Das ist an der Sonnenwende. (Ja) Nun, es klingt so, als ob die Monate gleich wären. Wir haben einen sogenannten Kalender, der uns hilft. Habt ihr auch so etwas?*

B: Ich glaube, der Herr des Hauses hat einen. Ich bin mir nicht sicher. Ich glaube, er hat einen, wie du sagst, um die Tage im Blick zu behalten.

D: *Und die Monate.*

B: Man braucht keinen Kalender, um die Monate im Auge zu behalten. Nur um die Tage im Auge zu behalten, damit man weiß, wann der Monat gewechselt hat. Aber ein normaler Mensch wie ich braucht ihn nicht.

D: *Wir würden durcheinander kommen, wenn wir heute keine Kalender hätten. (Ah!) Das macht es für die einfachen Leute ein wenig leichter. (Ja) Nun, ich interessiere mich für die Legenden eures Volkes. Habt ihr noch andere Legenden über die Anfänge eures Volkes oder die Geschichte eurer Religion?*

B: (Seufzer) Es gab nicht sehr viel, weil wir immer so ein Geheimnis daraus machen mussten. Und weil wir es nur mündlich weitergeben. Auf diese Weise verliert man über die Jahre viel.

D: *Ja, das stimmt. Ihr wisst also nicht viel darüber, wie eure Religion entstanden ist oder wo sie herkommt?*

B: Es heißt, dass unsere Religion entstand, als die Erdgöttin ihren Kindern ein Geschenk machen wollte, damit sie wachsen und glücklich sein würden. Und so gab sie uns diese Religion.

D: *In längst vergangener Zeit. (Ja) Und dann haben die Leute sie die ganze Zeit über weitergegeben? (Ja) Hatten sie schon immer das Problem, verfolgt zu werden, wenn du weißt, was dieses Wort bedeutet?*

B: Erst seit es die christliche Kirche gibt. Davor, nein.

D: *Damals hatten die Menschen keine Angst vor der Religion.*

B: Nein. Warum sollten sie auch?

D: *Weil du gesagt hattest, dass die Kirche den Menschen Angst vor euch gemacht hat.*

B: Ja, aber bevor die Kirche ihre Macht gewann, hatten die Menschen keine Angst. Das habe ich zumindest gehört.

D: *Ich bin neugierig, wo das alles herkommt. Dann fallen dir also keine anderen Legenden ein, die mit deinem Volk zu tun haben? Geschichten?*

B: Nur darüber, wie Menschen und Tiere einst miteinander kommunizieren konnten, aber ich kenne nicht die ganze Geschichte. Das ist so eine halb vergessene. Und normalerweise erzählen die Geschichtenerzähler sie Kindern, um sie zu unterhalten. Und sie erfinden Dinge, um die Geschichte zu beenden, da wir nicht alles wissen, was passiert ist.

D: *Aber du hast gesagt, du kannst mit ihnen kommunizieren. Du kannst sie trotzdem hören.*

B: Ja, aber das ist nicht mehr üblich. Früher konnte das jeder, ohne sich anstrengen zu müssen.

D: *Fallen dir noch andere ein? Ich versuche herauszufinden, ob die Menschen in meiner Zeit die Geschichten, die du kennst, vielleicht vergessen haben.*

B: (Pause) Heute fällt mir nichts ein. Ich werde zwischen jetzt und dem nächsten Mal, wenn du mich kontaktierst, darüber nachdenken. Die meisten Geschichten, die wir erzählen, haben damit zu tun, einem Kind eine Lektion zu erteilen, ihm zu helfen, sich an ein Ritual oder etwas anderes zu erinnern. Und die Geschichten sind meistens nicht wahr. Sie sind nur erfunden, um die Lektion zu vermitteln.

D: *Die würden mich interessieren, denn vielleicht gibt es welche, die den Menschen in meiner Zeit helfen würden.*

B: Vielleicht ja. Ich werde sie dir irgendwann einmal erzählen.

D: *Würdest du die anderen nach ein paar Geschichten fragen, die du mir erzählen kannst? (Ja) Weil du selbst gesagt hast, dass Geschichten im Laufe der vielen Jahre verloren gehen und vergessen werden. Und sie werden verändert. (Ja) Es gibt vielleicht Menschen in meiner Zeit, die diese Dinge gerne wissen würden.*

Ich versuchte, mehr über die Rituale und Zaubersprüche zu erfahren, die ihre Gruppe durchführte, aber sie schien wieder nicht ansprechbar zu sein. Es war, als wäre sie in ihre Welt eingetaucht und wollte nicht mehr mit mir kommunizieren. Ich entschuldigte mich dafür, dass ich sie vom Musikgenuss abhielt, der für sie ein seltenes Vergnügen war.

B: Ich entschuldige mich dafür, dass ich heute Abend nicht in der Lage bin, mich gut zu verständigen.
D: Das ist schon in Ordnung. Ist Lady Joslyn zurückgekommen?
B: Ich sehe sie nicht. Und das ist auch gut so. Ich genieße den Abend mehr, wenn sie weg ist.
D: Dann dürfen alle Bediensteten dazukommen und sich das ansehen?
B: Ja, denn die Truppen kommen nicht sehr oft. Es ist ein Vergnügen für alle. Nachdem wir das Essen serviert haben, können wir bleiben und zuhören.
D: Das klingt so, als wäre es ziemlich gut, für den Herrn zu arbeiten, nicht wahr?
B: Ja, ich habe gehört, dass andere schlimmer sind.
D: Du sprachst einmal über Dinge, die er oben im Turmzimmer tut, von denen du dachtest, dass er sie nicht tun sollte?
B: Ja. Denn jedes Mal, wenn er das tut, haben wir das Gefühl, dass er versucht, die natürliche Kraft, die den Dingen von der Muttergöttin gegeben innewohnt, zu verderben. Und sie für seine eigenen Zwecke zu nutzen. Er benutzt sie aus selbstsüchtigen Gründen, anstatt sie für das Wohl aller zu nutzen.
D: Hast du herausgefunden, was genau er da oben macht?
B: Nein. Aber wir versuchen es trotzdem.
D: Glaubst du, dass er ähnliche Rituale wie ihr durchführt?
B: Für einen Außenstehenden mögen sie ähnlich aussehen, aber im Grunde sind sie anders, denn er hat ein anderes Ziel vor Augen.
D: Was meinst du, was für ein Ziel er hat?
B: Wahrscheinlich mehr Geld für sich selbst.
D: Kann man so etwas durch Rituale erreichen?
B: Das kann man, aber es könnte eines Tages auf dich zurückprallen, wenn du es aus Selbstsucht tust. Wenn du nur an dich selbst denkst und nicht daran, wo du im Verhältnis zur Muttergöttin stehst.
D: Die Kirche mag nicht, was du tust, aber sie sagt nichts zu dem, was er tut?

B: Ja, weil wir eine Bedrohung für ihre Macht sind und er nicht. Denn immer, wenn er mehr Geld bekommt, gibt er etwas davon an die Kirche.

D: *Es klingt, als würde er dasselbe tun wie ihr, nur für unterschiedliche Zwecke.*

B: Sehr unterschiedliche Zwecke.

D: *Vielleicht findest du eines Tages heraus, was er da oben macht, und wirst es mir sagen können.*

B: Ja, ich werde es versuchen. Wir müssen es sowieso wissen. Und du bist wahrscheinlich auch neugierig.

D: *Ja. Geht er regelmäßig dorthin? Weißt du das?*

B: Fast jede Nacht.

D: *Und er ist immer allein? (Ja) Es wird schwierig, herauszufinden, was er tut, wenn er immer allein ist.*

B: Ja. Das ist der Hauptgrund, warum wir bisher noch nichts wissen.

D: *Du hast mir von dem seltsamen Feuer erzählt, das er da oben hat.*

B: Ja. Und wir versuchen herauszufinden, was er da oben macht. Wir haben verschiedene Methoden entwickelt, um das herauszufinden. Und wir versuchen, einen Weg zu finden, der am besten funktioniert. Sobald wir etwas herausgefunden haben, werde ich es dir mitteilen. Vielleicht sage ich dir auch, wie wir es herausfinden, denn ich bin sicher, dass wir etwas Ungewöhnliches tun müssen. Er ist extrem geheimnisvoll.

D: *Wenn deine Leute der Meinung sind, dass das, was er tut, nicht richtig ist, werdet ihr dann versuchen, es auf irgendeine Weise zu verhindern? Könnt ihr so etwas tun?*

B: Wir können das, und wir würden es wahrscheinlich auch tun. Es hängt davon ab, ob das, was er tut, so schlimm ist, dass wir riskieren, enttarnt zu werden.

D: *Glaubst du, dass noch jemand im Haus darin verwickelt ist?*

B: Nein, er ist der Einzige. Die Lady Joslyn könnte es sein, aber das glaube ich nicht. Sie verhält sich nicht so.

D: *Wenn sie genug Macht hätte – falls Macht das richtige Wort ist –, wenn sie genug Wissen hätte, um so etwas zu tun, würde sie doch bekommen, was sie will, oder? (Lachen)*

B: Ja. Es funktioniert zumindest nicht. Es könnte sein, dass sie es vielleicht versucht und falsch macht. Das könnte ein Grund sein, warum sie schlecht gelaunt ist. Sie kann nicht herausfinden, was sie falsch macht.

D: *Das ist möglich. Natürlich liegt es auch an ihrer Einstellung.*

B: Ja, aber das wird sie nie sehen.

D: *(Lachen) Das ist wahr. Nun, ich denke, ich werde einfach weitermachen und dich die Musik genießen lassen. Du hast eine Menge Freude dabei. Und dazu hat man nicht oft Gelegenheit.*

B: Nicht oft. Ich war dieses Mal nicht sehr hilfreich für dich.

D: *Oh, du hast mir schon einige Dinge erzählt. Ich kann nicht erwarten, dass es jedes Mal gleich ist.*

B: Nein, ich bin ein Mensch.

D: *Und ich weiß nie, wobei ich dich finden werde. (Lachen) Vielleicht kannst du für das nächste Mal mehr über die Edelsteine herausfinden.*

B: Ich werde es versuchen. Ich weiß nicht, ob ich alle Informationen bekommen werde. Ich habe Gerüchte über einige von ihnen gehört. Aber ich wollte mich noch einmal vergewissern, bevor ich es dir erzähle, denn die Überlieferungen, die ich weitergebe, müssen korrekt sein.

D: *Ja, das ist richtig. Ich möchte, dass es korrekt ist. Und dann kannst du vielleicht auch noch ein paar dieser Geschichten herausfinden. Es müssen keine wahren Geschichten sein, sondern einfach die, von denen du sagtest, dass man sie den Kindern erzählt, damit sie die Rituale nicht vergessen. Die könnten den Menschen in meiner Zeit helfen.*

B: Na gut, wenn du das sagst. Du wirst das besser beurteilen können als ich.

D: *Ja. Manche vielleicht, manche nicht. Ich kann es nicht sagen, bevor ich sie nicht gehört habe. Vielleicht können wir es das nächste Mal, wenn wir uns treffen, so machen. (Ja) Und ich weiß es zu schätzen, dass du mit mir gesprochen hast, und ich möchte bald wiederkommen. Genieße du die Musik und habe eine schöne Zeit.*

B: Das werde ich.

D: *In Ordnung. Und vielen Dank für das Gespräch.*

B: Ich danke dir für deine Geduld.

D: *Das ist in Ordnung. Ich habe viel, viel Geduld.*

(Das Subjekt wurde aus der Trance geholt.)

An diesem Tag sollte sich noch etwas Seltsames ereignen. Ich hatte am selben Abend eine weitere Sitzung mit Elaine in Eureka Springs. Auch sie erlebte die gleiche Desorientierung und hatte zeitweise Schwierigkeiten, mich zu verstehen. Sie sagte, es sei, als ob ich aus einem anderen Raum sprechen würde. Brenda sagte, dass ich manchmal zu verblassen schien, oder als käme meine Stimme vom Ende eines langen Tunnels. Ich dachte, es läge an den Umständen, die Astelle zu dieser Zeit in ihrem eigenen Leben erlebte und die vielleicht für Verwirrung sorgten. Aber als es am selben Tag auch Elaine passierte, fragte ich mich, ob vielleicht etwas anderes im Spiel war. Möglicherweise atmosphärische Bedingungen, die Mondphase oder etwas, das mit der Zeit und andere Dimensionen zu tun hatte, das an diesem Tag Wirkung hatte und das wir nicht verstehen. Es war jedenfalls seltsam, dass es zwei verschiedenen Personen am selben Tag passierte. Bei keinem anderen meiner Hypnosesubjekte ist es je wieder passiert. Später erlebte Nostradamus gelegentlich so etwas wie Statik, aber ich weiß nicht, ob das dasselbe war.

Kapitel 8
Die kleinen Leute
(Aufgenommen am 3. Juni 1986)

Ich verwendete das Schlüsselwort und zählte sie zurück in die Zeit, in der Astelle lebte.

D: *Wir sind in die Zeit zurückgegangen, in der Astelle in Flandern lebte. Was machst du gerade?*
B: Ich bin bei Grendell. Sie ist eine alte Dame, die hier wohnt. Sie ist eine weise Frau. Sie ist auch eine von uns.
D: *Ist sie eine sehr alte Frau?*
B: Ich weiß nicht, was du »sehr alt« nennst. Sie ist krumm und grau. Aber sie hat nie geheiratet, um Kinder zu haben, also kann ich dir nicht sagen, wie viele Enkelkinder sie haben würde. Aber sie ist alt genug, dass ihre Enkelkinder Kinder haben sollten, wenn sie Enkelkinder hätte.
D: *Das wäre dann das, was ich für sehr alt halte. So erkennt man das Alter von jemandem? An den Kindern und Enkeln?*
B: Ja, wenn man das Alter in Jahren nicht kennt.
D: *Wohnt sie auch in dem großen Haus?*
B: Äh ... nicht direkt im Haus. Sie wohnt in einer Hütte in der Nähe.
D: *Warum bist du bei ihr?*
B: Ich hatte eine Frage und sie hilft mir, die Antwort zu finden. Sie hat viel Wissen.
D: *Was für eine Frage hattest du? Kannst du es mir sagen?*
B: Ich kann es dir sagen. Es ist allerdings nicht leicht, es in Worte zu fassen. (Pause) Wie jeder weiß, haben die verschiedenen Farben magische Eigenschaften. Und ich habe sie gefragt, ob es irgendwelche besonderen Rituale gibt, die das Vorhandensein eines Regenbogens, der ja alle Farben enthält, benötigen oder

nutzen. Sie hilft mir dabei, zu erforschen, wie Regenbögen genutzt werden könnten.

D: *Regenbögen sind sehr schön, aber darüber habe ich nie nachgedacht. Das hieße, alle Farben auf einmal zu verwenden. Ist das einfach eine Idee, die dir gekommen ist?*

B: Ja. Ich habe schon eine Weile darüber nachgedacht, weil ich Regenbögen schon immer mochte. Sie sind sehr hübsch. Als Kind, als ich die Bedeutung der Farben lernte, habe ich immer, wenn ich einen Regenbogen sah, versucht, mich an die Bedeutung der Farben zu erinnern, die ich im Regenbogen sah. Und in letzter Zeit habe ich gedacht, dass es vielleicht ein Ritual gibt, das einen Regenbogen braucht, um wirksam zu sein. Es gibt einige Rituale, die zu bestimmten Mondphasen durchgeführt werden müssen. Vielleicht gibt es ein Ritual, das einen Regenbogen braucht. Also dachte ich, ich frage Grendell, um das herauszufinden. Sie erzählt mir vor allem, wie der Regenbogen für die Meditation genutzt werden kann.

D: *Kannst du das mit mir teilen?*

B: Ich lerne es noch. Wenn ich es von ihr gelernt habe, kann ich es dir sagen.

D: *Ich dachte, du könntest vielleicht wiederholen, was sie dir gesagt hat.*

B: Na ja, die Art und Weise, wie sie Dinge erklärt, mit vielen Beispielen, macht es manchmal schwierig, daraus zu lernen, und manchmal nicht. Wenn ich herausgefunden habe, was sie mir beibringen will, kann ich es dir sagen.

D: *Okay. Aber hat sie dir schon erzählt, wofür man ihn noch verwenden kann außer zum Meditieren?*

B: Ja, es gibt ein Ritual, das man in der Gegenwart eines Regenbogens durchführt. Es soll einem helfen, die kleinen Menschen und die Einhörner zu sehen. (Das war eine Überraschung.) Denn beides sind magische Völker und sie haben ihren eigenen Schutzzauber, so dass man sie nicht sehen kann. Es sei denn, du machst dieses Ritual mit Hilfe des Regenbogens. Damit man durch ihren Schutzzauber hindurchschauen und sie sehen kann.

D: *Ich habe von den kleinen Leuten gehört, aber ich wusste nicht, ob es sie wirklich gibt oder nicht.*

B: Ja, es gibt sie wirklich. Aber sie haben sehr mächtige Zaubersprüche, sehr mächtige Schutzrituale. Sie brauchen sie. Sie sind so viele Jahrhunderte lang verfolgt wurden.

D: *Haben sie Angst vor Menschen?*

B: Das kommt darauf an. Vor den meisten Leute haben sie Angst, ja. Weil sie wissen, was sie zu tun versuchen werden. Aber vor Menschen, die in Harmonie mit der Erdmutter sind, haben sie keine Angst. Weil auch sie sie verehren.

D: *Hast du schon einmal einen der kleinen Menschen gesehen? (Ja) Kannst du mir sagen, wie sie aussehen?*

B: Sie sehen aus wie normale Menschen. Sie sind so proportioniert, wie man es kennt. Ihre Köpfe sind vielleicht etwas größer, als man es für die Größe ihres Körpers erwarten würde. Und das Einzige ist, dass sie eine dunklere Hautfarbe haben als normale Menschen.

D: *Sind sie so groß wie wir?*

B: (Eindringlich) Nein! Das sind kleine Leute!

D: *Wie klein sind sie?*

B: Oh? Von der Spitze des Hutes bis zum Boden reichen sie einem bis knapp über die Knie.

D: *Sehen sie aus wie alte Menschen, junge Menschen oder Kinder?*

B: Es gibt sie in allen Altersklassen. Die meisten sehen aus, als wären sie ausgewachsene Menschen. Und ein paar von ihnen sehen alt aus. Dieses Ritual, das man mit dem Regenbogen machen kann, durchbricht den Schutzzauber, so dass man die Erwachsenen sehen kann, aber man kann ihre Kinder nicht sehen, weil die mit einem zusätzlichen Schutzzauber belegt sind.

D: *Sie haben Angst, dass ihren Kindern etwas zustoßen könnte? (Ja) Ich habe Geschichten über sie gehört, aber ich wusste nicht, ob sie wahr sind.*

B: Ja, sie sind wahr.

D: *Wir haben verschiedene Namen für sie. Ich weiß nicht, ob ihr sie auch so nennt.*

B: Es gibt viele verschiedene Namen für sie, weil es viele verschiedene Gruppen von ihnen gibt. Und die verschiedenen Gruppen haben unterschiedliche Bestimmungen im Leben. Manchmal führen die unterschiedlichen Bestimmungen dazu, dass sie anders aussehen, weil sie eine andere Art zu leben haben. Und so haben sie verschiedene Namen.

D: *Welche sind einige der verschiedenen Gruppen?*

B: Nun, im Allgemeinen nennt man sie Elfen. Und es gibt verschiedene Arten. Es gibt Feldelfen, Waldelfen, Hauselfen und Erdelfen. Und dann gibt es noch die weißen Damen.

D: *Weiße Damen? (Mhm) Was sind sie?*

B: Die weißen Damen findet man vor allem auf den Feldern. Die Macht, die sie haben, hat mit dem Wind zu tun. Wenn sie wütend auf dich sind, können sie einen Sturm heraufbeschwören. Wenn du ihr Gebiet unerlaubt betrittst, lassen sie Hagelkörner auf dich regnen. Aber wenn sie dich mögen und du sie mit Respekt behandelst, werden sie es zur richtigen Zeit auf deine Ernte regnen lassen.

D: *Aber woher weiß man, wo ihre Gebiete liegen?*

B: Das weiß man nicht. Was man also tun muss, ist in Harmonie mit der Erdmutter zu sein und sie alle zu respektieren. Und sie können erkennen, ob man sie respektiert oder nicht.

D: *Wenn man sie also respektiert, betrachten sie einen nicht als Eindringling? (Richtig) Warum nennt man sie weiße Damen? Sehen sie so aus?*

B: Ich bin mir nicht sicher, warum sie weiße Damen genannt werden. Man sagt, ein möglicher Grund ist, dass sie bei einem ihrer Zaubersprüche das Aussehen einer großen weißen Dame haben, die hauchdünn ist und durch die man hindurchsehen kann – wie eine Wolke, sozusagen. Deshalb werden sie weiße Damen genannt.

D: *Dann sehen sie nicht so solide aus wie die Elfen?*

B: Genau. Immer, wenn sie diesen besonderen Zauber sprechen, wenn sie auf einen normalen Menschen wütend werden und den Wind heraufbeschwören, wollen sie, dass der Mensch die Quelle des Windes sehen kann, damit er weiß, dass er unbefugt handelt. Und die Menschen werden diese große weiße Frau sehen, etwa baumhoch. Aber sie können durch sie hindurchsehen. Sie sieht aus wie Nebel. Sie sehen sie so lange, bis der Wind weht und sie von ihm aufgelöst wird. Sie können niemandem davon erzählen, denn die Leute würden sie für verrückt halten. Deshalb nennt man sie auch weiße Damen.

D: *Und sie sind groß, während die Elfen klein sind?*

B: Nun, die Elfen selbst sind klein. Es ist nur so, dass sie, wenn sie dieses spezielle Ritual durchführen, dieses Aussehen haben. Aber das ist nicht ihr wahres Aussehen.

D: *Oh, das ist nur eine Erscheinung, die sie projizieren. Es erschreckt die Leute, wenn sie etwas Großes sehen. (Ja) Nun, gibt es noch andere Gruppen von kleinen Menschen?*

B: Ja, es gibt die Feldelfen. Sie sind mit den weißen Damen verwandt. Alle Elfen sind miteinander verwandt. Es ist wie eine große Familie. Es sind nur verschiedene Zweige der Familie, die sich auf bestimmte Dinge konzentrieren. Die Feldelfen sind diejenigen, die sich um die Ernte und den Boden kümmern. Sie sorgen dafür, dass der Boden gut ist. Und sie sorgen dafür, dass die Saat aufgeht. Die Erdelfen sind diejenigen, die manche auch Gnome nennen. Von ihnen hört man manchmal in den Bergwerken. Die Waldelfen leben in den Wäldern. Sie helfen, die Wildtiere vor den Jägern des Fürsten zu schützen.

D: *Sie sagen den Wildtieren, dass sie sich verstecken sollen?*

B: Oft sind sie boshafter als das. Sie bringen die Pferde zum Stolpern und so weiter, so dass die Wildtiere Zeit haben, wegzulaufen. Alle Elfen haben eine spitzbübische Ader. Besonders die Hauselfen. Die Hauselfen haben so viel mehr Möglichkeiten, Unfug zu treiben als die anderen Elfen.

D: *(Lachen) Was machen sie denn?*

B: Manchmal werfen sie einen Teller quer durch den Raum. Oder sie schlagen eine Tür zu und erwischen den Rock einer Frau, die sich in einer ungünstigen Position befindet. Manchmal lassen sie etwas in die Luft steigen, aber ohne sichtbare Möglichkeit, es festzuhalten.

D: *Was sollen die Hauselfen normalerweise tun?*

B: In einem Haus, das im Einklang mit der Erdmutter steht und die Elfen respektiert, sorgen die Hauselfen dafür, dass alles richtig funktioniert. Sie sorgen dafür, dass dein Brot so aufgeht, wie es soll. Dass die Kohlen in deinem Ofen nicht ausgehen. Dass dein Bier oder dein Wein so schmeckt, wie er soll, wenn du ihn herstellst. Dass dein Käse gut reift. Und dass deine Milch nicht gerinnt. Aber wenn du sie ärgerst, gerinnt deine Milch, dein Käse bleibt flüssig, dein Brot geht nicht auf, es wird flach, und dein Bier und dein Wein werden zu Essig.

D: Dann haben sie gute Absichten, wenn man im Einklang ist.

B: Ja, das haben sie alle.

D: Wenn sie die bösartigen Dinge tun, tun sie das, weil sie wütend sind oder wollen sie Streiche spielen?

B: Manchmal denke ich, dass sie sich langweilen und einfach nur Streiche spielen wollen. Auch, wenn du mit ihnen in Harmonie bist, werden sie Streiche spielen. Wenn man aber nicht in Harmonie ist, machen sie genau das Gegenteil von dem, was sie tun sollten. Zum Beispiel geht dann das Feuer in deinem Kamin und in dem Herd, auf dem du kochst, ständig aus. Wenn sie wirklich böse sind, musst du jeden Morgen zu einem anderen Bauernhof gehen und einen Eimer Kohlen holen, um dein Feuer anzufachen. Und wenn man Brot backt, legt man ja etwas davon beiseite, damit es beim nächsten Mal aufgehen kann. Dann geht der Teil, den du beiseitegelegt hast, nicht auf und lässt auch den nächsten Laib nicht aufgehen. Dann musst du zu jemand anderem gehen, der auch Brot backt, und ihn bitten, dir einen Teil seines Teigs zu geben.

Wer nicht auf dem Land lebt, weiß wahrscheinlich nicht, dass die »alten Hasen« dies immer noch tun. Sie haben oft keine Hefe, um das Brot zum Aufgehen zu bringen, also verwenden sie einen sogenannten »Antreiber«, den sie von der vorherigen Mischung aufheben, um die neue Mischung Brot zum Aufgehen zu bringen. Dieser Brauch scheint sehr alt zu sein, existiert in unseren Ozarkbergen aber immer noch.

D: Das klingt, als ob sie wie kleine Kinder sind, die Streiche spielen wollen.

B: Nun, jeder spielt Streiche, um Spaß zu haben. Es ist nur so, dass sie das öfter tun müssen als normale Menschen, weil das sozusagen ihr wichtigstes Mittel ist, um die großen Leute bei der Stange zu halten.

D: *Gibt es etwas, das man tun kann, wenn sie anfangen, die Dinge schlecht zu machen? Nicht wirklich schlecht, aber wenn sie diese Unannehmlichkeiten verursachen. Wenn diese Dinge anfangen zu passieren, kann man dann etwas tun, um es zu ändern?*

B: Ja. Es gibt viele Dinge, die man tun kann. Zuerst ziehst du ein paar alte Kleider an, zerreißt sie ein wenig, wirfst dir Asche über den Kopf und machst ein großes Theater daraus, indem du weinst und jammerst, wie leid es dir tut, dass du sie wütend auf dich gemacht hast. Und das tust du lange genug, damit sie wissen, dass du es wirklich ernst meinst. Und dann ziehst du dich für einen feierlichen Anlass um. Das heißt, wenn man zusätzliche Kleidung zum Umziehen hat. Wenn man arm ist, hat man sowieso nur einen Satz Kleidung. Wenn du aber reich bist und mehr als einen Satz Kleidung hast, ziehst du etwas für einen feierlichen Anlass an. Du nimmst etwas gebackenes Brot und zerbrichst es in einer Schüssel, gießt etwas Honig darüber und gibst Milch dazu. Und dann stellst du es als ein Friedensangebot in eine Ecke, von der du weißt, dass sie sie mögen. Du sagst, wie leid es dir tut, dass du sie gekränkt hast, und dass du versuchen wirst, sie nicht mehr zu kränken. Und ob sie bitte bleiben, dort leben und wieder Freunde mir dir sein könnten.

D: *Funktioniert es?*

B: Das sollte es.

D: *Dann meinen sie es wirklich nicht böse. Sie machen nur diese kleinen boshaften Dinge.*

B: Ja. Es sei denn, sie sehen, dass du entschlossen bist, nicht in Harmonie mit der Erdmutter zu sein. Dann werden sie wütend auf dich und versuchen, dich zur Vernunft zu bringen.

D: *Haben sie jemals versucht, dir etwas anzutun?*

B: Na ja, manchmal schon. Wenn sie zum Beispiel einen Teller quer durch den Raum werfen und du zufällig im Weg stehst, prallt er gegen dich und nicht gegen die Wand.

D: *Ich habe mich gefragt, ob sie überhaupt etwas absichtlich tun dürfen, um Menschen zu verletzen.*

B: Sie tun, was sie wollen.

D: *Es gibt keine Regeln, die für sie gelten?*

B: Sie dürfen nichts tun, was dazu führt, dass jemand sein Leben verliert. Was die Elfen zum Beispiel nicht mögen, sind Jäger, die zum Spaß jagen. Wenn jemand jagt, um seine Familie mit Nahrung zu versorgen, helfen sie ihm. Aber wenn es sich um einen reichen Fürsten handelt, der nur auf die Jagd geht, weil er nichts Besseres zu tun hat und sein Können unter Beweis stellen will, werden sie wütend auf ihn. Dann bringen sie sein Pferd dazu, über Baumwurzeln zu stolpern. Oder wenn das Pferd beschlagen ist, sorgen sie dafür, dass das Pferd ein Hufeisen abwirft. Oder der Jäger zielt nicht richtig. Oder sie sorgen dafür, dass seine Bogensehne feucht und nicht fest genug ist, um gut zu schießen. Sie können Verschiedenes tun.

D: *Würden sie ihm Schaden zufügen?*

B: Das kommt darauf an. Wenn er heftig wütend wird und beschließt, trotzdem zu jagen, dann kann es sein, dass er sich den Knöchel verstaucht oder etwas Ähnliches, so dass er das Wild nicht mehr verfolgen kann.

D: *Dann können sie niemanden wirklich verletzen.*

B: Nicht aus Boshaftigkeit, nein. Aber wie in diesem Fall, wenn es aus einem guten Grund ist, können sie es.

D: *Aber sie dürfen niemanden so stark verletzen, dass er dauerhaft behindert wird oder stirbt.* (Nein) *Dann haben sie doch ein paar Regeln. Sehen diese Elfen alle gleich aus?*

B: Sie kleiden sich unterschiedlich, je nachdem, wo sie leben, denn sie müssen sich entsprechend anziehen, um nicht aufzufallen. Aber wenn man sie ausziehen würde, sähen sie gleich aus.

D: *Meinst du damit, dass die auf den Feldern beispielsweise grün tragen?*

B: Ja. Die in den Wäldern tragen meistens braun. Und die Feldelfen tragen meistens eine Kombination aus Grün und Gold. Die weißen Damen tragen normalerweise grau und blau. Und die Hauselfen sind die schelmischsten von allen Die Hauselfen tragen gerne leuchtendes Rot.

D: *(Lachen) Knallrot. Dann kann man sie sicher sehen.*

B: Nur wenn man ihren Schutzzauber durchbricht.

D: *Ich dachte, dass das Rot sehr auffällig sein würde.*

B: Nun, ich glaube, sie denken, dass es egal ist, welche Farben sie tragen, wenn sie im Haus sind. Und sie alle mögen helle, leuchtende Farben.

D: *Tragen die Gnome, die in der Erde leben, dunkle Farben?*

B: Bei den Bodenelfen bin ich mir nicht sicher, welche Farben sie tragen. Ich glaube, sie denken, dass es egal ist, weil sie sowieso im Dunkeln leben. Ich glaube, dass sie verschiedene Farben tragen, aber sie sind immer dunkel. Dunkelrot, dunkelblau, schwarz, dunkelgrau. Die Bodenelfen tragen alle diese dunklen Farben, außer ihre Hüte. Ihre Hüte haben immer eine helle Farbe.

D: *Alle Elfen haben helle Hüte? (Ja) Egal, welche Kleidung sie tragen, ihre Hüte sind immer anders?*

B: Ja, und es darf keine Farbe sein, die zu den anderen Kleidungsstücken passt. Es muss immer eine andere Farbe sein. Zum Beispiel hat ein Waldelf, der braune, rostrote und kastanienfarbige Kleidung trägt, vielleicht einen hellvioletten Hut.

D: *Gibt es dafür einen Grund?*

B: Eitelkeit, denke ich.

D: *(Kichern) Sie sind also auch eitel.*

B: Oh, ja. Aber sage ihnen nicht, dass ich es dir gesagt habe. Sie könnten sonst wütend auf mich werden.

D: *(Ich lachte.) Gibt es außer den Elfen und den weißen Damen noch andere Gruppen von kleinen Menschen?*

B: Es heißt, dass es andere gibt, die in anderen Teilen der Welt leben, denn es gibt überall auf der Welt kleine Menschen. Ich habe dir nur von denen erzählt, die hier in der Gegend leben. Das sind die, von denen ich weiß. Oh, es gibt eine Gruppe, die ich vergessen habe zu erwähnen. Nicht aus Respektlosigkeit gegenüber der Gruppe, sondern einfach, weil sie so gut versteckt sind: die Wasserelfen. Sie sind eine andere Art von Elfen, und sie leben im Wasser. Sie halten das Wasser zum Trinken sauber und rein. Und sie sorgen dafür, dass die Fische, die Pflanzen und das Wasser gut versorgt sind. Wenn du durch den Wald gehst und entweder sie oder die Waldelfen verärgert hast – sie arbeiten normalerweise mit den Waldelfen zusammen – und du an einem Bach anhältst, um zu trinken, ist der Bach plötzlich schlammig und nicht mehr trinkbar. Manchmal helfen sie auch den Hauselfen. Wenn jemand im Haushalt nicht so tut, wie er sollte, dann ist sein Trinkwasser immer brackig.

D: *Nur ihr Wasser?*

B: Ja. Es sei denn, man hat etwas getan, das sie wirklich verärgert hat, denn dann sind sie dafür verantwortlich, dass das ganze Wasser im Haus nicht gut ist. So dass die Leute im Haus, die großen Leute, du und ich, anfangen, sich zu beschweren und Druck auf die entsprechende Person ausüben, damit sie das Richtige tut.

D: *Um die Elfen nicht weiter zu verärgern. (Ja) Wie sehen die Wasserelfen aus?*

B: Es ist schwer, sie zu beschreiben. Sie sind fast durchsichtig. Sie sehen aus wie die anderen Elfen, aber sie haben längere Gliedmaßen. Die Wasserelfen haben blondes Haar. Und als Kleidung tragen sie Wasserpflanzen, die zu Kleidern verwoben sind.

D: *Wenn sie blondes Haar haben, haben die anderen Elfen dann dunkles?*

B: Elfen haben meist braunes Haar, manchmal schwarz. Oder grau, wenn sie alt sind. Die Wasserelfen sind so blond, dass sie fast weiß sind.

D: *Du sagtest, man kann fast durch sie hindurchsehen, weil sie durchsichtig sind? (Ja) Nun, in unseren Geschichten gibt es eine Gruppe, die »Feen« genannt wird. Und sie haben angeblich Flügel. Habt ihr auch so etwas?*

B: Ich habe noch keine gesehen. Aber ich habe von einigen Elfen gehört, wie sie von ihren Cousins, den »Fays«, erzählen. Dass sie sehr klein sind und inmitten von Blumenfeldern leben. Und dass sie fliegen können.

D: *Das müssen die sein, von denen ich gehört habe. Man sagt, sie haben Flügel. Sehen sie anders aus? Weißt du das?*

B: Ich weiß es nicht. Ich habe noch nie welche gesehen. Ich weiß nur, dass sie kleiner sind als die Elfen.

D: *In Ordnung. Du hast vor einer Weile Einhörner erwähnt. (Ja) Ich habe auch schon von diesem Tier gehört. Viele Leute glauben, dass es echt gewesen sein könnte.*

B: Das ist es. Die kleinen Leute helfen, es zu beschützen, weil die Männer und die Adeligen immer versuchen, den Kopf eines Einhorns als Trophäe zu bekommen.

D: *Die Vorstellung würde mir nicht gefallen. (Nein) Hast du jemals ein echtes Einhorn gesehen?*

B: Ja. Einmal. Es ist sehr schön.

D: *Dann sind sie echte, physische Tiere?*

B: Ja. Aber wie ich bereits erwähnt habe, muss man einen Zauber sprechen, um ihre Schutzschleier zu durchdringen, damit man sie sehen kann.

D: *Dann sind sie nicht für jeden sichtbar. (Nein) Ich dachte, dass es sich vielleicht um echte Tiere handelt, die einfach versteckt und geschützt sind.*

B: Sie sind echte Tiere. Und sie haben Schutzschleier, die die kleinen Leute über sie werfen, um sie zu verstecken. Die kleinen Leute helfen, sie zu schützen.

D: *Gibt es dafür einen besonderen Grund?*

B: Einhörner sind magische Tiere. Und die Erde wäre nicht dieselbe ohne sie. Wahrscheinlich würde ein Teil des Erdgeistes sterben, wenn es hier keine Einhörner gäbe.

D: *Für was für eine Art von Magie stehen sie?*

B: Das ist schwer zu sagen. Es ist undisziplinierte Magie. Sie dient immer dem Guten, aber sie ist so undiszipliniert, dass man nie weiß, welche Form sie annehmen wird. Man kann sie einem bestimmten Zweck widmen, aber man weiß weder, was geschehen wird, noch, wie das Ergebnis aussehen wird.

D: *Die anderen Gruppen, von denen du gesprochen hast, hatten bestimmte Aufgaben. Die Magie des Einhorns ist nicht so? (Nein) Wie sah das Einhorn aus, das du gesehen hast?*

B: Nun, auf den Wandteppichen werden sie immer als weiß dargestellt. Aber es ist nicht weiß. Es ist mehr wie ... ähm, hast du jemals das Innere einer Muschelschale gesehen?

D: *Eine Art von Grau?*

B: Nein, nein, nein, nicht grau. Es ist eher eine silberne Farbe mit allen Regenbogenfarben darin. Wie Opal oder Perlmutt.

D: *Oh, ja, ich weiß, was du meinst. Das ist wunderschön.*

B: Nun, das war die Farbe des Einhorns. Es war eine Art Silberfarbe mit den Farben des Regenbogens darin. So wie man es bei Perlmutt sieht. Und es hatte große dunkelblaue Augen. Und das Horn war so, wie man es sich vorstellt. Es ist ein spiralförmiges Horn, das auch wie Perlmutt aussieht. Aber was man auf den Wandteppichen nicht sieht, ist, dass der spiralförmige Teil eine Silberlinie hat.

D: *Entlang der Spirale.*

B: Ja. Am Kinn sind krause Haare wie bei einem Ziegenbock. Es gibt eine wallende Mähne. Und die Hufe sind tatsächlich gespalten.

D: *Wirklich? (Ja) Ich habe nämlich gehört, dass sie wie ein Pferd aussehen.*

B: Sie sehen aus wie ein Pferd mit gespaltenen Hufen.

D: *Sind sie so groß wie ein Pferd?*

B: Ich habe nur eines gesehen. Ich weiß nicht, ob sie alle die gleiche Größe haben oder nicht. Es war so groß wie ein Pony. Es war nicht so groß wie ein Schlachtross. Und da es Haare am Kinn hatte, hatte es auch solche Haare über den Hufen auf der Rückseite des Beins. Und der Schwanz war halb Eselsschwanz und halb Pferdeschwanz. Er ging vom nackten Körper aus wie ein Eselsschwanz. Und die untere Hälfte bestand aus lockigem Haar. Du weißt schon, fließend wie ein Pferdeschwanz, aber gelockt.

D: *Ungefähr halb und halb. (Ja) War die Mähne gelockt oder gerade?*

B: Ich glaube, sie war wahrscheinlich gelockt. Sie sah wellig aus, weil sie so lang war.

D: *Länger als die eines Pferdes? (Ja) Wie lang war das Horn?*

B: (Pause, als würde sie nachdenken.) Das Horn war lang genug, um von meiner Hüfte bis zum Boden zu reichen. So lang wie mein Bein. Es war sehr scharf.

D: *Oh, das wäre viel länger, als ich dachte. Ich dachte immer, sie wären so lang wie von der Hand bis zum Ellbogen.*

B: (Nachdrücklich) Nein, nein, sie sind sehr lang.

D: *Sehr lang. Das wäre dann die ganze Länge deines Arms oder die ganze Länge deines Beins?*

B: Er war so lang wie mein Bein. Und es war sehr scharf und schlank, aber sehr stark. Man kann es nicht brechen.

D: *Hmmm, das klingt so, als ob ein Einhorn Schwierigkeiten hätte, mit so einem langen Ding irgendwo rein- und rauszukommen.*

B: Deshalb sind die Einhörner mit den Waldelfen befreundet.

D: *Wenn es so groß wie ein Pony ist, wäre das Horn fast so lang wie der Körper, oder?*

B: Die Länge des Horns entspricht in etwa der Länge vom Rist bis zur Nase.

D: *Das wäre sehr lang. Die Bilder, die ich gesehen habe, zeigen es viel kürzer.*

B: Ja, bei den Wandteppichen ist das Horn zu kurz. Aber die Dinge auf den Wandteppichen sind gewöhnlich verzerrt, weil so viel hineinpassen muss.

D: *Ich frage mich, ob die Leute, die die Wandteppiche herstellen, überhaupt jemals eines gesehen haben.*

B: Sie gehen einfach von alten Bildern aus, die von Mönchen gezeichnet wurden, die diese selbst von alten Bildern nachgezeichnet haben, die wiederum von alten Bildern nachgezeichnet wurden, die aus vagen Erinnerungen von jemandem stammen, der zufällig eines gesehen hat.

D: *Nun, wenn du eines gesehen hast, war das im Wald?*

B: Nein, es war auf dem Feld in der Nähe des Waldrandes.

D: *Und es hat nicht zu fliehen versucht?*

B: Nicht sofort, denn es wusste, dass ich versuche, in Harmonie mit der Erdmutter zu sein. Es stand da und sah mich an, lange genug, damit ich es ansehen und seine Schönheit bewundern konnte. Dann drehte es sich um und lief in den Wald. Und hinterließ ein Glitzern in der Luft.

D: *Was meinst du?*

B: So, wie die Sterne glitzern.

D: *Oh, das klingt schön.*

B: Es verblasste fast sofort. Aber einen Moment lang war es da.

D: *Oh, das muss ein sehr schöner Anblick gewesen sein.*

B: Das war es.

D: *Du sagtes, es sind magische Tiere. (Ja) Hat man dir beigebracht, wie man diese Magie einsetzt?*

B: Menschen können diese Magie nicht benutzen. Sie ist nur im Besitz des Einhorns, und das Einhorn benutzt sie, wie es will. Es nimmt die Ratschläge der kleinen Leute an, aber am Ende entscheidet es selbst, was es in den verschiedenen Situationen mit seiner Magie macht.

D: *Dann ist es sehr intelligent.*

B: Ja, aber das sind doch alle Tiere. Mehr, als die Menschen ihnen zutrauen.

D: *Wenn man in Harmonie mit der Erde wäre, könnte man dann mit dem Einhorn sprechen und es bitten, einem mit seiner Magie zu helfen?*

B: Ja. Aber du würdest nie wissen, welche Form sie annehmen würde. Denn die Magie des Einhorns ist unberechenbar.

D: *Du meinst, es kann seine Magie nicht selbst kontrollieren?*

B: Es kann das. Es ist nur so, dass man nicht weiß, in welche Richtung es damit gehen wird, weil das Einhorn kein Mensch ist. Es denkt also nicht wie ein Mensch, sondern wie ein Einhorn.

D: *Es denkt eher wie ein Tier?*

B: Es denkt wie ein Einhorn. (Sie ärgerte sich über mein mangelndes Verständnis.)

D: *(Kichern) Ich glaube, ich versuche es in die Kategorie eines Tieres einzuordnen.*

B: Es ist ein Einhorn.

D: *(Lachen) Okay. Dann könnte sich die Magie in die falsche Richtung entwickeln?*

B: Nein, es ist nur so, dass man nie weiß, was zwischen dem Auslösen der Magie und den Ergebnissen passieren wird. Die Ergebnisse werden die Ergebnisse sein, die man sich gewünscht hat. Es muss aber nicht unbedingt genau das sein, was man erwartet hat. Denn wenn man seine Frage nicht richtig formuliert, erhält man falsche Ergebnisse.

D: *Ich glaube, ich weiß, was du meinst. Man bekommt, was man sich wünscht, aber es ist vielleicht nicht genau das, was man wollte, aufgrund dessen, wie man es sagte. (Ja) Aber das ist nicht unbedingt etwas Schlechtes.*

B: Nein, nicht absichtlich schlecht.

D: *Aber es könnte sich auch herausstellen, dass es gar nicht das ist, was man will. (Ja) Ich glaube, ich verstehe. Das hat auch immer noch eine kleine schelmische Ader, wie die Elfen.*

B: Ja, aber es ist nicht so bewusst wie bei den Elfen. Es versucht zu helfen. Wenn es dich mag, wird es versuchen, dir zu helfen. Es ist nur so, dass es eine andere Art Wesen ist und anders denkt. Und so erscheint das, was passiert, aus unserer Sicht oft unvorhersehbar.

D: *Ja, das kann ich verstehen. Wir denken auf eine bestimmte Art und Weise und gehen davon aus, dass alle anderen auch so denken sollten. (Ja) Mit unserer Art von Logik.*

B: So funktioniert das nicht.

D: *War das der Hauptgrund, weswegen du zu Grendell gegangen bist? Um etwas über Regenbögen zu erfahren? (Ja) Ist sie auch diejenige, die etwas über Edelsteine weiß?*

B: Ich glaube, das tut sie. Ich werde sie fragen.

D: *Weil ich dich einmal nach den Edelsteinen gefragt habe und du sagtest, du hättest das noch nicht gelernt.*

B: Ja, ich habe ein bisschen was davon gelernt.

D: *Kannst du mir sagen, was du gelernt hast?*

B: Ja. Die Edelsteine können in bestimmten Ritualen verwendet werden, um bestimmte Effekte zu verstärken. Zum Beispiel können rote Edelsteine wie Rubine verwendet werden, um leidenschaftliche Gefühle wie Liebe, Hass oder Eifersucht zu betonen. Rosafarbene Edelsteine, von denen mir ein Name genannt wurde, an den ich mich aber nicht mehr erinnern kann. Es war ein langer Name, der schwer auszusprechen war. Sie sind rosa und können für Loyalität verwendet werden, z. B. wenn man möchte, dass jemand, den man liebt, einem gegenüber loyal ist. Grüne Edelsteine können für Freundschaft und Wachstum verwendet werden. Du weißt schon, für alles, was grün ist und wächst. Und er kann auch für Freundschaft verwendet werden. Blaue Edelsteine, wie Saphire, können für die Entwicklung des mentalen Teil des Geistes verwendet werden. Die violetten Edelsteine werden für die Entwicklung des seelischen Teils des Geistes verwendet. Es gibt einige Edelsteine, die Unglück bringen, wie Diamanten.

D: *Sie sind weiß oder durchsichtig.*

B: Ja, sie sind klar. Und sie können Unglück bringen, weil sie nicht eindeutig auf die bestimmte Schwingung einer bestimmten Farbe ausgerichtet sind, so dass sie den Einfluss dieser Farbe haben.

D: *Das ist interessant, denn zu meiner Zeit hat man bei einer Heirat immer einen Diamanten geschenkt bekommen.*

B: Wie gut funktionieren diese Ehen?

D: *Nun, es ist der Brauch, dass man der Frau einen Diamanten schenkt.*

B: Ja. Und ich wette, sie haben auch eine schlechte Ehe.

D: *Nun, sie müssen den Diamanten danach ihr ganzes Leben lang tragen. Seltsam. Wir haben nicht erkannt, dass dies die Bedeutung für diesen Stein ist.*

B: Und Steine, die schwarz sind, stehen für die Suche nach der Wahrheit oder für die Einleitung von Veränderungen.

D: *Dann bringen sie kein Unglück. (Nein) Nur der Diamant bringt Unglück?*

B: Oder andere Edelsteine, die klar sind. Denn sie können entweder schlechte oder gute Kräfte anziehen. Der Diamant kann ein mächtiger Stein des Glücks sein, wenn man ihn reinigt und für das Gute einsetzt.

D: *In unserer Zeit ist er ein sehr teurer Stein. Vielleicht ist das der Grund, warum sie ihn für Hochzeiten verwenden.*

B: Das verstehe ich nicht. Wie meinst du das? Steine zum Heiraten benutzen?

D: *Nun, wenn sie die Zeremonie zur Heirat haben. (Ja) Der Diamant ist in einem Ring. Und er wird der Frau bei der Zeremonie gegeben.*

B: Wird er das? Ich wusste nicht, dass Diamanten groß genug sind, um zu einem Ring geschliffen zu werden.

D: *Willst du meinen sehen? (Ja) In Ordnung. Hier ... öffne deine Augen und schau auf meine Hand. (Sie tat es.)*

B: Oh! In einen Ring gesetzt.

D: *Ja. Du dachtest, ich meine den ganzen Ring?*

B: Ja. So wie Gold zu Ringen gemacht wird. Oder Silber, wie bei dir.

D: *Ja. Und das wird einer Frau gegeben, wenn sie verheiratet ist. Er befindet sich im Ring.*

B: Vielleicht wird er vom Edelsteinschmied, der ihn in den Ring setzt, gereinigt und auf Gutes eingestellt, um Kraft in die Ehe zu bringen.
D: *Wenn eine Frau einen solchen Ring trägt, zeigt das jedem, dass sie verheiratet ist.*
B: Ich verstehe. Wie eine Verlobung.
D: *Ja. Möchtest du meinen anderen Ring sehen und mir sagen, was du davon hältst? (Ich habe einen Ring in Form eines Pentagramms, der aus Türkis besteht und von sieben kleinen Silberkugeln umgeben ist. Ich ließ sie die Augen wieder öffnen und lenkte ihre Aufmerksamkeit auf meine rechte Hand.) Diese Hand.*
B: Das ist ein Glücksring. Das Silber ist ein gutes Metall und er hat einen blauen Stein drin. Das ist gut für die Entwicklung des geistigen Teils deiner spirituellen Entwicklung.
D: *Ist das ein Pentagramm?*
B: Es ist ein Pentagramm ohne den Kreis. Aber es ist von sieben silbernen Knöpfen umgeben. Sieben ist eine Glückszahl. Es ist also so, als ob er einen Kreis um sich hätte. Das ist ein guter Ring zum Tragen. Es ist ein gutes Amulett.
D: *Dafür trage ich ihn. Ich ziehe ihn nie aus.*
B: Das ist gut.
D: *Ist Silber ein gutes Metall?*
B: (Sie hatte ihre Augen wieder geschlossen.) Ja. Silber ist auch gut für die Entwicklung der Fähigkeit, mit den höheren Ebenen in Kontakt zu treten. Und die Kombination von Silber und dem blauen Stein ist eine gute Kombination.
D: *Dann sollte er mir Glück bringen.*
B: Ja. Blaue Steine gemeinsam mit Gold sind auch gut.
D: *Aber den anderen Ring tragen die Frauen nur, um zu zeigen, dass sie verheiratet sind. Er ist so etwas wie ein Symbol in unserer Zeit.*
B: Ja, ich verstehe.
D: *Trägt man in eurer Zeit etwas, um zu zeigen, dass man verheiratet ist?*
B: Ja. Ein Armband.
D: *Aus Gold, Silber, oder was?*

B: In der Regel Kupfer und mit Steinen besetzt. Gold und Silber sind sehr schwer zu bekommen. Und sie machen normalerweise eine Art Lack drauf, damit das Kupfer nicht anläuft.

D: *Ich verstehe. Und tragen auch die armen Leute ein Armband?*

B: Die ganz, ganz Armen normalerweise nicht. Aber die verschiedenen Schmiede, der Eisenschmied und die Handwerker und so weiter aufwärts tun es.

D: *So ist es auch in unserer Zeit. Wenn jemand sehr arm ist, kann er sich den Diamanten auch nicht leisten. Man trägt dann einen simplen Goldring. (Ja) Es sind einfach andere Sitten. (Ja) Was sagtest du, wofür die schwarzen Steine sind?*

B: Für die Suche nach der Wahrheit und für die Einleitung von Veränderungen. Schwarz kann auch zum Schutz verwendet werden. Aber es ist eine andere Art von Schutz. Blau und Violett können verwendet werden, um deine körperliche Essenz mit einer schützenden Essenz zu umgeben, die Böses und Schaden abwehrt. Aber die Art von Schutz, die der schwarze Stein bietet, besteht darin, dass er in der Lage ist, das Herz der Dinge zu durchdringen und die Wahrheit von allem zu sehen. Und zu wissen, ob dir etwas Schaden zufügen wird oder nicht.

D: *Habt ihr auch gelbe Steine oder etwas in dieser Farbe?*

B: Nein. Wir haben Gold, das ist gelb.

D: *Mal sehen, welche anderen Farben gibt es denn noch?*

B: Wir haben lila, blau, grün, rot, schwarz und klar.

D: *Bei so vielen verschiedenen Steinen ist es schwer zu entscheiden, welche man an sich tragen soll.*

B: Man trägt verschiedene Steine, je nachdem, in welchen Situation du dich wiederfinden könntest.

D: *Oder welche Steine man mit sich nehmen sollte. Oft sind sie nicht in Schmuckstücken enthalten, oder?*

B: Nein, man trägt sie in einem kleinen Beutel um den Hals.

D: *Weil es teuer ist, sie in Schmuckstücke zu verwandeln. (Ja) Du hast mir vorhin gesagt, dass die reichen Leute, die Herren und Damen, manchmal Schmuck tragen und nicht einmal wissen, was er bedeutet.*

B: Ja. Sie tragen sie nur, um hübsch auszusehen, und oft tragen sie mehrere Steine auf einmal.

D: *So ist es auch zu meiner Zeit. Die Leute tragen sie nur, weil sie schön sind. Sie wissen nicht, was sie bedeuten. Erfüllen sie noch denselben Zweck, wenn die Leute sie tragen, aber nicht wissen, was sie bedeuten?*

B: Das glaube ich nicht. Ein Stein muss wissen, dass du weißt, dass er etwas Besonderes ist, damit er gut wirkt. Und wenn du all diese verschiedenen Steine nur trägst, weil sie hübsch aussehen, kann es passieren, dass ihre Essenzen miteinander kollidieren, und dann werden sie dir nichts nützen.

D: *Dann wird ihre Magie nicht funktionieren, wenn man nicht weiß, dass sie da ist.*

B: Ja, du musst die Magie mit deinem Geist einschalten.

D: *Dann würden die Leute, die sie einfach nur tragen, nicht geschützt werden oder Leidenschaft oder so etwas anziehen, wenn sie nicht wüssten, dass diese Steine diese Dinge bewirken.* (Ja) *Sehr interessant. Hat Grendell dir noch etwas über den Regenbogen erzählt und was er bewirkt?*

B: Du kannst den Regenbogen zum Versiegeln von Amuletten verwenden. Bei der Herstellung eines Amuletts gibt es mehrere Schritte. Zuerst musst du entscheiden, wofür das Amulett verwendet werden soll. Und dann, wenn du die Materialien hast, machst du das richtige Pergament dafür. Wenn nicht, ist das auch in Ordnung. Und dann gehst du los und suchst einen Stein, der zu deinem Amulett passt, der dem Amulett die nötige Kraft verleiht. Das Pergament und der Stein werden in einen Beutel gesteckt und mit einem Ritual versiegelt, damit die Kraft des Amuletts konzentriert und vergrößert wird, so dass es seinen Einfluss überall ausbreiten kann und tut, was es tun soll. Und eine sehr mächtige Art, ein Amulett zu versiegeln, ist die Verwendung eines Regenbogens.

D: *Muss es denn ein echter Regenbogen sein?* (Ja) *Man weiß ja nicht immer, wann ein Regenbogen auftauchen wird.*

B: Man weiß es, wenn man weiß, wo man suchen muss.

D: *Wofür ist das Pergament?*

B: Du schreibst Symbole auf das Pergament, die bestimmte Dinge bedeuten, um besondere Kräfte auf dein Amulett für spezielle Vorhaben zu lenken und zu konzentrieren. Wenn du ein Amulett hast, um Geld zu verdienen, benutzt du ein Pergament mit Symbolen darauf, die gut mit Jupiter harmonieren.

D: *Weil Jupiter mit Geld verbunden ist?*

B: Ja. Er ist auch unter anderen Namen bekannt. Und da du das Pergament benutzen willst, um die Aufmerksamkeit bestimmter Gottheiten auf dein Amulett zu lenken, versuchst du, es an dem Tag zu machen, an dem die Gottheit in ihrer Kraft ist. Und du versuchst, den Großteil deiner Arbeit an diesem Tag zu erledigen. Bis es an der Zeit ist, es zu versiegeln. Und wenn das im Frühling oder Herbst des Jahres ist, dann, wenn es viel regnet, und du die Chance hast, einen Regenbogen zu sehen, dann versiegelst du es mit dem Regenbogen, statt es am Tag der Gottheit zu versiegeln.

D: *Du hast gesagt, dass Jupiter noch viele andere Namen hat. Kennst du die verschiedenen Namen? (Ja) Unter welchen anderen Namen ist Jupiter bekannt?*

B: Oh ... Ich ziehe das aus Legenden, verstehst du?

D: *Ja. Ich möchte die Legenden lernen, wenn ich kann.*

B: Jupiter ist auch als Zeus und Thor bekannt, und es gibt noch einen Namen, den ich nicht aussprechen kann, weil ich ihn immer vergesse. Also, die verschiedenen Gottheiten haben verschiedene Namen. Ich glaube, das liegt daran, dass sie überall bekannt sind. Und so haben verschiedene Völker verschiedene Namen für sie.

D: *Das macht Sinn.*

B: Ich glaube, das ist der Grund, warum ich den einen nicht aussprechen kann. Ich konnte ihn mir nie merken.

D: *(Lachen) Nun, was wäre der Tag des Jupiters, wenn du das Amulett für Geld machst?*

B: Das hängt davon ab, als wen man Jupiter kennt. Manche Leute assoziieren Jupiter mit Thor, und sie würden es am Donnerstag machen. Aber hier sagen die meisten, dass Jupiter Odin ist, und deshalb machen wir es am Mittwoch.

D: *Man nimmt also das Pergament mit den Symbolen darauf, das Amulett und den Stein. Und was macht man dann?*

B: An dem entsprechenden Tag – und es ist auch gut, wenn man die richtige Mondphase hat, aber du verstehst, man kann nicht so lange warten, um ein Amulett machen zu lassen – wartet man bis zur Nachtzeit. Man geht vorzugsweise um Mitternacht nach draußen, wenn man im direkten Licht des Mondes steht. Man nimmt dann das Pergament und den Stein, und es gibt eine bestimmte Art und Weise, wie man das Pergament um den Stein falten kann, so dass der Stein im Pergament eingeschlossen und geschützt ist. Und das ist der Teil, den man auch mit dem Regenbogen machen kann. Aber wenn es keinen Regenbogen gibt, macht man es so. Und dann versiegelst du ihn sozusagen, und je nachdem, um was für ein Amulett es sich handelt, hängt es davon ab, wie man es versiegelt. Dann legt man es in den Beutel und zieht diesen zu. Und dann ist es bereit, vom Träger getragen zu werden, nachdem man den Beutel gesegnet hast.

D: *Ich denke, wenn man es versiegelt, bedeutet das, dass es nicht mehr geöffnet werden kann. Ist es das, was du meinst?*

B: Nun, man versiegelt es mit Magie.

D: *Okay. Also nicht wirklich versiegeln.*

B: Manchmal schon. Es kommt darauf an, was für ein Amulett es ist. Man kann es mit Wachs versiegeln, aber nicht immer. Man versiegelt es aber immer mit Magie. Damit es auf einen bestimmten Zweck und nur auf diesen Zweck eingestimmt ist. Es kann nicht wieder geöffnet und für einen anderen Zweck umgestimmt werden. Und je länger man ein Amulett benutzt, desto mächtiger wird es.

D: *Mit anderen Worten: Der Zauber nutzt sich nicht ab.*

B: Nein, je mehr man es benutzt, desto stärker wird es. Und wenn man anfängt, das Amulett von den Eltern an die Kinder weiterzugeben, gewinnt es immer mehr an Kraft.

D: *Wenn man das alles macht, gibt es da irgendein Ritual oder irgendetwas, das man tut oder sagt?*

B: Das hängt davon ab, welche Art von Amulett du herstellst. Es gibt für alle Rituale.

D: *Darfst du mir diese Rituale und Symbole verraten?*

B: Ich kann dir die Symbole nicht nennen, weil ich sie selbst nicht kenne. Ich kann nicht lesen und nicht schreiben, weißt du. Aber es gibt ein paar, die es können. Und sie sind diejenigen, die die Symbole für uns zeichnen.

D: *Oh, sie zeichnen sie auf die Pergamente?*

B: Ja. Ich kann dir sagen, was man danach macht, nachdem man das Pergament mit den Symbolen bekommen hat.

D: *Ich frage mich, ob du sie sie zeichnen gesehen hast und etwas für mich kopieren könntest.*

B: Nein. Aber ich denke, wenn es noch einige von uns in eurer Welt gibt, werden sie die Symbole haben.

D: *Das mag sein. Es gibt Leute, die an das Gleiche glauben.*

B: Weil wir sehr darauf geachtet haben, diese Symbole weiterzugeben, damit sie nicht verloren gehen.

D: *Ich könnte dir einige der Symbole zeigen, die wir jetzt haben, und du könntest mir sagen, ob sie gleich sind, denn du weißt ja, wie sie aussehen. (Ja) Das wäre eine Möglichkeit. Dann könntest du mir auch sagen, ob sie falsch sind.*

B: Ich weiß nicht, ob ich dir sagen kann, ob sie falsch sind. Ich könnte dir sagen, wenn sie nicht richtig aussehen.

D: *Ja, falls es nicht dieselben sind, die du kennst. Darüber könnten wir bei unserem nächsten Treffen sprechen. (Ja) Ich bin sehr interessiert an diesen Geschichten. Und dann könntest du mir von den Ritualen erzählen, die du machst, wenn du die Amulette versiegelst.*

B: Ja, das kann ich dir sagen.

D: *Und ich kann die Symbole zeichnen lassen und sie dir zeigen, um zu sehen, ob sie gleich sind. (Ja) Vielleicht kannst du mir auch sagen, welcher Tag für diese unterschiedlichen Dinge am besten geeignet ist.*

B: Ich kann es versuchen.

D: *Ich bin sehr daran interessiert, diese Informationen weiterzugeben, da ein Teil des Wissens verloren gegangen sein könnte.*

B: Vielleicht.

(Das Subjekt wurde wieder aus der Trance geholt.)

Kapitel 9
Zeichen und Symbole
(Aufgenommen am 10. Juni 1986)

Ich verwendete die Schlüsselwörter und zählte sie zurück in die Zeit, in der Astelle lebte.

D: *Wir sind in die Zeit zurückgekehrt, in der Astelle lebte. Was machst du gerade?*
B: Ich sitze unter einer Eiche. Um den Geist zu disziplinieren, gibt es eine bestimmte Art und Weise, die Gedanken zu beruhigen. Und ich musste für eine Weile aus dem Haus gehen und meine Gedanken beruhigen.
D: *Warum? War etwas los, wovor du flüchten musstest?*
B: (Verärgert) Nur das, was auch sonst so abläuft. Ich hatte es einfach satt. Lady Joslyn war wie immer und die Köchin war wie immer. Roff hatte schlechte Laune. (Seufzt) Alles war so laut. Ich wollte einfach etwas Ruhe.
D: *Dafür bist du in den Eichenhain gegangen? (Ja) Was ist das für eine Methode, die du anwendest, um deinen Geist zu beruhigen? Ich würde sie gerne einmal ausprobieren.*
B: Verschiedene Wege funktionieren für verschiedene Menschen besser. Ich mache es mir bequem und schließe meine Augen. Und ich stelle mir vor, dass ein Einhorn neben mir steht. Ich mag Einhörner. Und ich stelle mir vor, dass vor mir ein Regenbogen ist. Und ich steige auf das Einhorn und wir gehen zum Fuß des Regenbogens. Ich reite auf dem Einhorn, und das Einhorn läuft den Regenbogen hinauf. Und wir folgen ihm hoch, hoch, hoch und immer weiter. Und wenn der Regenbogen wieder herunterführt, kommt er dort an, wo meine Herzenswünsche sind. Und ich stelle mir alle möglichen wunderbaren Dinge vor.

D: *Oh, das ist ein wunderschönes geistiges Bild. Und was immer du willst, ist da. Benutzt du das oft zum Meditieren?*
B: Ja. Es ist auch eine Art des Reisens.
D: *Um wohin zu reisen?*
B: Überall, wo man hinwill.
D: *Du meinst, wenn man auf der anderen Seite wieder runterkommt, ist man da, wo man sein will?*
B: Ja. Nicht in seinem physischen Körper, aber in seinem Mentalkörper.
D: *Wohin reist du gewöhnlich gerne?*
B: Das kommt darauf an. Ich gehe an verschiedene Orte. Aber dieses Mal wollte ich einen Ort, der friedlich, ruhig und gemütlich ist. Und als ich am Ende des Regenbogens ankam, war da eine grüne Weide mit ein paar Schafen. Und da war ein Bach, und ich ließ meine Füße in den Bach baumeln, damit sie sich abkühlen würden. Und alles, was ich hörte, war der Wind und der Gesang der Vögel.
D: *Eine sehr friedliche Szene. Stellst du dir das jetzt vor, während du mir zuhörst?* (Ja) *Das ist sehr schön. Nun, du weißt, dass ich schon zuvor mit dir gesprochen habe.* (Ja) *Und du hast mir einige Informationen gegeben, als ich gehen musste. Und es gab noch ein paar Fragen, die ich stellen wollte. Ist es in Ordnung, wenn ich sie jetzt stelle?* (Ja) *Okay. Eines der Themen, über das ich noch mehr erfahren wollte, war der Regenbogen für Meditationen. Und genau das hast du mir eben erklärt.*
B: Das ist eine Möglichkeit, den Regenbogen zu nutzen.
D: *Gibt es noch einen anderen Weg?*
B: Ja. Es gibt verschiedene Möglichkeiten, den Regenbogen zu verwenden. Eine Art, die manche Leute benutzen, ist ... nun, ich erzähle es dir einfach. In unserem Haus haben die unteren zwei oder drei Stufen der großen Treppe im Hauptflur die Form des äußeren Randes des Mondes. Ein Teilkreis. Sie sind gekrümmt. Manche Leute stellen sich gerne vor, dass der Regenbogen eine gebogene Treppe ist. Und jede Farbe ist eine andere Treppenstufe. Und sie stellen sich vor, dass sie jede Stufe bis zur Spitze dieser geschwungenen Treppe nehmen. Und wenn sie oben ankommen, ist das, was sie wollen oder was sie sich vorstellen, schon da. Das

funktioniert bei mir nicht sehr gut, aber es ist eine Möglichkeit, es zu tun.

D: *Würde es dann nicht mehr Stufen geben, als es Farben gibt?*

B: Es gibt Farben auf allen Wegen.

D: *Ich dachte, es gibt nur etwa fünf oder sechs Farben in einem Regenbogen.*

B: Nun, das kommt darauf an. Wenn du verschiedene Schattierungen der Farben verwendest, ergeben sich mehr Stufen. Wenn man von einer Farbe zur anderen wechselt, gibt es viele Schattierungen zwischen den einzelnen Farben.

D: *Ja, das kann ich mir vorstellen. Es würde also nur nach oben gehen, und es wäre am oberen Ende der Treppe. (Ja) Gibt es noch andere Möglichkeiten, das zu nutzen?*

B: Ja. Ich versuche, an Methoden zu denken, von denen ich gehört habe, die ich aber nie angewandt habe, weil sie bei mir nicht gut funktionieren. Ich glaube, manche stellen sich vor, dass sie durch den Regenbogen fliegen, wie ein Vogel. Aber ich bin mir nicht sicher, wie sie das machen würden, also weiß ich es nicht wirklich. Ich weiß nur, dass sie es auf diese Weise beschrieben haben. Ich weiß nicht wirklich, wie es funktioniert.

D: *Hat Grendell dir diese Methoden beigebracht?*

B: Nein. Ich hatte von der Treppenstufenmethode gehört und sie danach gefragt. Und sie sagte, dass das bei dieser Person funktioniert hat, weil sie sich das vorstellen konnte. Und sie sagte mir, dass es gut tut, sich etwas vorzustellen, das man wirklich mag. Und man soll es sich so vorstellen, dass man etwas in seiner Vorstellung erreichen kann. Und irgendwie einen Regenbogen in seiner Vorstellung benutzen. Und da dachte ich mir, dass ich Einhörner sehr mag. Und so bin ich auf die Idee gekommen, auf einem Einhorn über den Regenbogen zu reiten. Und wenn ich am Ende ankomme, dann ist das, was ich will, da.

D: *Das klingt nach einer sehr guten Methode. Ich kann mir das sehr gut vorstellen. Aber jeder hat andere Dinge, die er sich vorstellen kann. (Ja) Und man kann sich eine sehr friedliche, freudige Sache vorstellen, damit man sich gut fühlt. (Ja) Als ich das letzte Mal mit dir gesprochen habe, hast du darüber gesprochen, wie du Amulette gemacht hast. (Ja) Und du hast verschiedene Steine* genommen und gesagt, du würdest ein Stück Pergament nehmen und ein Symbol auf das Pergament schreiben. (Ja) Ich will sehen, ob ich das richtig verstanden habe. Dann wickelst du das Pergament um den Stein. Und du steckst es in einen kleinen Beutel?

B: Ja. Und manchmal bringt man mehr als ein Symbol auf dem Pergament an.

D: Und du trägst das irgendwo an deinem Körper? (Ja) Wir haben über diese Symbole gesprochen, als ich das letzte Mal gehen musste. (Ja) Ich glaube, du hast über das Symbol für Jupiter gesprochen, welches du für Geld benutzt. Das war das einzige, das du erwähnt hast. (Ja) Warum würde man mehr als ein Symbol benutzen?

B: Manchmal, wenn ich das richtig verstehe, gibt es Symbole, die für Dinge wie Wohlstand, Glück, Liebe und dergleichen stehen. Aber jedes dieser Dinge hat verschiedene Aspekte, also benutzt man noch andere Symbole, um die Aspekte zu betonen, die man hervorbringen will.

D: Ich dachte, man muss sich immer nur auf eine Sache konzentrieren.

B: Nun, man kann Dinge kombinieren und sie so verwenden.

D: Du sagtest, es sei wichtig, dass man sie an einem bestimmten Tag in der Woche benutzt?

B: Ja. Jupiter wäre am Donnerstag oder Mittwoch. Mittwoch, wenn du zum Beispiel Reichtum haben willst. Man kann ihn auf wundersame Weise finden. Oder man kann Reichtum erlangen, indem man dafür arbeitet, und das Geld kommt sehr, sehr leicht zu einem. Oder man kann reich werden, indem man sich Geld von einem Adligen leiht und es ihm nicht zurückzahlt. So wie es einige Wegelagerer tun. (Ich lachte.) Und so würde man auf das Amulett das Symbol für Jupiter, für Reichtum, setzen. Und dann würde man es abmischen, indem man ein anderes Symbol hinzufügt, um das Amulett zu der Art von Reichtum zu führen, die man haben möchte. Und das erreicht man durch Konzentration. Aber die gewöhnlichen Menschen, denen man Amulette gibt, die Bauern und so weiter, sind nicht immer gut, wenn es ums Konzentrieren geht.

D: Welche anderen Symbole würdest du mit Jupiter verwenden?

B: Wenn du Reichtum willst, indem du für ihn arbeitest, und Geld, das dir von überall her zufließt für die Arbeit, die du tust, würdest du mit Jupiter auch das Symbol für die Sonne verwenden, auch bekannt als Apollo. Denn das ist ein Symbol für handwerkliches Können, Geschick und für Glück.

D: *Und man würde beide auf demselben Pergament markieren?*

B: Ja. Und in der Regel wird ein Umriss gezeichnet, um die Macht für einen bestimmten Zweck einzudämmen.

D: *Und man würde man das immer noch an einem Mittwoch machen, wenn man diese beiden Symbole verwendet?*

B: Da du beide Symbole verwendest, könntest du es an einem Mittwoch oder einem Sonntag machen, je nachdem, welches Symbol du etwas stärker betonen möchtest.

D: *Ich versuche mich daran zu erinnern, was du mir das letzte Mal gesagt hast. Du versiegelst das Amulett an diesen Tagen, um es stärker zu machen. Ist das richtig?*

B: Man versiegelt es, um die Kraft durch das Amulett zu lenken. Denn wenn du es nicht versiegelst, könnten sich die Kräfte zerstreuen und versuchen, alles zu beeinflussen, anstatt nur das, was sie beeinflussen sollen.

D: *Dann lenkt sie das.*

B: Genau. Es hilft auch, sie vor äußeren Einflüssen zu schützen.

D: *Ich glaube, du sagtest, es gäbe eine Art Ritual. Ist es bei jedem Amulett das gleiche Ritual?*

B: Das glaube ich nicht. Es scheint nicht so zu sein. Bei den Amuletten, die ich gesehen habe, hängt der Ablauf des Rituals davon ab, wofür das Amulett bestimmt ist. Der Reinigungsteil des Rituals ist immer derselbe. Aber dann gibt es Unterschiede im Rest des Rituals, je nachdem, um welche Art von Amulett es sich handelt.

D: *Was ist der Reinigungsteil?*

B: Zur Reinigung nimmt man das Amulett und umgibt es mit einem Kreis aus Eibenasche. Und dann streut man innerhalb des Kreises Salz in Form eines fünfzackigen Sterns. Und dann streut man Wasser in die vier Richtungen darüber. Und währenddessen spricht man die entsprechenden Worte. Und wenn man alles zusammen hat, dann lässt man es eine bestimmte Zeit lang so stehen. Es gibt verschiedene Zeitspannen für verschiedene Amulette.

D: *Du meinst, das Amulett ist dann in der Mitte dieses Kreises.*

B: Und des Sterns, ja. Und es muss in der Regel bis zu einem bestimmten Tag dort verbleiben, so dass, wenn das Amulett zum ersten Mal der Welt ausgesetzt wird, sozusagen, oder wenn man es dem Besitzer schenkt, das an einem Tag erfolgt, der dem Amulett Glück bringt.

D: *Wäre es für eine Woche oder länger?*

B: Normalerweise eine Woche oder weniger. Drei Tage sind gut. Aber wenn es zufällig etwas länger dauert, ist das auch in Ordnung. Bei einem Amulett für Geld, würde die Reinigung zum Beispiel sechs Tage dauern. Man nimmt eine Anzahl, die dem Amulett Glück bringt. Einem Amulett für das Lernen von Dingen, für Wissen, würde man entweder fünf oder sieben Tage geben, je nachdem, ob man geistiges oder spirituelles Wissen meint. Bei einem Amulett für die Liebe wären es entweder drei oder neun Tage, je nachdem, wie stark man das Amulett machen will. Und so geht es weiter.

D: *Aber es gibt bestimmte Wörter, die man dabei verwendet?*

B: Ja. Ich glaube, man geht hauptsächlich nach Gefühl, wenn es darum geht, welche Worte angemessen wären. Aber normalerweise besingt man das Amulett während des letzten Teils der Reinigung. Das hilft, das Amulett zu lenken.

D: *Wird die Versiegelung am Ende oder am Anfang vorgenommen?*

B: Die Versiegelung erfolgt teilweise zu Beginn, wenn man das Amulett nimmt, und dann wird sie durch die Reinigung vervollständigt. Und wenn man dann die Worte darüber rezitiert, wird das Amulett aktiviert und die Versiegelung vollendet.

D: *Welches wäre das Symbol für die Liebe?*

B: Das Symbol für Liebe. Ich kenne dieses Symbol. Normalerweise werden die Hörner der Göttin für die Liebe verwendet. Ein anderes Gesicht der Göttin ist auch der Morgenstern oder der Abendstern. Bei Amuletten, die für die Liebe gemacht werden, ist es sehr gut, an einem Freitag zu beginnen, dem Tag, der von der Liebe regiert wird. Die Versiegelung des Amuletts kann dann entweder am darauffolgenden oder am übernächsten Sonntag abgeschlossen werden. Das ist die richtige Anzahl von Tagen, und man hat auch noch das Glück der Sonne dahinter.

D: *Das kann alles sehr kompliziert werden, nicht wahr?*

B: Ja, das kann es.

D: *Ich weiß noch, wie du gesagt hast, dass der Mond auch die Hörner der Göttin sei. (Ja) Mal sehen, vielleicht ist es einfacher, wenn ich die Woche durchgehe und dich frage, welcher Tag für welches Zeichen steht.*

B: Ich werde es versuchen.

D: *Okay. Ich versuche, das zu verstehen. Du sagtest, Sonntag wäre Apollo? (Ja) Was wäre Montag?*

B: Der Mond.

D: *Dienstag?*

B: Mars. Der Dienstag ist für Wettstreit, Kämpfe und alles ähnliche.

D: *Und der Mittwoch, sagtest du, ist Jupiter?*

B: Jupiter.

D: *Und was ist mit Donnerstag?*

B: Man hört verschiedene Dinge über den Donnerstag. Manche sagen, er sei Jupiters Bruder, und andere sagen, sein Neffe.

D: *Wer ist sein Neffe?*

B: Ich kenne den Namen nicht.

D: *Nun, welche Kräfte würde sein Neffe an diesem Tag haben?*

B: Hmmm, Kommunikation. Es heißt, dass die Römer ihn Merkur genannt haben.

D: *Was ist mit Freitag?*

B: Die Hörner der Göttin.

D: *Dann hat sie zwei Tage. Du sagtest, der Mond ist am Montag? (Ja) Und auch am Freitag? (Ja) Sie hat also zwei Wochentage. Wie du gesagt hast, hat sie viele Gesichter. Warum ist das so?*

B: Wenn man wollte, könnte man alle Wochentage mit ihr in Verbindung bringen, denn sie ist überall.

D: *Es sind einfach verschiedene Phasen von ihr, nehme ich an. Unterschiedliche Wege, sie zu betrachten.*

B: Du verstehst.

D: *Dann Samstag?*

B: Der Samstag steht für Kronos*, Jupiters Vater. Er hat mit altem Wissen, Geschichte und Zeit zu tun.

* Wörterbuch: Kronos: In der griechischen Mythologie ein Titan, der seinen Vater Uranus stürzte und selbst von seinem Sohn Zeus gestürzt wurde; von den Römern mit Saturn identifiziert. Auch Cronos geschrieben. *

D: *Dafür würde man also diese verschiedenen Tage verwenden, je nachdem, nach wem sie benannt sind oder wen sie repräsentieren? (Ja) Du sagtest, du hättest viele dieser Symbole gesehen, nicht wahr?*
B: Ein paar von ihnen, ja.
D: *Wir hatten ja besprochen, dass ich ein paar Symbole mitbringen werde, du sie dir ansiehst und prüfst, ob du welche von ihnen wiedererkennst. (Ja) Würdest du das für mich tun? (Ja) Ich weiß nämlich nicht, ob sie noch dieselben sind. Vielleicht haben wir sie verändert.*

Ich hatte einen astrologischen Kalender mitgebracht, auf dessen Einband alle Symbole der Planeten und des Tierkreises in großer Schrift abgebildet waren. Ich reichte ihr den Kalender.

D: *Lass mich sehen, ob du deine Hand ausstrecken kannst. Ich möchte dir hier ein Stück Pergament geben.*
B: Das ist ein sehr dickes Stück.
D: *Ja. Ich möchte, dass du deine Augen öffnest und nach oben schaust. Hier oben.*

Ich wies sie an, auf die Symbole zu achten und nicht auf das Bild auf der Titelseite.

D: *Hier oben befinden sich einige Symbole, die an der Seite herunterführen.*
B: (Sie schien davon fasziniert zu sein.) Ja.
D: *Schaue, ob dir etwas davon bekannt vorkommt.*
B: Einige von ihnen schon. (Sie studierte sie und begann am Ende der ersten Reihe, indem sie auf das Symbol zeigte.) Das ist für die

Sonne. Das sind die Hörner der Göttin. (Der Mond.) Das ist für den Montag. Dies ist für den Freitag. (Merkur)

D: *Das dritte ist für Freitag? (Ja) In Ordnung.*

B: Das ist für den Sonntag. (Venus) Dies ist eine Abwandlung des Freitags, aber wir setzen normalerweise die Hörner auf, um die Göttin zu ehren.

D: *Dann ist das daneben eine Variante? (Ja) Würde das für einen bestimmten Tag verwendet werden?*

B: Es wird auch für den Freitag verwendet. Einige andere Gruppen verwenden es für Freitag. Aber in unserer Gruppe machen wir es so, um die Göttin zu ehren.

D: *Mit den Hörnern. (Ja) Und was ist mit dem daneben? Kommt dir das bekannt vor? (Nein) (Ich wusste auch nicht, wofür es stand.) Das sind einfach zwei Linien, die sich kreuzen, oder?*

B: Ja. Es könnte für eine Kreuzung stehen. Es könnte auch für die vier Richtungen stehen. Wenn man die vier Richtungen ehrt und die Kraft der Natur für seine Arbeit braucht.

D: *In Ordnung. Aber es ist kein Symbol, das man mit den anderen verwenden würde.*

B: Nicht, dass ich wüsste. Ich sage nur, wie es für mich aussieht und wofür es verwendet werden könnte.

D: *Jetzt kommt das nächste. Kommt es dir bekannt vor?*

B: Das sieht aus wie ein Symbol, das für Dienstag verwendet werden könnte.

D: *Es ist wie ein Pfeil, nicht wahr? (Ja) In Ordnung. Dann das darunter.*

B: In Ordnung. Dieses Symbol und dieses Symbol. (Jupiter und Saturn) Diese beiden Symbole erkenne ich. Ich verwechsle sie manchmal, weil sie für mich ähnlich aussehen. Lass mich sehen, ob ich es dir richtig erklären kann. Ich möchte nicht, dass du etwas Falsches hörst. (Pause)

D: *Ich glaube, dass sich unsere Bedeutungen eventuell im Laufe der Jahre geändert haben könnten.*

B: Ja. Diese beiden Symbole, das eine steht für Kronos und das andere für Jupiter. Und ich versuche mich daran zu erinnern, was welches ist. Ich habe das Gefühl, dass dieses hier für Kronos steht und dieses für Jupiter. (Vielleicht hatte sie sie verkehrt herum. Ich weiß es nicht mehr, und auf dem Band ist es auch nicht zu erkennen.) Das hier ist für Saturn. (Sie deutete auf das Symbol für Neptun.)

D: *Saturn? (Das hatte sie vorher nicht erwähnt.)*

B: Ja. Samstag.

D: *Lass mich überlegen. Sagtest du nicht, dass Kronos am Samstag ist?*

B: Ja, Kronos ist auch am Samstag.

D: *Es gibt also zwei, die für Samstag genutzt werden können?*

B: Ja. Kronos kann auch am Mittwoch zusammen mit Jupiter verwendet werden.

D: *Wegen der Beziehung dort? (Ja) Aber das hier heißt »Saturn«? Wofür wird das verwendet?*

B: Dieses wird Saturn genannt. Manche sagen auch, dass es für Neptun ist, wegen des Trigons. Und es wird verwendet für ... lass mich nachdenken. (Pause) Neptun und Saturn werden für Dinge verwendet, die mit verborgener Weisheit zu tun haben.

D: *In Ordnung. Einige von ihnen wirst du vielleicht nicht erkennen. Du machst das übrigens sehr gut. Dann gibt es noch eines darunter. (Uranus)*

B: Das habe ich hin und wieder auf einigen Amuletten gesehen, aber ich weiß nicht, was es bedeutet. Es wird nicht sehr oft verwendet. Dieses hier kenne ich nicht. (Sie deutete auf Pluto.)

D: *In Ordnung. Jetzt die unten. (Die Zeichen des Tierkreises.) Kommen sie dir bekannt vor? Es sind nicht die Symbole für die Tage. Es sind andere Symbole.*

B: Ja, es sind Symbole für die Jahreszeiten, für die Monate.

D: *Mal sehen, ob du sie genauso gut kennst wie ich.*

B: Nun, ich kann dir sagen, wie es mir erscheint. Diese Symbole hier stehen für das Wachstum des Frühlings. Diese ersten drei. (Widder, Stier und Zwillinge.)

D: *Habt ihr irgendwelche Namen dafür oder verwendet ihr einfach das Symbol?*

B: Ich glaube, es gibt Namen für sie, aber ich kann mich nicht erinnern. Und das hier ist der Beginn des Sommers. (Krebs) Und diese sind auch für den Sommer.

D: *Die nächsten drei? (Krebs, Löwe, Jungfrau)*

B: Ja. Für mich sehen sie in Ordnung aus. Dann sind hier die für den Winter. Und da sind die für den Herbst. (Sie zeigte auf die richtigen.)

D: *Dann gibt es drei für jeden. Verwendest du diese Symbole für irgendetwas?*

B: Manchmal, wenn wir bei der Baumgruppe sind und Rituale durchführen, zeichnen wir sie auf den Boden. Manchmal orientieren wir sie an den Himmelsrichtungen: Norden, Süden, Osten und Westen. Es kommt darauf an. Wir verwenden diese Symbole, wenn wir eine der Tagundnachtgleichen oder Sonnenwenden feiern.

D: *Ihr würdet dann alle drei verwenden?*

B: Das hängt davon ab, was gerade los ist.

D: *Nun, es sieht so aus, als hätten sich die Symbole nicht wirklich verändert, oder?*

B: Was du hier hast, ist unvollständig. Es gibt noch mehr.

D: *Tatsächlich? Könntest du sie für mich zeichnen?*

B: Ich kenne sie nicht gut genug, um sie zu zeichnen, aber ich habe sie gesehen. Sie sind viel verschnörkelter als das hier. Sie sind viel komplizierter. Dies sind einige der einfachsten Symbole. Und es gibt andere, die mehr Linien und Schleifen enthalten. Sie werden verwendet, um bestimmte Geister anzurufen. Geister des Schutzes, Geister des Wohlstands oder was auch immer.

D: *Das hier sind die, die zu meiner Zeit verwendet werden. Ich schätze, sie sind am weitesten verbreitet.*

B: Ich denke schon.

D: *Sie haben sich nicht wirklich sehr verändert, wenn du sie erkennen kannst.*

B: Es gibt Variationen von ihnen. Wie die Variationen von diesen beiden für die Göttin hier oben. Die eine mit den Hörnern und die andere ohne Hörner. (Merkur und Venus) Es gibt auch Variationen von diesen hier unten. (Ich weiß nicht mehr, auf welche sie deutete.) Aber einige von ihnen sind ähnlich. So erkannte ich die, die ähnlich waren.

D: *Welche haben sich am meisten verändert?*

B: Dieses ist nicht so verziert, wie es sein sollte. (Widder) Dieses ist noch sehr ähnlich. (Stier) Dieses ist nicht so verschnörkelt, wie es sein sollte. (Zwillinge) Es hat sich ziemlich verändert. Es gibt mehrere Variationen, die aber alle einen ähnlichen Kern haben. (Krebs) Dieses ist immer noch sehr ähnlich.

D: *Lass mich mal sehen. Wir haben Namen für sie. Ich habe versucht, herauszufinden, welcher das war. Das wäre dann das dritte im Sommer? (Jungfrau) (Ja) Das ist sehr ähnlich?*

B: Ja. Und das hier, das erste vom Herbst (Waage) ist noch sehr ähnlich. Der zweite im Herbst ist sehr ähnlich. (Skorpion) Für das dritte im Herbst (Schütze) haben wir ein paar Variationen.

D: *Es sieht aus wie ein Pfeil. Was ist die Variante, die ihr habt?*

B: Manchmal ist eine Figur abgebildet, die ihn hält, und nicht nur der Pfeil.

D: *Oh, ja, das habe ich auch schon gesehen.*

B: Und ... (Sie deutete auf Fische.)

D: *Das letzte des Winters?*

B: Vom Winter. Manchmal wird es mit Fischen dargestellt.

D: *Das hier drüben, von dem du sagtest, es habe sich ziemlich verändert. Das ist das dritte des Frühlings. (Zwillinge)*

B: Das dritte des Frühlings. Wir benutzen dafür ein Tier.

D: *Ein Tier? Weißt du, welches Tier?*

B: (Pause) Das weiß ich nicht mehr. Und für dieses Bild nehmen wir auch ein Tier. (Widder) Manchmal nehmen wir für dieses ein Tier, aber es ist einfacher, das hier zu zeichnen, denn jeder weiß, dass es wie ein Stier aussieht. (Stier)

D: *Wir haben Tiere für die ersten beiden, aber für das dritte zeigen wir normalerweise zwei Menschen. (Zwillinge) Ihr habt ein Tier?*

B: Ja. Ich glaube, es ist eine mythologische Geschichte. Ich weiß nicht, wie sie heißt.

D: *Einige von ihnen werden mit Tieren dargestellt. Das hier ist bei uns ein Tier. (Löwe)*

B: Ich kann mich nicht erinnern, dass ich dafür ein Tier gesehen habe.

D: *Was habt ihr denn dafür?*

B: Ein Symbol, das dem hier sehr ähnlich ist. Das sind die grundlegenden einfachen Symbole. Die komplexeren sind wohl verloren gegangen oder wurden verändert.

D: *Ja, das sind die, die ich gerne wiederfinden würde. Denn wir haben wahrscheinlich eine ganze Menge verloren.*

B: Zweifellos wegen der Christen.

D: *Glaubst du nicht, dass du diese Symbole für mich zeichnen könntest?*

B: Nein, ich glaube nicht, dass ich das könnte. Ich würde mich unwohl fühlen, wenn ich sie zeichnen würde, ohne richtige Rituale mit ihnen durchzuführen.

D: *Ich möchte nichts tun, was dir Unbehagen bereiten könnte.*

B: Normalerweise machen wir sie auch etwas verschnörkelter. Aber um nur die grundlegenden Symbole zu lehren, verwenden wir ähnliche Symbole wie diese hier. Und wenn wir sie verwenden, machen wir sie etwas verschnörkelter.

D: *So sind sie leichter zu zeichnen. (Ja) Siehst du, auf dem Bild sind auch die Hörner der Göttin zu sehen, nicht wahr? (Das Bild auf dem Kalender zeigte eine Mondsichel.)*

B: Ja, das sehe ich.

D: *Und es zeigt eine Frau mit all dem Essen. (Eine Frau schüttete Essen aus einem Füllhorn.)*

B: Ja, die Erntezeit.

D: *Ja, das ist es, was es darstellen soll. Nun, wir haben immer noch diese Symbole für diese Zeiten des Jahres. Das ist also nicht verloren gegangen.*

B: Es freut mich, das zu hören. Dass die Inquisition nicht erfolgreich war.

D: *Diese anderen hier, die mit Jupiter und Saturn zu tun haben. Sie stellen bei uns Sterne am Himmel dar. Habt ihr die auch?*

B: (Nachdrücklich) Nein! Die Sterne sind die Sterne.

D: *Sie haben zum Beispiel einem bestimmten Stern da oben einen Namen gegeben und sagen, das ist Jupiter.*

B: Das ist wahr. Aber ich denke, dass sich damit die Alchemisten beschäftigen.

D: *Dann geht es euch mehr oder weniger um den Namen der Gottheit oder des Gottes?*

B: Ja. Um die Kraft, die dahinter steckt.

Ich ließ sie wieder die Augen schließen und nahm den Kalender weg.

D: Ich möchte mich bei dir bedanken. Das waren eine Menge Informationen. Und ich bin sehr erfreut, zu sehen, dass sich nicht wirklich viel verändert hat. Man weiß, dass die Sterne dort oben sind, und manchmal sagt man, sie bilden Muster am Himmel. *(Ja)* Und man hat ihnen einige der gleichen Namen gegeben. *(Ja)* Du hast die Alchemisten erwähnt. Was machen die Alchemisten?

B: Ich bin mir nicht sicher. Es gibt Gerüchte. Soweit ich weiß, sind Alchemisten Männer, die versuchen, das zu finden, was wir haben. Aber sie wollen keinen Ärger mit der Kirche bekommen und wissen nicht, wo sie suchen sollen. Und so suchen sie unter jedem Felsen und Stein, um die Kräfte zu finden, die wir benutzen.

D: In materiellen Dingen.

B: Ja. Und einige von ihnen erkennen, dass es eine spirituelle Entwicklung geben muss, aber sie wissen nicht, wie sie das anstellen sollen.

D: Es wäre so viel leichter, wenn sie einfach jemanden von euch fragen könnten, oder?

B: Ja, aber die Inquisition verhindert das.

D: Wir haben Geschichten gehört, dass Alchemisten versuchten, gewöhnliche Dinge in Gold zu verwandeln. Ist das eine Geschichte, die du auch gehört hast?

B: Einige haben es getan.

D:(Überrascht) Haben sie es geschafft? *(Ja)* Oh, wir haben immer gehört, dass es nur ein Märchen war. Dass sie nie wirklich in der Lage waren, dies zu tun.

B: Einige haben es getan.

D: Das wäre sehr schwierig, nicht wahr?

B: Am Anfang, wenn man nicht weiß, wonach man suchen soll, ja. Aber wenn man erst einmal weiß, was man tun muss, sollte es nicht mehr allzu schwierig sein, denke ich. Solange man einen guten Blasebalg zur Hand hat, um das Feuer heiß zu machen.

D: Hast du auch gehört, wie sie das geschafft haben?

B: Sie nehmen verschiedene Dinge und mischen sie zu einem Pulver zusammen. Und sie nehmen etwas aus Blei und reiben das Pulver darauf. Und wenn sie es im Feuer erhitzen, verwandelt es sich dort, wo das Pulver gerieben wurde, in Gold. Es muss ein sehr heißes Feuer sein. Das Gold ist aber nur ein vorübergehendes Gold. Nach einer gewissen Zeit verändert es sich wieder zurück.

D: *Es bleibt nicht so?* (Nein) *Ich habe Geschichten gehört, dass die Alchemisten manchmal sehr frustriert waren, wenn sie versuchten, Dinge in Gold zu verwandeln. Ich dachte daher, sie hätten keinen Erfolg gehabt.*

B: Diejenigen, die erfolgreich waren, sind immer noch frustriert.

D: *Weil es nicht bleibt?* (Ja) *Meinst du, das liegt daran, dass es sich verändert, wenn es abkühlt?*

B: Das mag sein. Es dauert eine ganze Weile, bis es abkühlt. Und dann beginnt es, sich wieder zu verändern. Es ist eine sehr allmähliche Veränderung. Nach ein oder zwei Tagen weiß man schließlich, dass es sich wieder verändert hat.

D: *Wenn sie dann versuchen würden, dieses Gold zu benutzen, um etwas zu kaufen, würde es nicht funktionieren, oder?* (Nein) *Nun, es gibt Geschichten darüber, dass Herrscher wollten, dass ihre Alchemisten Gold für sie herstellen, damit sie mehr Reichtum haben.* (Ja) *Aber wenn sie sich mehr für die materiellen Dinge als für die spirituellen interessieren, war das vielleicht der Grund, warum es nicht geklappt hat.*

B: Vielleicht. Sie kochen und brodeln ständig und mischen alles zusammen, anstatt zu meditieren und zu versuchen, ihren inneren spirituellen Weg zu finden.

D: *Wären deine Leute daran interessiert, so etwas zu tun?*

B: So etwas wie Alchemie? Nein.

D: *Es wäre allerdings eine Möglichkeit, um reich zu werden.*

B: Aber Reichtum ist nicht nötig. Wir haben einen Platz zum Leben. Wir haben zu essen. Solange wir den Gutsherrn zufriedenstellen, gibt es keinen Grund zur Sorge.

D: *Dann gibt es nichts, was ihr begehrt. Das ist eine gute Art, es zu betrachten. Aber du weißt ja, dass es egoistische Menschen da draußen gibt. Manche Leute wollen immer mehr und mehr und mehr. Sie können nie genug bekommen.*

B: Sie sind nicht glücklich. Die Lady Joslyn ist so.

D: *Nichts wird diese Art von Menschen jemals zufriedenstellen.* (Nein) *Du sagtest, dass der Gutsherr in den Turm geht und dass ihr neugierig seid, was er tut. Glaubst du, er hat mit Alchemie zu tun?*

(Ja) Du hast mir einmal gesagt, dass du es mit mir teilen würdest, wenn deine Leute jemals herausfinden, was er tut.

B: Wir befürchten, dass es eine Kombination aus Alchemie und der dunklen Seite unserer Arbeit ist. Denn manchmal, wenn er oben im Turm ist und an seinen Vorhaben arbeitet, passieren Dinge. Wie zum Beispiel ein Baum, der ohne Vorwarnung und Grund umstürzt. Und andere solche Dinge.

D: *Dann denkst du, dass er etwas tut, was er nicht tun sollte. (Ja) Ich frage mich, wie er sich mit der dunkle Seite einlassen konnte. Ich dachte, Euer Glaube sei durchweg positiv.*

B: Das ist er. Aber das Universum muss im Gleichgewicht sein.

D: *Glaubst du, dass er das absichtlich tut oder nur, weil er nicht genug weiß?*

B: Wir sind uns nicht ganz sicher, aber wir glauben, dass er es absichtlich tut.

D: *Du hast einmal gesagt, dass ihr versuchen würdet, es herauszufinden. Ich weiß nicht, wie ihr das anstellen könntet, ohne entdeckt zu werden.*

B: Nun, wir arbeiten daran.

D: *Ist es etwas Schlechtes, die dunkle Seite anzustreben?*

B: Das hängt von den Umständen ab. Wenn man die dunkle Seite aus selbstsüchtigen Gründen einruft, dann ist das schlecht, weil es auf einen zurückprallen wird. Aber wenn man die dunkle Seite anruft, um jemandem zu helfen, der wirklich in Not ist, dann ist es in Ordnung.

Anscheinend bemerkte ich nicht, dass das Band hier zu Ende war. Ich weiß nicht, wie viel verloren ging, bevor ich es letztendlich bemerkte und das Band umdrehte. Als es auf der anderen Seite weiterging, bezog ich mich offenbar auf das Geräusch des Ausschaltens des Rekorders und des Umdrehens des Bandes.

D: *... die Atmosphäre. Ich wollte dich nicht stören.*

B: Atmosphäre? Was ist Atmosphäre?

D: *Luft. Wie die Vögel und die Bäume und das Rascheln der Blätter. (Ja) Es war nur ein Geräusch. Es hatte überhaupt keine Bedeutung. (Oh) Als ob man etwas fallen lässt. (Oh) Okay. Aber ich bin sehr an den Warnungen interessiert, weißt du, damit ich keine Dinge tue, die ich nicht tun sollte. Du sagtest, dass wenn man die dunkle Seite aus dem falschen Grund benutzt, etwa aus selbstsüchtigen Gründen, dann wird es auf einen zurückprallen?*

B: Wenn du die dunkle Seite benutzt, um jemanden zu verfluchen, nur weil dir die Art, wie er sich kleidet, nicht gefällt oder so. Da dir die Person nichts getan hat, wird der Fluch, den du ihr auferlegst, nicht haften, sondern zu dir zurückkommen und dich selbst treffen. Manche sagen zweifach, manche zehnfach.

D: Ja, das habe ich auch schon mal mit anderen Worten gehört. Das, was rausgeschickt wird, kommt immer zurück. Gutes oder Schlechtes.

B: Nun, wenn es gut ist, wirkt es, und man muss sich keine Sorgen machen, dass es auf einen zurückprallt. Und genau das bekommt man sowieso nicht zurück. Aber man bekommt die Ergebnisse zurück, die man braucht.

D: Du hast gesagt, dass die dunkle Seite auch zum Guten verwendet werden kann?

B: Sie kann dazu verwendet werden, jemandem zu helfen. Zum Beispiel, wenn jemand, den du kennst, von jemand anderem betrogen wurde. Du kannst sie bei diesen Betrügern anwenden, um die Dinge wieder in Ordnung zu bringen.

D: Du meinst, das verursacht dann Schaden bei den Betrügern?

B: Das wäre nicht nötig.

D: Wie würdest du das Gegenteil nennen? Dinge für das Gute nutzen? Die helle Seite?

B: Es gibt die dunkle Seite, und die andere Seite ist einfach der Weg oder der Pfad. Denn das ist der Weg, auf dem wir unser Leben führen.

D: Dann benutzt ihr die dunkle Seite nicht so oft? (Nein) Das ist sehr gut. Denn die Kirche hat uns andere Vorstellungen von euch gegeben.

B: Das überrascht mich nicht.

D: Man hat lange Zeit versucht, ein falsches Bild von deinen Leuten zu vermitteln. (Ja) Deshalb wollte ich die Wahrheit darüber erfahren, wie ihr wirklich gewesen seid.

B: Das ist gut.

D: *Du sagtest einmal, es gäbe Geschichten, die man den Kindern erzählt, um ihnen zu helfen, sich an die Rituale zu erinnern? Erinnerst du dich daran, dass du mir das erzählt hast? (Ja) Und du sagtest, du könntest mir einige dieser Geschichten erzählen. Sie machten es leichter, sich zu erinnern. Kannst du mir einige davon erzählen?*

B: (Pause) Ich versuche, mich an welche zu erinnern. Manchmal geht es in den Geschichten darum, wie die Rituale angefangen haben.

D: *Kannst du das mit mir teilen?*

B: Es gibt ein Ritual, das wir durchführen – ich versuche, eines auszusuchen, das sich gut erzählen lässt, ohne dass es zu schwierig oder zu kompliziert wäre.

D: *Das ist schon in Ordnung. Ich werde versuchen, zu verstehen und dir zu folgen.*

B: In Ordnung. Es gibt ein Ritual, das wir für die Liebe verwenden, das eine Menge Handgesten beinhaltet. Es erklärt und hilft dabei, sich an das Grundgefühl der Gesten zu erinnern, indem man die Geschichte dieser beiden Schwäne erzählt. Schwäne konnten früher sprechen. Und es gab einen Schwan, der sehr viel Klatsch und Tratsch über alle verbreitete. Und da alle Schwäne für die Menschen gleich aussahen, gab dieser eine Schwan ein schlechtes Bild für alle Schwäne bei den Menschen ab. Die Menschen mochten es nicht, dass der Schwan die Geheimnisse der anderen ausplauderte. Denn ein Schwan konnte herumlaufen und Dinge herausfinden, ohne dass die Menschen es bemerkten. Wer würde einem Schwan schon Aufmerksamkeit schenken? Schwäne sind sehr schön, wenn sie fliegen oder schwimmen, aber wenn sie laufen, sind sie etwas unbeholfen. Und so kam es, dass das Leben für alle Schwäne sehr schwierig wurde. Sie baten den Rat um Hilfe, und die Göttin war auch da. Sie erzählten ihr die Situation und fragten die Göttin, was sie tun sollten. Und sie sagte, sie könne die Situation so regeln, dass dieser eine Schwan nicht mehr tratschen könne. Und gleichzeitig würde sie die Erinnerungen der Menschen so verändern, dass sie sich an die Schwäne als die schönen Geschöpfe erinnern würden, die sie sind. Und sie sagten: »Nun, was müssen wir im Gegenzug dafür geben? Denn wir müssen etwas geben, damit alles im Gleichgewicht bleibt.« Und sie sagte: »Ich werde euch die Macht der Sprache nehmen und ihr werdet alle stumm werden.« Und sie sagten: »Wir können verstehen, warum du das tust, aber wie sollen wir dann kommunizieren? Wie können wir unseren Frauen, unseren Ehemännern sagen, dass wir sie lieben?« Und sie sagte: »Ich werde euch eine schöne Art geben, es zu sagen.« Und so tat die Göttin alles, was sie versprochen hatte. Und wenn man jetzt im Frühling zwei Schwäne beim Werben beobachtet, dann tun sie das, indem sie ihre Hälse und Köpfe umeinander wickeln. Das ist sehr schön anzusehen. Und wir ahmen diese Gesten mit unseren Händen in einigen unserer Liebesrituale nach.

Während dieser Geschichte verschränkte sie ihre beiden Hände und Arme in einer Geste, die die Bewegungen der Vögel nachahmte.

D: *Ich verstehe. Ja, das ist sehr passend. Das ist eine sehr schöne Geschichte. Sie gefällt mir. Und auf diese Weise würde man sich an die Handbewegungen erinnern, die man dazu machen muss. (Ja) Hast du noch andere solche Geschichten, die du mir erzählen könntest?*
B: Lass mich nachdenken. An diese erinnere ich mich am besten, weil es meine Lieblingsgeschichte ist.
D: *Ich kann verstehen, warum das so ist.*
B: Es gibt noch andere Geschichten, aber ich erinnere mich nicht mehr an alle Einzelheiten. Ich kann mich gerade nicht gut an sie erinnern. Aber ich werde darüber nachdenken und versuchen, bereit zu sein, wenn du das nächste Mal kommst.
D: *In Ordnung. Du sagtest, du hättest etwas, das erklärt, wie eure Religion entstanden ist? Wenn ihr es Religion nennt. Eure Wege?*
B: Ja. Es gibt mehrere Legenden darüber, wie unsere Religion entstanden ist. Ich müsste darüber ebenfalls nachdenken, um sicherzugehen, dass ich die Details der einen Geschichte nicht mit denen der anderen verwechsle.
D: *Ich bin dankbar für alles, was du mir sagen kannst.*
B: Habe nur Geduld mit meinem langsamen Gedächtnis.
D: *Ich weiß, wenn man versucht, eine Geschichte zu erzählen, kann man immer etwas durcheinanderbringen. (Ja) Das ist ganz*

normal. Aber ich würde sie gerne hören, damit ich sie an andere Leute weitergeben kann, die diese Geschichten vielleicht vergessen haben.

B: Ja. Sorge dafür, dass es nur diejenigen sind, die unseren Weg gehen.

D: *Ja. Das ist es, was ich versuche zu tun. Ihnen all diese Informationen weiterzugeben. Und sie können dann sehen, wie es sich verändert hat. (Ja) Deshalb will ich die Informationen an sie weitergeben. Sie haben diese Geschichten vielleicht vergessen.*

B: Könnte sein.

D: *Willst du über die Geschichten nachdenken oder willst du andere Leute fragen?*

B: Beides. Ich werde auch mit Grendell darüber sprechen.

D: *Oh, sie muss ein gutes Gedächtnis haben.*

B: Ja, das tut sie.

D: *Ich würde auch gerne wissen, welche Pflanzen ihr verwendet, aber du sagtest, sie hätten keine Namen.*

B: Ja. Ich weiß, dass sie keine Namen haben. Aber es scheint so, als ob diese Sprache, in der ich mit dir spreche, Namen für einige der Pflanzen zu haben scheint. Ich werde mal sehen, ob ich auch daran denken kann und den richtigen Namen mit der richtigen Pflanze verbinde.

D: *Weil du weißt, wie sie aussehen. (Ja) Wir haben jetzt vielleicht auch andere Namen für sie. Du hast gesagt, manche Pflanzen sind giftig und man muss sehr vorsichtig sein. (Ja) Wenn ich dich das nächste Mal sehe, könntest du dann vielleicht die Geschichten parat haben und Dinge, die ich weitergeben kann. (Ja) Nun, wie läuft es mit dir und Roff? (Sie korrigiert meine Aussprache.)*

B: Einerseits gut, andererseits schlecht. Wir treffen uns zum Liebesspiel und es läuft sehr gut. Aber es heißt, dass er weggeschickt werden soll und nicht mehr zurückkommen wird.

D: *Oh. Tut mir leid, das zu hören. Ist er immer noch ein Knappe?*

B: Er wird bald zum Ritter geschlagen und dann wird er weggeschickt.

D: *Warum kann er nicht bleiben?*

B: Er wird hier nicht gebraucht. Es gibt genug Ritter hier.

D: *Ich weiß, du möchtest, dass er bleibt, nicht wahr?*

B: Ja. Er weiß es nicht, aber ... letzte Nacht hätte ich uns auf unsere Art verheiraten können. Aber er kennt unsere Art nicht, also habe ich es nicht getan. Es ist geheim, und er würde es nicht merken, bis ich das Seil um seine Arme gelegt habe ... Aber dann würde er sich fragen, was los ist.

D: *Kannst du mir sagen, wie du es gemacht hättest?*

B: Ich wusste nicht, wie. Deshalb habe ich es nicht getan.

D: *Oh, du kanntest die einzelnen Schritte nicht?*

B: Ich kannte die Schritte. Ich habe nur versucht, einen Weg zu finden, es zu tun, ohne Roff zu verärgern.

D: *Wie würde es ablaufen, wenn du heiratest?*

B: Zuerst geht man um die Baumgruppe herum und dann in die Mitte. Dort ist ein Stein. Und auf den Stein legt man etwas für die Erdmutter, je nach Jahreszeit. Gestern Abend sind wir um die Baumgruppe herumgegangen, und ich habe einen Blumenstrauß auf den Stein gelegt. Und nachdem man etwas für die Erdmutter auf den Stein gelegt hat, dreht man sich um und schaut sich gegenseitig in die Augen. Es gibt verschiedene Möglichkeiten, sich gegenseitig Treue zu schwören. Man tut es vor der Göttin. Und nachdem man sich die Treue geschworen hat, besiegelt man es, indem man ein Blumenseil um beide Menschen legt. Einen Blumenkranz, den das Mädchen vorbereitet hat. Das besiegelt den Bund vor den Augen von Mutter Erde und allen, die dabei zusehen können. Es ist am besten, es bei zunehmendem Mond zu tun. Es sollte nicht in der Dunkelheit des Mondes gemacht werden. Es sollte Mondlicht dafür vorhanden sein.

D: *Warum konntet ihr das nicht tun?*

B: Weil er mir keinen Heiratsantrag gemacht hat. Er hätte sich gewundert, wenn ich ihm meine Liebe geschworen hätte. Und er hätte sich gewundert, warum ich eine Blumenkette um uns gewickelt und die rituellen Gesten gemacht hätte.

D: *Hättest du ihm nicht sagen können, dass es nur eine Geste der Liebe ist oder so etwas?*

B: Nein, das konnte ich nicht, denn er hat keinen Verdacht, was uns betrifft.

D: *Oh. Ich dachte, er wüsste vielleicht von einigen der Dinge, die du tust.* (Nein) *Du könntest nicht einfach sagen, dass dies eine Art ist, deine Liebe zu zeigen? Dann hättest du ihn ausgetrickst, nicht wahr?*

B: Ja, und das kann man nicht tun.
D: *Du bist also traurig, weil du es nicht geschafft hast?*
B: Zum Teil. Anscheinend bin ich nicht gewillt, es zu tun. Und es scheint, als ob ich mir jemand anderen suchen muss, wenn ich verheiratet sein will. Roff ... er ist gut darin, sich im Heu zu wälzen, aber er hat keine Lust, zu heiraten.
D: *Du meinst, du hast das Bedürfnis, zu heiraten? (Ja) Gibt es dafür einen Grund? (Ich dachte, sie könnte schwanger sein.)*
B: (Traurig) Damit ich nicht mein ganzes Leben lang allein bin. Ich brauche jemanden, der ein Teil meines Lebens ist. Ich bin immer allein gewesen. Ich brauche jemanden, der sich kümmert. Jemanden, der für mich da ist, bis wir alt sind.
D: *Aber so alt bist du doch gar nicht, oder? Warum machst du dir Sorgen über das Alleinsein?*
B: Ich bin alt genug. Ich bin im heiratsfähigen Alter. Man muss früh darüber nachdenken. Denn man weiß nie, wann die eine oder andere Krankheit kommt und einen holt. Oder deinen Lebensgefährten holt. Oder alle deine Freunde und deine Familie.
D: *Das ist wahr. Diese Dinge kommen unerwartet. Aber er wird weggehen. Wenn du ihn heiraten würdest, könntest du dann mit ihm gehen?*
B: Nein, das könnte ich nicht. Das hat mir geholfen zu erkennen, dass ich jemand anderen finden muss.
D: *Es wäre dir nicht erlaubt, ihm zu folgen?*
B: Nein. Nicht unter diesen Umständen.
D: *Dann wäre er wirklich keine gute Wahl, abgesehen davon, dass du ihn liebst. (Ja) Wird er bald gehen?*
B: (Unsicher.) Ich glaube schon.
D: *Dann wäre er auch keine gute Wahl für die Lady Joslyn gewesen, oder?*
B: Aber die Lady Joslyn könnte ihm folgen, denn sie ist nicht wie ich an hier gebunden. Sie ist eine Dame. Sie hat ein Pferd, mit dem sie reiten kann, wohin sie will. Und wenn sie und Roff heiraten würden, könnte sie auch dorthin gehen, wohin er geht.
D: *Ich verstehe. Ich dachte, es wäre dasselbe, und du könntest mit ihm gehen.*
B: Nein, ich bräuchte die Erlaubnis des Gutsherrn.

D: *Würde er sie dir nicht geben?*
B: Das weiß man nie. Er verhält sich sehr anders. Er verhält sich seltsam. Manche Leute sagen, er sei verhext worden, aber wir wissen es besser.
D: *Was denkt ihr, was es ist?*
B: Ich weiß es nicht. Ich denke, dass vielleicht eine wundersame Krankheit auf ihn einwirkt.
D: *Inwiefern verhält er sich anders?*
B: Weil er so viel Zeit im Turm verbracht hat. Er will tagsüber nicht gestört werden. Und er redet im Kreis und bekommt plötzliche Wutausbrüche, die in keinem Verhältnis zur Situation stehen.
D: Das sind Dinge, die er vorher nicht getan hat?
B: (Seufzend) Na ja, ein paar schon, aber es wird immer schlimmer mit ihm. (Plötzlich) Es ist heiß! Wie ist es so heiß geworden?

Es war heiß in dem kleinen Zimmer und wir richteten den Ventilator auf Brenda. Hitze machte Brenda zu schaffen und sie litt sehr darunter. Die einzige Möglichkeit, im Sommer eine Sitzung mit ihr abzuhalten, bestand darin, den Ventilator laufen zu lassen, obwohl das Tonbandgerät die Motorgeräusche aufnahm. Beim Transkribieren musste ich damit umgehen, denn es ist am allerwichtigsten, dass sich die Person wohlfühlt.

D: *Oh, ich weiß es nicht. Weht eine Brise? (Nein) Vielleicht liegt es daran, dass die Bäume sie abhalten.*
B: Nein, hier ist es angenehm. Aber ich spüre, dass es dort, wo du bist, heiß ist.

Interessanterweise wurde sie in ihrer Zeit von dem beeinflusst, was sich in unserer Zeit ereignete.

D: *Ein bisschen schon. Aber es wird dich nicht stören. Eine kühle Brise weht durch.*
B: Ich spüre keine kühle Brise. Ich spüre nur, wo du bist. Und dort, wo du bist, ist es zu heiß. Es ist unangenehm.
D: *Na gut. Du kannst jederzeit woanders hingehen, wo es angenehmer ist.*

B: Ich fühle mich wohl. Ich spreche davon, dass es dort, wo du bist, nicht angenehm ist. In meinem Geist.

D: *Hm, es ist seltsam, dass du das spürst, nicht wahr? (Ich versuchte, sie von der Hitze im Raum abzulenken.) Nun, es tut mir leid, dass du und Roff Probleme habt. Ich spreche seinen Namen immer falsch aus. Tut mir leid.*

B: Das ist in Ordnung. Du hast auch Schwierigkeiten mit meinem. Du scheinst mit jedem Namen Schwierigkeiten zu haben, außer mit dem von Joslyn.

D: *Du hast recht. Es liegt daran, dass mir die Namen nicht vertraut sind. (Oh) Es sind andere Namen als die, die wir benutzen.*

B: Du kennst also auch Joslyn. Du tust mir leid.

D: *Ja, das ist ein Name, den ich schon einmal gehört habe, aber die anderen Namen sind nicht üblich.*

B: Es tut mir leid, dass du sie kennst, die Lady Joslyn.

D: *Ich kenne sie nicht. Aber ich kenne den Namen. (Lachen) Ich glaube nicht, dass ich sie kennen möchte. (Oh) Nein, ich kenne nur den Namen. Es ist ein Name, den ich schon gehört habe. Die anderen Namen habe ich nicht gehört. Deshalb habe ich auch Probleme, sie auszusprechen. (Ja) In Ordnung. In ein paar Augenblicken wird es hier kühler werden, damit es dich nicht stört. Wir können die Fenster öffnen und einen Luftzug hereinlassen.*

Ein Vorhang war vor das nächstgelegene Fenster gezogen, um den Raum zu verdunkeln. Er könnte den Luftzug blockiert haben.

B: Fenster? Was ist ein Fenster?

D: *Es ist eine Öffnung in der Wand.*

B: Oh! Wir haben Öffnungen mit Fensterläden.

D: *Ja, ich muss die Fensterläden öffnen, dann kommt eine kühle Brise rein. Die Fensterläden sind gerade geschlossen. Vielleicht ist es deshalb so heiß.*

B: Vielleicht.

D: *Aber das wird dich überhaupt nicht stören, solange du dich dort wohl fühlst, wo du bist.*

B: Es ist schwer, zu atmen.

Ich gab weiterhin beruhigende Suggestionen, um das Unbehagen zu lindern, aber es schien nicht zu helfen. Astelle schien zu spüren, dass sich der Körper in unserer Zeit unwohl fühlte. Während ich mit ihr sprach, stand ich auf und zog den Vorhang vom Fenster weg, das ihr am nächsten war. Ich hoffte, dass dadurch etwas Luft hereinströmen würde. Außerdem beschloss ich, sie in eine andere Szene zu versetzen, in der Hoffnung, sie noch mehr abzulenken. Entweder funktionierte es oder die Luft zirkulierte endlich, denn als sie die nächste Szene betrat, schien sie wieder normal zu werden.

D: *Was machst du gerade?*
B: Ich werde heiraten.

Das war eine Überraschung. Ich bat sie, mir davon zu erzählen.

B: Ja. Roff ist gegangen.
D: *Ist er das?*
B: Ja, er ist weggegangen.
D: *Als Ritter?*
B: Ja. Und ich habe ihn nie wieder gesehen. Ich glaube, ich werde ihn immer in guter Erinnerung behalten. Nachdem er weg war, gab es einen Mann, der sich um die Pferde kümmerte. Er war neu. Und er verstand den Schmerz. Ihm war etwas Ähnliches passiert, und wir haben uns viel unterhalten. Wir kamen sehr gut miteinander aus. Und wir fühlten uns sehr wohl miteinander. Er fing an, besondere Dinge für mich zu tun. Und wir fanden heraus, dass er einer von uns war. Er wusste nicht, dass es hier einige von uns gibt. Er hatte aber gehofft ... er hatte sich gewünscht, dass es welche gibt. Und eines Abends erwischte ich ihn dabei, wie er zum Mond gestikulierte, so wie wir es zu Ehren der Göttin tun. Ich sagte ihm nicht, dass mir das aufgefallen war, aber ich erzählte es den Ältesten der Gruppe, damit sie entscheiden konnten, was zu tun ist. Und einer von ihnen näherte sich ihm auf sehr geschickte Weise. Und während sie sich unterhielten, machten sie obskure Anspielungen auf die Göttin, und zwar auf eine Art und Weise, die nur ein Anhänger der Göttin bemerken und erkennen

würde. Er gab die richtigen Antworten. Und so konnten sie schließlich offen darüber sprechen, ob er der Göttin folgte oder nicht.

D: *Auf diese Weise bestand keine Gefahr für ihn von der Inquisition. Als ihr sicher wart, dass er einer von euch war.*

B: Ja. Und so beschlossen wir, da er vorhatte, hier zu bleiben und sein Leben hier zu verbringen – er kam hierher, um dem Schmerz zu entfliehen. Er kam von weit her. Ich bin mir nicht sicher, woher. Die Inquisition hatte sich seiner Frau bemächtigt. Er ist ein Witwer. Er ist noch jung. Seine Frau war ungefähr so alt wie ich. Und so gab es dort zu viele Erinnerungen für ihn. Er wollte dem entfliehen. Und da er über einige Fähigkeiten verfügt – er kann gut mit Pferden umgehen, er kann mit ihnen kommunizieren und sie beschlagen –, wusste er, dass er auf ein anderes Landgut gehen könnte und dass man ihm erlauben würde, dort zu leben und zu arbeiten.

D: *Normalerweise kommen keine Fremden zu euch, oder?*

B: Nein. Er verstand den Schmerz, den ich durchgemacht hatte.

D: *Was ist mit seiner Frau passiert? Hat er dir das erzählt?*

B: Es ist sehr schmerzhaft für ihn, darüber zu sprechen. Die Inquisition hat sie gefoltert, weil sie auch eine von uns war. Sie haben sie verdächtigt, aber sie hat nie etwas zugegeben. Und sie folterten sie, bis sie starb.

D: *Glaubst du, sie haben einfach etwas gesehen oder vermutet? Normalerweise seid ihr sehr vorsichtig.*

B: Ja. Ich vermute, dass eines der Inquisitionsmitglieder mit ihr schlafen wollte und sie es nicht tun wollte. Er sagte, sie sei sehr schön gewesen. Und da sie nicht mit diesem Mitglied der Inquisition schlafen wollte, beschlossen sie, sich auf andere Weise zu vergnügen. Denn es wird oft gesagt, dass sie kommen, während sie Menschen foltern.

D: *Oh. Das macht ihnen auf seltsame Weise Vergnügen?*

B: Ja. Und so konnte er mir helfen und ich konnte ihm helfen.

D: *Hatten sie Kinder?*

B: Sie war zu der Zeit schwanger.

D: *Das würde die Erinnerung daran noch schmerzhafter machen, nicht wahr? (Ja) Ich kann verstehen, warum er wegziehen wollte. Er wäre dort auch in Gefahr gewesen, oder nicht?*

B: Ja. Sie wären als nächstes hinter ihm her gewesen. Und so sammelte er alle Werkzeuge, die er auftreiben konnte, und nahm sie mit, obwohl sie ihm eigentlich nicht gehörten. Er nahm die Werkzeuge mit, damit er überall hingehen und arbeiten konnte.

D: *Hat er einen langen Weg hinter sich?*

B: Ich glaube schon. Er sah sehr staubig und erschöpft aus, als er hier ankam. Er ist jetzt schon einige Monate hier. Wir brauchten jemanden wie ihn. Und wenn er nicht gerade mit den Pferden beschäftigt ist, hilft er bei der Reparatur der Waffenkammer. Aber seine Hauptverantwortung liegt bei den Pferden.

D: *Ich freue mich sehr für dich. Heiratet ihr auf eure Art?*

B: Ja. Wir sind alle hier. Diejenigen von uns, die der Göttin folgen. Es kommt nicht oft vor, dass wir eine Hochzeit zu Ehren der Göttin abhalten können. Und das ist ein Grund zum Feiern.

D: *Bist du bei der Baumgruppe?*

B: Ja. Am Stein.

D: *Wirst du mit diesem Mann im Haus leben?*

B: Nein, er hat eine eigene Hütte. Wir werden dort wohnen.

D: *Wie ist sein Name? Ich habe dich das noch nicht gefragt.*

B: Das stimmt, das hast du nicht. Ich überlege gerade, ob ich dir seinen inneren oder äußeren Namen sagen soll.

D: *Was meinst du?*

B: Diejenigen von uns, die der Göttin folgen, haben Namen, unter denen wir nur untereinander bekannt sind, und wir haben die normalen Namen, die wir anderen Leuten sagen.

D: *Kannst du mir beide sagen?*

B: Ich denke nicht, dass ich dir seinen inneren Namen sagen werde, aber ich werde dir seinen äußeren Namen sagen.

D: *Damit ich weiß, von wem du sprichst.*

B: Mein Mann, ja. Ja, ich habe noch lange an Roff gedacht. Ich frage mich, was er jetzt macht?

D: *Nun, es ist ganz natürlich, dass du an ihn denkst.*

B: Ja, ich glaube schon.

D: *Wie lautet der äußere Name deines Mannes?*

B: Lass mich nachdenken. Ich benutze ihn nie. (Ich lachte.) Einen Moment. Mein Gedächtnis versagt wieder einmal.

D: *(Lachen) Na ja, du hast im Moment andere Dinge im Kopf.*

B: Das ist richtig.

D: *Wie nennen ihn die anderen?*

B: Sein äußerer Name ist Gundevar. (Phonetisch. Ich ließ es sie wiederholen.)

D: *Oh, das wird schwer für mich auszusprechen sein. Kannst du es noch einmal sagen?*

B: (Langsam) Gun-devar. (Phonetisch. Ich sprach es ihr nach.)

D: *Okay. Und so wird er von anderen genannt? (Ja) Das ist ein ziemlich seltsamer Name.*

B: Ja. Ich weiß nicht, was für Leute seine Familie waren, dass sie so seltsame Namen benutzten.

D: *Nun, der einzige Name, unter dem ich dich kenne, ist Astelle.*

B: Ja, das ist mein äußerer Name.

D: *Kannst du mir deinen richtigen Namen sagen?*

B: Nein, ich glaube nicht.

D: *Ich dachte, du vertraust mir so, dass du es mir sagen kannst.*

B: Ich vertraue dir ja. Aber man sagt, sogar die Bäume haben Ohren. Die Inquisition ist überall. In letzter Zeit waren sie sehr schlimm. Vielleicht kann ich es dir sagen, wenn die Inquisition nicht mehr so stark ist. (Sie hielt inne und sprach dann sehr schnell.) Ich werde es dir ganz schnell sagen. Sharra. (Phonetisch. Es hatte einen merkwürdigen Tonfall. Ich ließ es sie wiederholen und versuchte, es auszusprechen.) Fast, aber nicht ganz. Es ist schwer auszusprechen, wenn man es nicht gewöhnt ist.

D: *Hat das eine Bedeutung?*

B: Ich glaube, es bedeutet Anhängerin der Sterngöttin.

D: *Warum habt ihr zwei Namen?*

B: Unsere inneren Namen enthalten Kraft. Äußere Namen bedeuten nicht wirklich etwas. Sie sind nur Klänge. Astelle, Gundevar, Roff, Joslyn. Es sind nur Laute, mit denen man jemanden bezeichnet. Aber die inneren Namen haben eine Bedeutung, die ihnen Kraft verleiht, die man in den Ritualen nutzen kann.

D: *Dann hat jeder von euch zwei Namen.*

B: Ja, außer bei den ganz kleinen Kindern. Wenn Kinder geboren werden, bekommen sie nur ihre äußeren Namen. Wir müssen erst ihre Persönlichkeit und ihre Eigenschaften beobachten und sehen, welche Rituale sie am besten beherrschen, bevor man ihnen einen inneren Namen geben kann, der gut zu ihrem Leben passt.

D: *Dann erhalten sie erst nach einer ganzen Weile ihren richtigen Namen.*

B: Nicht vor der ersten Einweihung. Normalerweise, wenn sie sieben Jahre alt sind, nachdem ihnen zu Hause von ihren Eltern die Dinge beigebracht wurden, die sie wissen müssen.

D: *Werden sie während der Initiation befragt?*

B: Ja. Und sie werden über ähnliche Rituale befragt, um zu sehen, ob sie wissen, wie man sie durchführt, und ob sie die richtigen Antworten für die Gruppenrituale kennen, die wir durchführen. Außerdem wird geprüft, wie gut sie Geheimnisse bewahren können.

D: *Ja, man kann einem Kind nichts sagen, was eine Gefahr für die Gruppe darstellen könnte, oder?*

B: Außer, dem Kind wurde beigebracht, verschwiegen zu sein.

D: *Darfst du mir von diesen Initiationsritualen irgendwann einmal erzählen? (Ja) Und dann kann ich sehen, wie sie sich verändert haben. (Ja) Was machst du heute Abend nach der Zeremonie? Gehst du in die Hütte?*

B: Heute Nacht, nach der Zeremonie, werden die anderen heimgehen und wir werden bei der Baumgruppe schlafen, unter dem Steinbogen. Es gibt zwei steinerne Säulen, und da war auch mal ein Querbalken, aber er ist umgefallen. Also haben wir einen Eichenbalken an seine Stelle gesetzt.

D: *War das schon vorher da oder habt ihr es gebaut?*

B: Ich weiß es nicht. Es ist sehr alt.

D: *Hast du das gemeint, als du von einem Stein sprachst?*

B: Es gibt einen Altar ... nun, nicht wirklich einen Altarstein. Es gibt einen anderen Stein parallel zum Steinbogen, den wir für Rituale benutzen. Er ist auf der Oberseite flach.

D: *Aber der Steinbogen wird für nichts verwendet?*

B: Doch, für Rituale. Und heute Nacht werden Gundevar und ich unterhalb des Bogens und des Steins schlafen. Dann, in den frühen

Morgenstunden, wenn es noch dunkel ist und uns niemand sieht, werden wir zu seinem Haus gehen, damit die Leute auf dem Gut keinen Verdacht schöpfen.

D: Hätten sie etwas dagegen, dass ihr verheiratet seid?

B: Nein. Es ist ihnen egal, ob wir heiraten oder nur zusammenleben. Sie wissen, dass wir nicht das Geld haben, um den Priester für die Heirat zu bezahlen.

D: Seid ihr sehr alt, wenn das geschieht?

B: Ich bin dreiundzwanzig, was als ziemlich alt zum Heiraten angesehen wird. Die meisten heiraten, wenn sie sechzehn oder siebzehn sind.

D: Nun, ich möchte, dass ihr euch amüsiert. Darf ich wieder mit dir sprechen, wenn ich wiederkomme? (Ja) Ich werde dann viele Fragen an dich haben. Ich freue mich sehr für dich.

B: Ich danke dir.

D: Ich hoffe, du wirst mit ihm glücklich werden.

B: Das werde ich.

(Das Subjekt wurde wieder aus der Trance geholt.)

Nachdem ich den Vorhang zurückgezogen hatte, schien sie nicht mehr von der Hitze im Raum beeinträchtigt zu sein. Ich glaube, die andere Persönlichkeit hatte einen interessanten Weg gefunden, mir mitzuteilen, dass sich der Körper, durch den sie sprach, unwohl fühlte. Auf irgendeine Weise hatte sie es durch die Zeit hindurch gespürt.

Kapitel 10
Legenden und Geschichten
(Aufgenommen am 19. Juni 1986)

Ich verwendete die Schlüsselwörter und zählte sie zurück in die Zeit von Astelle.

D: *Wir gehen zurück in die Zeit, in der Astelle in Flandern lebte. Sie wollte mir einige der Legenden und Geschichten aus dieser Zeit erzählen und sie wollte sicher sein, dass sie sie richtig erzählt. Ich möchte, dass wir uns in diese Zeit zurückversetzen, in eine Zeit, in der sie Zugang zu den Informationen hatte, die sie mir geben wollte. Ich zähle bis drei, und dann sind wir wieder in dieser Zeit. 1, 2, 3, wir sind in die Zeit zurückgekehrt, in der Astelle lebte. Was tust du gerade?*

B: Ich sitze bei mir zu Hause vor dem Kamin.

D: *Hast du eine eigene Wohnung?*

B: Seit ich verheiratet bin.

D: *Wie muss man sie sich vorstellen?*

B: Wenn man durch die Tür geht, sieht man links im Raum den Ofen, der mein Haus beheizt. Dort koche ich auch. Und es gibt ein paar Dinge, mit denen ich koche. Ein Stückchen vom Ofen entfernt steht der Tisch mit zwei Stühlen und einem Hocker. Ich sitze auf dem Hocker neben dem Kamin. Und dann rechts von der Tür am anderen Ende ist der Raum, in dem mein Mann und ich schlafen. Wir haben ein Bettgestell mit Seilen, die quer über das Bett gespannt sind, und darauf liegen die Decken und so weiter.

D: *Gibt es viele Zimmer?*

B: Nein, nur das eine.

D: *Seid ihr schon sehr lange verheiratet?*

B: Ja, wir sind jetzt seit etwa fünf Jahren verheiratet.

D: *Arbeitest du immer noch in dem großen Haus?*
B: Nein, das tue ich nicht mehr. Ich muss mich um meine Familie kümmern. Ich habe drei Kinder und ein viertes ist unterwegs.
D: *Oh, du hast in fünf Jahren eine Menge getan. Sind es Jungs oder Mädchen?*
B: Das älteste ist ein Mädchen. Das in der Mitte ist ein Junge, und das jüngste ist ein Mädchen. Und die, die auf dem Weg ist, ist auch ein Mädchen.
D: *Woher weißt du das?*
B: Ich habe meine Wege.
D: *Das war schon immer eines der bestgehüteten Geheimnisse.*
B: Diejenigen von uns, die dem alten Weg folgen, können das herausfinden. Wenn du in Harmonie mit der Göttin bist, wird die Göttin dir viele Dinge sagen. Und die Göttin ist besonders auf das Leben und das Schenken von Leben eingestimmt. Es gibt also Wege, um die Qualität des Lebens herauszufinden, ob es ein Junge oder ein Mädchen ist.
D: *Kannst du mir sagen, wie?*
B: Es gibt verschiedene Möglichkeiten, das zu tun. Eine Möglichkeit ist, dass man einen kleinen Kieselstein nimmt, am einfachsten ist einer mit einem Loch. Aber man nimmt entweder einen Kieselstein oder eine Münze und bindet einen Faden darum, so dass er schwingen kann. Dann hält man den Faden so, dass der Kieselstein am Faden hängt. Die Länge des Fadens sollte dem Abstand zwischen seinem Handgelenk und der Innenseite seines Ellenbogens entsprechen. Und man nimmt ihn mit der Hand auf, mit der man ihn am besten greifen kann. Für manche Menschen ist es die rechte Hand, für manche die linke. Man nimmt ihn und hält den Kieselstein, der an der Schnur hängt, über dem oberen Ende des Handgelenks der anderen Hand, mit einem Abstand von etwa vier Fingern zwischen den beiden.
D: *Auf der Außenseite oder der Innenseite des Handgelenks?*
B: Auf der Außenseite. Man legt seine Hand auf sein Knie oder etwas Ähnliches. Und man hält sie dort und entspannt sich und denkt an sein Baby. Man muss schwanger sein, wenn man das tun. Man denkt an sein Baby. Und wenn es ein Mädchen ist, dann schwingt

es im Kreis nach rechts. Wenn es ein Junge ist, wird es entweder im Kreis nach links schwingen oder einfach hin und her.

D: Hast du das auch gemacht, als du mit den anderen Kindern schwanger warst? (Ja) War es korrekt? (Ja) Und du sagtest, es gibt noch andere Möglichkeiten, das festzustellen?

B: Ja, es gibt kompliziertere Wege. Aber sie sind auch nicht genauer als diese Methode. Das ist der Weg, den ich anwende, weil er nicht so schwierig ist, und er ist exakt. Aber es wird auch gesagt, dass es einige gibt, die diese Methode nicht anwenden können, genauso wie es einige gibt, die kein Wasser hexen können. Die Fähigkeit ist dann einfach nicht vorhanden. Man muss dafür mit der Erdmutter im Einklang zu sein.

D: Weißt du, wie man Wasser hext?

B: Ich weiß davon, ich weiß wie, aber ich habe es noch nie selbst gemacht. Ich habe das Gefühl, dass ich es könnte. Es gibt nur einen in unserer Gruppe, der das sehr gut kann, also überlasse ich es ihm. Normalerweise nimmt er einen grünen Zweig, der an einem Ende gespalten ist, und geht über die Stelle, an der unterirdisches Wasser gefunden werden kann. Der Zweig wird an der richtigen Stelle zucken. Und je nachdem, wie er zuckt und wie er sich anfühlt, kann er dir sagen, wie tief du für deinen Brunnen graben musst.

D: Diese Methode wird auch noch zu meiner Zeit angewendet.

B: Das ist eine sehr alte Methode.

D: Dann ist es eine, die nicht in Vergessenheit geraten ist.

Zwei Beispiele für das Rutengehen, die zeigen, dass es das schon lange gibt und sich die Methode kaum verändert hat.

D: Ich dachte, dass man im großen Haus weiterarbeiten muss. Dass man nicht weggehen kann, wenn man dort Diener war.

B: Ich bin nicht weggegangen. Ich wohne immer noch hier auf dem Gelände. Mein Mann arbeitet immer noch für den Herrn. Es stimmt, dass ich normalerweise in der Küche bleiben müsste. Aber wir haben in der Gruppe beschlossen, dass es besser wäre, wenn ich nur einen Teil der Zeit in der Küche arbeiten würde. Und so haben wir ein Ritual gemacht, um die Situation zu ändern.

D: *Sie lassen dich also zu Hause bleiben?* (Ja) *Das wäre sonst mit den Kindern schwierig gewesen, nicht wahr?* (Ja) *Es sei denn, du hättest die Kinder auch mit in die Küche gebracht.*

B: Wenn ich eines hätte, das säugt, dann hätte ich es mitbringen können. Die anderen beiden müssten ... es gibt einen Ort, wo die Kinder der Bediensteten bleiben können, um zu spielen. Und ich müsste die anderen dorthin bringen.

D: *Nun, es macht dir wahrscheinlich sowieso nichts aus, nicht in der Küche zu arbeiten, oder?*

B: Nein. (Kichern) Es hat das Leben für Lady Joslyn interessant gemacht.

D: *Inwiefern?*

B: Sie sieht mich nicht mehr. Sie kann mich nicht mehr mitten in der Nacht rufen lassen, um mich zu verprügeln.

D: *Ich habe über Lady Joslyn nachgedacht. Hat sie jemals einen Ehemann gefunden?*

B: Nein, ich vermute, das wird sie nicht mehr. Sie ist jetzt eine alte Jungfer. Sie ist zweiunddreißig.

D: *Ich wette, sie ist noch frustrierter als sonst.*

B: Sehr sauer, ja.

D: *Ich kann mir vorstellen, dass sie wahrscheinlich sowieso eifersüchtig auf dich ist, weil du jetzt verheiratet bist. Sie war schon immer eifersüchtig, wie es schien.*

B: Ja, aber sie würde das nie zugeben. Das wäre unter ihrer Würde, glaube ich, unter ihrem Stand.

D: *In gewisser Weise tut sie mir leid.*

B: Sie hat es sich selbst zuzuschreiben, denn jeder Mensch hat seinen Weg zu gehen. Das Schicksal spinnt das Garn des Lebens, und die eigenen Handlungen bestimmen das Weben dieses Garns. Und die Art und Weise, wie es am Ende ausgeht, wird durch die Handlungen im Leben bestimmt. Was immer also geschieht, hat man sich selbst eingebrockt, entweder in diesem oder im letzten Leben.

D: *Das leuchtet mir ein. Glaubst du denn, dass man mehr als ein Leben hat?*

B: Ja, aber das hat die Kirche für ketzerisch erklärt. Obwohl sie es früher auch so gelehrt haben. Aber nicht viele Leute erinnern sich daran.

D: *Ich weiß heute, dass sie es aus ihren Lehren herausgenommen hat. Und ich habe mich gefragt, ob es in den alten Zeiten gelehrt wurde.*

B: Das wurde es, aber es wurde unterdrückt. Und nachdem es lange genug unterdrückt worden war, konnten sie die entsprechenden Schriften aus der Bibel herausnehmen. Sie mussten sie nur so lange unterdrücken, bis sie aus dem Gedächtnis der Menschen verschwunden waren, damit niemand das Herausgenommene vermisste.

D: *Hast du jemals von den Schriften gehört, die unterdrückt und herausgenommen wurden?*

B: Man hört einige Geschichten, aber es gibt so viele Gerüchte über die Kirche, dass man nicht mehr weiß, was wahr ist und was nicht.

D: *Weißt du, was es war?*

B: Nun, es ging um die Lehre von mehr als einem Leben. Ich habe nie gewusst, was es bedeutet.

D: *Ich war einfach neugierig. Denn ich bin immer auf der Suche nach den Dingen, die entfernt wurden und verloren gegangen sind.*

B: Ja. Und es wird gesagt, dass in der Bibel steht, dass man nichts wegnehmen soll. Aber die Priester frönen dem regelmäßig.

D: *Warum, glaubst du, wollten sie es herausnehmen?*

B: Wenn man weiß, dass man eine weitere Chance hat, sind die Drohungen der Priester nicht so wirksam. Wenn man denkt, dass dieses Leben die einzige Chance ist, dann hilft das den Priestern, mehr Macht auszuüben und mehr zu unterdrücken. Es ist nicht on Ordnung, dass sie das herausgenommen haben.

D: *Sie tun all diese Dinge, um Macht und Kontrolle zu erlangen?*

B: Ja, das ist wahr. Sie begreifen nicht, dass sie auf eine andere Weise vielleicht nicht so viel Macht hätten, aber viel mehr Respekt bekommen würden, was an sich schon Macht ist.

D: *Gibt es die Inquisition noch?*

B: Sie haben ihre Bemühungen verlagert. Sie sind jetzt in einem anderen Teil des Landes und konzentrieren sich darauf. Sie waren schon seit ein paar Jahren nicht mehr hier.

D: *Fühlt ihr euch sicherer? Deine Gruppe muss sich nicht mehr so viele Sorgen machen?*
B: Ja, aber wir werden nicht unvorsichtig werden.
D: *Ihr werdet immer noch verschwiegen sein, nur für den Fall. (Richtig) Ich würde gerne etwas wissen. Wenn es unpassend ist ... wenn ich eine Frage stelle, die dir nicht gefällt, sag es mir einfach. Du sagtest, dass du jetzt drei Kinder hast und ein weiteres bekommst. Ich frage mich, warum du nicht schwanger geworden bist, als du mit Roff zusammen warst.*
B: Es gibt Möglichkeiten, eine Schwangerschaft zu verhindern oder eine Schwangerschaft zu fördern. Wenn man in Harmonie mit der Erdmutter ist, kann man bestimmen, ob und wann man ein Kind bekommen will.
D: *Ich dachte, du hättest damals leicht schwanger werden können.*
B: Unter normalen Umständen, ja, aber ich wollte es nicht, also bin ich es nicht geworden.
D: *Kannst du diese Methode mit mir teilen? In unserer Zeit wissen einige Leute nicht, wie sie das kontrollieren können.*
B: Das ist eine mentale Sache. Etwas, das man üben muss, seit man jung ist. (Pause) Es ist schwer zu erklären. Ich bin mir nicht sicher, ob ich es in Worte fassen kann. Es gibt einen Punkt, etwa in der Mitte zwischen einer Periode und der nächsten. Es geht um eine bestimmte Anzahl von Tagen, aber das ist von Person zu Person unterschiedlich. Und an diesem Punkt muss man ein bestimmtes Ritual mit sehr viel mentaler Disziplin durchlaufen, sonst ist man einen Monat später schwanger.
D: *Kannst du mir sagen, was das für ein Ritual ist?*
B: Du gehst nachts in den Hain und hast bestimmte Gegenstände dabei. Du hast ein paar Haare vom Kopf deines Geliebten, und du hast ein paar Haare von dir, und du hast ein Ei. Und in dem Ritual sagst du den Mächten, dass du und dein Geliebter zwar in Liebe vereint seid – und dafür machst du in dem Ritual etwas mit den Haaren. Ich will hier nicht zu sehr ins Detail gehen. Du sagst ihnen, dass du aber keine Frucht aus der Vereinigung wünschst. An diesem Punkt brichst du das Ei auf und zerschlägst es auf dem Boden, um zu symbolisieren, dass aus der Vereinigung nichts entstehen soll. Und dann richtest du deine Gedanken nach innen,

auf dich selbst, auf die weiblichen Teile, und konzentrierst dich auf den Gedanken, nicht schwanger zu werden. Das ist das, was ich tue. Und es funktioniert.

D: *Dann weiß man im Geiste, wann diese Zeit des Monats ist?*

B: Ja. Wenn man mit seinem Körper im Einklang ist, kann man erkennen, wann diese Zeit des Monats ist.

D: *Das ist eines der Probleme, die Frauen heutzutage haben. Oft werden sie schwanger, obwohl sie es nicht wollen, weil sie nicht wissen, wann der richtige Zeitpunkt ist.*

B: Wenn sie sich die Zeit nehmen, auf die Erdmutter zu hören, werden sie es herausfinden.

D: *Gibt es auch ein Fruchtbarkeitsritual, wenn man schwanger werden will? Oder tut man dann einfach nichts, um es zu verhindern?*

B: Es gibt verschiedene Rituale, um eine Schwangerschaft zu fördern. Sie sind bei Frauen beliebt, die Schwierigkeiten haben, schwanger zu werden.

D: *Kannst du sie mit mir teilen?*

B: Ich bin nicht sehr vertraut mit ihnen. Ich hatte dieses Problem noch nie.

D: *Es hört sich so an. Aber es gibt viele Frauen in unserer Zeit, die auch gerne schwanger werden würden. Wir haben die gleichen Probleme. Es scheint, dass sich die Zeiten nicht so stark ändern.*

B: Nein. Was angeblich helfen soll, ist, die weiblichen Teile in Babyurin zu baden.

D: *Das habe ich noch nie gehört. Man kann nie wissen. Ich war neugierig, weil ich wusste, dass du eine ganze Weile mit Roff zusammen warst. Und jetzt hast du all diese Kinder. Bist du dort glücklich? (Ja) Ist er ein guter Ehemann?*

B: Ja. Er arbeitet hart. Wir haben einen Platz zum Leben. Er schlägt mich nicht. Und wir kümmern uns wirklich umeinander.

D: *Und Roff ist nie wieder zurückgekommen?*

B: Nein. Ich erwarte auch nicht, dass er das tut. Wenn er zurückkommt, wird Lady Joslyn denken, er käme wegen ihr zurück, und was wäre dann?

D: *(Lachen) Oh, die arme Lady Joslyn. Was ist mit dem Herrn? Macht er noch Sachen im Turm?*

B: Der Herr, glaube ich, hat versucht, mehr zu wagen, als er bewältigen konnte, denn er ist jetzt ein gebrochener Mann. Sein Verstand ist fast weg. Sie haben den Turm verriegelt, und niemand geht mehr hinauf. Der Lord ist in seinen Gemächern eingesperrt.

D: *Was ist passiert?*

B: Eines Nachts beschwörte er einen Sturm herauf. Es gibt Wege, Regen heraufzubeschwören. Aber wenn man es falsch macht, kann es einen überwältigen und etwas Seltsames mit einem anstellen. Er beschwörte ein Gewitter herauf, weil er wütend war. Er wollte Blitze auf ein großes Haus in der Nähe schleudern. Er war wütend auf den Herrn dieses Hauses. Und so wollte er ein paar Blitze auf das Haus schleudern. Und so beschwörte er diesen großen Sturm herauf und verausgabte sich dabei zu sehr. Er merkte nicht, dass er nach dem Heraufbeschwören des Sturms noch mehr Kraft brauchen würde, um die Blitze herunterzuschleudern. Und so verlor er die Kontrolle über die Kräfte, die er herbeigerufen hatte. Und seitdem ist er nicht mehr derselbe in seinem Geist. Es heißt, dass er jetzt seltsame Dinge sieht. Denn ... nun, diese Welt ist nicht die einzige. Es gibt andere Welten, unsichtbare Welten, überall um uns herum. Einige von ihnen sind wundersamer als andere. Und es heißt, dass er seit jenem Tag in die Welt blicken kann, an die er sich gebunden hatte, um den Sturm heraufzubeschwören. Jetzt kann er sich nicht mehr ganz davon lösen. Er ist gefangen zwischen zwei Welten. Und das zerrt an seinem Verstand.

D: *Das muss ja wirklich eine wilde Nacht gewesen sein, als das passiert ist.*

B: Ja, es war sehr stürmisch, und das hat viele Felder zerstört.

D: *Ich wusste nicht, dass es möglich ist, die Kräfte der Natur so zu kontrollieren.*

B: Man hat nicht wirklich die Kontrolle über sie. Man muss sie nur dazu bringen, innerhalb ihrer natürlichen Grenzen mit einem zu arbeiten. Denn man kann die Kräfte der Natur nicht dazu bringen, etwas völlig Unnatürliches zu tun. Man kann zum Beispiel keinen Regen herbeirufen und ihn dazu bringen, nach oben statt nach unten zu fallen.

D: Oh, nein, das wäre wirklich gegen die Natur, oder? (Ja) Aber durch diese Rituale hat er gelernt, dass er das Wetter kontrollieren kann, um einen Sturm zu erzeugen.

B: Ja. Aber die Rituale, die er lernte, waren auf den Menschen und nicht auf die Göttin ausgerichtet. Und deshalb haben sie nicht funktioniert. Oder ich sollte eher sagen, sie sind nach hinten losgegangen. Sie wurden vermasselt. Es ist anders gekommen, als er es sich vorgestellt hatte.

D: Die Kraft war mehr, als er bewältigen konnte. (Ja) Du sagtest, er wird gefangen gehalten. Ist er gefährlich?

B: Hmmm. An manchen Tagen ist er es. An den meisten Tagen ist er es nicht. Man wartet einfach darauf, dass er stirbt. Denn er isst und schläft nur noch und murmelt vor sich hin.

D: Ich habe mich gefragt, ob er ... verrückt ist, ob er Dinge tun könnte, die andere Menschen verletzen würden.

B: Das kann man nie wissen. Ich glaube, sie behalten ihn die ganze Zeit im Auge, um sicherzugehen, dass er sich nicht in diese Richtung entwickelt.

D: Weißt du, ob sich die Kirche dazu geäußert hat?

B: Ich glaube nicht, dass sie das tun würden. Er war sehr großzügig ihnen gegenüber in der Vergangenheit.

D: Sie haben keine Erklärung für das, was passiert ist? (Nein) Ein Beispiel dafür, was passiert, wenn jemand die Kräfte in falscher Weise oder zu seinem eigenen Vorteil einsetzt. (Ja) Deine Leute würden so etwas nie tun, oder?

B: Nein, das glaube ich nicht.

D: Es sei denn, sie wüssten, wie man es besser kontrollieren kann.

B: Genau. Normalerweise braucht man zwei oder drei Leute, um einen Sturm richtig zu steuern. Wenn man nur ein bisschen Wind und ein bisschen Regen herbeirufen will, kann das eine Person tun. Aber für einen ausgewachsenen Sturm braucht man in der Regel drei Leute, die zusammenarbeiten.

D: Ja, manchmal möchte man vielleicht Regen für seine Ernte oder so. (Richtig) Ich kann mir vorstellen, dass mehrere Leute die Kraft besser kontrollieren können als eine Person. (Ja) Du hast vorhin gesagt, du wärst dir nicht sicher, was er da oben macht.

B: Ich glaube, es hat sich über die Jahre angehäuft, und diese letzte Sache war das, was noch fehlte.

D: *Wie lange ist das her? Wie lange schon ist er in seinem Zimmer?*

B: Es ist jetzt ungefähr ein Jahr her.

D: *Okay. Aber du bist jetzt glücklich mit deinem Leben dort, und du musst nicht mehr in der Küche arbeiten. Und dein Mann arbeitet noch mit den Pferden?*

B: Ja. Und er ist jetzt auch Meister der Waffenschmiede.

D: *Was hat er mit der Waffenkammer zu tun?*

B: Er muss die verschiedenen Gegenstände in gutem Zustand halten. Wenn sie repariert oder geschmiedet werden müssen, muss er das tun. Das erfordert Geschick und Kraft.

D: *Ist es dasselbe wie die Arbeit mit Hufeisen?*

B: Ja, aber es erfordert mehr Geschick, denn es gibt Kettenhemden, die er in gutem Zustand halten muss.

D: *Nun, das zeigt, dass er sehr geschickt ist. (Ja) Okay. Als ich das letzte Mal mit dir sprach, sprachen wir über einige Dinge, von denen du sagtest, du bräuchtest erst mehr Informationen. Und du wolltest sichergehen, dass sie korrekt sind. Ich habe dir einige Fragen gestellt. Ist es in Ordnung, wenn ich dich jetzt dazu frage? Wirst du mir die Antworten geben? (Ja) Also gut. Du hast über die Legenden gesprochen. Und eine Legende handelte von den Anfängen eurer Religion. Und du sagtest, du wolltest sichergehen, dass du sie dir korrekt gemerkt hast, bevor du sie mir erzählst. Kannst du sie mir jetzt erzählen? Die Legende, wie die Religion entstand?*

B: Ja. Es geschah vor so langer Zeit. Zu Beginn der Zeit waren alle im Einklang mit der Mutter Erde, denn die Seelen hatten gerade ihre Reise begonnen. Sie waren gerade erst von ihr getrennt worden, und so erinnerten sie sich daran, wie sie mit ihr in Harmonie sein konnten. Und sie wussten, wie man in Harmonie mit der Natur sein kann. Und so beachteten sie die Dinge, von denen sie wussten, dass sie beachtet werden mussten, um in diesem Zustand zu bleiben. Die Zeit verging, sie bekamen Kinder, ihre Kinder bekamen Kinder und so weiter und so weiter. Und so ging es weiter und entwickelte sich zu dem, was wir heute haben. Nachdem das Christentum mächtig wurde, haben sich die Dinge enorm verändert. Aber wegen der Art, wie sie aufgebaut sind, ist ihre Zeit begrenzt. So oft erzählen wir unseren Kindern, dass unsere Religion so ist wie ... lass mich nachdenken. Wir verwenden verschiedene Beispiele, je nach den Umständen. Unsere Religion ist wie das Pferd und das Christentum ist wie der Sattel. Das Pferd ist in Harmonie mit der Erdmutter. Das Pferd hat die Kraft. Und der Sattel denkt, er habe die Kontrolle. Aber es ist nicht der Sattel, der die Kontrolle hat, es ist das Pferd, das die Kontrolle hat. Die Gedanken des Pferdes und so. Und das Pferd entscheidet sich dafür, dem Sattel zu erlauben, zu denken, dass er die Kontrolle hat. Und so ist es auch zwischen unserer Religion und dem Christentum. Das Christentum denkt, dass es die Kontrolle hat, weil es für uns im Moment bequem ist, sie glauben zu lassen, dass sie die Kontrolle haben, da unsere Mitglieder verstreut sind.

D: *Das ist eine gute Art, es auszudrücken. Du sagtest, du hättest auch ein anderes Beispiel, wie ihr es Kindern erklärt?*

B: Das ist der Vergleich, den ich gerne und hauptsächlich verwende. Manchmal wird auch ein Vergleich zwischen dem Gras und der Heuschrecke gezogen. Unsere Religion ist wie das Gras, das unter der starken Sommersonne wächst, stark und hoch und schön, in Harmonie mit allem. Und das Christentum ist wie die Heuschrecke, die von einem Ding zum anderen hüpft und nach Dingen sucht, mit denen sie sich beschäftigen kann.

D: *Das kann ich auch sehen. Das ist sehr gut. Manchmal ist es so leichter, etwas zu verstehen.*

B: Ja, deshalb haben wir sie für die Kinder.

D: *Das ist sehr gut. Du hattest mir auch erzählt, dass ihr den Kindern Geschichten erzählt, damit sie sich an bestimmte Rituale erinnern. (Ja) Kannst du mir einige davon erzählen?*

B: Ja. Einige der Rituale kann man sich leicht merken, weil sie Sinn machen. Aber manchmal macht ein Ritual vielleicht zunächst keinen Sinn, weil man die Geschichte dahinter nicht kennt. Ich habe dir von dem Schwanenritual erzählt.

D: *Ja, das ist ein sehr schönes.*

B: Weil die Handgesten oft sehr komplex und schwer zu merken sind. Und es ist schwer, sich zu merken, wie man sie macht, außer man erinnert sich an den Schwan. Dann wird es einfacher. Etwas anderes, das für Kinder oft schwer zu lernen ist, sind die verschiedenen Mondphasen. Welche Rituale für welche Mondphasen gut sind. Um ihnen zu helfen, sich das zu merken, vergleichen wir die Mondphasen mit den Jahreszeiten. Auf diese Weise fällt es ihnen leichter, sich zu merken, welche Rituale zu den verschiedenen Mondphasen passen. Der Neumond steht für den Winter, der Vollmond für den Sommer und der zunehmende und abnehmende Mond für Frühling und Herbst. Rituale für Wachstum und Vermehrung führt man im Frühling oder bei zunehmendem Mond durch. Rituale der Erfüllung und Vollendung führt man im Sommer oder bei Vollmond durch. Rituale für den Abschluss der letzten Details von Dingen im Herbst oder bei abnehmendem Mond. Und Rituale zur Reinigung und Vorbereitung auf einen neuen Zyklus von Dingen im Winter oder bei Neumond.

D: *Wir glauben auch, dass es Dinge gibt, die man in bestimmten Mondphasen tun kann, aber es ist sehr schwierig, sich daran zu erinnern. Das macht es viel einfacher zu verstehen.*

B: Gut.

D: *Danke, dass du mir das gesagt hast. Gibt es noch andere Geschichten, die ihr den Kindern erzählt?*

B: Da gibt es viele. Ich nenne nur einige, die mir auf Anhieb einfallen. Es gibt viele Rituale, bei denen man eine Kreuzung benutzen muss. Und normalerweise geht es bei diesen Ritualen um eine Wahl und man ist sich nicht sicher, welche Wahl man treffen soll. Das ist also die Art von Ritualen, die mit Kreuzungen gemacht werden, damit die richtige Wahl klar wird. Damit du weißt, welchen Weg du gehen sollst, um es mal so auszudrücken.

D: *Habt ihr ein Ritual, das ihr dabei anwendet?*

B: Es gibt verschiedene. Ich habe von allgemeinen Umständen gesprochen. Denn wenn man ein Ritual aufbaut und bestimmte Elemente im Ritual braucht, muss man sich erinnern, wofür die verschiedenen Elemente gut sind. Damit man die richtigen Elemente in sein Ritual einbauen kann und so die richtigen Ergebnisse erzielt.

D: *Wenn du versuchen würdest, eine Entscheidung zu treffen, wie würdest du das mit den Kreuzungen machen?*
B: Je nachdem, was für eine Entscheidung man zu treffen versucht, nimmt man etwas, das dazu passt. Zum Beispiel, wenn man zu entscheiden versucht, ob man etwas Wolle gegen etwas Mais tauschen soll oder nicht, oder so etwas in der Art. Oder man hat die Möglichkeit, einen Teil seines Weizens gegen etwas Farbstoff einzutauschen. Und man versucht zu entscheiden, welchen Weg man gehen sollt. Dann geht man nachts mit einer Münze zu einer Straßenkreuzung. Und auf der Mitte der Kreuzung kann man bestimmte Symbole zeichnen, um anzuzeigen, welche Richtung für welche Entscheidung steht. Und dort vergräbt man die Münze. Dann wartet man eine bestimmte Zeit, je nachdem, welche zum Ritual passt, und kehrt zurück. Und derjenige, der als erster die Straße hinunterkommt und die Kreuzung überquert, egal welchen Weg er geht, zeigt an, welche Wahl man am besten treffen sollte.
D: *Welche Art von Symbolen macht man auf dem Boden?*
B: Normalerweise gibt es ein Pentagramm und dann hängt es davon ab, was für ein Ritual es ist, welche Symbole man verwendet. Wenn es ein Ritual für die Liebe ist, würde man das Symbol für die Venus auflegen.
D: *Oh, die Symbole, über die wir vorhin gesprochen haben.*
B: Ja. Und wenn man so etwas wie eine Münze zum Vergraben hat, ist es gut, die Symbole in den Staub der Kreuzung zu zeichnen und dann die Münze genau dort bei dem Symbol zu vergraben.
D: *Hmmm. Welche Art von Münzen habt ihr? Hast du schon sehr viele gesehen?*
B: Nein. Oder fast keine.
D: *Ich dachte, es wäre schwer, sie zu bekommen.*
B: Aber manchmal ... es ist wirklich lustig, eine unserer Alten ist dafür bekannt, eine weise Frau zu sein. Und oft kommen die reichen Adligen zu ihr, um sich Rat zu holen, was sie in Liebesangelegenheiten und ähnlichem tun sollen. Sie sind verzweifelt und wollen alles ausprobieren. Und so haben sie nichts dagegen, sich gegen die Kirche zu stellen, um unseren Weg zu versuchen.
D: *(Kichern) Solange niemand anderes davon weiß.*

B: Genau. Daher wusste ich von den Münzen, die bei einigen der Rituale verwendet wurden, denn diese Adligen hatten einige Münzen.

D: *Hast du jemals gesehen, wie die Münzen aussehen?*

B: Nicht wirklich aus der Nähe. Normalerweise ist auf der einen Seite ein Bild einer königlichen Person abgebildet und auf der anderen Seite ein Wappen. Und es war das Äquivalent zu dem, was diese Münze in einem anderen Metall wert ist. Ein Kupferstück kann zum Beispiel in dieser oder jener Größe ein Silberstück wert sein.

D: *Und das steht auf der Münze?*

B: Normalerweise gibt es einige Symbole, die das zeigen. Sie sind auf der Münze. Und die Münzen sind unterschiedlich groß, so dass man sie leicht auseinanderhalten kann. Man muss also nicht unbedingt auf die Symbole achten, wenn man nicht will.

D: *Du meinst, je größer die Münze, desto mehr ist sie wert?*

B: Das hängt vom Metall ab. Normalerweise ja, aber eine große Kupfermünze ist nicht so viel wert wie eine kleine Goldmünze. Die Münzen sind meist aus Kupfer und Silber, gelegentlich auch aus Gold. Aber das Gold ist eher selten und schwer zu bekommen.

D: *Okay. Als ich mich einmal mit dir unterhielt, sprachst du über die erste Einweihung der Kinder. (Ja) Und du wolltest mir mehr darüber erzählen, wie das gemacht wurde. Du sagtest, es gäbe ein Ritual, um sicherzustellen, dass sie Geheimnisse bewahren können.*

B: Ja. Normalerweise testen wir, ob sie verschwiegen sein können oder nicht, indem wir eine erwachsene Person nehmen, die sie kennen, von der sie aber nicht wissen, ob sie in unserer Gruppe ist oder nicht. Sie ist es. Die Kinder wissen das nur nicht. Und die erwachsene Person wird sich mit ihnen zusammensetzen und mit allen möglichen Mitteln versuchen, Informationen von ihnen zu bekommen. Ob sie den Test bestehen, hängt davon ab, wie bereitwillig sie die Informationen weitergeben oder zurückhalten. Ihr Alter ist dabei ein wichtiger Punkt, den wir berücksichtigen. Aber selbst, wenn sie sehr jung sind, kann man erkennen, ob sie in der Lage sein werden, Dinge geheim zu halten.

D: *Würde ein kleines Kind sehr viel wissen, was es erzählen könnte?*

B: Er könnte ein paar Namen nennen, das reicht schon.

D: *Weil sie viele der Rituale noch nicht wirklich kennen, oder?*

B: Nicht wirklich. Aber die Inquisition interessiert sich auch nicht für Rituale. Die Inquisition ist an Menschen interessiert, die sie foltern will.

D: *Das ist also der Grund, warum sie nach Namen suchen. Ich habe mich gefragt, warum sie Menschen foltern müssen. Warum bringen sie sie nicht einfach um, wenn sie nach Hexen oder wie auch immer sie sie nennen suchen? Warum müssen sie sich die Mühe machen, sie zu foltern?*

B: Weil sie aus dem Schmerz eines anderen ein krankes Vergnügen ziehen.

D: *Ich dachte immer, sie wollten sie zu einem Geständnis bringen.*

B: Ja, aber wenn man genug Schmerzen hat, gesteht man alles, auch wenn man es nie getan hat. Alles, um den Schmerz zu beenden. Sie sagen, sie tun es im Namen ihres Gottes. Und wenn jemand schwach genug ist, um unter Schmerzen zu gestehen, dann wird er, wenn er das, was er gestanden hat, nicht schon begangen hat, es in Zukunft begehen, weil er schwach genug war, es zu gestehen.

D: *Hmmm. Aber trotzdem werden sie nicht freigelassen, nachdem sie gestanden haben, oder?*

B: Ich glaube nicht, dass sie das tun. Gelegentlich lassen sie einen gehen, um uns anderen eine Lektion zu erteilen. Meistens handelt es sich dabei um jemanden, der entsetzlich entstellt und vernarbt ist, aber das kommt nicht sehr oft vor.

D: *Die Folter beweist also überhaupt nicht, ob man eine Hexe ist oder nicht. Das klingt nicht normal, oder?*

B: Nein, das ist es nicht.

D: *Nun, um auf die Einweihung zurückzukommen. Nachdem ihr gesehen habt, dass sie in der Lage sind, Geheimnisse zu bewahren, durchlaufen sie dann ihre erste Initiation?*

B: Ja. Es ist eine sehr einfache Zeremonie. Sie zünden eine weiße Kerze an, nehmen eine Handvoll Erde und legen sie vor sich. Und dann versprechen sie, sich immer daran zu erinnern, dass sie Teil dieser Erde sind. Und dass sie in Harmonie mit der Göttin bleiben müssen, die die bewegende Kraft dieser Erde ist. Und sie nehmen einen rituellen, symbolischen Schluck Wein. Danach gibt es in der Regel eine Art Feier.

D: Tun dies viele Kinder auf einmal?

B: Nein, es wird alles individuell gemacht, eine Person nach der anderen. Wir machen es immer dann, wenn ein Kind bereit dafür ist, denn es ist eine sehr individuelle Erfahrung. Um sich auf das Ritual vorzubereiten, muss ein Kind die Meditation üben, die es gelernt hat, um seinen Geist zu öffnen und einzustimmen.

D: Dann werden sie von klein auf in Meditation unterrichtet?

B: Ab dem Zeitpunkt ihrer Geburt. Bevor sie geboren werden.

D: Hmmm. Weil jeder denkt, dass ein Baby nichts wissen kann.

B: Das ist nicht wahr.

D: Machst du das in Gedanken oder sprichst du mit dem Baby?

B: Beides.

D: Weil es für mich schwer zu verstehen ist, wie man einem Baby das Meditieren beibringen kann.

B: Es gibt verschiedene Möglichkeiten, das zu tun. Man muss sehr geduldig sein und es in Worten sagen, die sie verstehen.

D: Kannst du das mit mir teilen? Ich denke, es wäre toll, wenn wir Babys manchmal zur Ruhe bringen könnten. (Lachen)

B: Man nutzt die verschiedenen Wege, um die Atmung des Kindes zu verändern, entweder langsamer oder schneller. Wenn sie verärgert sind und sich aufregen, kann man sie beruhigen, indem man ihre Atmung verlangsamen.

D: Wie kann man das tun?

B: Das ist schwer zu erklären. Man macht es irgendwie mit dem Verstand. Und wenn sie ein bisschen älter sind und schon ein bisschen sprechen und verstehen können, erklärt man ihnen, wie man langsam ein- und ausatmet. Und man zieht einige Parallelen zwischen ihnen und wie ruhig und friedlich die Dinge sind, wenn der Wind still ist. Man sagt ihnen, dass das Gleiche in ihrem Kopf passiert, wenn ihre Atmung ruhig ist. Und man hilft ihnen, sich selbst auf diese Weise zu erforschen. Nach einer Weile kommen sie an den Punkt, an dem sie es selbst tun wollen, nur um herauszufinden, was damit möglich ist. Sie fangen aus reiner Neugierde damit an. Und dann werden sie besser und besser darin werden.

D: *Ja, ich kann mir vorstellen, dass es einfacher ist, wenn sie sprechen lernen. Wenn sie noch klein sind, dachte ich mir, dass es schwierig werden würde.*

B: Babys sind in der Regel gut darin. Sie merken allerdings nicht, was sie da tun. Man muss sie nur darauf hinweisen, wenn sie es tun, damit sie sich dessen bewusst werden.

D: *Sie lernen es in einem sehr jungen Alter, und dann ist es nicht schwer für sie, sich das zu merken. Sie wachsen einfach damit auf und lernen es so viel leichter. Ich glaube nicht, dass es jemals gefährlich wäre, wenn ein Kind meditieren lernt, oder?* (Nein) *Kinder sind manchmal nicht so diszipliniert.*

B: Kinder wirken nicht so diszipliniert, weil sie noch nicht an von Menschen aufgestellte Regeln gebunden sind. Sie handeln spontan und meist im Einklang mit der Erdmutter.

D: *Es besteht also keine Gefahr für ein Kind, wenn es etwas von diesen Dingen tut.*

B: Nein. Wir würden unsere Kinder nicht gefährden.

D: *Das hätte ich auch nicht gedacht. Gibt es auch noch Einweihungen, die später stattfinden?*

B: Ja, wenn sie dreizehn Jahre alt sind, werden sie vollwertige Mitglieder der Gruppe.

D: *Was ist das für ein Ritual, das dann durchgeführt wird?*

B: Es ist sehr ausgeklügelt mit viel Symbolik darin. Und sie sind zu diesem Zeitpunkt in ihrem geheimen inneren Namen bestätigt. Bis zu diesem Zeitpunkt haben sie individuelle Rituale durchgeführt, für die nur eine Person erforderlich ist. Oder vielleicht zwei, sie und ihr Lehrer. Diesmal nehmen sie zum ersten Mal an einem Ritual teil, an dem mehrere aus der Gruppe beteiligt sind und das einen bestimmten Zweck verfolgt. Bis jetzt haben sie an Ritualen mit ihrem Lehrer teilgenommen und sind mit ihm im Einklang. Und jetzt lernen sie, sich selbst zu erweitern und sich mit den anderen Mitgliedern der Gruppe für verschiedene Rituale einzustimmen.

D: *Und du sagtest, dass ihr ihnen zu diesem Zeitpunkt ihren inneren Namen gebt?*

B: Der wird ihnen vorher mitgeteilt, aber sie werden darin bestätigt, wenn er zu ihrem Charakter zu passen scheint. Es sei denn, sie haben einen Vertrauten** oder ähnliches. Wenn das der Fall ist, erhält ihr Vertrauter einen inneren Namen.

** In der europäischen Folklore des Mittelalters und der frühen Neuzeit glaubte man, dass »Vertraute« (manchmal auch als vertraute Geister bezeichnet) übernatürliche Wesen sind, die Hexen und schlaue Leute bei der Ausübung der Magie unterstützen. Der Hauptzweck der Vertrauten bestand darin, der Hexe oder Junghexe zu dienen und sie zu beschützen, während sie ihre neuen Kräfte erlangte. **

D: *Was ist das für ein Ritual, das sie zu dieser Zeit durchführen?*
B: Es ist sehr lang und aufwendig.
D: *Gibt es noch weitere Rituale, die durchgeführt werden, wenn das Kind älter wird?*
B: Es gibt ein Ritual, das durchgeführt wird, wenn ein Kind, ein junger Erwachsener, glaubt, seinen Seelenverwandten getroffen zu haben. Es gibt ein Ritual, das durchgeführt wird, um zu sehen, ob es wahr ist. Und dann wird ihnen geholfen, sie werden gewissermaßen angeleitet, was sie tun sollen und welche Rituale sie durchführen sollen, damit das, was sie sich wünschen, in dieser Beziehung auch eintritt.
D: *Woran erkennt man, ob es wirklich ein Seelenverwandter ist?*
B: In der Vollmondnacht holt man sich entweder eine Kristallkugel oder einen schwarzen Kessel mit etwas Wasser darin. Und man geht nach draußen in das Licht des Mondes. Man starrt in die spiegelnde Oberfläche und denkt dabei an die Person. Und wenn die Person die Richtige ist, wird man ein positives Zeichen sehen. Es ist bei jedem ein anderes, also kann man es nicht wirklich beschreiben. Aber es ist nicht zu übersehen, wenn man es empfängt.
D: *Etwas, das passiert, oder etwas in der Natur, oder was?*
B: Beides. Etwas, das man fühlt, oder ein Gedanke, der einem in den Sinn kommt, oder etwas, das man auf der reflektierenden Oberfläche sieht. Irgendetwas. Eine Sternschnuppe. Es könnte alles sein. Aber wenn es passiert, weiß man, dass es das Zeichen für einen ist, für was auch immer.

D: *Und wenn es nicht der Seelenpartner ist, wird man dann auch ein Zeichen bekommen?* (Ja) *Es wäre also ein Weg, um herauszufinden, ob jemand nicht dein echter Seelenpartner ist?* (Ja) *Sind das die wichtigsten Rituale und Einweihungen, die ihr durchführt?*

B: Ja, es gibt noch andere für kleinere, alltägliche Dinge, aber diese hier sind die großen Dinge im Leben. Es gibt noch eine andere Feier, die wir haben, die die Kirche nicht besonders gutheißt. Und das ist der Tod eines Menschen. Wir feiern, dass sie einen Lebenszyklus abgeschlossen haben und für den nächsten Zyklus bereit sind.

D: *Warum billigt die Kirche das nicht?*

B: Weil die Kirche sagt, dass, wenn jemand stirbt, seine Seele ins Fegefeuer geht und er entweder in der Vorhölle oder in einer Art Folter festgehalten wird, bis er bereit ist, ins Paradies zu kommen.

D: *Ein seltsamer Glaube, nicht wahr?* (Ja) *Ein sehr negativer Glaube. Dann mögen sie es nicht, dass ihr glücklich seid, wenn das passiert.* (Ja) *Dann gibt es also keine Trauer, wenn jemand in eurer Gruppe stirbt?*

B: Oh, man vermisst sie natürlich und trauert auf diese Weise. Aber man trauert nicht um ihre Seele. Man trauert einfach, weil sie nicht mehr bei einem sind und man sie vermisst.

D: *Was macht man mit der Leiche, wenn jemand stirbt?*

B: Wir können nichts tun. Sie müssen begraben werden.

D: *Ich dachte, ihr würdet vielleicht auf eine besondere Weise mit dem Körper umgehen.*

B: Wir würden, wenn wir könnten. Aber die Kirche ist zu mächtig.

D: *Dann nehmen sie die Leiche mit?* (Ja) *Führt ihr ein Ritual durch, wenn Menschen sterben, oder nur Feierlichkeiten?*

B: Man legt sie in einen heiligen Kreis aus Salz und projiziert ein Pentagramm auf sie. Und je nachdem, was sie am besten konnten, ordnet man um sie herum die Dinge an, die sie für die Rituale benutzt haben, die sie am besten konnten. Und so geht es weiter. Es ist schwer zu sagen. Wir haben es nie ausprobieren können. Wir hören nur, wie es erzählt wird. Und geben es von Generation zu Generation weiter.

D: *Ja, so etwas wäre schwer zu verbergen, wenn die Kirche zusieht. Ich werde jetzt gehen müssen. Aber ich würde gerne wiederkommen und mit dir sprechen. (Ja) Ich bin sehr froh, dass ihr mit euren Kindern glücklich seid. Ich werde zu einem anderen Zeitpunkt wiederkommen und mit dir sprechen. Ich danke dir. (Ja)*

(Das Subjekt wurde wieder aus der Trance geholt.)

Kapitel 11
Die Inquisition kehrt zurück
(Aufgenommen am 24. Juni 1986)

Ich verwendete die Schlüsselwörter und zählte sie zurück in die Lebenszeit von Astelle.

D: *Kehren wir in die Zeit zurück, als Astelle in Flandern lebte und arbeitete. Als wir das letzte Mal dort waren, war sie verheiratet und hatte mehrere Kinder. Ich möchte zu dieser Zeit in Astelles Leben zurückkehren. Zu einem wichtigen Tag in ihrem Leben, ungefähr zu der Zeit, nachdem sie verheiratet war. Ich zähle bis drei und wir sind da. 1, 2, 3, wir befinden uns an einem wichtigen Tag in Astelles Leben, nachdem sie verheiratet war. Was machst du gerade?*

B: Ich sitze vor meinem Haus. Ich habe eine Rührschüssel auf dem Schoß und rühre gerade ein Brot an.

D: *Hast du mittlerweile sehr viele Kinder?*

B: Meinst du lebende Kinder oder Kinder, die geboren wurden?

D: *Oh! Das letzte Mal, als ich mit dir sprach, hattest du drei Kinder und ein weiteres erwartet. (Ja) Was meinst du?*

B: Das vierte starb im Kindbett. Dann kam eine Seuche und tötete zwei der anderen. Dann bekam ich ein weiteres Kind, und jetzt habe ich zwei Kinder.

D: *Es tut mir sehr leid, das zu hören.*

B: (Traurig) Das passiert. Das passiert jedem.

D: *Hattest du eine Vorwarnung erhalten, dass das Kind tot geboren werden würde?*

B: Es wurde nicht tot geboren, es starb während der Geburt. Die Nabelschnur, die das Baby mit der Mutter verbindet, war um seinen Hals gewickelt und es erstickte bei der Geburt.

D: *Du hattest das Gefühl, dass es ein Mädchen sein würde.*
B: (Traurig) Es war ein Mädchen.
D: *Es tut mir sehr leid, das zu hören. Was für eine Seuche hat die anderen geholt?*
B: Es war eine Art Krankheit. Es war nicht die Schwarze Pest, Gott sei Dank. Aber sie bekamen Fieber und husteten. Flüssigkeit sammelte sich in ihrem Hals und verdickte sich. Sie versuchten, sie auszuhusten. Aber sie waren krank und schwach und konnten nicht so stark husten wie sonst, und diese Flüssigkeit sammelte sich an und erstickte sie. Das traf viele Kinder. Aus irgendeinem Grund betrifft es keine Erwachsenen. Es ist nur eine Seuche, die Kinder befällt.

Bei meinen Geschichtsstudien mithilfe von Rückführungen in vergangene Leben hatte ich lernen können, dass sich das Wort »Seuche« in der Vergangenheit auf alles bezog, was ansteckend war. Es gab keine Namen für bestimmte Krankheiten, es sei denn, diese hatten ein besonderes Merkmal. Deshalb stellte ich ihre Verwendung des Begriffs nicht in Frage. Ich hatte ihn schon von anderen aus unterschiedlichen Epochen gehört.

D: *Konntest du nichts mit euren Methoden bewirken?*
B: Ich habe es versucht. Ich ließ sie Dampf einatmen, um es etwas aufzulockern, aber das hat nur eine Weile funktioniert. Jedes Mal, wenn ich sie Dampf inhalieren ließ, kam die Flüssigkeit noch dicker zurück als vorher.
D: *Gab es keine Kräuter oder irgendetwas in der Art, das man hätte anwenden können?*
B: Oh, ich hatte einige Kräuter im Dampf, ich meine, in dem Wasser, das den Dampf erzeugte. Und ich habe ihnen Medizin gegeben. Aber das ging über meine Fähigkeiten hinaus. Die Kinder unserer Gruppe lebten länger als die der anderen, die auch diese Seuche hatten, aber ... Sie war früher schon mal gekommen, aber sie war nicht so stark. Manchmal ist eine Seuche stärker und manchmal schwächer. Dieses Mal war sie besonders stark.
D: *Das einzige Kind, das dir noch blieb, war eines der älteren?*
B: Das war mein zweites Kind.

D: *Es wurde nicht von der Seuche befallen?*

B: Nein, das wurde es nicht. Ich verstehe nicht, warum, aber es ist nicht passiert.

D: *Seltsam, dass manche es bekommen und manche nicht.*

B: Ja, das ist wahr.

D: *Aber du sagtest, dass du jetzt ein weiteres Baby hast? (Ja) Passiert das oft in deinem Land? Dass Kinder es schwer haben, erwachsen zu werden?*

B: Ja. Deshalb haben wir viele Kinder. Um sicherzugehen, dass einige von ihnen überleben und weitermachen. Wenn man viele Söhne hat und sie die Kindheit überstehen und zu jungen Männern werden, ziehen sie in den Krieg und werden getötet. Also ...

D: *Man weiß nie, was geschieht. Man geht einfach das Risiko ein. Arbeitet dein Mann noch in dem großen Haus? (Ja) Aber du musstest nie wieder in der Küche arbeiten, oder?*

B: Nein, nicht in der Küche. Was ich jetzt mache, ist, für die Damen im Haus ein bisschen zu weben. Ich webe feine Schleier und Spitzensachen. Ich mache schöne Sachen.

D: *Wie machst du das?*

B: Das hängt davon ab, was ich mache. Ich habe ihnen nur im Haus gesagt, dass ich webe. Bei den Schleiern webe ich tatsächlich. Aber bei den anderen schönen Dingen webe ich nicht wirklich, sondern schlinge einfach den Faden um sich selbst. Ich habe einen Stock, der mir dabei hilft. Ein kleines, schlankes Stöckchen mit einer Krümmung an einem Ende. Und ich benutze es, um den Faden um sich selbst zu schlingen. (Es hörte sich an wie Häkeln.)

D: *Wenn du webst, benutzt du dann einen Webstuhl? Falls du weißt, was ein Webstuhl ist?*

B: Ich weiß, was ein Webstuhl ist. Ich benutze keinen richtigen Webstuhl, denn der ist für die Herstellung von Stoffballen, Decken und so weiter. Ich habe einen kleineren Webstuhl, den man mit einem Ende an die Wand hängt. Das andere Ende spannt oder lockert man, indem man es an einem Stuhl festbindet und den Stuhl entweder weiter oder näher an die Wand stellt. Und die Teile des Webstuhls werden mit einem Faden in Position gehalten. Man muss sie mit einem Faden fixieren, bevor man ihn an die Wand hängen kann. Und damit webt man dann.

D: *Das klingt kompliziert.*
B: Nun ja, die meisten Dinge sind das.
D: *Auf diese Weise kannst du natürlich zu Hause bleiben.*
B: Ja, und ich passe auf meine beiden Söhne auf. Manchmal ist das Weben im Winter schwierig, wenn meine Hände kalt werden. Aber wenigstens bin ich nicht in dem großen Haus. Hier kann ich so ziemlich machen, was ich will.
D: *Bist du zu dieser Zeit schon sehr alt?*
B: Ich bin siebenunddreißig.
D: *Was ist aus Joslyn geworden? Hat sie jemals geheiratet?*
B: Nein. Was geschah, war, dass Joslyn in die Fußstapfen des alten Herrn trat. Der alte Herr ... sie hatten ihn in seinen Gemächern eingesperrt. Und schließlich wurde es so schlimm, dass sie ihn an sein Bett fesseln mussten und ihn die ganze Zeit gefesselt hielten. Schließlich gab ihm jemand einen vergifteten Trank und erlöste ihn von seinem Elend.
D: *Hatte er immer noch Halluzinationen?*
B: Es war noch schlimmer geworden. Und er glaubte, dass das, was er sah, real war, anstatt das, was um ihn herum war. Deshalb mussten sie ihn fesseln.
D: *Hat er versucht, sich selbst oder andere zu verletzen?*
B: Ja. Und Lady Joslyn, die nicht die gleiche Ausrede wie der Herr hatte, wurde ebenfalls immer extremer in ihrem Temperament. Sie wurde auch wahnsinnig, aber es war eine andere Art von Wahnsinn. Sie sperrten sie in ihre Gemächer ein. Schließlich musste man sie in eine kleine Zelle sperren, die nur eine Öffnung hatte, die groß genug war, um ihr Essen und Wasser zu reichen, weil sie zu gewalttätig war.
D: *Hmmm, es klingt ziemlich extrem, das zu tun.*
B: Es diente der Sicherheit der anderen. Denn sie konnte dasitzen und sich ganz normal verhalten. Aber man wusste nie, wann sie plötzlich schreien würde. Sie hatte diesen haarsträubenden Schrei. Und sie griff die Person an, die ihr am nächsten war, und versuchte, sie zu töten.
D: *Hatte sie einen Grund?*
B: Nein! Sie saß einfach vor dem Kamin und stickte mit den anderen Damen. Und plötzlich schrie sie auf, warf ihre Stickerei hin und

drehte sich zu der ihr nächsten Frau um und versuchte, sie zu töten.

D: *Hmmm. Nun, du weißt, wie wütend und gewalttätig sie war, weil sie dich immer geschlagen hat.*

B: Ja. Anscheinend hatte sie damals angefangen, verrückt zu werden, aber die Leute schrieben es einfach als schlechte Laune ab. Es wurde jedoch immer schlimmer mit ihr, bis man sie schließlich einmauern musste. Ich vermute, dass sie noch am Leben ist und dass man sie noch füttert. Wahrscheinlich ist sie inzwischen ein armes, erbärmliches Geschöpf. Aber es heißt, dass man sie nachts schreien hören kann. So, wie ihre Kammer gelegen ist, hallt es durch einen großen Teil des Hauses. Und ich kann mir gut vorstellen, dass nach ihrem Tod ein ruheloser Geist in dem großen Haus sein wird.

D: *Was ist mit dem Herrn? Glaubst du, dass es auch einen ruhelosen Geist von ihm geben wird?*

B: Nun, er ist bereits tot. Und er war bereit zu gehen. Ich glaube nicht, dass es einen ruhelosen Geist von ihm geben wird. Denn ich vermute, dass sein Geist in dem Moment, in dem sie ihn freiließen, in die andere Dimension überging, in die er so viele Jahre lang geschaut hatte, nachdem er verrückt geworden war.

D: *Hat er auch versucht, Menschen anzugreifen, wie sie es getan hat?*

B: Nein, er hat nicht versucht, Menschen anzugreifen. Er hat aber versucht, verdrehte Magie anzuwenden. Meistens hat es nicht funktioniert. Aber manchmal funktionierte es auf eine sehr bizarre Art und Weise. Und so waren wir als Gruppe sehr damit beschäftigt, all das unter Kontrolle zu halten.

D: *Kannst du mir von einigen bizarren Vorfällen berichten?*

B: Nun, er unterhielt sich einmal mit einem Freund, und der Freund erwähnte, dass seine beste Kuh trächtig war. Und dass sie in ein paar Monaten ein Kalb zur Welt bringen würde. Weißt du, der alte Herr fühlte sich manchmal gut und manchmal schlecht. An diesem Tag ging es ihm gut, und er dachte, er würde seinem Freund helfen. Und so führte er ein Ritual an der Kuh durch. Als das Kalb geboren wurde, hatte es zwei Köpfe und überlebte nicht.

D: *Oh. Er wollte, dass sie Zwillinge bekommt, oder? (Ja) Das ist bizarr. Ich frage mich, was der Herr dachte, als das passierte?*

B: Er war sich dessen nicht bewusst, als es passierte, denn er war mittlerweile wieder auf der bösen Seite und wusste nicht so recht, was los war.

D: *Er war also nicht so gewalttätig wie Joslyn.* (Nein) *Ich kann mir allerdings nicht vorstellen, dass er gerne an sein Bett gefesselt war.*

B: Nein. Aber manchmal wurde er gewalttätig und versuchte, in dieser Phase einige Rituale durchzuführen, was sehr gefährlich sein konnte. Er war sehr gerissen. Er versteckte zum Beispiel gerne ein Messer und wartete, bis sich einer seiner Diener ihm näherte. Und dann schlitzte er ihnen die Kehle auf. Er machte es ganz flink und war dabei nicht brutal. Er war einfach nur ... raffiniert.

D: *Dann war er sehr gefährlich.* (Ja) *Das zeigt, dass es nicht immer gut ist, mit diesen Mächten zu arbeiten, nicht wahr?*

B: Wenn man nicht weiß, was man tut, und versucht, auf die negative Seite zu gehen. Und so konnten alle sehen, dass er schwach war und nicht mehr lange leben würde. Also fesselten sie ihn und ließen ihn auf seinem Bett liegen, um zu sterben. Sie fütterten ihn noch, aber sie wussten, dass er bald sterben würde. Die Lady Joslyn war allerdings noch sehr gesund und stark. Und so mauerten sie sie ein.

D: *Ich hätte nicht gedacht, dass die Bediensteten so etwas mit den Herren des Hauses tun können.*

B: Nein, nein, es waren die anderen Leute im Haus. Der neue Herr, der älteste Sohn des Herrn, war derjenige, der uns befahl, ihn an sein Bett zu fesseln. Und als der alte Herr starb, wurde der Sohn der neue Herr. Und eines der ersten Dinge, die er tat, war, uns zu befehlen, stärkere Maßnahmen zu ergreifen, um die Lady Joslyn unter Kontrolle zu halten. Er wusste, dass er einem Diener nicht befehlen konnte, Lady Joslyn einzumauern, also tat er es selbst.

D: *Das hätte ich mir auch gedacht. Die Dienerschaft hätte nicht genug Macht oder Autorität gehabt, um das zu tun.* (Ja) *Ich kann mir vorstellen, dass das Lady Joslyn nicht besonders gefallen hat.* (Nein) *Die einzige Art, wie jemand Kontakt zu ihr hat, besteht darin, dass ihr Sachen durch die Öffnung gereicht werden?*

B: Ja, die Öffnung ist eine Handbreit hoch und etwa eine Elle breit.

D: *Dann betritt niemand die Zelle, um sich um sie zu kümmern?*

B: Es gibt nur diese eine Öffnung zur Kammer. Das Einzige, was hineingereicht werden kann, ist ein Tablett mit Essen.

D: *Ich denke hier an ihre Körperfunktionen und solche Dinge. Und Kleidung. Wie kann sie da drin so leben?*

B: Es gibt ein Loch in der Ecke der Kammer, das sie für ihre Körperfunktionen benutzen kann. Und es gibt eine weitere Öffnung in die Kammer, an der Decke. Sie ist so weit oben, dass sie sie nicht erreichen kann. Und mit einem Seil und einem Haken lassen sie einen Krug mit Wasser zu ihr hinunter. Und durch die Öffnung, die sie zugemauert haben, geben sie ihr Essen. Die Öffnung ist breit genug, um gefaltete Kleidung durchzulassen, aber wir wissen nicht, ob sie sie trägt oder nicht.

D: *Das habe ich mir auch schon gedacht. Es wäre sehr schwer für jemanden, nur in einem Zimmer zu leben, ohne Kontakt mit anderen zu haben. Das klingt ziemlich drastisch.*

B: Die Situation hatte sich sehr verschlechtert. Man kann mit Worten nicht beschreiben, wie schlimm sie geworden war. Man wusste nie, wann ihr Temperament zuschlagen würde. Ihre Augen sahen immer komischer aus. Sie saß ganz ruhig da und verhielt sich fast normal. Und plötzlich drehte sie sich ganz schnell um und versuchte, einen zu erstechen.

D: *Glaubst du, dass es anders gelaufen wäre, wenn sie geheiratet hätte?* (Nein) *Ich dachte, es sei vielleicht Frustration.*

B: Ich denke, es war einfach eine Erweiterung des bösen Gemüts, das sie schon immer gezeigt hatte. Die Lady Joslyn war einfach nicht ganz normal im Oberstübchen. Sie hatte ihr Temperament nie unter Kontrolle. Und sie lenkte es in eine negative Richtung. Das hat sie einfach überwältigt.

D: *Was ist mit dem neuen Herrn? Gibt es bei ihm irgendwelche Anzeichen von so etwas?*

B: Nein. Der neue Herr hat den Turm zugemauert und niemand kann ihn betreten. Er hat Interesse an anderen Dingen.

D: *Was ist mit der Inquisition? Ist sie noch aktiv in deinem Land?*

B: Ja. Ich vermute sogar, dass die Inquisition gerade hier bei uns ist. Vor ein paar Tagen kamen ein paar seltsame Herren zu Besuch in das große Haus. Und anstatt zu tun, was die Herrschaften gewöhnlichen tun, wenn sie hier zu Besuch sind, wie jagen und

dergleichen, stellen sie ständig Fragen, reden mit jedem und schnüffeln in den Räumen der Bediensteten herum. Ich vermute, dass sie die Inquisition sind.
D: *Dann sind sie nicht wirklich Priester?*
B: Es sind verkleidete Priester, denn Priester haben viel Geld. Es ist leicht für sie, sich mit teuren Gewändern zu verkleiden.
D: *Aber natürlich muss man Fremden gegenüber sowieso misstrauisch sein, oder?*
B: Ja. Ich habe nur Angst, dass jemandem etwas herausrutscht.
D: *Ja, man muss zu dieser Zeit besonders vorsichtig sein. Ich habe mich einfach gefragt, ob sie noch aktiv sind. Es ist also noch nicht vorbei. Bist du aber einigermaßen glücklich mit deinem Leben?*
B: Ja. Mein Mann ist gut zu mir. Und ich bin gut zu ihm. Und wir arbeiten bei Ritualen gut zusammen.
D: *Es freut mich, dass es für dich so gut ausgegangen ist.*

Ich beschloss, sie zu einem wichtigen Ereignis in ihrer Zukunft wechseln zu lassen. Ich hatte das ungute Gefühl, dass die Inquisition sie erwischen würde, und gab ihr die Anweisung, alles Unangenehme mit Objektivität zu betrachten. Während der ganzen Geschichte hatte ich das Gefühl, dass sie einer endgültigen Konfrontation wahrscheinlich nicht entgehen konnte. Ich konnte mir einfach nicht vorstellen, dass sie ihren geheimen Lebensstil zu dieser Zeit führen und alt werden würde. Als sie die erneute Aktivität der Inquisition erwähnte und ihre Befürchtungen darüber äußerte, spürte ich, dass die Zeit näher rückte. Ich zählte bis drei und ließ sie in der Zeit springen.

B: Ich habe Brot gebacken und habe es gerade aus dem Ofen genommen. Und da klopft es an meiner Tür. Ich öffne sie. Es ist einer der Besucher. Er kommt herein und will mit mir sprechen. Und ich frage ihn, warum er mit jemandem reden will, der so niedrigen Standes ist wie ich. Ich denke das nicht wirklich, aber ich muss es sagen, damit er nicht misstrauisch wird. Und er fängt an, Bemerkungen über Dinge zu machen, von denen er sagt, dass er sie vermutet, aber in Wirklichkeit will er nur Informationen einholen.
D: *Um zu sehen, was du sagen würdest?*

B: Ja. Also gebe ich vor, ich wäre sehr dumm. Ich tue so, als ob ich leicht geistesgestört wäre. Es gibt Leute, die leicht gestört sind. Sie wissen nicht viel. Sie reden nicht sehr gut.
D: *Das klingt nach einer sicheren Strategie.*

Ich drehte das Band um, bevor es tatsächlich zu Ende war, weil ich nicht wollte, dass es in einem vielleicht entscheidenden Moment zu Ende geht.

D: *Was passiert dann?*
B: Dieser Herr, der Mann, er bekommt keine Antworten von mir. Und ich bemerke, dass er wütend wird. Er wird gefährlich werden. Aber wenn ich ihm sage, was ich weiß, wäre es noch schlimmer.
D: *Er könnte auch einfach denken, dass du dumm bist.*
B: Das könnte er, aber er hat von meinem Ruf gehört, dass ich Menschen heilen kann.
D: *Glaubst du, dass jemand etwas gesagt hat, was er nicht hätte sagen sollen?*
B: Ja. Ich glaube, eines der Kinder könnte es gewesen sein. Eines der Kinder hier an diesem Ort, nicht eines von mir, sondern eines von jemand anderem, hat versehentlich etwas fallen lassen.
D: *Ja, Kinder sind manchmal unbedarft. Das ist schwierig. Er hat dir also nicht geglaubt?*
B: Nein. Dann wird er gewalttätig und fängt an, mich zu verprügeln. Er reißt mir die Kleider vom Leib. Und er wird sehr gewalttätig.

Sie beschrieb das alles auf eine sehr ruhige, distanzierte Art und Weise, ohne jegliche Emotion. Offensichtlich befolgte sie meine Suggestion, objektiv zu bleiben, damit es sie nicht beunruhigen würde. Ich war dankbar, dass sie diesen Weg gewählt hatte, um darüber zu berichten.

B: Und dann ... irgendwann schnappt er sich ... Ich habe diese Eisenstange, mit der ich mich um das Feuer im Kamin kümmere. Er schnappt sie sich und steckt sie ins Feuer, um es heiß zu machen, und droht, mich damit zu verbrennen, wenn ich ihm nicht sage, was er wissen will.

D: *Ist es in Ordnung für dich, das so zu beobachten?* (Ja) *Es ist nicht schmerzhaft.*
B: Nein, ich schwebe darüber und beobachte das Geschehen.

Dies erklärte ihre Distanziertheit. Durch die jahrelange Ausübung ihrer Religion besaß sie die Fähigkeit, ihren Körper auf Wunsch zu verlassen. Möglicherweise hatte sie sich dafür entschieden, als die Schmerzen begannen.

D: *Ich will nicht, dass du dich unwohl fühlst. Deshalb habe ich dich gebeten, objektiv zu sein.* (Ja) *Ich versuche, es dir möglichst angenehm zu machen.*
B: Ja. Dieser Mann ist verrückt. Er hat Freude am Schmerz. Und er fängt an, mit diesem heißen Schürhaken Striemen auf meine Arme und Beine zu machen. Und schließlich vergewaltigt er mich. Aber die Art, wie er mich vergewaltigt, ist nicht die normale Art. Was er macht, ist, dass er das heiße Schüreisen nimmt und mich damit sticht. Und während er das macht ... weil er mich gefesselt hat ... während er das mit einer Hand macht, macht er es sich selbst mit der anderen Hand. Und es macht ihm Spaß, mich so leiden zu sehen. Er sticht mit dieser heißen Stange in mein Geschlechtsteil.
D: *Das ist pervers.*

Ich fand diese ganze Vorstellung furchtbar abstoßend.

B: Er kommt über mir, und währenddessen bäume ich mich vor Schmerzen. Danach ist er wütend, weil er immer noch nichts von mir bekommen hat. Und da verliert er die Beherrschung. Er macht die Rute wieder heiß und schlägt mir damit auf die Kehle. Und so wie er das macht, zerquetscht er meine Luftröhre. Ich ersticke.

Sie berichtete über den ganzen schrecklichen Vorfall völlig distanziert und ohne jegliche Emotionen.

D: *Also gibt es nun kein Vergnügen mehr für ihn. Was für eine perverse Art von Mensch.*

Seine Wut war möglicherweise dadurch weiter gesteigert worden, dass sie nicht mehr in ihrem Körper war und deshalb nicht die Schmerzreaktionen zeigte, die er benötigte, um sein perverses Verlangen zu stillen. Das hatte ihn wahrscheinlich dazu veranlasst, sie wütend anzugreifen, weil sie ihm nicht die volle Lust verschafft hatte, die er gesucht hatte. Er fühlte sich wahrscheinlich unbefriedigt.

D: *Warst du allein im Haus, als das passiert ist? (Ja) Und du schwebst jetzt darüber und siehst zu? (Ja)*

Dafür war ich sehr dankbar. Ich war froh, dass sie nicht noch einmal einen so schrecklichen Tod erlebt hatte.

D: *Was geschieht? Was macht der Mann dann?*
B: Nun, er bedeckt sein Geschlechtsteil. Er legt den Schürhaken wieder neben den Kamin. Und er lässt mich einfach liegen, wo ich bin. Er geht und schließt die Tür hinter sich, so wie er sie am Anfang vorgefunden hat. Und er geht zurück in das große Haus, als ob nichts geschehen wäre. Und dann kommt mein Mann nach Hause und entdeckt meine Leiche. Die Kinder waren draußen auf den Feldern mit den anderen Kindern. Sie haben es also noch nicht nach Hause geschafft.
D: *Gut, dass sie nicht da waren.*
B: Ja. Mein Mann entdeckt meine Leiche, und aufgrund des Zustandes meines Körpers weiß er sofort, was passiert ist. Er versucht herauszufinden, was er dagegen tun kann. Denn wenn er nicht dabei getötet werden will, kann er nicht direkt körperlich gegen diesen Mann vorgehen. Also beruft er eine Versammlung der ganzen Gruppe ein. Und zwei der stärkeren Männer locken den Mann aus dem großen Haus. Sie sagen ihm, dass sie Informationen für ihn haben. Dass es ein junges Mädchen gibt, das ihm Informationen geben will. Also sagen sie ihm, er solle sie an einem bestimmten Ort treffen. Sie treffen sich und nehmen ihn mit in den Wald, wo der Rest der Gruppe auf ihn wartet. Aber es ist weit genug vom großen Haus entfernt, dass niemand hören kann, was vor sich geht. Sie fesseln ihn mit gespreizten Beinen an einen großen Stein, so dass er sich nicht bewegen kann. Und sie

wollen von ihm herausfinden, was mit mir passiert ist. Und so ... müssen sie zu Schmerzen greifen, um es von ihm zu erfahren.

D: *Sie waren sich sicher, dass er derjenige war?*

B: Ja, das konnten sie erkennen. Eine seiner Hände war bandagiert von einer Verbrennung, weil ihm einmal die Hand ausgerutscht war und er sich an dem Schürhaken verbrannt hatte, mit dem er auf mich einschlug.

D: *Du sagtest, sie müssen auf Schmerzen zurückgreifen. Das ist normalerweise nicht die Art deiner Leute, oder?*

B: Nein, das ist es nicht. Sie haben zuerst andere Wege versucht. Aber er hat sich geweigert, ihnen etwas zu sagen. Also beschlossen sie, dass er so oder so sterben musste, denn Menschen, die so krank sind wie er, sollten nicht leben. Die Schmerzen, die sie anwandten, waren eher seelische als körperliche Schmerzen. Aber sie mussten auch zu körperlichen Schmerzen greifen. Anfangs wollten sie ihm nicht viel zufügen. Aber sie sahen, dass die Menge Schmerzen, die sie ihm bereiteten – die für einen normalen Menschen vollkommen ausreichen würden –, diesem Mann Freude bereiteten.

D: *Er war immer noch pervers.*

B: Ja. Und so mussten sie ihr Vorgehen ändern ... Und sie fanden von ihm heraus, was er mir angetan hatte. Sie fanden heraus, dass er zur Inquisition gehörte. Sie wussten also, wenn sie ihn gehen lassen würden, würde er sie alle töten. Und so ... töteten sie ihn einfach. Nachdem sie von ihm erfahren hatten, was sie erfahren wollten.

D: *Das ist nicht die normale Art deiner Leute. Aber manchmal lässt es sich nicht vermeiden.*

B: Stimmt. Sie haben ihn einfach begraben. Und sie haben ein paar Zaubersprüche über sein Grab gelegt, damit es nie gefunden werden würde.

D: *Wie denkst du über all das, was passiert ist?*

B: Es tut mir leid, dass sich meine Leute mit der Anwendung der Taktiken der Inquisition beschmutzen mussten.

D: *Auf eine Art, die sie ihr gleich machte, nicht wahr?*

B: In gewisser Weise. Allerdings muss ich zugeben, dass es die ungeduldigeren Jüngeren waren, die zu den Schmerzen griffen hatten. Die Älteren wussten, dass sie es auch mit mentaler statt mit physischer Folter hätten schaffen können.

D: Denkst du, dass es gerechtfertigt war?

B: Das ist schwer zu sagen. Denn als er nicht in das große Haus zurückkehrte, wurden die anderen misstrauisch. Und sie blieben länger, als sie es sonst getan hätten.

D: Um herauszufinden, was mit ihm passiert ist.

B: Ja. Sie kamen schließlich zu dem Entschluss, dass er wohl von ein paar Straßenräubern erwischt worden war.

D: Eine Annahme, die sicherer für deine Leute war. (Ja) Nun, wie fühlst du dich angesichts dessen, was dir widerfahren ist? Empfindest du Wut? Was fühlst du?

B: Ich bin traurig, weil ich das Gefühl hatte, dass meine Zeit noch nicht vorbei war. Ich hatte noch andere Dinge zu tun. Und ich bin verwirrt. Warum ich? Warum ich? Ich hatte dem Mann nie etwas angetan.

D: Ja, du warst ein sehr sanfter Mensch. Hast du auch Wut?

B: Wut, nein. Das könnte ich sehr leicht. Aber es würde nichts bringen. Damit würde der Kreislauf wieder von vorne beginnen.

D: Ja. Du würdest schlechtes Karma erzeugen, das später zurückgezahlt werden müsste. Wenn du dieses Wort kennst.

B: Ich verstehe das Konzept. Was passiert ist, hat sich nicht negativ auf mein Karma ausgewirkt, aber es hat seinem Karma geschadet.

D: Es tut mir sehr leid, was geschehen ist. Aber wir hatten so viel miteinander zu tun, dass ich wissen wollte, was mit dir passiert. Ich weiß es zu schätzen, dass du mir davon erzählt hast. Und ich bin froh, dass du es auf diese Weise getan hast, damit du es nicht spüren musstest.

B: Ja, es war sehr schmerzhaft, und es war einfach zu viel.

D: Aber es war nicht schmerzhaft, es nur zu beobachten. Ich bin froh, dass du diesen Weg gewählt hast. (Ja) In Ordnung. Lass uns diese sehr schmerzhafte und traurige Szene verlassen. Lass sie uns verlassen und weitergehen. Ich möchte, dass du dich durch die Zeit bis zu dem Punkt bewegst, an dem du dieses Leben hier als Brenda lebst. Und dass du von diesem Punkt aus dieses Leben objektiv betrachten kannst. Es ist der 24. Juni 1986. Und du kannst jetzt die Muster erkennen. Gab es jemanden in dem *anderen Leben, den du auch in diesem Leben als Brenda kennst? Mit dem du eine Verbindung sehen kannst?*

B: Lass mich nachsehen. Das Muster ist sehr kompliziert.

D: *Das stimmt. Und es waren viele Leute beteiligt.*

B: Der Gutsherr ist in das jetzige Leben verwickelt. Ich versuche, den Faden durch meinen Vater zurückzuverfolgen.

D: *Was ist mit der Lady Joslyn? Hast du auch dieses Mal eine Verbindung mit ihr? Hast du sie gekannt?*

B: (Pause) Noch nicht.

D: *Das scheint eine Menge Karma zu sein. So, wie sie dich behandelt hat.*

B: Ja, da gibt es eine Menge Karma. Aber ein Teil davon wurde bereits in einigen Zwischenleben abgearbeitet. Und es wird in zukünftigen Leben noch mehr abgearbeitet werden. Mit diesem Leben hat sie noch nichts zu tun gehabt. Es ist schwer zu sagen, ob es so sein wird oder nicht.

D: *Ich hoffe, dass sie das nicht tun wird.* (Ja) *Nun, was ist mit den beiden Männern in dem anderen Leben? Siehst du in diesem Leben irgendeine Beziehung zu ihnen?*

B: Lass mich mal sehen.

Eine Sache, die es kompliziert machte, ist, dass sie sich in ihrem jetzigen Leben an einem Knotenpunkt befand. Dort, wo alle Linien zusammenkommen und dann in neuen Mustern wieder von ihm ausgehen.

B: (Pause) Lass mich nachsehen. Roff war kurz in ihrem Leben. Er folgte wieder einem ähnlichen Muster. Er ist ihr diesmal als Rick bekannt. Und in dem jetzigen Leben kommt er nicht gut damit zurecht, sein Karma aufzuarbeiten. Er fügt sogar noch ein bisschen mehr hinzu. Sowohl im positiven als auch im negativen Sinne. Gundevar ist ebenfalls in diesem Leben. Er hat Schwierigkeiten, sein Karma abzuarbeiten. Denn in dem anderen Leben war er an Astelle gebunden. Als Astelle brutal ermordet wurde, hat es ihn innerlich zerrissen, und er konnte es kaum ertragen. Und er wollte das nicht noch einmal durchmachen. Und so hat sich Gundevar in den Leben, in denen sich die beiden

Seelen seither begegnet sind, immer mit Schmerz und Entsetzen zurückgezogen und versucht, die karmische Verbindung zu vermeiden. Denn er will diese Art von Schmerz nicht noch einmal durchmachen.

D: *Ich kann verstehen, warum.*

B: Er hat Angst, dass es wieder passieren könnte.

D: *Nun, uns wurde gesagt, dass Brenda die Probleme, die sie bisher in ihrem Liebesleben hatte, verstehen würde, wenn wir uns dieses Leben ansehen würden.*

B: Ja. Gundevar ist derjenige, der ihr als John bekannt ist. Und Gundevar hat Angst, in diese karmische Verbindung verwickelt zu werden und das Karma so aufzuarbeiten. Gundevar muss dieses Karma aufarbeiten. Je eher er es aufarbeitet, desto besser wird es für ihn sein. Es sieht vielversprechend aus, dass er es in diesem Leben schaffen wird. Vielleicht entscheidet er sich auch, damit bis zum nächsten Leben zu warten. Aber er hatte in früheren Leben mehrere Gelegenheiten, es zu klären, und jedes Mal wird es ein bisschen weniger schmerzhaft für ihn. Er kommt der Aufarbeitung ein Stückchen näher, bevor er davor wegläuft.

D: *Nun, ich denke, du hast das Muster hervorragend betrachtet und zu verstehen versucht, was da vor sich ging. Und wenn du darüber nachdenkst, wirst du wahrscheinlich noch mehr verstehen können. Aber jetzt müssen wir es mit diesem Thema belassen. Ich weiß es zu schätzen, dass du diese Geschichte mit mir geteilt hast. Und ich hoffe, dass du, wenn du mehr darüber nachdenkst, in der Lage sein wirst, eine Menge in deinem jetzigen Leben zu verstehen, so dass sich alles an seinen Platz fügt und sich ein Sinn daraus ergibt. (Ja) Auch wenn es ein gewalttätiges Leben war, hatte es Aspekte, aus denen du lernen kannst.*

(Das Subjekt wurde aus der Trance geholt.) Sie erlebte beim Aufwachen einige seltsame körperliche Reaktionen, obwohl sie Suggestionen für ihr geistiges und körperliches Wohlbefinden erhalten hatte. Ich nehme an, dass der Tod so gewaltsam war, dass er immer noch einen emotionale Nachwirkung hinterließ.

Als sie aus der Trance kam, bemerkte ich ein merkwürdiges körperliches Phänomen, das ich in der Vergangenheit schon einige

Male beobachtet hatte. Aus irgendeinem Grund betraf dies in den anderen Fällen ebenfalls den Bereich des Halses. Ich bemerkte eine rote Stelle an ihrem Hals über dem Kehlkopf. Ein roter Fleck von etwa einem Zentimeter Größe. In den anderen Fällen waren Hinrichtungen durch Erhängen erlebt worden, was jeweils einen breiteren Fleck am Hals hinterließ. Ich war nicht allzu besorgt, denn in den anderen Fällen verschwanden die Flecken nach etwa fünf Minuten und hinterließen keine bleibenden Folgen. Als Brenda aufwachte, wusste sie nichts von dem Mal, aber ihre Atmung machte ihr zu schaffen. Sie setzte sich auf, räusperte sich und hustete. Ich schaltete das Tonbandgerät wieder ein und nahm ihre Reaktionen auf. Sie sagte, sie habe Schwierigkeiten beim Atmen. »Ich kann nicht atmen. Ich bekomme keine Luft.«

Ich schaltete den Kassettenrekorder aus und schaute auf ihren Hals. Ich gab ihr zu verstehen, dass der Fleck und das Unbehagen schnell verschwinden würden. Während ich sie beobachtete, verblasste die Rötung allmählich, bis ihr Hals wieder normal aussah. Sie schien nun leichter zu atmen, und als sie sich wieder wohlfühlte, sprachen wir über einige der Szenen aus der Sitzung, an die sie sich erinnerte. Ich wollte erst alle Erinnerungen hören, bevor ich ihr von ihrem Tod erzählte. Alles, woran sie sich bewusst erinnerte, war, dass sie einen Kamin und eine Rührschüssel mit etwas Teig darin gesehen hatte. Und das ganze Bild hatte eine braune Aura, die sie als deprimierend empfunden hatte. Dies ist bei Personen, die den somnambulen Zustand erleben, üblich. Die einzigen Erinnerungen treten in der Regel zu Beginn oder am Ende der Sitzung auf, und sie erscheinen oft wie Traumbilder. Sie verblassen auch schnell, ähnlich wie Träume beim Aufwachen.

Ich erzählte ihr, was es mit der Sitzung und dem Tod auf sich hatte. Ich fand es interessant, dass der rote Fleck an der gleichen Stelle auftauchte, an der Astelle mit dem heißen Schürhaken getroffen worden war. Ihre anfängliche Reaktion, nicht mehr atmen zu können, war innerhalb weniger Sekunden abgeklungen. Der Fleck brauchte etwas länger, ein paar Minuten, um zu verblassen. Sie fand meinen Bericht über ihren grausamen Tod abstoßend, aber er rief keine ungewöhnlichen Reaktionen hervor. Es war, als würde ich ihr von einem Film erzählen, den ich gesehen hatte. Allerdings sagte sie, dass sie ein Muttermal an einer ungewöhnlichen Stelle hatte. Ein dunkles Muttermal auf dem fleischigen Teil ihrer Genitalien.

Die Astelle, an die ich mich erinnern werde, ist nicht die tragische Gestalt, die durch die Hand des unbarmherzigen Inquisitors auf so schreckliche Weise starb. Ich werde mich immer an das sanfte, goldhaarige Mädchen erinnern, das auf seinem Einhorn über die Spitze des Regenbogens auf die andere Seite in ein Land des Friedens und der Schönheit reitet.

Abschnitt 3

Mehr Leben mit Karen

Kapitel 12
Der Minnesänger, Teil 1
(Aufgenommen am 13. Mai 1983)

Wir hatten das Leben der Druidin verlassen. Sie war gerade gestorben.

D: Wir gehen noch einmal hundert Jahre in der Zeit zurück. Wir gehen in die 600er Jahre, ganz weit zurück. Wir gehen weitere hundert Jahre zurück von diesem Leben, über das du gerade gesprochen hast. Ich zähle bis drei und dann sind es noch einmal hundert Jahre vor dieser Zeit. 1, 2, 3, was machst du gerade?

K: Ich bespanne meine Harfe.

D: Du spielst Harfe?

K: Ja. Ich mache den Versuch. (Ein Akzent zeichnete sich ab.)

D: Das ist ein schönes Instrument. Ist es schwierig?

K: Es hat seine Tücken.

D: Spielst du es schon lange?

K: Mein ganzes Leben lang.

D: Ist es eine große Harfe oder eine kleine Harfe?

K: Es ist eine Schoßharfe.

D: Eine Schoßharfe? Ich habe schon welche gesehen, die sehr groß sind. So eine ist es also nicht?

K: Nein. Es ist nicht gerade eine Trageharfe, aber es ist eine, die man für eine Aufführung in einem großen Saal verwenden würde, damit jeder im Saal sie hören kann. (Eindeutiger starker [irischer?] Akzent.)

D: Bist du ein Mann oder eine Frau?

K: Ich bin ein Mann.

D: Du bist ein Mann. Wie ist dein Name?

K: Er ist O'Keefe.

D: O'Keefe? In welchem Land sind wir?
K: Das ist Erin. (Sie sagte es so schnell, dass es zusammenlief. Ich ließ sie wiederholen. Ich dachte, es sei Er oder vielleicht Irland.) Es heißt Erin. (Aussprache sehr bewusst.)
D: Okay. Es war ein wenig schwer für mich, dich zu verstehen. Wie alt bist du ungefähr?
K: Ähm, ich bin vielleicht vierundzwanzig, vielleicht fünfundzwanzig.
D: Du bist also ein junger Mann.
K: Ich bin in meinen mittleren Jahren.
D: Verdienst du deinen Lebensunterhalt, indem du Harfe spielst? (Ja) Wo gehst du hin, um Harfe zu spielen?
K: (Lächeln) Wo gehe ich nicht hin? Ein Barde** bin ich von Beruf.

** Barde: ein Stammesdichter und -sänger, der Verse über Helden und ihre Taten verfasst und vorträgt. **

D: Oh, du meinst, du reist überall hin und machst dort Musik?
K: Aye. Ich erzähle den Leuten Lieder über das, was gerade passiert, und Geschichten über vergangenen Ruhm und was auch immer sie hören wollen.
D: Gehst du in die Städte oder zu Schlössern – benutze ich die richtigen Worte?
K: Ich gehe in die Bergfriede und in die Gasthäuser. Und manchmal gibt es Versammlungen.
D: Überall, wo Menschen sind? (Aye) Bezahlt man dich dafür?
K: Oh, ja, sonst würde ich nicht spielen. Manchmal geht es nur um mein Essen und einen Platz zum Schlafen für die Nacht. Ein anderes Mal bezahlen sie mich mit Goldmünzen. Aber ich verdiene damit meinen Lebensunterhalt.
D: Du hast kein richtiges Haus, in dem du wohnst?
K: Nein. Mein Zuhause ist dort, wo ich meinen Kopf hinlege.
D: Wie reist du?
K: Meistens zu Fuß.
D: Oh, ich dachte, du hast vielleicht ein Pferd oder so.
K: Ab und zu schaffe ich es, genug Geld zu verdienen, um mir ein Pferd zu leisten, aber ach, dann passiert meistens etwas. Und

manchmal sind es einfach schlechte Zeiten, also vertraue ich meinen Füßen.

D: *Ist das nicht schwierig? Musst du lange Strecken laufen?*

K: Manchmal muss man lange Strecken gehen, ja. Manchmal schafft man es, von jemandem mitgenommen zu werden, der Mitleid mit einem hat. Aber es ist nicht schlimm.

D: *Und dann reitest du mit jemand anderem auf einem Pferd?*

K: Ja, auf einem Pferd oder vielleicht auch mal auf einem Wagen mit einem Bauern.

D: *Wie viele Harfen trägst du bei dir?*

K: Ich habe meine eigene Reiseharfe, die ich mitnehme. Diese hier gehört zum Saal, und ich werde sie für diesen Auftritt benutzen. Aber es ist nicht meine.

D: *Du hast also nur eine bei dir? (*Aye*) Und an anderen Orten kannst du die Harfen anderer Leute benutzen?*

K: Meistens benutze ich meine eigene, es sei denn, es handelt sich um einen Auftritt wie diesen. Wenn man in einem großen Saal auftritt, wäre eine kleine Reiseharfe nicht groß genug, um gehört zu werden. Aber für mich ist das in Ordnung.

D: *Es wäre nicht laut genug. (*Nein*) Du sagtest, du bereitest dich auf einen Auftritt vor? Wirst du heute einen haben?*

K: Heute Abend, ja.

D: *Wo soll das stattfinden?*

K: Hier in der Halle!

D: *Wo sind wir hier? (*Pause*) An diesem Ort, an dem die Aufführung stattfinden wird.*

K: Es ist der Bergfried (keep) ** O'Connor.

D: *Der Bergfried O'Connor? Es ist im Haus von jemandem? (*Ich wusste nicht, ob Haus das richtige Wort ist.*) (*Aye*)*

** Begriff, der dem französischen donjon entspricht, für den stärksten Teil der Befestigung einer Burg, den Ort der letzten Zuflucht im Falle einer Belagerung oder eines Angriffs. Der Bergfried war entweder ein einzelner Turm oder eine größere befestigte Anlage. **

D: *Werden viele Menschen dabei sein?*

K: Oh, wahrscheinlich.

D: *Ist es ein besonderer Anlass?*

K: Es ist ein Zusammenkommen. Jeder macht das ab und zu. Es gab eine neue Ernte. Alle sind durch mit ihrer Arbeit, und nun ist es Zeit, ein wenig Spaß zu haben.

D: *Wird es außer dir noch andere Unterhaltung geben?*

K: Ähm, es gibt Akrobaten (hatte Schwierigkeiten, das Wort zu finden) und Jongleure und ein paar Flötisten. Einige solche Sachen, ja.

D: *Dann wird es viel Unterhaltung geben. Das klingt, als ob es eine freudige Zeit werden würde.*

K: Es wird nicht schlecht werden.

D: *Glaubst du, dass sie dich gut bezahlen werden?*

K: Aye. Ich werde wahrscheinlich einen Sack Silber dafür bekommen.

D: *Oh, das wäre gut, nicht wahr? Wirst du dich für diesen Anlass besonders kleiden? Oder hast du irgendwelche Kleidung dabei?*

K: Ich trage nur mein bestes blaues (das nächste Wort war unklar), eine Tunika mit Strumpfhosen und Stiefeln.

D: *Trägst du etwas auf dem Kopf?*

K: Ich habe einen Hut, ehhh.

D: *Ist das deine beste Kleidung?*

K: Es ist das, was ich habe.

D: *(Lachen) Man kann nicht viel mitnehmen, wenn man zu Fuß reist, oder? (Nein) Wie machst du das mit dem Essen?*

K: Normalerweise spiele ich für mein Abendessen oder fange manchmal ein Kaninchen oder so, wenn ich mitten im Nirgendwo unterwegs bin.

D: *Oh, du hast Waffen?*

K: Ähm, ich habe ein Seil und eine Schlinge.

D: *Reicht das, um damit etwas zu fangen? Okay. Nun, woher stammen die Lieder, die du singst?*

K: Manchmal denke ich sie mir aus, es gibt aber auch welche, die andere Harfner sich ausgedacht haben. Und die Harfner treffen sich und tauschen Lieder und Geheimnisse und kleine Neuigkeiten aus, wo auch immer sie gewesen sind.

D: *Oh. Dann sind einige davon Lieder, die von Dingen erzählen, die passiert sind? (Aye) Und du hast dir einige selbst ausgedacht?*

K: Ein paar.

D: *Was wirst du heute Abend darbieten? Hast du schon eine Auswahl getroffen?*

K: Nicht wirklich. Es hängt davon ab, wie das Publikum reagieren wird. Ich bin nicht der Erste, der auftritt und dem zugehört wird. Normalerweise bleibt der Harfner als Letzter. Ich werde sehen, was die Leute wollen.

D: *Singst du manchmal Liebeslieder?*

K: Gelegentlich. Auch das hängt vom Publikum ab. Die meisten Männer wollen von mutigen Taten hören, die begangen wurden. Die Damen wollen natürlich von Liebhabern hören, aber ach, einfach alles, was ihnen gerade in den Sinn kommt.

D: *Dann wirst du es erst heute Abend wissen. Okay. Gehen wir weiter zum Abend deines Auftritts, und du gibst deine Vorstellung. Was machst du gerade?*

K: Ich singe einfach ein Lied.

D: *Okay. Sing es für mich.*

Ich sah eine Gelegenheit, um herauszufinden, ob dies möglich wäre. Ich verlasse mich immer auf meine Intuition, weil sich solche Gelegenheiten unerwartet ergeben. Ich weiß nie, ob etwas möglich ist, bis ich es versuche. Ich fragte mich, ob wir in der Lage sein würden, irgendeine Art von Musik zu erhalten. Es würde eine Premiere darstellen.

D: *Was ist das für ein Lied?*

K: Ich weiß es nicht. Es ist einfach ein Lied.

D: *Über mutige Taten? Sing es, damit ich es auch hören kann.*

K: Ach, meine Stimme würdest du nicht hören wollen. Sie ist nicht so gut.

D: *Nun, du lässt die anderen sie hören. Dann kannst du auch mich zuhören lassen, nicht wahr?*

K: (Beginnt zu singen. [Lied Nr. 1] Der erste Teil ist auf Englisch.) »Da war ein Jüngling, ein hübscher junger Bursche. Er ging, um eine Dame zu umwerben.«

Der Rest (vierzig Sekunden) war definitiv nicht Englisch, sondern eine andere Sprache. Es war eine gute Melodie, und die Worte schienen einem Muster zu folgen. Ich glaube nicht, dass es Kauderwelsch war.

Ich habe eine Theorie dazu: Offenbar benutzt die zurückgeführte Person ihr Gehirn (oder meins?), um aus anderen Sprachen zu übersetzen. Das würde die Suche nach Worten erklären, die manchmal auftritt. Vielleicht ist es bei Musik anders. Sie ist vielleicht schwieriger zu übersetzen. Sie begann zunächst zu übersetzen und wechselte dann. Viele von uns singen Lieder automatisch in einer anderen Sprache. Vielleicht ist das ganz natürlich, und da es schwieriger ist, Gedichte oder Musik zu übersetzen, beließ er es einfach so, wie es war. Dieses Phänomen wird noch weiter untersucht werden müssen. (Die Lieder können über einen Link am Ende des Kapitels heruntergeladen werden).

D: Oh, das ist sehr gut. Das gefällt mir. Es ist sehr gut. Hat es den Leuten gefallen?
K: Sie schienen in der richtigen Stimmung dafür zu sein, ja.
D: Ist das eines, das du selbst erfunden hast? (Aye) Es ist hübsch. Ich mag es.
K: Es ist nicht schlecht.
D: Singst du bei deinem Auftritt mehr als ein Lied?
K: Ja. Normalerweise singe ich zweiundzwanzig, vielleicht auch mehr. Alle wollen etwas anderes hören.
D: Wirst du heute Abend noch ein anderes singen als dieses?
K: Ja, ich werde viel mehr singen.
D: Kannst du mir noch eins singen?
K: Ja, lass mich nachdenken.
D: Man muss bei einem Auftritt schnell denken, nicht wahr?

Sie beginnt unerwartet zu singen, in einer anderen Sprache. (Lied Nr. 2. Länge: siebenundzwanzig Sekunden.)

Das war ziemlich aufregend für mich. Ich war in der Zeit zurückgereist und wurde tatsächlich von einem Minnesänger unterhalten. Es war faszinierend, Musik in einer unbekannten Sprache zu hören. Ich wusste, dass ich über etwas sehr Originelles und Wertvolles gestolpert war.

D: Oh, das gefällt mir auch. Welche Sprache ist das?
K: Es ist Keltisch.
D: Oh! Worum geht es in dem Lied?
K: Es wird erzählt, wie ein Junge vor langer Zeit einen Drachen sah. Dieser bedrohte eine Frau, und so musste er losziehen und ihn töten. Und so geht es immer weiter.
D: Das ist also ein Lied über Tapferkeit, über tapfere Taten?
K: Ja, so kann man es wohl sehen. Vielleicht ein Liebeslied, vielleicht. Ähm.
D: Ich konnte die Worte nicht verstehen. Das ist eine Sprache, die ich nicht kenne. Ist das eine, die du erfunden hast?
K: Nein, es ist eine, die seit langer Zeit weitergegeben wird.
D: Dann ist das ein Lied, das du oft singst.
K: Gelegentlich.

Ein weiteres interessantes Phänomen ereignete sich, während sie sang. Sie bewegte ihre Hände, als würde sie eine Harfe spielen, die aufrecht in ihrem Schoß saß. Ihre Finger zupften an unsichtbaren Saiten, und ihr rechter Daumen strich im perfekten Rhythmus zum Gesang seitlich über alle Saiten.

D: Glaubst du, sie geben dir heute Abend einen Sack voll Gold?
K: Nein, vielleicht Silber. Wenn ich Glück habe.
D: Aber einen Sack voller Münzen. (Aye) Oh, das ist gut. Ich denke, du hast es verdient. Ich mag deine Stimme. Und du sagtest, es scheint den Leuten zu gefallen?
K: Sie scheinen recht glücklich zu sein, aber natürlich sind alle sturzbetrunken, so dass sie bald nichts gar mehr verstehen.
D: Weil du der Letzte bist. Zu dem Zeitpunkt sind sie schon richtig betrunken, oder? (Ich lachte.)
K: Es gibt Leute, die relativ nüchtern bleiben, weil der Harfenspieler Nachrichten von überall her bringt. Und es ist, als hätte man seinen eigenen Boten, weißt du, aus verschiedenen Teilen des Landes.
D: Weil ihr überall hinreist und wisst, was passiert. (Aye) Nun, wie gebt ihr die Nachrichten weiter? Singt ihr sie oder ...

K: Das meiste davon, ja. Manchmal redet man darüber und spielt dabei einfach Harfe. Und man erzählt ihnen, was los ist, wer was macht, wer heiratet und ...

D: *Oh. Wie machst du das? Kannst du es mir zeigen? Wenn du zum Beispiel heute Abend die neuesten Nachrichten erzählst.*

K: Nein. Vielleicht, äh, würden sie aus den verschiedenen Grafschaften fragen, was so los ist, und es würde dann um – ich weiß es nicht – gehen. Es fällt mir dann ein.

D: *Nun, wenn du über etwas sprechen würdest, wie würdest du das tun?*

K: Ich würde wahrscheinlich mit einer sehr singenden Stimme sprechen, so dass sich alles zu reimen scheint und alles zusammenpasst, und die Musik fügt sich irgendwie dazu.

D: *Ist es schwer, sich einen Reim auszudenken?*

K: (Lachen) Manchmal.

D: *(Lachen) Man muss es schnell machen, ohne vorher darüber nachzudenken. (Aye) Es scheint schwer zu sein, alles in Reimform zu bringen.*

K: Na ja, wenn es sich nicht reimt, muss man es wenigstens so klingen lassen, als würde es trotzdem zusammenpassen.

D: *Ich glaube, das ist schwierig. (Aye) Du spielst ja dabei auch noch Harfe. Das ist ein Können, das nur schwer zu erreichen ist. Nicht jeder kann diese Dinge tun.*

K: Das ist wahr.

D: *Singen, es sich reimen lassen und dabei noch Musik machen. Du sagtest, es gibt Flötisten? Spielen sie mit dir oder ...?*

K: Normalerweise spielt ein Harfner allein.

D: *Du sagtest, dies sei ein Bergfried. Haben die Leute, die hier leben, einen Titel? Weißt du, was ein Titel ist?*

K: Du meinst, wie ein Herr zu sein oder ...?

D: *Ja, so ähnlich.*

K: Lass mich nachdenken. Der O'Connell ist einfach der O'Connell. Ich meine, er ist so was wie der Urenkel, ein entfernter Verwandter des König.

D: *Meinst du, er könnte ein Oberhaupt oder so etwas sein?*

K: Ah. Das kommt der Sache schon sehr nahe, denn der O'Connell war sein Ur-Ur-Ur-Großvater oder was auch immer. Der König von Irland. Und so hat er sozusagen seine Position erhalten.

D: *Gibt es in eurem Land derzeit einen König?*

K: Das letzte Mal, als ich davon hörte, ah, aye.

D: *Ich frage mich, ob es eine Art Herrscher für das ganze Land gibt ...?*

K: (Unterbrach) Das ist jetzt der O'Brien.

D: *Für das ganze Land?*

K: Nun, sie kämpfen darum, wer das Recht auf den Titel hat. Die Häuser, die mal königlichen waren, und die, die königlich sind, und dann – ach, sie machen immer weiter.

D: *Du meinst, sie führen so etwas wie einen Krieg?*

K: Jeder ist immer mit jemand anderem im Krieg.

D: *Man kann dem Krieg nie entkommen, nicht wahr? (Nein) Gehört so etwas zu den Neuigkeiten, die du überbringst?*

K: Ja. Wer gewonnen hat und wer gestorben ist und so weiter.

D: *Das ist der einzige Weg, wie jemand wissen könnte, was passiert. (Aha) (Ihre Hände bewegten sich wieder.) Singst du gerade ein Lied?*

K: Nein, ich spiele nur.

D: *Mögen sie es? (Aye) Wohin wirst du gehen, wenn du diesen Ort verlässt?*

K: Na ja, das weiß ich noch nicht so genau. Vielleicht in den Norden von hier. Oder vielleicht werde ich in den Süden gehen und nach Kerry gehen. Ich bin mir noch nicht sicher. Ich habe mich noch nicht wirklich entschieden. Ich habe ein paar Tage Zeit, darüber nachzudenken.

D: *Du wirst ein paar Tage hier bleiben? (Aye) Das ist gut. Versuchst du, dich von den Orten fernzuhalten, an denen die Kriege stattfinden?*

K: Nun, weißt du, es ist so: Ein Barde muss sich normalerweise keine Gedanken darüber machen, wer gegen wen kämpft und so, denn alle wollen die Neuigkeiten von überall hören. Also gilt er sozusagen als »geschütztes Gebiet«.

D: Ich verstehe. Dann würden sie nicht denken, dass du gefährlich bist. Sie würden nicht versuchen, dich zu töten oder dich in den Krieg hineinzuziehen.

K: Richtig.

D: Das ist gut. Dann brauchst du dir keine Sorgen zu machen. Hast du jemals den Wunsch gehabt, dich niederzulassen und ein Heim zu haben?

K: Klingt für mich ziemlich langweilig.

D: Und was ist mit einer Ehefrau?

K: Mehr Ärger als sie wert sind.

D: (Lachen) Du hast also nie daran gedacht, ein Heim und eine Familie oder Kinder zu haben.

K: Jedes Mal, wenn ich daran denke, ein Heim oder eine Familie zu haben, sehe ich ein schönes, glückliches Paar: Die Frau nörgelt am Ehemann herum und er hat fünf schreiende Bälger, und ach, das ändert meine Meinung sehr schnell.

D: (Lachen) Dann gefällt dir die Idee nicht. (Nein) Ich dachte, jeder will ein Zuhause haben. Hattest du jemals ein Zuhause? Vor langer Zeit?

K: Ich erinnere mich, als ich jung war, lebte ich mit meiner Mutter zusammen. Eines Tages kam mein Vater zu dem Bergfried, in dem wir wohnten, und sie sagte mir, dass er mein Vater sei. In dieser Nacht packte ich meine Sachen und als er ging, ging ich auch.

D: Du bist mit ihm gegangen? (Aye) Wie hat sie sich dabei gefühlt?

K: Ich weiß es nicht. Ich habe sie seitdem nicht mehr gesehen.

D: Bist du dann eine Zeit lang mit deinem Vater gereist?

K: Ja. Ich glaube, sie hat es wahrscheinlich nur gesagt, um mich loszuwerden, weil ich ihr ziemlich viel Ärger gemacht habe. Und sie wollte »unbelastet« sein von einem heranwachsenden Kind. (Er klang ein wenig verärgert.)

D: Hattest du deinem Vater damals auch Ärger gemacht?

K: Wenn, dann hat er mir so auf den Kopf geschlagen, dass ich mich wieder zusammengerissen habe. Und er hat mir beigebracht, wie man Harfe spielt und wie man singt.

D: Oh, dann hast du von ihm gelernt. (Aye) Er muss dich gut unterrichtet haben. Die Harfe, die du spielst, steht sie aufrecht oder liegt sie auf deinem Schoß, oder ...?

K: Sie sitzt auf meinem Schoß. Es ist eine Schoßharfe. (Während sie mit mir sprach, klimperte sie die ganze Zeit über auf den unsichtbaren Saiten.)

D: *Dann sitzt man auf einem Stuhl und hat sie auf dem Schoß? Und dann schlägst du die Saiten an?* (Aye) *Nun, einige Harfen, die ich gesehen habe, stehen auf dem Boden.*

K: Ich habe auch schon welche gesehen, die so groß waren, aber die machen wahrscheinlich mehr Ärger als sie wert sind. Ich habe noch nie mit einer gespielt, die so groß war. Diese hier ist eine der größeren, die ich bisher gespielt habe.

D: *Du könntest die großen nicht mit dir herumtragen.* (Nein) *Nun, ich danke dir wirklich, dass ich deine Lieder hören durfte. Sie haben mir gefallen, und ich glaube, den anderen Leuten haben sie auch gefallen.*

K: Das kann man nur hoffen.

D: *Sie werden dir Geld geben und dir eine Unterkunft für ein paar Tage zur Verfügung stellen. Das ist sehr gut. Amüsiere dich. Lass uns die Szene nun verlassen. Es ist eine glückliche Szene, eine glückliche Zeit, eine sehr angenehme Zeit.*

(Das Subjekt wurde wieder aus der Trance geholt.)

Dies war in vielerlei Hinsicht eine ungewöhnliche Sitzung. Ich fand die Musik besonders interessant. Ich werde versuchen, nächste Woche, wenn wir uns in Harriets Haus treffen, noch mehr davon zu hören. Ich möchte, dass sie es miterlebt.

Die beschriebenen (und weitere) Lieder können von der folgenden Website heruntergeladen werden:

https://ozarkmt.com/product/horns-of-the-goddess-songs

Kapitel 13
Der Minnesänger, Teil 2
(Aufgenommen am 19. Mai 1983)

Die folgende Sitzung fand in Harriets Haus statt. Ich hoffte, dass ich noch mehr Musik zu hören bekommen würde. Der Anfang des Bandes enthielt zunächst einen Teil der Hiroshima-Geschichte, dann einen Teil eines Wikingerlebens.

D: *Wir verlassen diese Szene und gehen weiter zurück in die Vergangenheit. Gehen wir zurück in die 600er Jahre. (Ich zählte in Hundertjahressprüngen zurück.) Ich zähle bis drei und es sind die 600er Jahre. 1, 2, 3, es sind die 600er, zu irgendeinem Zeitpunkt. Was machst du gerade?*
K: Ich bin zu Fuß unterwegs.
D: *Wohin gehst du? (Es schien, als hätte ich den Minnesänger wiedergefunden.)*
K: Ich habe keine Ahnung. Ich bin mir nicht ganz sicher, wo ich bin. (Lachen)
D: *(Lachen) Wo bist du gewesen?*
K: Ich war unten in Kerry und am See. Ich bin einfach gewandert und habe ein bisschen was vom Land gesehen.
D: *Was machst du beruflich?*
K: Ich bin ein Barde.
D: *Hast du irgendwo einen Auftritt gehabt?*
K: Nein, es sei denn, du betrachtest Harfespielen in einem Gasthaus als einen Auftritt.
D: *Das hast du gemacht?*
K: In den letzten paar Wochen, ja.
D: *Und, hat dir das viel eingebracht?*
K: Ich hatte Bier, ein Dach über dem Kopf und Essen im Bauch.

D: *Kein Geld? Keine Münzen?*

K: Nun, es hält den Körper zusammen.

D: *Es klingt zumindest wie etwas, das man tun kann, bis man einen Ort findet, der einen bezahlt, nicht wahr?*

K: Darüber mache ich mir keine Sorgen.

D: *Die Leute in den Gasthäusern geben dir kein Geld? Keine Münzen?*

K: Manchmal tun sie es, aber das ist selten. Normalerweise füttern sie mich nur und geben mir, was ich trinken und zu mir nehmen kann und ...

D: *Einen Platz zum Schlafen? (Aye) Hast du deine Harfe dabei?*

K: Ja, sie ist an meinem Rucksack auf dem Rücken festgeschnallt.

D: *Was hast du sonst noch bei dir?*

K: Ein paar Klamotten zum Wechseln, ein paar zusätzliche Saiten, ein Messer. Das war's schon.

D: *Du brauchst auch nicht viel, oder? (Nein) Was ist mit Schuhen?*

K: Aye. Das Paar, das ich an meinen Füßen habe.

D: *Das war's?*

K: Warum mehr mit sich herumtragen?

D: *Nun, ich dachte, sie würden sich abnutzen.*

K: Dann kann ich immer noch für ein neues Paar singen.

D: *(Lachen) Singen für ein Abendessen, singen für ein paar neue Kleider. Dann weißt du nicht, wohin du gehst oder wo du als nächstes auftreten wirst?*

K: Nicht, wenn ich nicht bald herausfinde, wo ich bin. Wer weiß?

D: *Hast du dich verlaufen?*

K: Ich würde mich nicht als verloren betrachten. Ich weiß nur nicht, wohin ich gehe.

D: *(Lachen) Du weißt, wo du gewesen bist. Aber das war's dann auch schon. (Aye) Was machst du dann gewöhnlich? Einfach laufen, bis du etwas findest?*

K: Ja. Bis ich mich entschieden habe, wohin ich gehen will. Ich weiß es nicht immer. Manchmal ändere ich meine Meinung aber auch dann, wenn ich es tue.

D: *Du hast mir mal erzählt, dass du viel singst. (Aye) Damit verdienst du also tatsächlich deinen Lebensunterhalt; mit Singen und Harfe spielen?*

K: Ich werde auch für die Nachrichten bezahlt, die ich bringe.
D: *Du sagtest, du erfindest einige deiner Lieder, nicht wahr?*
K: Das ist wahr.
D: *Hättest du Lust, ein Lied für mich zu singen? Du hast ja gerade sonst nicht viel zu tun.*

Ich wollte, dass Harriet den Gesang hört.

K: Nicht viel. Aber es ist ein bisschen zu nass, um hier draußen zu singen.
D: *Warum ist es nass?*
K: Es regnet.
D: *Oh, dann wirst du gerade nass?*
K: Ja. Aber ich bin noch nicht geschmolzen.
D: *(Lachen) Dann brauchst du dir keine Sorgen zu machen, irgendwo unterzukommen.*
K: So schlimm ist es nicht. Aber ich würde meine Harfe nicht aus dem Rucksack nehmen wollen.
D: *Du brauchst deine Harfe, um zu singen?*
K: Oh, es wäre einfacher.
D: *Aber du willst sie nicht rausnehmen, weil es regnet.*
K: Wenn sie nass würde, würde sie sich verziehen, und dann wäre der Klang ruiniert.
D: *Bewahrst du sie eingepackt auf?*
K: In einem Wachstuch, ja.
D: *Dann musst du dir keine Sorgen darüber machen, dass sie nass wird, sondern nur, dass du nass wirst. (Aye) Nun, lass uns weitermachen, bis du einen Ort gefunden hast, an dem du auftreten wirst. Du wirst bald einen Ort finden, an dem du aus dem Regen kommst. Wo du es schön warm hast. Ich zähle bis drei und dann machen wir weiter, bis du einen Ort gefunden hast, an dem du drinnen bist und auftrittst. 1, 2, 3, wir sind zu einem Zeitpunkt gesprungen, an dem du drinnen bist. Was machst du gerade?*
K: Ich sitze am Feuer und wärme mich auf.
D: *Wo bist du?*
K: Das ist ein Gasthaus.

D: *Weißt du, wo du gerade bist?*
K: In gewisser Weise. Man nennt es den Gelben Hahn.
D: *Gibt es dort in der Nähe eine Stadt?*
K: Nein, es ist an einer Straßenkreuzung gelegen.
D: *Gibt es dort irgendwelche Leute?*
K: Ein paar Reisende, die hier übernachten wollen, um aus dem Regen herauszukommen.
D: *Wirst du für sie singen?*

Ich hatte versucht, ihn in eine Position zu bringen, in der er mehr Musik für mich und Harriet singen würde.

K: Aye. Bald wird jemand die Harfe erspähen und um ein Lied bitten oder so.
D: *Und dann wollen sie wissen, was es Neues gibt. Das ist der Grund, warum du dort bleiben darfst, nicht wahr?* (Aye) *Sonst würdest du kein kostenloses Zimmer und Essen bekommen, oder?*
K: Das ist wahr.
D: *Könntest du mir ein Lied singen, jetzt, wo du drinnen und im Trockenen bist? Das würde auch das Interesse der Menschen wecken.*
K: Was willst du hören?
D: *Oh, alles. Es spielt keine Rolle. Ich mag alle Lieder. Singe mir eines deiner Lieblingslieder.*

Karen führte eine Reihe komplizierter Bewegungen aus. Sie schien die Harfe aufrecht auf ihrem Schoß zu halten und verstellte oder zog unsichtbare Schrauben an der Oberseite fest. Das ging einige Sekunden lang so weiter. Dann schien sie den Klang zu testen, indem sie die Saiten zupfte. Als dies abgeschlossen war, sang sie ein langsames Lied. (Lied Nr. 3. Länge: eine Minute, fünf Sekunden.) Wieder bewegten sich ihre Hände im Takt der Musik, indem sie unsichtbare Saiten zupfte und mit dem rechten Daumen über die Saiten strich. Vielleicht war es eher ein Zupfen der Saiten als ein Klimpern. Es war sehr interessant, das zu beobachten.

D: *Das ist ein schönes Lied. Das gefällt mir. Wie heißt es?*

K: (Seufzend) Ich habe keine Ahnung. Es ist ein altes Wort, dessen Bedeutung man vergessen hat. Ich bin mir nicht einmal sicher, was es bedeutet.

D: *Welche Sprache ist es?*

K: Ähm, mal sehen. Mein Vater sagte, es sei – ah, Piktisch. Ich bin mir nicht sicher. So etwas in der Art.

D: *Piktisch? (Aye) Oh, dann ist das älter als deine Sprache? (Aye) Welche Sprache sprichst du?*

K: Keltisch.

D: *Keltisch? Hast du schon mal was von Englisch gehört? (Sie runzelt die Stirn.) Das ist auch eine Sprache. Kennst du sie nicht? (Nein) Was ist mit Latein?*

K: Das ist das, was die Priester sprechen.

D: *Oh, das kennst du also.*

K: Ich habe keine Ahnung davon, aber ich kenne es.

D: *Diese Sprache, in der du gerade gesungen hast, ist sehr alt?*

K: Man sagt, sie sei so alt wie die Berge. Ich habe da so meine Zweifel.

D: *(Lachen) Es ist zumindest sehr schön. Ich frage mich, ob es ein Liebeslied ist, aber es ist schwer zu sagen.*

K: Mein Vater hat gesagt, dass es so etwas in der Art sei, aber es handelt von ... ähm, lass mich nachdenken. Ich erinnere mich gleich. Ah, es ging um ein Mädchen, dem versprochen wurde, dass ihr Geliebter zurückkommen würde, und dann tat er es nicht.

D: *Oh, ein trauriges Lied?*

K: Ja, so etwas wie... du weißt schon. So etwas wie das Leben.

D: *Ja, viele deiner Lieder handeln vom Leben, von Dingen, die passieren, nicht wahr? (Aye) Das gefällt mir. Was haben die anderen Leute davon gehalten?*

K: Ja, es schien ihnen gut zu gefallen. Es ist ein Lied, das eine schöne Melodie hat, die an sich schon zu tragen scheint.

D: *Ja. Würdest du noch eins singen? (Sie seufzte.) Für mehr Essen.*

K: (Verschmitzt) Wie gut wirst du mich dafür bezahlen?

D: *Nun, wie viel willst du?*

K: Oh, vielleicht ein paar Drinks, ähm, wer weiß?

D: *Was trinkst du?*

K: Ale.

D: *Okay. Ich glaube, ich habe genug Geld bei mir, um ein paar Runden zu kaufen. Und dich so auch innerlich aufzuwärmen. (Lachen)*

Sie sang ein weiteres langsames Lied. (Lied Nr. 4. Länge: genau eine Minute) Dieselben Handbewegungen. Sie schien die Harfe aufrecht vor sich zu halten, so dass sie gerade nach außen zeigte, mit einer Hand auf jeder Seite der Harfe.

D: *Das ist auch eins, das ein bisschen traurig klingt.*
K: Es geht um einen Mann, der sein Königreich verloren hat und darüber klagt.
D: *Welche Sprache ist das?*
K: Aye, das ist Keltisch.
D: *Für mich hören sie sich gleich an.*
K: Ah, sie sind sehr unterschiedlich. Sie sind nicht das Gleiche. Sie haben vielleicht ein paar Ähnlichkeiten, aber nicht viele.
D: *Für mich klingen sie gleich, weil ich beide nicht kenne. (Lachen)*
K: Das ist seltsam. Wenn du keine von beiden kennst, dann bist du nicht von hier.
D: *Nein, das bin ich nicht. Deshalb habe ich deine Musik sehr genossen. (Ah) (Ich musste schnell überlegen.) Deshalb fragte ich, ob du weißt ... Hast du jemals von dem Land England gehört?*
K: (Sie runzelte die Stirn.) England?
D: *Oder Schottland?*
K: Ich habe von Scotsland gehört. Auf der anderen Seite des Wassers.
D: *Das ist mein Land. Ich komme von da drüben. Und deshalb ...*
K: (Sie unterbricht nachdrücklich.) Warum kennst du dann die Pikten nicht?
D: *Sind sie von dort?*
K: Aye. Du nimmst mich doch sicher auf den Arm.
D: *(Wie komme ich aus der Sache raus?) Nein, das bin ich nicht. Aber ich glaube nicht, dass sie dort leben, wo ich herkomme.*
K: Ja, die Pikten, sie kommen aus Schottland hierher. Man muss sie kennen.
D: *Nun, vielleicht wusste ich einfach nicht, wie sie heißen.*
K: Könnte sein.

D: *England ist weiter südlich als Schottland. Es ist auch auf der anderen Seite des Wassers. Okay. Wie alt bist du jetzt?*
K: Oh ... ich bin ungefähr neunundzwanzig, dreißig, vielleicht ...
D: *Dann bist du noch nicht sehr alt, oder?*
K: (Seufzend) Ich habe meine besten Jahre hinter mir.
D: *(Lachen) Warst du nie verheiratet?*
K: Ich habe kein Verlangen danach.
D: *(Lachen) Und was machst du, wenn du zu alt zum Singen wirst?*
K: Eine Höhle finden, hineinkriechen und sie hinter mir schließen.
D: *(Lachen) Wenn du verheiratet bist, hast du jemanden, der sich um dich kümmert.*
K: Ha! Das ist lustig. Normalerweise ist es genau andersherum.
D: *Glaubst du das?*
K: Ich glaube das.
D: *Ich dachte mir, wenn du eine Frau hast, kann sie sich im Alter um dich kümmern.*
K: (Kichern) Sie würde mich eher ins Grab nörgeln.
D: *(Lachen) Hattest du jemals eine Freundin?*
K: Nicht, dass ich lange genug dabei geblieben wäre, um ... nicht zu genießen.
D: *Ah. Ein Wanderer. (Aye) Du machst dir keine Sorgen um die Zukunft, oder?*
K: Die Zukunft wird sich von selbst regeln. Darüber mache ich mir keine Sorgen.
D: *(Lachen) Nun, du sagtest, du reist in Erin? (Aye) Bist du jemals in einer großen Stadt gewesen?*
K: Es gibt, ah ... Kerry. Es ist nicht schlecht dort. Und ich war in einigen der Bergfriede. Man kann sie nicht als Stadt bezeichnen, aber in ein paar der Bergfriede, und so weiter.
D: *Was ist die größte Stadt, in der du je gewesen bist? (Pause, als würde sie überlegen.) Wo es viele Menschen gibt?*
K: Eine Menge Leute. Ich schätze, das Größte, wo ich je gewesen bin, ist vielleicht das Keep O'Brien, aber es ist nicht wirklich etwas, das man als ... (Husten) das man als Stadt bezeichnen würde.
D: *Du hustest, weil du nass geworden bist, hm?*
K: Vielleicht bin ich ein bisschen erkältet.

D: *Nun, ich stelle mir eine Stadt so vor, dass es dort viele Häuser gibt, die alle zusammen stehen und Namen haben. Habt ihr so etwas?*
K: Nur das, was um die Bergfriede herum gewachsen ist, das ist alles. Wenn es Kriege oder so etwas gibt, können alle in den Bergfried gehen und müssen sich nicht sorgen.
D: *Da ist es sicherer, oder?* (Aye) *Nun, wie ist das mit den Gasthöfen? Stehen sie ganz alleine?*
K: Normalerweise sind sie an Kreuzungen, oder manchmal gibt es sie auch in einem Dorf von Menschen. Du verstehst, wo man sich versammelt, aber das sind einfach Leute, die vielleicht nicht gerne ... nicht zu viel mit anderen zu tun haben, also kommen sie hier hinaus und lassen sich nieder.
D: *Die meisten Menschen leben dann in der Nähe der Bergfriede.* (Aye) *Manche Orte nennt man Städte. Sie sind sogar größer als Dörfer. Viele, viele Menschen.*
K: Das ist nicht ... nichts, was ich je gesehen habe.
D: *So etwas gibt es in Erin nicht?* (Nein) *Nun, kennst du auch fröhliche Lieder? Du hast bisher nur traurige gesungen.*
K: (Seufzend) Werden denn fröhliche Lieder gemacht?
D: *Gibt es mehr traurige als fröhliche Lieder?* (Aye) *Ich frage mich, warum das so ist?*
K: Das kann ich nicht wissen. Es scheint so zu sein, dass die Menschen in Erin einfach gerne traurig und betrübt sind. Das gibt ihnen eine Ausrede.
D: *Ich frage mich, ob es etwas gibt, das ein wenig lebendiger ist.*
K: Nichts, das ich auf Anhieb wüsste. (Sie gähnte.)
D: *Du gähnst, als würdest du müde werden.*
K: Ja, es ist schon spät. Ich bin den ganzen Tag unterwegs gewesen. (Sie gähnte wieder.)
D: *Hast du jemals jemanden von den »kleinen Leuten« sprechen hören?*
K: Du meinst die Shay (phonetisch)?
D: *Was ist das?*
K: Die Kleinen. Die ... ähm, mal sehen. Manche Leute nennen sie, ah ... Kobolde.
D: *Ja, und manche nennen sie Feen. Kennst du dieses Wort?*

K: Wir nennen sie die Shay. Sie tanzen im Mondlicht auf den Wiesen herum und ziehen ihre Kreise, und ... Jeder hat schon von ihnen gehört.

D: *Hast du jemals welche gesehen?*

K: Ich kann mich nicht wirklich erinnern. Vielleicht, als ich noch ein kleines Kind war ... Jeder weiß, dass es sie gibt. Aber sie sind etwas bösartig. Sie spielen den Leuten Streiche. Man sagt, dass sie Kinder stehlen und etwas – einen Wechselbalg – an ihrer Stelle hinterlassen, das nicht lange überlebt. Aber ich hatte noch nie etwas mit ihnen zu tun.

D: *Glaubst du, dass es sich dabei nur um Märchen handelt? Oder sind sie wahr?*

K: Nein, sie sind wahr! Es gibt Leute, von denen man sagt, dass sie von Elfen verzaubert sind. Sie wandern herum, ohne richtig bei sich zu sein. Und sie tun seltsame Dinge. Nackt im Wald tanzen mitten in der Nacht und andere solche Dinge.

D: *(Lachen) Glaubst du, dass die kleinen Leute sie dazu bringen, diese Dinge zu tun?*

K: Ja, weil sie schelmisch sind und die Menschen gerne auslachen.

D: *Du denkst, sie machen das nur aus Spaß.*

K: Vielleicht.

D: *Was ist ein Wechselbalg?*

K: Schau ... die Feen, wie du sie nennst, oder die Shay, sie haben sehr wenige Kinder. Deshalb mögen sie kleine Babys. Und so erschaffen sie mit ihrer Magie etwas in der Form des Kindes, das sie mitnehmen wollen. Dann lassen sie es dort und nehmen das Kind mit.

D: *Woher weiß man, ob es ein Wechselbalg ist?*

K: Nun ja, man merkt das. Normalerweise wird es krank und dann stirbt es. Es ist es nur ein Schatten. Die Priester sagen, sie können es auf verschiedene Weise erkennen, aber ich weiß es nicht.

D: *Wird der Wechselbalg leben und erwachsen werden?*

K: Nein, er stirbt kurz darauf.

D: *Dann heißt das, dass die kleinen Leute das echte Kind mitgenommen haben?* (Aye) *Ich dachte, du meinst vielleicht, dass sie ein anderes an seiner Stelle zurückgelassen haben, und es würde leben und aufwachsen.*

K: Es heißt, dass es in der Vergangenheit einige gegeben hat, aber ich habe in den letzten Jahren noch nie davon gehört, dass so jemand tatsächlich überlebt hat.
D: *Der Priester weiß das zu erkennen.*
K: Sie sagen, sie tun es. Wer weiß das schon?
D: *Gehst du jemals in die Kirche? (Nein) Gibt es in Erin Kirchen?*
K: Es gibt ... ah, Wandermönche oder Ordensbrüder und so etwas. Ich bin mir nicht sicher. Sie ziehen herum und versuchen, die Leute zum Christentum zu bekehren und Angst zu verbreiten. Und das hört sich nicht sehr gut an.
D: *Oh, du meinst, sie machen den Leuten Angst?*
K: Sie haben sehr viele Regeln und Verbote.
D: *(Lachen) Was hältst du davon?*
K: Ich glaube, ich bin glücklich so, wie ich bin.
D: *Gibt es noch andere Religionen in dem Land? Du sagtest, sie versuchen, die Menschen zu bekehren, sie zu verändern?*
K: Sie sagen, dass wir alle ein Haufen Heiden seien, die an Belldain* und so etwas glauben, und an Feys** und Shay.
D: *Was war das erste Wort? Der Glaube woran?*
K: Belldain? (Phonetisch. Vielleicht: Beltane?) Es geht um die Feuer und die Mitte des Winters und so was in der Art. Darum, die bösen Geister fernzuhalten. Und dass die Feuer immer brennen müssen.

* Beltane ist ein keltisches Wort, das »Feuer des Bel« bedeutet (Bel war eine keltische Gottheit). Es handelt sich um ein Feuerfest, mit dem die Ankunft des Sommers und die Fruchtbarkeit des kommenden Jahres gefeiert werden. Diese Rituale führten oft zu Eheschließungen, entweder direkt im kommenden Sommer oder im Herbst. Beltane ist der gälische Maifeiertag. Meistens wird es am 1. Mai gefeiert, also etwa auf halbem Weg zwischen der Frühjahrstagundnachtgleiche und der Sommersonnenwende. *
** Fey: die Welt der kleinen Leute, Kobolde, Feen, Wichtel, Heinzelmännchen, usw. **

D: *Und sie sagen, es sei etwas Schlechtes, daran zu glauben?*
K: Es heißt, dass man seine Seele verdammt und dass sie in denselben Feuern brennen wird. (Wir lachten.) Und ich fragte sie, woher sie

das wüssten. Ob sie jemals gestorben und begraben worden wären und es herausgefunden hätten.

D: *(Lachen) Was haben sie gesagt?*

K: Dass ich mit Sicherheit in die Hölle kommen würde.

D: *Weil du Fragen stellst?*

K: Aye. Welche, auf die sie keine Antworten haben. Also bin ich natürlich im Unrecht und sie sind im Recht. Ehhh!

D: *Ja, es ist leicht, das zu sagen, wenn man keine Antwort hat. Hast du jemals von den Druiden gehört?*

K: (Denkt nach) Ah ... Druiden, Druiden? Ähm ... nein.

D: *Ich habe gehört, dass das auch eine Art von Religion sei. Ihr habt sie nicht in Erin?*

K: Wenn du über Religionen und so redest, das sind diejenigen, die die Tänzer hergebracht haben und so.

D: *Was haben sie getan?*

K: Sie haben die Tänzer aufgerichtet.

D: *(Ich verstand seine Aussprache nicht.) Die Rutengänger?*

K: Nein, die Tänzer. Du weißt schon, die Steinernen Tänzer. Und man sagt, dass sie sie aufgerichtet haben, aber ich weiß nicht. Sie sind verschwunden oder zumindest untergetaucht.

D: *Hast du den Ort schon mal gesehen oder nur davon gehört?*

K: Oh, es gibt mehrere Steintänzer. Es gibt einen im Süden, der ziemlich groß ist und noch ein paar andere Dinge hat, und ... Es gibt mehrere kleinere im Norden. Ah ... und dann gibt es noch ein paar Orte in den großen Hügeln, die in verschiedene Richtungen gewunden sind, von denen sie sagen, dass sie nicht sicher sind, wer sie gemacht hat. Aber es hat irgendetwas mit ihrem Glauben zu tun oder so etwas.

D: *Dann müssen sie sehr alt sein. (*Aye*) Du hast diese Orte bestimmt gesehen, weil du so viel reist.*

K: Ja. Von einigen habe ich nur gehört. Aber das im Süden, das habe ich mit eigenen Augen gesehen. Es ist ziemlich groß.

D: *Kannst du mir sagen, wie es aussieht?*

K: Nun, die Steine sind alle etwa mannshoch und bläulich. Und es gibt einen großen Altarstein in der Mitte, bei dem man nicht sicher ist, woher er kommt. Er ist kohleschwarz und sehr dunkel. Und man sagt, dass darauf früher Opfer dargebracht wurden, aber wer kann das schon wissen?

D: *Das machen sie aber nicht mehr.*

K: Nun, zumindest nicht in der Öffentlichkeit.

D: *(Lachen) Warum nennt man sie die Steinernen Tänzer?*

K: Weil sie jetzt alle verschiedene Winkel haben. Sie sehen aus wie jemand, der betrunken ist und einfach herumtanzt.

D: *Die Steine lehnen sich gegeneinander?*

K: Einige von ihnen neigen sich in diese Richtung und einige in jene, und ...

D: *Du sagtest, es gäbe auch Gewundene?*

K: Aye. Es gibt Windungen, weißt du, große Hügel, die die Form von Windungen haben.

D: *Wie werden sie hergestellt?*

K: (Lächelnd) Nun ja, ich mache sie nicht. Ich nehme an, sie bestehen aus Dreck und Klumpen (Soden?).

D: *Aus Steinen?*

K: Nein, es ist einfach nur Schlamm.

D: *Das klingt, als ob der Regen es wegspülen würde.*

K: Es liegt zumindest schon ewig da, und das Gras ist darüber gewachsen.

D: *Glaubst du, dass irgendeine Religion diese Dinge irgendwann einmal gemacht hat?*

K: Jemand hat es gemacht. Das ist nicht einfach so passiert.

D: *Es kann nicht einfach so entstehen. Glaubst du, dass das heilige Orte sind?*

K: Man sagt, wenn jemand sie unerlaubt überquert, machen sie ihn wütend, so dass er dazu neigt, zu verschwinden.

D: *Das ist eine Möglichkeit, die Leute fernzuhalten, oder? (Aye) Was für einen Glauben hast du?*

K: Ich glaube an das, was ich sehen und fühlen kann, und das war's.

D: *Nun, das ist ein guter Weg. Dann hast du keine Angst vor all den anderen Leuten, die dir von diesen Dingen erzählen.*

K: Darüber mache ich mir keine Sorgen. Ich denke, ich werde es herausfinden, wenn ich sterbe. Wenn da nichts ist, werde ich glücklich sein, und wenn doch, werde ich vielleicht überrascht sein.

D: *(Lachen) Das ist eine gute Einstellung. Alles, was passiert, wird gut sein. (Aye) Du kennst also keine fröhlichen Lieder?*
K: (Sie gähnte.) Es fallen mir keine ein.
D: *Ich würde mich freuen, wenn du mir noch ein Lied vorsingst. Würdest du das tun, bevor du ins Bett gehst?*
K: Scheint die ewige Frage zu sein: »Oh, noch eins. Noch eins.«
D: *(Lachen) Sagen das die Leute immer?*
K: Normalerweise. (Sie klang müde.) Lass mich nachdenken.
D: *Sing nur noch einmal, dann darfst du ins Bett gehen.*

Sie hielt inne, als ob sie nachdachte. Dann sang sie. (Lied Nr. 5, Länge: eine Minute, fünfundzwanzig Sekunden.) Dies war das längste Lied, das sie sang. Es war ebenfalls langsam und wurde von den üblichen Handbewegungen begleitet.

D: *Das ist schön. Ich danke dir wirklich. Sag mir noch, wovon es handelt.*
K: Oh, lass mal sehen. Es geht um diesen Ort, von dem man sagt, dass er jenseits des Meeres liegt, den die ... oh, wie nennt man sie? Diese Brüder, die dorthin gesegelt sind und dann behaupteten, dass es dort eine Insel aus Glas gibt. Sie kamen zurück und erzählten davon, aber niemand glaubte ihnen. Also gingen sie zurück und wurden nie wieder gesehen.
D: *War das auch Keltisch? (Aye) Ah, ich frage mich, was das für eine Insel aus Glas war?*
K: Das kann ich nicht wissen.
D: *Das ist aber ein schönes Lied. Danke, dass du es gesungen hast. Du sagtest, du würdest müde werden.*
K: Ich wäre jetzt bereit, mich irgendwo auf einer Matte auszustrecken. (Sie gähnt.)
D: *Aber zuerst holst du dir noch dein Bier, nicht wahr? (Sie gähnte erneut.) Nun, danke, dass du das für mich getan hast. Ich denke, den anderen hat es wahrscheinlich auch gefallen.*
K: Wenigstens schreien sie nicht oder werfen mit Sachen, also haben sie sich wohl nicht allzu viele Gedanken gemacht.
D: *(Lachen) Erlebst du das manchmal?*

K: Na ja, gelegentlich ist das schon mal passiert. Sie sind zu betrunken und wollen nicht hören, was ich singe, oder ...

D: *(Lachen) Okay, wenn sie nicht mit Sachen werfen, dann hat es ihnen wohl gefallen. Mir hat es auch gefallen.*

(Das Subjekt wurde wieder aus der Trance geholt.)

Kapitel 14
Der Minnesänger, Teil 3
(Aufgenommen am 20. Juni 1985)

D: *Wir kehren zurück zu O'Keefe, dem Harfenspieler. Der Mann, der Harfe spielte, Lieder sang und an viele, viele Orte reiste. Er reiste herum, sang Lieder und verkündete Neuigkeiten. Und ich glaube, sein Name war O'Keefe. Wir gehen nun zurück in die Zeit, als er lebte. Ich zähle bis drei und dann sind wir da. 1, 2, 3, wir sind in der Zeit, in der der Harfner lebte und spielte und sich an seinem Beruf erfreute. Was tust du gerade?*

K: Ich sitze am Feuer. Es ist nur ein kleines, das ich zusammenkratzen konnte.

D: *Wo bist du?*

K: Unterwegs.

D: *Draußen? Ich dachte, du meinst vielleicht, du bist in einem Gasthaus oder so.*

K: Nicht heute Abend, nein.

D: *Bist du irgendwo gewesen?*

K: Ich bin auf Reisen gewesen.

D: *Wohin gehst du?*

K: Einfach die Straße entlang. Nirgendwo bestimmtes.

D: *Warst du in letzter Zeit auf irgendeinem größeren Bergfried?*

K: Nicht im letzten Monat oder darüber hinaus.

D: *Du magst deine Arbeit, nicht wahr?*

K: So kommt Brot in meinem Mund.

D: *Hast du in letzter Zeit irgendwo gesungen?*

K: Wenn ich die Gelegenheit dazu hatte.

D: *An welchen Ort reist du am liebsten?*

K: Oh, ich weiß es nicht. Vielleicht Taramoor (phonetisch) und Shawnray (phonetisch).

D: Sind das Orte, an denen man gut behandelt wird und an die man gerne zurückkehrt?
K: Sie sind schön, ja.
D: Ich habe über das Land nachgedacht, durch das du wanderst. Ist es ein schönes ebenes Land, das einfach zu bereisen ist?

Ich war noch nie in Irland gewesen und wusste, dass das bei Karen auch der Fall war. Ich wollte sehen, ob ihre Beschreibung zutreffen würde.

K: Nun, wenn es ebenes Land wäre, wäre es nicht Irland. Es hat viele Hügel und Täler und so weiter. Man geht einfach den einen Hügel hinauf und den nächsten hinunter.
D: Leben die Menschen in solchen Gegenden oder mehr im Flachland?
K: Sie leben überall. Wo immer sie ihren Lebensunterhalt bestreiten können.
D: Nun, gibt es irgendetwas Wichtiges, das in letzter Zeit im Land passiert ist? Über das du immer wieder berichtest?

Ich war auf der Suche nach etwas Historischem, das ich überprüfen könnte.

K: (Pause) Nur verschiedene Leute, die sich wie immer hier und dort streiten. Das war's dann auch schon. Es gibt immer wieder Fehden. Die O'Connors sagen, dass die Bradys auf ihrem Land sind, und deswegen streiten sie sich und solche Sachen. Es sind ganz normale Situationen.

Ihr Akzent war so stark, dass es oft schwierig war, die Namen zu transkribieren.

D: Habt ihr jemals Probleme mit Leuten von außerhalb des Landes, die versuchen, etwas einzunehmen oder zu stehlen? Kriege oder so etwas?
K: Es gibt immer wieder welche, die an der Küste landen und versuchen, hier einzudringen, aber hauptsächlich ... Es ist so: Ein

Ire kämpft so lange gegen seinen Bruder, bis jemand anderes anfängt, seinen Bruder zu schlagen. Dann tun sie sich zusammen. Es gibt also nicht viel Ärger, nein.

D: *Ich dachte, du wüsstest vielleicht etwas, weil du Neuigkeiten überbringst. Gab es in der Vergangenheit Kriege, von denen du wissen könntest?*

K: Oh, es gibt immer Leute, die vom Land jenseits des Wassers kommen. Manchmal lassen sie sich friedlich nieder und manchmal kämpfen sie, aber ... nicht in der jüngsten Geschichte, nein.

D: *Ich habe mich gefragt, ob es in letzter Zeit irgendwelche Kriege gegeben hat, über die du berichten musst.*

K: Nicht von außen. Nur durchschnittliche Iren, die ein gutes Gerangel haben. (Ich lachte.) Es geschieht derzeit nicht viel Aufregendes.

D: *Du sagtest vorhin, wenn du auf die Bergfriede gehst, musst du ihnen alle Neuigkeiten erzählen.*

K: Das stimmt, ja.

D: *Nur die verschiedenen Fehden? Das ist alles?*

K: Oh, es gibt noch die beiden Fraktionen, die jeweils ihren Mann zum König machen wollen. Das war's auch schon.

D: *Was meinst du?*

K: Oh, die O'Connors wollen wieder ihren Mann als König haben. Und auch die O'Learys wollen die Krone zurück. Sie streiten sich darum, wie immer.

D: *Dann habt ihr einen König, der über alles herrscht?*

K: Normalerweise ist es der Mann mit dem größten Stock oder der größten Armee.

D: *Wer ist derjenige im Moment? Ist es einer von ihnen?*

K: Nein, es sind die O'Bradys. Sie wechseln sich alle hundert Jahre ab, nachdem sie allen anderen in den Clans die Köpfe eingeschlagen haben. Solange, wie es Irland gibt, geht das schon so. Dann gibt es mal einen König, der über das Land als Ganzes herrschte.

D: *Und so entscheiden sie es? Sie kämpfen gegeneinander.*

K: In der Regel, ja.

D: *Hast du eine Ahnung, wer als Nächstes dran sein wird?*

K: Derjenige, der das meiste Geld in den Kammern liegen hat.
D: *Reist du an die Orte, an denen die Fehden ausgetragen werden?*
K: Manchmal schon, aber ich halte mich lieber von ihnen fern. Manchmal wird nämlich auch ein verirrter Harfner im Tumult erschossen.
D: *Oh, ja. Das kann passieren. Ich habe mich gefragt, welche Sprache du sprichst? Hat die Sprache, die du sprichst, einen Namen?*
K: Du meinst das Gälische?
D: *Ist das die Sprache, die du sprichst?*
K: So nennt man sie.
D: *Ich fragte mich das, weil du einmal einige Lieder für mich gesungen hast und meintest, sie seien in einer bestimmten Sprache. Ich habe mich daher gefragt, ob du eine andere Sprache singst als du sprichst.*

Dies war von einem Linguisten als Erklärung für die Sprache in den Liedern vorgeschlagen worden.

K: In der Regel nicht, nein. Ab und zu bekomme ich eine Anfrage für einen Song, der z.B. auf Piktisch oder so ist. Aber in der Regel ist es immer das, was jeder versteht.
D: *Das habe ich mich auch gefragt. Jemand sagte mir, dass du vielleicht in einer Sprache singst, die die anderen Leute nicht verstehen können.*
K: Nein. Ich meine, warum sollte ich in einer Sprache singen, die sie nicht verstehen? Dann würde ich kein Silber oder Gold für das Singen bekommen, weil sie nicht wüssten, was ich ihnen sagen wollte.
D: *Ja, das ist wahr. Deine Sprache nennt man Gälisch?*
K: So haben es die Leute genannt, die hier fremd sind.
D: *Sprechen in Irland alle dieselbe Sprache?*
K: Alle, die ich je kennengelernt habe. Es gibt Leute, die zum Beispiel aus dem Norden kommen, die ein bisschen anders sprechen. Aber sie haben alle die gleiche Sprache.
D: *Einmal hast du über Drachen gesungen. Glaubst du wirklich, dass sie existieren?*

K: Es hört sich nach etwas an, das vielleicht für Mütter erfunden wurde, um kleine Kinder zu erschrecken. Meinst du nicht?
D: *Du bist so viel gereist. Hast du jemals so etwas gesehen?*
K: Nein, und auch niemanden, der jemals einen gesehen hat. Zumindest niemanden, der im Kopf normal war.
D: *(Lachen) Was ist mit Einhörnern? Weißt du, was das ist?*
K: Oh, ich habe schon von ihnen gehört. Wer hat das nicht? Es gibt diese Hausierer, die Tränke verkaufen, die angeblich aus verschiedenen Teilen von Einhörnern gemacht sind. Aber ich glaube es nicht. Ich glaube, dass sie nur darauf aus sind, Geld zu machen. Jeder tut, was er kann, um zu überleben.
D: *Du hast also noch nie Einhörner oder Drachen gesehen.* (Nein) *Du glaubst, dass es nur Geschichten sind.*
K: Wer weiß, was es vor uns gegeben haben könnte. Selbst an den ältesten Legenden muss etwas Wahres dran sein. Sonst hätte es sie in der Regel nicht gegeben.
D: *Erzähl mir von deiner Harfe, die du spielst. Die, die du auf dem Rücken trägst.*
K: Was möchtest du wissen?
D: *Wie viele Saiten hat sie?*
K: Die, die ich auf meinem Rücken trage, hat zwölf.
D: *Ich habe gehört, dass einige Harfen nur ein paar Saiten haben, andere wiederum viele.*
K: Je größer sie wird, desto mehr Saiten hat sie.
D: *Hast du sie selbst gemacht?*
K: Wie wäre ich sonst an eine gekommen, wenn ich sie nicht selbst gemacht hätte?
D: *Ich dachte, andere Leute stellen sie vielleicht her und verkaufen sie dann.*
K: Warum sollte ein Mann eine gute Harfe verkaufen? Es sei denn, er könnte sie nicht mehr spielen. Dann würde er sie wahrscheinlich an seinen Sohn oder vielleicht an seinen Enkel vererben.
D: *Manchmal stellen Menschen Dinge für andere her, um sie an sie zu verkaufen.*
K: Würdest du eine Harfe kaufen, die von jemandem gebaut wurde ohne Musik in den Fingern? Eine in der falschen Tonart, oder eine, die sauer klingt, wenn sie eigentlich wie ein Bogen klingen sollte

(Der Akzent war hier stark. Ich glaube, das Wort war »Bogen«.) Das wäre nicht gut.

D: *Das macht Sinn, nicht wahr? Ich habe mich gefragt, ob du mir ein paar Wörter in deiner Sprache sagen könntest. Nur ein paar einfache Wörter, um zu sehen, wie sie klingen.*

Ich hatte bereits mit einer Linguistin die Musik und die Sprache untersucht. Sie hatte diesen Vorschlag gemacht. Karen hielt inne und ihr Gesichtsausdruck zeigte Verzweiflung. Sie war verwirrt.

K: Ich bin mir nicht sicher, ob ich verstehe, was du willst. Ich meine, ich spreche gerade mit dir, und du scheinst mich gut zu verstehen. Also warum willst du ... Ich verstehe nicht.

D: *Das ist schon in Ordnung. Ich dachte, du hast vielleicht andere Worte für Dinge, die ich nicht kenne. Das ist schon in Ordnung. Wir können uns auf diese Weise ganz gut verständigen, nicht wahr?*

K: Oh, ja.

D: *Ich unterhalte mich gerne mit dir. Nun gut. Lass uns diese Szene verlassen. Ich zähle jetzt bis drei, und dann sind wir in einem der Bergfriede, die du besuchst. Ich zähle bis drei, dann sind wir da. 1, 2, 3, wir sind jetzt in einem Bergfried, zu dem du gerne gehst. Was machst du gerade?*

K: Ich spiele auf meiner Harfe.

D: *Wo bist du?*

K: Ich bin in Strafmoor. (Ich ließ sie es wiederholen. Phonetisch: Straf-moor.)

D: *Bist du in der Halle, oder wo bist du?*

K: Ich bin in der großen Halle, ja.

D: *Wie sieht die große Halle aus? Ich habe sie noch nie gesehen. Kannst du dich umsehen und sie mir beschreiben?*

K: Sie hat Wände, die aus Steinen bestehen. Mit sehr hohen Fenstern darin. Und dann sind da Balken aus Holz, die mit Stroh bedeckt sind.

D: *Hohe Decken?*

K: Oh, ja.

D: *Sind die Fenster sehr groß?*

K: Nein, sie sind ziemlich klein.
D: *Und sie sind hoch oben. (Aye) Dann kann man gar nicht hinausschauen, oder?*
K: Nein, und so ist es auch nicht möglich, dass sich jemand hineinschleicht.
D: *Ist das der Grund, warum sie so hoch sind?*
K: Das und die Tatsache, dass es den Rauch abziehen lässt, glaube ich.
D: *Oh. Dann sind es keine abgedeckten Fenster?*
K: Sie sind mit Öltüchern bedeckt.
D: *Warum gibt es Rauch? Wurde in dem Raum Feuer gemacht?*
K: Oh, ja. Es gibt einen großen zentralen Kamin in der Mitte des Raumes. Wie sollten die Menschen sonst warm bleiben?
D: *Wie sieht er aus?*
K: Eine große Erhebung ... in der Mitte von allem. Sie ist rund und offen. Es ist eine Art Grubenfeuer.
D: *Höher als der Boden?*
K: Aye. Wenn es nicht höher als der Boden wäre, dann würden die Binsen Feuer fangen. Und das würde keinen Sinn machen.
D: *(Ich hatte das Wort nicht verstanden.) Die Kleider?*
K: Die Binsen.
D: *Die Binsen? Wo sind die Binsen?*
K: Auf dem Boden verstreut.
D: *Warum liegen sie auf dem Boden?*
K: Um alles sauber und ordentlich zu halten. (Sie war leicht verärgert, weil ich es nicht verstand.) Ich habe mich nie gefragt, warum sie da sind. Es wird einfach so gemacht.
D: *Ich meine ... wenn ich an Binsen denke ... ist das wie getrocknetes Gras?*
K: Oh, aye.
D: *Und es ist auf dem Boden verteilt? (Aye) Ich dachte, es wäre einfach ein sauber gekehrter Boden.*
K: (Kichern) Bei den Leuten, die es hier gibt, würde man ihn niemals sauber halten können.
D: *Man bedeckt also mit diesem Gras den Boden? (Aye) Und verteilt es überall?*

K: Und man schmeißt alles einfach in die Binsen. Nach dem Abendessen landen dort alle Knochen und die Hunde streiten sich darum.

Das war nicht wirklich das romantische Bild eines Schlossbanketts, das uns in Filmen vermittelt wird.

D: Oh! Die Sachen werden einfach auf den Boden geworfen? (Aye) *Und es gibt Tische um den ...*
K: Tische und Holzbretter (trenchers**), ja.
D: Holzbretter? Sie werden um das Feuer herum angelegt? (Ja) *In einem Kreis?*

** Webster's Dictionary: 1. Früher eine hölzerne Platte zum Tranchieren und Servieren von Fleisch. 2. Jegliche Platte. **

K: Nein, sie werden in eine Reihe gestellt.
D: Lange Tische?
K: Ziemlich lang. Sie sind länger als ein Mann.
D: Und was geschieht mit ihnen? Das Essen wird reingebracht und auf die Tische gestellt? (Aye) *Wer macht das? Diener oder wer?*
K: Aye. Die Schufte (drudges**).

** Eine Person, die dazu gebracht wird, harte niedere oder stumpfe Arbeit zu verrichten (Verweis auf: schuften). **

D: Die Schufte bringen das Essen rein? Und dann essen die Leute und werfen die Knochen und alles auf den Boden? (Aye) *Und gibt es viele Hunde da drinnen?*
K: Es sind genug, dass es eine Art Krawall gibt, und sie streiten um die Reste.
D: (Lachen) Sie streiten um das Essen. (Aye) *Was für Essen siehst du auf den Tischen?*
K: Dinge wie Wild und ... (Pause, während sie schaute) oh ... geräucherte Vögel. Und verschiedene Arten von Rebhühnern und Fasanen und sowas. Und verschiedene Arten von Fisch und so. Und Touvers und so was.

D: *Und was?*

K: Touvers (phonetisch).

D: *Was ist das?*

K: (In diesem Satz verstand ich endlich, was sie sagte.) Eine Knolle (tuber) ist eine Knolle. Ich weiß nicht, wie ich es sonst nennen soll.

D:*Oh, ist das so etwas wie ein Gemüse? Kennst du dieses Wort? (Pause) Es wächst in der Erde?*

K: Oh, ja, ja.

D: *In Ordnung. Das ist ein mir unbekannter Name. Ich weiß aber jetzt, was du meinst. Habt ihr sehr viel Essen, das in der Erde wächst?*

K: Die Menge ist ausreichend, um alle Mäuler zu stopfen.

D: *Was ist mit Brot? Macht jemand Brot?*

K: Es gibt Fladen, falls du das meinst.

D: *Ist das süß oder ein ...?*

K: Oh, nein, nein. Es ist ein Fladen. Das sind flache Kuchen. Ich kenne keine andere Bezeichnung.

D: *Sie sind nicht sehr dick?*

K: Vielleicht so dick wie ein Daumen und halb so breit.

D: *Ich meine, wie hoch sind sie?*

K: So hoch sind sie.

D:*Wie groß sind sie ungefähr?*

K: Oh, ungefähr so. (Handbewegung) Wenn du deine beiden Hände ausbreitest, können diese sich drum herum treffen.

D: *Und das ist nicht süß? (*Nein*) Welche Farbe hat es?*

K: Vielleicht braun.

D: *Wird das mit dem Fleisch gegessen?*

K: Normalerweise wird es benutzt, um die Holzteller danach aufzuwischen. Man isst es so. (Kichern) Man kann es nur essen, wenn man ein bisschen Soße drauf hat.

D: *Weißt du, was Teller sind? (Pause) Manche Leute essen von Tellern.*

K: Ich kenne dieses Wort nicht, nein.

D: *Es ist ein ... weißt du, was Töpfern ist? Habt ihr Töpferwaren? Oder ...*

K: Wir haben Kelche, wenn du das meinst.

D: *Kelche. Okay. Manchmal gibt es Dinge, in die man Essen hineintut, und man ...*

K: Oh, sie legen es auf die Platten.

D: *Auf die Platten. Und ihr habt Kelche, in man die Getränke einschenkt?*

K: Einige der Leute haben Kelche. Andere haben einfach ... wie nennt man das? Krug ist wohl ein gutes Wort.

D: *Ein Kelch ist größer?*

K: Das ist für das hohe Volk, aye.

D: *Was für Getränke gibt es?*

K: Oh, es gibt Starkbier und Ale und Met und so etwas.

D: *Trinkt eigentlich jemand Milch? Weißt du, was das ist?*

K: Das ist das, was sie den Kindern (bairns) geben.

D: *(Ich hatte das Wort nicht verstanden.) Barone? Das einfache Volk trinkt sie also nicht? (Pause. Sie wirkte verwirrt.)*

K: Du verstehst mich nicht. Nein, das geben sie den Babys.

D: *Oh, okay. Ich dachte, du meinst Baron, wie eine hohe Person.*

K: Ich habe keine Ahnung, was ein Baron ist. Das Wort ist mir fremd. Würdest du es mir erklären?

D: *Nun, es ist so etwas wie ein Anführer. Manche Leute nennen woanders einen Häuptling oder einen König so.*

K: Das ist ein interessantes Wort, ja, das ist es.

D: *Das ist eine herrschaftliche Person. Dann geben sie den Babys, den Säuglingen, die Milch?* (Aye) *Die Leute, die so alt sind wie du, trinken keine Milch?*

K: In der Regel nicht, nein.

D: *Gibt es etwas Süßes, das bei diesen Abendessen serviert wird?*

K: Nur, wenn man viel Geld hat, gibt es Süßigkeiten. Das ist selten, sehr selten. Hergestellt aus Honig und so. Und es ist sehr teuer.

D: *Ich dachte, wenn man so eine große Feier veranstaltet, gibt es auch etwas Süßes. Nur zu besonderen Anlässen?*

K: In der Regel bei Hochzeiten und dergleichen.

D: *Gibt es eine Reihenfolge, in der die Leute sitzen? Sind einige wichtiger als andere?*

K: Ja, es gibt die an den oberen Tafeln, und es gibt eine Art absteigende Reihenfolge. Und dann gibt es noch die über und unter dem Salz und so.

D: *Was meinst du mit »über und unter dem Salz«?*
K: Wo sie das Salz haben. Sie sitzen entweder über oder unter dem Salz.
D: *Die oberen Tafeln? Meinst du, dass sie sich über den anderen Leuten befinden?*
K: Oh, eine tut das. Es ist die des Besitzers dieser Stätte. Er hat die hohe Tafel. Und alle, die zu Besuch sind, sozusagen die Verwandtschaft oder was auch immer, sitzen dort oben mit ihm. Und dann geht es in absteigender Reihenfolge weiter.
D: *Als du sagtest, sie seien über und unter dem Salz, darf dann nicht jeder das Salz benutzen?*
K: Nein. Man darf sich nur Salz nehmen, wenn man eine gewisse Stellung hat.
D: *Warum ist das so? Ist es selten? Ist es schwer zu finden?*
K: Ja. Salz ist an vielen Orten dasselbe wie Geld.
D: *Dann können die Leute, die weiter unten sitzen, kein Salz auf ihr Essen streuen.* (Aye) *Hmmm. Und wenn sie dann mit dem Essen fertig sind, werfen sie alles auf den Boden.*
K: Die Hunde räumen auf.
D: *Haben die Leute etwas, womit sie essen?*
K: Sie haben ihre Messer.
D: *Wie sind sie gekleidet? Besonders die Frauen. Kleiden sie sich auf eine bestimmte Art und Weise?*
K: Was meinst du damit, wie sie sich kleiden? Ich meine, sie tragen ein Kleid, ein Gewand (kirtle**).
D: *Ein Curtle?*

** Kleid oder Unterrock einer Frau. **

K: Was gibt es sonst noch? Ich kenne mich mit Damenmode als solche nicht aus.
D: *Sind die Röcke lang?*
K: Ja, sie berühren den Boden.
D: *Tragen sie etwas auf dem Kopf?*
K: Sie haben Hauben (wimple**).

** Eine Kopfbedeckung aus Stoff, die den Kopf, den Hals und die Seiten des Gesichts bedeckt. Wurde früher von Frauen getragen und heute noch von einigen Nonnen. **

D: *Sie tragen ihr Haar dann nicht einfach herunterhängend?*
K: Normalerweise sind sie zu Zöpfen geflochten oder in einer Art Haube (caul**).

** Eine eng anliegende Kopfbedeckung oder ein Haarnetz für eine Frau. **

D: *Was ist mit dem oberen Teil des Kleides? Ist es am Hals geschlossen oder ...?*
K: Ja. Es ist geschlossen.
D: *Es ist also nicht offen geschnitten?*
K: Nein. Sie würden erfrieren, wenn es so wäre.
D: *(Kichern) Oh, dann ist es kalt drinnen?*
K: Im Winter wird es ein bisschen frisch.
D: *Sind die Ärmel lang oder kurz?*
K: Sie sind lang.
D: *Tragen sie Schmuck?*
K: Diejenigen, die genug Geld dafür haben. Wenn sie es nicht haben, dann nicht. Normalerweise ist es vielleicht ein Ring oder ein Kreuz. Das war's dann auch schon.
D: *Nichts Ausgefallenes. Was ist mit dem Hausherrn? Trägt er irgendwelchen besonderen Schmuck?*
K: Er hat seinen Siegelring, und vielleicht eine Art ... (dachte an das Wort) Medaille. Sie sitzt in der Mitte seiner Brust.
D: *Ein rundes Metallteil an einer Kette?*
K: Aye. Das zeigt seine Stellung. Es gibt verschiedene Gestaltungen. Sie sind mit Wappen und dergleichen bestickt.
D: *Und das verrät, wer man ist. (Aye) Was für Kleidung tragen die Männer?*
K: Ein Wams (jerkin**) und eine Strumpfhose. Ich weiß nicht, wie ich es anders erklären soll.

** Eine eng anliegende Jacke für Männer, die in der Regel aus Leder besteht. **

D: *Geht das Wams sehr weit an den Beinen herunter?*
K: Ungefähr bis zur Mitte der Oberschenkel.
D: *Haben sie lange Ärmel?*
K: Ja. Manchmal haben sie ein Hemd drunter. Dann hat der Wams selbst kurze Ärmel und das Hemd lange. Das ist dann viel wärmer. Es hängt von der Jahreszeit ab, denke ich.
D: *Tragen sie jemals etwas auf dem Kopf?*
K: Verschiedene Leute haben verschiedene Arten von Hüten. Das hängt von der Stimmung ab, denke ich, oder davon, wer man ist und was man sich leisten kann. Einige sind ziemlich seltsam. Ich habe mal einen gesehen, der sah aus wie ein Vogel, der gleich abhebt und flügge wird.
D: *(Lachen) An einem Mann? (Aye) Das klingt wie etwas, das eine Frau tragen würde.*
K: Nein, ich denke, das war offensichtlich ein Mann, der von seiner eigenen Wichtigkeit überzeugt war.
D: *(Kichern) Er wollte wahrscheinlich anders sein und jeden dazu bringen, ihn zu beachten.*
K: Er wurde zwar wahrgenommen, aber viele hielten ihn für einen Narren.
D: *Was für Kleidung trägst du?*
K: In der Regel nur Hose und Wams. Vielleicht einen Umhang, wenn es kalt ist. Aber das war's auch schon.
D: *Trägst du etwas auf dem Kopf?*
K: Manchmal eine Mütze im Winter oder bei Regen. Aber in der Regel nichts.
D: *Hat die Kleidung eine bestimmte Farbe?*
K: Meine ist braun. Ich habe auch rote. Aber die ist nur für besondere Anlässe.
D: *Tragen die Menschen helle Farben?*
K: Wie sollen sie sich die Farbstoffe dafür leisten? Wenn diese nicht in den Dingen vorkommen, die sie umgeben, können sie sie nicht bekommen.
D: *Dann tragen die meisten Leute einfach braune Kleidung?*

K: Oder Dinge, die die Farbe des Stoffes haben, aus dem sie gemacht sind. Wenn es zum Beispiel Wolle ist, hat sie die Farbe des Schafes, von dem sie geschoren wurde.

D: *Dann wird das nicht gefärbt.* (Nein) *Und nur sehr wenige Leute tragen helle Farben?*

K: Nicht sehr viele, es sei denn, sie können es sich leisten.

D: *Woher hast du deine roten Kleider?*

K: Dafür musste ich ordentlich bezahlen. Ich habe sie von einem Schneider bekommen. Wenn du in die Bergfriede gehst, musst du mindestens ein Paar Kleider haben, das so aussieht, als ob du dort hingehörst.

D: *Okay, wenn du da so singst und deine Harfe spielst, wo befindest du dich im Raum?*

K: Normalerweise auf einem Stuhl, der oben bei der Hohen Tafel steht. Also dort, wo sie mich hören können und mir sagen können, was sie hören wollen und so.

D: *Du hast mal gesagt, dass es manchmal Jongleure gibt.* (Aye) *Was ist mit Akrobaten? Weißt du, was das ist?*

K: Ich kenne das Wort nicht.

D: *Das sind Leute, die ... ähm, sie springen herum und machen alle möglichen Tricks mit ihrem Körper. Sie drehen sich auf den Kopf und solche Sachen.*

K: Ich habe schon mal Leute gesehen, die das gemacht haben, ja. Und dann gibt es noch die Mimen (mummers**) und sowas. Sie spielen Dinge nach.

** Ein mittelalterlicher Unterhaltungskünstler, der als Amateurschauspieler auftrat. Er trat bei verschiedenen Theaterstücken in den Dörfern auf, die zur Erntezeit oder zu religiösen Anlässen wie Weihnachten stattfanden. **

D: *Mimen? Oh, du meinst, sie spielen Theater, ohne zu sprechen?*

Ich dachte an Pantomimen.

K: Nein, sie sprechen. Aber sie benutzen ... verschiedene Stimmen und so, um es für die Leute lustiger zu machen. Verstehst du, was ich damit sagen will?

D: *Ich glaube schon. Du meinst, sie spielen viele Rollen?*

K: Oh ja, ja.

D: *Eine Person macht das?*

K: Normalerweise ist es eine Gruppe, aber sie spielen alle mehrere Rollen, so dass man sozusagen die ganze Nummer bekommt. Meistens zwei oder drei, vielleicht vier Leute.

D: *Ziehen sie andere Kleidung an, wenn sie das tun, oder verändern sie nur ihre Stimme?*

K: Normalerweise ändern sie nur ihre Stimmen. Einige von denen, die ich gesehen habe, hatten Kostüme, die sie umdrehen konnten. Ein Mann hatte zum Beispiel auf der einen Seite eine Hose und ein Wams. Und auf der anderen Seite hatte er ein langes Gewand. (Ich lachte.) Sehr seltsam.

D: *Er hat so getan, als wäre er eine Frau und ein Mann, stimmt's?* (Aye) *Fanden die Leute das lustig?*

K: Sie haben sehr viel gelacht, ja.

D: *Und sie erzählen Geschichten auf diese Weise?* (Ja) *Das ist so ähnlich wie bei dir, nur dass du deine singst.*

K: In gewisser Weise, ja.

D: *Haben sie außer dir noch jemanden, der Musik macht?*

K: Nun ja, es gibt verschiedene Harfner.

D: *Du meinst, ihr spielt alle am selben Bergfried? Wenn du spielst, gibt es dann jemals jemanden, der etwas anderes spielt? Nicht, während du spielst, aber vielleicht davor?*

K: Manchmal, aber nicht oft. Wenn ein Bergfried einen eigenen Harfner hat, bleibt normalerweise kein anderer dort.

D: *Oh, das macht Sinn. Aber gibt es noch andere Leute, die andere Dinge spielen?*

K: Oh, die Frauen spielen manchmal Laute. Aber das macht man nicht in großen Sälen und so.

D: *Gibt es ein Instrument oder irgendetwas, das jemand zum Musizieren blasen würde?*

K: Oh, es gibt Pfeifen und so, aber das sind meistens nur Dinge mit Schnüren.

D: Also, im Moment machst du nur Musik? (Aye) Wirst du bald für sie singen?

K: Es ist gerade zu viel Lärm, um wirklich zu singen. Alle sind in guter Stimmung und ziemlich außer Rand und Band. Ich bezweifle, dass sie Musik hören wollen, außer einfach ... die Musik selbst. Sie würden mich nicht singen hören wollen.

D: Ist das ein großer Bergfried? (Pause) Ich meine, mit vielen Zimmern?

K: Es gibt ziemlich viele Zimmer, ja.

D: Wenn du in den Bergfried kommst, wie gelangst du hinein? Gibt es eine große Tür oder etwas in der Art?

K: Es gibt ein großes Tor.

D: Ein großes Tor. Ist der Bergfried von außen mit einer Mauer umgeben? Oder gelangt man direkt in den Bergfried?

K: Man gelangt in den Bergfried.

D: Ich habe gehört, dass manche Bergfriede von hohen Mauern umgeben sind, um zu verhindern, dass Leute hineingelangen, wie etwa im Krieg oder Ähnlichem.

K: Nicht dieser, nein.

D: Hast du so etwas schon einmal gesehen?

K: Nicht hier, nein. Dieser hat nur die Tore, die einen vom Zentrum fernhalten würden. Und von den höheren Teilen aus könnte man schießen, wenn man umzingelt wäre.

D: Gibt es irgendwelche Türme? (Pause) Weißt du, was das Wort bedeutet? (Pause) Das ist ein Teil, der höher ist als der Rest des Gebäudes.

K: Das Gebäude ist im Grunde aus einem Guss.

D: Ist alles gleich groß?

K: Ja. Ich würde sagen, es ist nicht flach. Aber es ist auch nicht so groß und hoch, wie du sagst.

D: Ich habe von einigen Orten gehört, an denen nur ein Teil höher als der Rest ist.

K: Das habe ich noch nicht gesehen, nein.

D: Haben alle Räume so hohe Decken wie der große Saal?

K: Nein. In der Küche schon, um den Ruß rauszulassen und so. Aber die anderen Räume, die haben einen Raum darüber. Die große Halle ist ein großer Raum für sich.

D: *Du sagtest, um den Ruß in der Küche rauszulassen? Was meinst du damit?*

K: Die Schlacke von den Feuern und den Öfen und so weiter. Wenn es kein hohes Dach und keine Abzugsmöglichkeiten gäbe, könnte man da drin nicht atmen.

D: *So wird also gekocht? Gibt es große Öfen?*

K: (Kichern) So weit ich weiß. Aber ich weiß es nicht wirklich. Ich kann nicht so gut kochen.

D: *Ich auch nicht. Deshalb habe ich mich gefragt. Wenn du dich in der großen Halle umsiehst, gibt es da irgendetwas zur Dekoration an den Wänden?*

K: Es gibt Wandbehänge und andere Dinge, die aufwendig gefertigt wurden, aber nichts wirklich Ausgefallenes.

D: *Was meinst du? So etwas wie große Bilder oder Stickereien? Wie werden sie gemacht?*

K: Sie werden gewebt und so. Ich glaube, das Wort heißt Webstühle (loom). Ich kenne mich da nicht aus. Ich weiß nur, dass sie so hergestellt werden. Das größte davon ist das Wappen des Hauses, wenn man so will.

D: *So etwas wie das, was der Hausherr um den Hals trägt?*

K: Aye, aye. Und es hängt hinter der Hohen Tafel.

D: *Wie sieht es aus? Kannst du es von dort sehen, wo du bist?*

K: Es hat ein rotes Herz in der Mitte, das von einem Schwert durchbohrt wird. Und einen Kran (?) in der oberen Ecke.

D: *Einen Kran?*

K: Eine Krone. In der oberen Ecke. Darin ein Kreuz. Und in der unteren Ecke ist ... es sieht aus wie eine Art Harfe. Obwohl ich nicht genau weiß, was für eine Harfe das ist.

D: *Es hat also vier Seiten?*

K: Das tun alle Wappen, die ich je gesehen habe. Die anderen beiden Ecken, eine ... oben blau und die untere ist golden.

D: *Du meinst, es sind Farben?*

K: In den gegenüberliegenden Ecken ... Ich beschreibe es nicht sehr gut.

D: *Du machst das sehr gut. In einer Ecke ist also eine Farbe und in der anderen Ecke ein Bild?*

K: Aye. Und in der Mitte befindet sich das Herz mit dem Schwert darin.

D: *Das ist seltsam. Ich frage mich, warum es ein Schwert durch das Herz zeigt.*

K: Es zeigt, wie es bei einer Jagd erlegt wird. Ich habe keine Ahnung. Und das weiße Herz ...

D: *(Endlich verstand ich, was sie meinte.) Oh, ein Hirsch (engl.: hart)! Du sprichst von einem Tier. (*Aye*) Ich dachte, du meinst ein Herz, wie das im Körper (engl.: heart). (Nein, nein) (Kichern) Die Wörter klingen gleich.*

K: Ja, das tun sie. Ein weißer Hirsch steht für Reinheit und so. Der rote Hirsch steht für Stärke, und ich glaube, das ist die Bedeutung dahinter. Aber ich bin mir nicht sicher.

D: *Oh, ja, jetzt verstehe ich, was du meinst. Das sind alles Gestaltungselemente. (*Aye*) Da war eine Krone ...*

K: Die Krone ist mit einem Kreuz versehen.

D: *Ich versuche mich daran zu erinnern, was du sagtest, was auf der anderen Seite ist. Es gab eine Krone, und dann gab es eine ... eine Harfe!*

K: Ja, da ist eine Harfe auf der einen Unterseite. Und dann ist da noch die Krone mit dem Kreuz drin. Und auf der anderen Seite war der obere Teil blau und der untere rot. Nicht rot. Es ist golden. Verzeih mir. Ich dachte an den roten Hirsch.

D: *Blau und golden. Gut. Ich glaube, ich kann mir jetzt ein Bild davon machen, wie es aussieht. Und das ist das Wappen des Mannes, dem dieses Haus gehört.*

K: Aye. Strafmoor. (Phonetisch. Vielleicht: Stravmoor? Klang jedoch eher wie ein F.)

D: *Das ist der Name der Leute oder der Name des Bergfrieds.*

K: Ja. Auch sein eigener Name. Das ist auch er selbst.

D: *Wie sehen die anderen, kleineren Wandbehänge aus?*

K: Einige davon zeigen nur Blumen und so. Nichts Wichtiges oder Großes. Sie hängen einfach da. Sie sollen Wärme erzeugen. Manche sind so stark mit Ruß bedeckt, dass man nicht mehr erkennen kann, was sie zeigen. Sie haben sie schon lange nicht mehr geputzt.

D: *Sie machen den Raum wärmer, indem sie an den Wänden hängen?*

K: Das sollen sie zumindest. Ich weiß nicht, ob es viel hilft.
D: *Bei der hohen Decke wird es kalt, nicht wahr? (Aye) Du sagtest, sie hatten Sparren mit einem Strohdach darauf?*
K: Das Dach ist mit Stroh gedeckt. Die Sparren sind aus Holz, und das Dach ist aus Stroh.
D: *Ich dachte, das Dach wäre aus Stein, so wie das Gebäude.*
K: Wie sollte man den Stein dort oben anbringen? Ich meine, was würde ihn halten? Stein ist stärker als Holz. Was würde ihn oben halten?
D: *Die Wände sind aus Stein, nicht wahr?*
K: Ja. Aber sie sind einfach übereinander gestapelt. Sie gehen einfach gerade nach oben. Was würde sie in einem solchen Winkel halten?
D: *Ich weiß es nicht. Das wäre schwer zu bewerkstelligen, oder? Aber wird das Stroh nicht leicht weggeweht oder ...*

Damals kannte ich noch keine Strohdächer, aber seit ich jedes Jahr nach England reise, sehe ich viele Häuser, die noch diese Art von Dächern haben. Diese Kunst ist in England im Aussterben begriffen, weil die Leute nicht wissen, wie man sie repariert. Es ist mühsam, und die Kunst wird nicht an die jungen Leute weitergegeben. Ein solches Dach ist sehr dicht und sicher und erfüllt seinen Zweck recht gut, aber es muss von Zeit zu Zeit repariert werden (wie jedes andere Dach auch). Zum Zeitpunkt dieser Sitzung im Jahr 1985 hatte ich jedoch das Bild von losem Stroh oder Gras auf einem Dach im Kopf, was mir nicht sehr praktisch erschien.

K: Es hat sich sehr gut gehalten. Natürlich müssen sie es ersetzen. Normalerweise im Frühjahr und im Sommer. Aber es hält wirklich gut.
D: *Ich dachte, der Regen würde vielleicht durchkommen oder der Wind würde es wegblasen.*
K: Es ist richtig dick aufgetragen. Und sehr gut festgebunden.
D: *Und das Dach des ganzen Bergfrieds ist aus diesem Material gemacht?*
K: Zumindest der Teil, den ich gesehen habe.
D: *Und Steinwände. Sind die Böden auch aus Stein?*
K: (Verwirrt.) Ich weiß es nicht.

D: *Oh, die sind mit Heu bedeckt. Das ist schwer zu sehen.*
K: Ich nehme an, es ist wohl nur Erde. Ich weiß es nicht.
D: *Aber der Kamin in der Mitte, wo das Feuer ist ...*
K: Das ist Stein, aye.
D: *Er ist erhoben. (Aye) Und der Rauch zieht dann zu den Fenstern hinaus. Öffnen sich die Öltücher?*
K: Normalerweise sind sie einfach oben. (Verwirrt, wie sie es erklären soll.) Sie sind irgendwie oben befestigt, und man lässt sie sozusagen flattern.
D: *Oh, dann sind sie lose. So kann der Rauch abziehen. (Aye) Aber es könnte auch hineinregnen, oder?*
K: Es schützt etwas. Aber es sind nicht so viele, dass es schlimm wäre, es sei denn, es ist ein sehr windiger Tag.
D: *Jetzt kann ich mir vorstellen, wie es aussieht. Spielst du gerne in den Bergfrieden?*
K: Es wird besser bezahlt, als in Gasthäusern zu singen.
D: *Ich würde mich freuen, wenn du noch ein Lied für mich singen würdest. Du hast es schon einmal gemacht.*
K: Ja, dir gefällt es vielleicht, aber ich glaube, ich würde heute Abend hier rausgeschmissen werden. Nein, ich denke nicht, dass ich heute Abend singen werde.
D: *Du glaubst nicht, dass sie Neuigkeiten hören wollen?*
K: Heute Abend nicht. Im Moment sind alle ziemlich rauflustig.

Ich wollte noch ein paar Lieder aufnehmen. Dafür würde ich sie wohl die Szene wechseln lassen müssen.

D: *In Ordnung. Dann lass uns diese Szene verlassen. Wir lassen diese Szene hinter uns. Ich zähle bis drei, und dann gehen wir in eine Zeit, in der du eine Vorstellung gibst. In der du singen darfst. Eine Zeit, in der du für mich singen kannst und auch für alle anderen Leute. Und es macht dir sehr viel Spaß. Ich zähle bis drei und wir sind da. 1, 2, 3, du bist jetzt an einem Ort, an dem du einen Auftritt hast, und du singst für die Leute. Was machst du?*
K: Ich spiele meine Harfe.
D: *Wo bist du gerade?*
K: Bin im Bergfried Claire.

D: Gefällt dir der Bergfried?
K: Ist ein schöner Bergfried.
D: Wirst du heute Abend singen? (Aye) Würdest du so singen, dass auch ich es hören kann? Dann weiß ich, wie es sich anhört. (Sie schien zu zögern.) Ich würde mich wirklich freuen. (Pause) Kannst du das für mich tun?
K: (Leise) Ich glaube schon.
D: Okay. Es würde mir sehr gefallen. Du hast es schon mal gemacht, und ich mochte deine Stimme sehr.

Sie sang ein weiteres langsames Lied. (Lied Nr. 6, Länge: fünfundvierzig Sekunden).

D: Das hat mir gefallen. Hat es den Leuten gefallen?
K: Ich habe nichts abbekommen, also nehme ich es an.
D: Es hat eine schöne Melodie. Würdest du mir noch ein anderes singen? (Pause) Du wirst noch viele singen, oder?
K: Ich singe ziemlich viele. (Sie schien beunruhigt.)
D: Warum stört es dich, wenn ich dich darum bitte?
K: Manchmal scheint es einfach schwer zu sein. Ich bin mir nicht sicher, warum.
D: Hast du eine Idee? (Pause) Ich möchte dich nicht belästigen. Weißt du, warum? Ich versuche es zu verstehen.
K: Ich bin mir nicht sicher. Manchmal geht es einfach zu. Und nichts will herauskommen. (Nervöses Kichern)
D: Aber das tut es nicht, wenn du für die Leute singst, oder?
K: (Kichern) Manchmal schon. Es kommt auf die Situation an. Zum Beispiel, wenn ich noch nie an einem Ort war.
D: Ja, ich weiß, was du meinst. Das Gefühl hatte ich auch schon. Man weiß nicht, ob es ihnen gefallen wird oder nicht. (Ich versuchte, ihr Vertrauen zu gewinnen.) Es ist schwer, vor all diesen Leuten aufzutreten. (Aye) Aber ich würde mich wirklich freuen, wenn du noch ein Lied singst, und dann lasse ich dich gehen. Ich würde es zu schätzen wissen. Ich mag die Musik. Sie hat so einen schönen Klang.
K: Ich denke, ich werde es versuchen.

Sie sang ein weiteres langsames Lied. (Lied Nr. 7, etwa eine Minute lang.)

D: *Das ist hübsch. Ich mochte das. Du hast das Wort »Shelan« (phonetisch) sehr oft gesagt. Was soll das bedeuten?*
K: Es ist der Name einer Person. Es ist eine Art Klage, sozusagen.
D: *Ein Klagelied?*
K: Ja. Ein Trauern nach dieser Person.
D: *Die Person ist weg? Und man will, dass sie zurückkommt? (Aye) Ist es ein Mann oder eine Frau, die beklagt wird?*
K: Es ist eine Frau.
D: *Es drückt Trauer aus. (Aye) Ja, es klang traurig.*
K: Oder zumindest voller Sehnsucht.
D: *Viele eurer Lieder gehen in diese Richtung, nicht wahr? (Aye) Tanzen die Menschen in deinem Land?*

Die einzige Art von irischer Musik, die ich kenne, ist der moderne irische Jig. Diese Musik ist lebhaft und nicht langsam oder traurig. Gab es diese Art von Musik schon damals?

K: Ab und zu tanzen sie. Wenn ein paar Leute zusammenkommen. Wir sind im Allgemeinen ein fröhliches Volk. Aber die fröhlichen Lieder singt man nie, es sei denn, es wird getanzt. Wegen des Klatschens würde dich sowieso niemand hören.
D: *Gibt es eine Musik, die dazu passt, wenn sie tanzen?*
K: Ja. Manchmal mit der Harfe, manchmal auch nur mit Händeklatschen oder mit Pfeifen und so. Ich habe noch nie Pfeife gespielt, also weiß ich nicht, wie man das macht. Manchmal wird die Stimme benutzt, um das Lied zu erzeugen, aber ... es sind nicht viele Worte dabei. (Wieder verwirrt, wie sie es erklären soll.) Sie trägt dann die Melodie.
D: *Hast du schon mal getanzt?*
K: Ja, aber ich glaube, ich habe zwei Füße, die sich nicht sehr gut kennen.
D: *(Lachen) Manche können es besser als andere.*
K: Das ist wahr.

D: *Du hast mir einmal erzählt, dass du als kleiner Junge mit deinem Vater mitgegangen bist und er dir all diese Dinge beigebracht hat?* (Aye) *In welchem Teil des Landes hast du gelebt, als du ein kleiner Junge warst?* (Pause) *Weißt du noch, wo du gelebt hast, bevor du mit deinem Vater mitgegangen bist?*

K: Ich erinnere mich nur daran, dass es in einem Tal lag, das komplett grün war. Und es gab Tiere und so. Aber ich erinnere mich nicht mehr an viel davon. Ich weiß nur noch, dass es in der Nähe eines Flusses lag. Ich war seitdem nie wieder dort.

D: *Ich habe mich gefragt, ob du jemals zu deiner Mutter zurückgekehrt bist, oder zu dem Ort, an dem du gelebt hast.* (Nein) *Was ist mit deinem Vater passiert?*

K: Er ist gestorben. Er hat sich einfach zu Tode gehustet. (Traurig) Er war lange Zeit krank.

D: *War es deshalb schwierig, mit ihm zu reisen?*

K: Zeitweise. Und dann ging es so weit, dass er nicht mal mehr singen konnte.

D: *Warst du sehr alt, als das passierte?*

K: (Zögernd) Dreiundzwanzig, denke ich.

D: *Dann warst du kein kleiner Junge mehr.* (Nein) *Er hat dir viele Dinge beigebracht, nicht wahr?*

K: Oh, ja.

D: *Wenn du reist, gibt es Straßen, auf denen du unterwegs bist, um zu den verschiedenen Orten zu kommen?*

K: Manchmal gibt es Straßen, manchmal muss man sich seine eigenen machen. Manchmal gibt es auch einfach nur Pfade. Wenn man weiß, wohin man letztendlich will, kann man aber zumindest nach dem Weg fragen.

D: *Du gehst immer wieder an dieselben Orte, nicht wahr?*

K: In der Regel.

D: *Gefällt dir dein Leben?*

K: Es ist nicht schlecht. Wenigstens habe ich Essen im Bauch und normalerweise eine warme Unterkunft.

D: *Was will man mehr? Nun, ich danke dir für das Gespräch mit mir. Und ich danke dir, dass du die Lieder für mich gesungen hast. Sie gefallen mir sehr gut. Darf ich irgendwann wiederkommen und mit dir sprechen?*

K: Wenn du bereit bist, meinem Geschwätz zuzuhören, nehme ich das an.

D: *(Kichern) Oh, ich genieße es. Es ist interessant für mich. Also gut. Ich danke dir nochmals für das Gespräch.*

Das einzige, was Karen mit diesem Leben in Verbindung bringen konnte, war ihre Fähigkeit, zu singen und Gitarre zu spielen. Als sie noch sehr jung war, stellte sie fest, dass sie ganz natürlich und ohne Unterricht Gitarre spielen konnte. Außerdem dachte sie sich oft Lieder aus und sang sie, wenn sie im Haus arbeitete, ohne zu wissen, woher sie kamen. Ein kleines Überbleibsel von O'Keefe, das bis in ihr heutiges Leben hineinwirkte.

Nachdem Karen Fayetteville verlassen hatte und nach Little Rock gezogen war, kommunizierten wir nur noch per Post oder Telefon. Eines Tages musste ich zu einem Kongress nach Little Rock fahren, und wir verabredeten uns in meinem Hotel zu einer Sitzung. Mir ging es vor allem darum, wieder den Barden zu kontaktieren und hoffentlich mehr Musik zu hören. Außerdem hatte ich das Gefühl, dass es ein paar Lücken in seiner Geschichte gab, zu denen ich Fragen stellen wollte. Karens Schlüsselwort funktionierte erneut wunderbar, obwohl es etwa zwei Jahre her war, dass wir das letzte Mal miteinander gearbeitet hatten. Sie versetzte sich sofort in eine tiefe Trance.

Als wir fortfuhren, bat ich sie, zu einem bedeutenden Tag zu springen. Es dauerte lange, bis sie reagierte. Als sie schließlich antwortete, wirkte sie bedrückt. Irgendetwas schien nicht in Ordnung zu sein.

K: Sie ... mochten nicht, worüber ich sang und ... Woher sollte ich das wissen? (Ein tiefer Seufzer.)

D: *Wem hat nicht gefallen, worüber du gesungen hast?*

K: Ah, der Brock. (Phonetisch, aber der Name war unklar.) Er, ah ... ich singe ein Lied, das von ... ach, diesem Jemand handelt. Ich weiß nicht mehr, wie er heißt. Jedenfalls geht es um diese glorreiche Tat, die er vollbracht hat, und um dies und das und jenes. Und es stellte sich heraus, dass er der Feind der Besitzer dieses Bergfrieds war. Und das hat ihnen nicht gefallen.

D: Oh. Das war ein Fehler, nicht wahr?

K: Aye. Ich hätte es besser wissen müssen. Ich hätte meine Ohren ein bisschen besser offen halten sollen.

D: Was ist passiert?

K: (Seufzend) Oh, sie sagen, sie werden ... mir den Kopf abschlagen am Morgen.

D: Nur weil du das getan hast?

K: Oh, es wurden schon Menschen für weniger getötet.

D: Wo bist du?

K: Irgendwo unten im Bergfried, so wie es aussieht. Ziemlich dunkel hier unten. Wir kamen diese Stufen hinunter, und ... natürlich hatten sie Fackeln und wir konnten sehen.

D: Sie haben dir keine Gelegenheit gegeben, dich zu entschuldigen oder zu sagen, dass es dir leid tut?

K: Sie haben kein Verlangen nach Entschuldigungen. Sie glauben nicht, dass man sich für seine Taten entschuldigen sollte, also werden sie mir keine Chance geben.

D: Was hältst du davon?

K: (Pause) Nun ... bin enttäuscht. Ich kann nicht sagen, dass es etwas ist, das ich erleben möchte. Ich wollte noch nie den Kopf wegen irgendetwas verlieren.

D: Wie alt bist du jetzt?

K: Oh, fünfunddreißig, Ich denke, das ist gar nicht so übel.

D: Aber du könntest immer noch reisen und all die Dinge tun, die du willst, nicht wahr?

K: Aye. Aber es hat keinen Sinn, jetzt darüber zu jammern. Ich kann nicht viel dagegen tun.

D: Ist da unten noch jemand mit dir?

K: Ich habe ein paar Geräusche aus dieser Richtung gehört, aber so wie es sich anhört, ist er nicht wirklich bei Sinnen. Er stöhnt nur und so weiter.

D: Und du glaubst nicht, dass sie dich dort einfach als Gefangenen behalten werden?

K: Warum sollten sie mich füttern? Wenn sie mir den Kopf abschneiden, müssen sie den Magen nicht füttern, also ... So ist es viel besser. Ich gehe lieber auf einmal, als hier monatelang zu sitzen und zu verrotten.
D: *Das macht Sinn. Nun, es war nicht deine Schuld. Du hattest wirklich keine Möglichkeit, das zu wissen.*
K: Ich hätte klüger sein sollen.
D: *Du hast einfach für die falschen Leute gesungen. Warst du schon mal in diesem Bergfried?*
K: Nein. Ich war noch nie hier. Aber was soll man von den Leuten im Norden erwarten. Das ist sowieso ein Haufen von Heiden, also ...
D: *Oh, du bist also im Norden von Erin. (Aye) Wie heißt dieser Bergfried? Ich möchte mich von dort fernhalten.*

Ich ließ sie den Namen dreimal wiederholen. Er war schwierig zu entziffern. Hörte sich an wie: Tyrag, Tyrug, Tyrod? (phonetisch)

D: *Ich möchte mich von dort fernhalten. Ich glaube nicht, dass das Leute sind, die ich treffen möchte. Nun, verlassen wir diese Szene und gehen weiter bis das, was am Morgen geschehen wird, bereits geschehen ist.*

Ich konnte keinen Grund erkennen, sie die Enthauptung erleben zu lassen. Ich bin keine Sadistin.

D: *Du kannst darauf zurückblicken. Und es wird dir nichts ausmachen, darauf zurückzublicken und darüber zu sprechen. Es ist bereits geschehen. Ich werde bis drei zählen. 1, 2, 3, was auch immer passiert ist, ist bereits passiert. Kannst du mir davon erzählen?*
K: Sie nahmen dieses große Schwert und ... legten meinen Kopf auf den Block und ... schnitten ihn einfach ab.
D: *Wer tat das?*
K: Eine der Wachen. Ich bin mir nicht ganz sicher.
D: *Sie haben dich nicht sehr lange dort unten behalten, oder?*
K: Nein. Besser so. Das war kein guter Ort zum Sterben. Wenigstens haben sie mich nochmal die Sonne sehen lassen.

D: *Und dann haben sie dich in den Innenhof gebracht? (Aye) Aber es war ein glückliches Leben, nicht wahr?*
K: *Es war ein sehr sorgloses Leben.*
D: *Nun, wie fühlst du dich? Bist du wütend?*
K: *Das war etwas, das ich zurückzahlen musste. Das war nur fair.*
D: *Weißt du, was du zurückzahlen musstest?*
K: *Ungerechtigkeit in der Vergangenheit und ... Es gibt immer ein Leben für ein Leben. Das hatte einen Sinn.*
D: *Meinst du damit, dass das, was dir passiert ist, eine Wiedergutmachung für etwas war, das in dem Leben passiert war, oder für etwas anderes?*
K: *Etwas von davor.*
D: *Und das weißt du jetzt, nachdem du den Körper verlassen hast? (Ja) Weißt du, was es zurückzahlen sollte?*
K: *Ähm. Ich weiß nur, dass es für irgendetwas von gleicher Schrecklichkeit war. Ich kann mich nicht genau erinnern.*
D: *Es war etwas, das du in einem früheren Leben getan hast, und jetzt musstest du es auf diese Weise zurückzahlen? (Ja) Ich verstehe. Ja, so funktioniert es, nicht wahr? Wenigstens hast du keine Wut. Es ist sehr gut, keine Wut oder Rachegefühle zu haben. Du verstehst, was passiert ist.*

Sie sprach nicht mehr mit dem charmanten irischen Akzent. Karens normale Stimme war zurückgekehrt.

K: *Wut ist eine nutzlose Reaktion. Wut führt zu Karma. Wenn die Wut übermächtig ist, überträgt sie sich aus der Vergangenheit in die Gegenwart und verursacht Probleme.*
D: *Es ist gut, dass du das dieses Mal nicht gemacht hast. Dann hast du etwas gelernt.*

Wir verließen diese Szene, und ich versetzte sie weitere hundert Jahre zurück. Sie kam in das Leben, das ich später die »Falkenfrau« nannte. Sie war eine Frau, die in einer Festung in Italien lebte und mit einem Falken jagte. Dieses Leben enthielt viele Informationen über die damalige Zeit und auch über die Kunst der Falknerei. Der Wechsel vom Minnesänger zu der Frau war unmittelbar und vollständig, wie bei allen Rückführungen mit Karen.

Ich denke, dass die Musik auf diesem Band sehr wichtig ist, genau wie die Tatsache, dass sie in einer anderen Sprache gesungen hat. Ich möchte, dass ein Experte es untersucht, wenn sich einer findet, der sich damit auskennt.

Kapitel 15
Der Arzt, Teil 1
(Aufgenommen am 25. Mai 1983)

Karen hatte gerade das Leben verlassen, das ich die »Falkenfrau« genannt habe.

D: Das ist gut, das ist sehr gut. Wir verlassen diese Szene und gehen wir weiter zurück in der Zeit. Dieses Leben fand im 6. Jahrhundert statt. Gehen wir zurück in die Zeit davor, in die 400er Jahre, und schauen wir, ob wir herausfinden können, was du zu dieser Zeit gemacht hast. Ich zähle bis drei und wir sind in den 400er Jahren. Irgendwann in dem Jahrhundert. Mal sehen, was wir herausfinden können. 1,2,3, wir sind in den 400ern. Was machst du gerade?

K: Ich mache ein Elixier.

D: Ein Elixier? (Ja) Was ist das?

K: Es sind viele Kräuter darin enthalten, und es wirkt beruhigend. Es lindert den Schmerz.

D: Oh. Wer bist du?

K: Mein Name ist Alexandro.

D: Bist du ein Mann? (Ja) Okay. Wo lebst du? Hat der Ort einen Namen? Das Land?

K: Es ist – irgendwo in – ah, es ist Alexandria. (Aussprache: Alexandra)

D: Alexandria? (Ja) So nennen es die Leute? (Ja) Ich verstehe. Okay. Und was machst du so? Was ist dein Beruf? Kennst du dieses Wort?

K: Ich bin Arzt.

D: Du bist zu diesem Zeitpunkt Arzt. Wie alt bist du? Bist du ein alter oder ein junger Mann?

K: (Tiefes Seufzen) Ich bin sehr alt. Ich bin in meinen Sechzigern. Ich bin sehr müde. (Der Akzent unterschied sich merklich von dem der Falkenfrau).

D: *Oh. Machst du das schon lange?* (Ja) *Wo hast du deine Ausbildung für diese Art von Arbeit erhalten?*

K: Ich habe hier studiert, obwohl die Schule nicht mehr das ist, was sie einmal war. Vierzehn haben bei meinem Meister in Thrakien gelernt. Aber das meiste lernt man in der Praxis.

D: *Nun, verwendest du hauptsächlich Kräuter oder machst du auch andere Dinge? Um Menschen zu heilen?*

K: Wenn es nötig ist, greift man manchmal auch zur Chirurgie.

D: *Chirurgie? Weißt du, wie man diese Dinge macht?*

K: Ja. Es gibt verschiedene Möglichkeiten, einen Menschen so zu behandeln, dass er keinen Schmerz empfindet. Manche verwenden Beerensaft, mit dem der Patient bewusstlos gemacht wird. Andere verwenden Hypnose und versetzen sie in einen Zustand, in dem es keine Schmerzen gibt.

D: *Ich verstehe. Dann kannst du auf diese Weise eine Operation durchführen.* (Ja) *Okay. Hier ist jemand, der dir gerne ein paar Fragen stellen würde. Ist das in Ordnung?* (Ja) *Okay. (Diese Persönlichkeit – obwohl sie müde und älter klang – wirkte viel selbstbewusster.)*

Harriet (H): *Alexandro, hast du so etwas wie ein Amtszeichen? Vielleicht die Kleidung, die du trägst, oder eine Farbe, einen Hut? Irgendetwas, das zeigt, wie viel Ausbildung du in diesem Bereich hattest?*

K: Ich habe mein Medaillon, das ich trage. Es ist aus Gold und hängt an einer Kette und wurde mir von dieser Schule gegeben. Es gibt einen Papyrus mit der Unterschrift meines Meisters, auf dem steht, dass er mich ausgebildet hat und mir all sein Wissen gegeben hat. Und hier steht, wer ihn ausgebildet hat und in was. Derartige Dinge.

D: *Aber du hast keinen bestimmten Hut oder Kleidung, die du trägst, die wie eine Art Uniform ist?*

K: Ich habe meine weißen Gewänder, aber sonst nicht.

H: *Alexandro, dürfen Frauen Ärzte wie du sein?*

K: Ja.

D: *Dann kann also jedes Geschlecht Arzt sein?*

K: Ja, es gibt Leute, die sagen, dass Frauen nur Frauen unterrichten sollten, aber ich sehe das nicht so. Ich denke, sie sind genauso gut, wenn nicht sogar besser als einige der Männer, die ich kenne und die sich Ärzte nennen. (Ein wenig sarkastisch.)

D: *Oh. Du glaubst, dass sie genauso gute Arbeit leisten. Ich habe gehört ... Du sagtest, du bist in der Stadt Alexandria?*

K: Alexandria, ja.

D: *Gibt es dort eine Bibliothek?*

K: (Seufzer) Die Bibliothek ist vor etwa einhundert, zweihundert Jahren abgebrannt.

D: *Oh, dann gibt es sie also nicht mehr. (Nein) Weißt du etwas darüber, wie die Bibliothek aussah?*

K: Es gibt noch einige Ruinen, und einige der Lehren sind nicht verloren gegangen. Sie sind erhalten geblieben. Wegen der Paranoia, die zum Brand der Bibliothek führte, werden sie größtenteils geheim gehalten.

D: *Oh. Ich habe gehört, dass das gesamte Wissen bei dem Brand verloren gegangen ist.*

K: Das ist nicht wahr. Es gab vorher Andeutungen, dass eine solche Tat eventuell stattfinden würde. Und viele der Lehrer und Gelehrten flohen und nahmen einen Teil des Wissens mit. Vieles davon ist erhalten geblieben. Aber ein großer Teil ging durch mutwillige Zerstörung verloren.

D: *Was hat das Feuer verursacht?*

K: Es wurde absichtlich gelegt. Der Kaiser, ich weiß seinen Namen nicht mehr, er war sehr ... verärgert über die Art und Weise, wie hier unterrichtet wurde. Er sagte, es gäbe zu viele ... Freiheiten und Redefreiheiten, die er nicht gewähren wolle. Es war seine Entscheidung.

D: *Es ist eine schreckliche Sache, so viel Wissen zu zerstören.*

K: Die Unwissenden kümmert die Zerstörung von Wissen nicht. Sie haben nur Angst davor, dass andere Wissen haben, und deshalb wollen sie die Methode zur Erlangung dieses Wissens zerstören.

D: *Weißt du, wie die Bibliothek aussah, bevor sie verbrannte?*

K: Sie hatte hohe Säulen und war nach griechischem Vorbild gebaut. Sie hatte helle, offene Eingänge. Verschiedene Öffnungen im

Dach, durch die das Licht hereinkam. Jede Abteilung der Bibliothek oder Schule – es war eigentlich eher eine Schule als eine Bibliothek ...

D: *Beides zusammen?*

K: Eine Menge von beidem. Es war ein Lagerhaus des Wissens, in dem gelehrt wurde, und es gab auch Abteilungen. Jede Abteilung hatte ihre Lehren, so wie Astronomie in einem, Medizin in einem anderen. Es wird gesagt, dass man alle diese Aspekte studieren musste, um die Schule zu absolvieren.

(Ich musste das Band umdrehen.)

D: *Okay. Ich habe mich gefragt, wie das Innere aussah. Wie sahen die Bücher aus? Hast du jemals einige der Bücher gesehen, die überlebt haben?*

K: Die meisten, die ich gesehen habe, befanden sich auf Schriftrollen. Sie waren auf Papyrus und auf hölzernen Tafeln. Sie wurden so aufbewahrt.

D: *Wurden sie jemals in etwas eingesetzt?*

K: Es wird gesagt, dass es einige gibt, die in Leder gebunden und mit ... Seiten (unsicher bei diesem Wort) genäht wurden.

D: *Nun, weißt du, ob es einen Hauptraum gab? (Ich stellte all diese Fragen aufgrund einer Rückführung, in der jemand anderes die Bibliothek von Alexandria so beschrieben hatte, wie sie vor dem Brand ausgesehen hatte). In der Bibliothek?*

K: Es gab einen Raum, der für Debatten und Diskussionen genutzt wurde, wenn es große Gruppen von Menschen gab, die entweder belehrt oder unterrichtet wurden. Manchmal wird gesagt, dass sie hierher gingen. Das meiste, was ich darüber weiß, stammt von den Leuten, die sagten, dass äh ... ihre Großväter oder was auch immer dort studiert haben. Ich habe die Ruinen besichtigt, aber genau das sind sie: Ruinen. Sie sind in einem sehr traurigen Zustand.

D: *Ich habe mich gefragt, wie es dort aussah, weil ich mit jemandem gesprochen habe, der mir gesagt hat, wie es aussah, und ich habe mich gefragt, ob es wahr ist oder nicht.*

K: (Unterbrechend) Es heißt, dass es ein sehr prunkvoller Ort war. Ein Ort mit ... an dem es überall überliefertes Wissen gab. Und obwohl viele der Lehrer und Schüler in sehr hitzige Debatten gerieten, herrschte immer Respekt vor der Brillanz des anderen Geistes und der Wunsch zu lernen.

D: *Weißt du, ob es im Lagerhaus einen Hauptraum gab, in dem die Bücher aufbewahrt wurden?*

K: Ja, er war sehr hoch, und es gab mehrere Abteilungen. Es heißt, man ging eine Treppe hinauf, und dort gab es einen weiteren Bereich, in dem sich weitere Lagerräume befanden.

D: *Hatte der Raum eine bestimmte Form?*

K: Ich weiß es nicht.

D: *Okay. Jemand hat mir erzählt, dass es ein runder Raum war, in dem sie die Bücher rundherum aufbewahrt haben. Er hatte die Form eines Rades, wie die Speichen eines Rades.*

K: Und dass Sparten davon abgingen, oder Bereiche?

D: *Ja, wie die Speichen eines Rades. Hört sich das richtig an?*

K: (Seufzend) Ich habe gehört, dass dies ... eine Art ist, wie es erzählt wird, aber wie ich schon sagte, ich weiß es nicht.

D: *Ich habe mich gefragt, weil mir das jemand erzählt hat, der dort war, bevor alles verbrannte. Derjenige sagte, es sei wie ein Rad gewesen, dessen Speichen nach außen gehen. Ein runder Raum. Und dort waren die Bücher gelagert.*

K: Ich weiß es nicht.

D: *Okay. Ich habe mich einfach gefragt, ob du mir vielleicht helfen könntest. Wer hat sich um die Bibliothek gekümmert?*

K: Es gab mehrere Bibliothekare. Ich glaube, dass viele der Studenten dafür verantwortlich waren, dass die Bücher nicht schimmelten oder beschädigt wurden. Wenn eine Schriftrolle oder ein Buch beschädigt war, wurde es kopiert, damit das Wissen nicht verloren ging.

D: *Weißt du, wer für die Beschaffung der Bücher zuständig war? Ich meine, war es eine Art religiöse Gruppe oder eine ...*

K: Ich weiß es nicht.

D: *Du weißt es nicht. Okay. Ich habe mich einfach gewundert. Okay. Sie möchte dir ein paar Fragen stellen.*

H: Alexandro, kannst du mir sagen, ob in einem Teil deiner Ausbildung Hypnose verwendet wurde? Benutzt du Hypnose? (Nickte.) Kannst du uns erklären, was du machst?

K: Wenn man mit dem Patienten spricht, macht man – der Patient hat in der Regel starke Schmerzen. Du versetzt in also in einen Zustand, in dem er sich auf deine Stimme konzentriert, und du sagst ihm, dass er schläfrig ist und sehr schöne Träume haben wird. Und dass er keinen Schmerz empfinden wird, sondern dass all die Schmerzen und Sorgen, die er bisher erlebt hat, von ihm wegfließen, auf einem Meer oder was auch immer.

D: *Du lässt ihn das sehen?*

K: Ja, man benutzt Vorstellungen, in denen der Geist die Bilder hervorbringt. Es ist dann, als wären sie woanders, und man kann mit dem Körper tun, was auch immer getan werden muss, ohne dass die Seele geschädigt wird.

D: *Ist das nicht schwierig, wenn sie Schmerzen haben? Sie dazu zu bringen, sich auf deine Stimme zu konzentrieren?*

K: Manchmal ist es einfacher, wenn sie große Schmerzen haben. Dann haben sie ein großes Verlangen, sich auf irgendetwas zu konzentrieren, um den Schmerz loszuwerden, wenn man ihnen verspricht, dass er verschwinden wird. Sie greifen wie nach einer Rettungsleine.

D: *Oh. Du meinst, man sagt ihnen, dass der Schmerz verschwindet, wenn sie auf das hören, was man sagt?* (Ja) *Und sie tun dann, was man sagt?* (Ja) *Ah.*

H: *Wie hält man sie dann auf diesem Niveau, bis man fertig ist mit dem, was getan werden muss?*

K: Während der gesamten Operation spricht man weiter mit ihnen. Man gibt ihnen Vorschläge, was sie sehen können. Man gibt ihnen äh, ... Heilanweisungen und sagt ihnen, dass sie, wenn die Operation vorbei ist, keine Schmerzen mehr haben werden. Dass die Heilung beschleunigt werden wird. Solche und ähnliche Dinge.

D: *Funktioniert es? Ich meine, spüren sie den Schmerz, wenn sie wieder an die Oberfläche kommen?* (Nein)

H: *Verwendest du Farben, um die Heilung in irgendeiner Weise zu unterstützen?*

K: (Pause) Wie das?

H: *Würde man zum Beispiel bestimmte Farben verwenden, um die Heilung zu beschleunigen? Oder ... ihren geistigen Zustand, zum*

Beispiel. Wenn sie depressiv wären, würde man hellere Farben verwenden? Hat das irgendeinen Einfluss auf das, was sie tun? Und hast du schon einmal von dem Ort gehört – oder wendest du die Schlaftechnik an, bei der der Patient in den Schlaf versetzt wird und ihm Suggestionen gegeben werden, die ihm helfen sollen?

K: Ich habe gehört, dass es Leute gibt, die Farben auf ... verschiedene Weise anwenden. Dass man der Person sagt, dass sie sich auf Farben konzentrieren soll. Ich habe davon gehört. Ich selbst verwende sie nicht. Ich habe keinen Lehrer für diese Methode gehabt. Die Schlafmethode ähnelt in gewisser Weise der Methode, die bei Operationen angewendet wird. Aber willst du damit sagen, dass sie genutzt wird, wenn eine Person nicht operiert wird, oder...

D: *Mhm.*

K: Man nutzt ihren eigenen inneren Fokus, um ... den Prozess der Heilung zu beschleunigen.

D: *Sie meint ohne Operation. Benutzt du sie auch ohne Operation? Die Schlafmethode?*

H: *Ich habe gehört, dass es an manchen Orten Schlaftempel gibt, wo Menschen, die Probleme haben, hingehen und sich von einem Schlafheiler behandeln lassen können.*

K: Es heißt, dass dies vor vielen, vielen Jahren der Fall war. Ich habe von ihnen gehört. Aber diese Methode ist verloren gegangen.

H: *Ich danke dir.*

D: *Ihr benutzt das also nicht mehr? Okay. Dann operiert ihr auf diese Weise, und es funktioniert immer, und niemand hat Schmerzen.*

K: Bis jetzt hat es immer funktioniert.

D: *Das bleibt zu hoffen. (Lachen) Werden auch Drogen verwendet?*

K: Wenn die Situation extrem ist und der Schlaf aus irgendeinem Grund nicht tief genug ist, ja.

D: *Welche Art von Drogen würde man dafür verwenden?*

K: Manchmal wird der Mohn verwendet. Verschiedene Kräuter, die zusammen gemischt und getrunken werden. Und Trauben. Destillierte (Aussprache: distill-ed) Trauben werden manchmal verwendet.

D: *Meinst du, man mischt sie mit den Trauben? Oder die Kräuter für sich?*

K: Manchmal nur die Trauben für sich, die ... vergoren wurden. (Es klang, als würden sie den Patienten betrunken machen.)

D: *Fermentiert, ja. Und das funktioniert dann auch so. (Ja) Ich verstehe. Unterrichtest du derzeit irgendwelche Schüler? (Nein) Hast du das jemals gemacht?*

K: (Seufzend) Meine Berufung ist es nicht, zu lehren, obwohl ich einige auf den Weg des Lernens gebracht habe. Ich würde meine Fähigkeiten lieber zum Heilen einsetzen.

H: *Wie lange braucht die Ausbildung für das, was du tust? Wie viele Jahre muss man studieren, bevor man deine Ausbildung als abgeschlossen betrachten kann?*

K: Ich habe zwölf Jahre lang bei meinem Meister gelernt.

D: *Oh. Hast du sehr jung angefangen?*

K: Ich war sechzehn.

D: *Du hast mit sechzehn Jahren angefangen und es hat zwölf Jahre gedauert? (Ja) War er der Einzige, von dem du unterrichtet wurdest?*

K: Nein, ich bin danach auf mehrere Schulen gegangen, aber das war nicht immer ... als ich seine Ausbildung abschloss, wurde ich als Arzt angesehen.

D: *Ich verstehe. Hattest du eine Schulausbildung, bevor du die Ausbildung bei ihm begonnen hast?*

K: Nein. Nur ...

D: *Ich meine, wie in einer normalen Schule, in der man auch andere Dinge lernt. (Nein) Dann bist du mit sechzehn Jahren zu ihm gegangen und hast zwölf Jahre lang gelernt?*

K: Mein Meister war der Meinung, dass ich die Fähigkeit besitze, Heilung zu bewirken, und es wurde beschlossen, dass sie einen Arzt brauchten, also bildeten sie mich aus.

D: *Ich verstehe. Du sagtest, dass du danach noch eine Ausbildung gemacht hast? (Ja) Bei anderen Leuten? (Ja) War das in einem bestimmten Bereich?*

K: (Seufzend) Wahrscheinlich einfach neuere Methoden. Andere Techniken, ja.

H: *Alexandro, hast du jemals davon gehört oder verwendest du irgendeine Art von Berührung bei der Heilung? Hast du schon mal von magnetischem Heilen gehört?*

K: Ich habe gehört, dass diejenigen, die Steine benutzen ... die diese Fähigkeiten haben, wenn sie auf den Körperteil gelegt werden, der krank ist, dass die Krankheit in den Stein gezogen wird. Es gibt auch diejenigen, die ihre Hände zum Heilen benutzen. Damit kenne ich mich nicht sehr gut aus.

D: *Das machst du nicht? (Nein) Aber du hast davon gehört. Wo führst du deine Operationen durch?*

K: Ich habe einen Raum an der Rückseite meines ... Hauses, der als ... ein ... (hatte Schwierigkeiten, das Wort zu finden) Büro genutzt wird.

D: *Ein Büro? (Ja) Dann kommen Leute, die krank sind, zu dir?*

K: Diejenigen, die krank und bedürftig sind, ja.

D: *Sie kommen also zu dir nach Hause? (Ja) Und du machst all diese Dinge dort. Wenn du eine Operation durchführst, triffst du da irgendwelche Vorsichtsmaßnahmen? Du weißt schon, wie du den Patienten vorbereitest für die Operation?*

K: Normalerweise nehme ich Essig und wasche damit die Stellen ab, an denen ich den Eingriff vornehme. Ich wasche meine Hände sehr gut und spüle sie dann mit Essig ab.

D: *Du meinst, du gibst Essig auf den Körper des Patienten?*

K: Ja. Dann werden die Messer in Essig eingelegt – das war's.

D: *Ich habe mich gefragt, ob du etwas in der Art machst. Wo operierst du? Auf einem Tisch oder auf etwas anderem?*

K: Normalerweise auf einem Tisch, ja.

D: *Und es gibt ein Zimmer nur dafür. Du hast dann alles da. (Ja) Okay. Und was machst du, nachdem du die Operation durchgeführt hast? Wie schließt du die Person wieder?*

K: Man verwendet entweder Seide oder ... manchmal auch die Eingeweide einer Katze, die Sehnen.

D: *Du meinst, um sie wieder zuzunähen, damit sie heilen? (Ja) Benutzt du dafür eine Nadel, oder was?*

K: Ja, eine Nadel, die meistens aus Knochen besteht.

D: *Knochen. Und dann nähst du sie wieder zusammen, damit sie heilen können. (Ja) Ich habe mich das gefragt, weil es so viele verschiedene Techniken gibt, die von unterschiedlichen Ärzten angewendet werden. Magst du deine Arbeit?*

K: Ja, ich mag das Gefühl, jemandem geholfen zu haben, der vielleicht im Sterben lag oder große Schmerzen hatte.
D: *Hast du eine Familie?* (Nein) *Warst du jemals verheiratet?* (Nein) *Hattest du jemals den Wunsch?*
K: (Seufzend) Ich habe meine Arbeit. Das war wichtig für mich.
D: *Okay. Damit bist du zufrieden. Das ist also alles, was dich interessiert hat.* (Ja) *Okay. Ich danke dir, dass du deine Informationen mit uns geteilt hast. Wir würden gerne wiederkommen und mit dir weitersprechen. Vielleicht kannst du uns mit deinem Wissen noch ein wenig weiterhelfen.*
K: Das kann man hoffen.
D: *Okay. Danke. Wir werden diese Szene jetzt verlassen. Lass uns in der Zeit vorwärts gehen. Wir gehen in die 700er Jahre. Ich zähle bis drei, dann sind wir in den 700er Jahren. 1. 2, 3. Wir sind in den 700er Jahren. Was machst du?*

Wir brachen mit dem Arzt ab, weil Karen zu Beginn der Sitzung darum gebeten hatte, in die Zeit der Druidin zurückversetzt zu werden. Sie mochte das Gefühl, das sie in der Woche zuvor erlebt hatte, als sie in der Lage gewesen war, dieses gewaltige Energiefeld anzuzapfen. Sie hoffte, es wieder tun zu können und vielleicht etwas über das Lenken der Energie zu lernen. Wir waren einverstanden und werden nächste Woche wieder den Arzt besuchen, um mehr Informationen zu erhalten.

Dolores hatte in ihren Vorträgen, wenn sie nach ihren eigenen früheren Leben gefragt wurde, oft von einem Leben in der Bibliothek in Alexandria berichtet.

Soweit ich mich erinnere, gehörte sie zu den Personen, die sich um die in der Bibliothek aufbewahrten Schriftrollen kümmerten. Sie war nicht jemand, der auf ihnen schrieb oder sie studierte, sondern jemand, der die Schriftrollen herausholte, wenn ein Gelehrter oder Professor sie anforderte. Es war ihre Aufgabe, sie zu schützen.

Als die Römer die Bibliothek in Brand steckten, versuchte Dolores bzw. die Persönlichkeit von damals, so viele Schriftrollen wie möglich zu retten. Dabei wurde sie getötet. Sie konnte ihren Auftrag nicht erfüllen.

Dolores hatte stets erklärt, dass sie deshalb das Gefühl hatte, das verlorene Wissen wiederfinden zu wollen. Viele Leute haben sie gefragt: »Musst du dafür die ganze Bibliothek neu schreiben?«

Während ihres Aufenthalts in Russland hatte Dolores ein Gespräch mit einem jungen Mann, der zur Zeit des Brandes ebenfalls in Alexandria gewesen war. Er war einer der Gelehrten gewesen, die die Schriftrollen studierten, und war dabei, als der Brand ausbrach. Auch er hatte versucht, so viele Schriftrollen wie möglich zu retten, wurde aber von einem herabfallenden Balken, der ihn an den Schultern traf, getötet.

Ich weiß nicht, ob Dolores jemals jemand anderen gefunden hatte, der ebenfalls zu dieser Zeit dort gewesen war, aber alleine eine Person zu finden, war bereits erstaunlich.

~ Nancy

Kapitel 16
Der Arzt, Teil 2
(Aufgenommen am 1. Juni 1983)

Diese Sitzung wurde in Harriets Haus durchgeführt, aber Harriet hatte einen Termin und stieß erst dazu, als wir fast fertig waren.

D: Okay, wir gehen zurück in die Vergangenheit. Wir gehen zurück in die 400er Jahre. Ich zähle bis drei und wir werden irgendwann in den 400er Jahren sein. Weit zurück in der Zeit, als der Arzt in Alexandria lebte. Irgendwann in den 400er Jahren. Ich zähle bis drei, und dann bist du da. 1, 2, 3, du bist in den 400er Jahren. Was machst du gerade?
K: Wandern.
D: Oh, wo wanderst du?
K: Unten an der Küste.
D: Wo bist du?
K: In Alexandria.
D: Kannst du mir sagen, was du siehst, während du wanderst?
K: Ich beobachte die (es klang wie »docks«), wie sie segeln.
D: Die was, wie sie segeln?
K: (Es klang wieder wie »docks«.)
D: Was ist das?
K: Das sind Boote. Sie segeln im Hafen.
D: Laufen sie dort ein und aus? (Ja) Gibt es viele von ihnen?
K: Ziemlich viele.
D: Wie sehen sie aus?
K: Sie haben einen scharfen Bug, der nach oben ragt, und ein schräges Segel, das nach außen und dann nach unten geht. Das Segel ist gefüllt, wenn es den Wind einfängt.
D: Oh, aha. Sind das große Boote?

K: Nein. Sie sind so klein, dass sie mit zwei Personen bemannt werden können. Sie können auch mehr Personen tragen, aber man braucht nur zwei, um sie zu betreiben.

D: *Gibt es noch etwas anderes in deiner Nähe?*

K: Nein, ich bin ein Stück von der Stadt entfernt. Hier ist es ruhig.

D: *Oh, das sind nicht die Docks, wo die Boote ankommen? (Nein) Du bist außerhalb der Stadt. (Ja) Wie ist das Wetter dort, wo du lebst?*

K: Sehr heiß. Es ist kühl, wenn der Wind vom Wasser her kommt, aber in letzter Zeit ist es sehr heiß geworden. (Seufzer)

D: *Ist es das ganze Jahr über heiß?*

K: In manchen Monaten kühlt es etwas ab, aber im Großen und Ganzen ist es sehr heiß, ja.

D: *Ich habe mich gefragt, was für ein Klima dort herrscht. Regnet es jemals oder etwas in der Art?*

K: Ja, es gibt ... manchmal gibt es Regen. Das meiste Wasser, das hier verwendet wird, kommt aus dem Fluss. Wenn das Hochwasser kommt.

D: *Du meinst, in der Nähe gibt es einen Fluss?*

K: Es liegt am Nil.

D: *Oh. Was ist das für ein Wasser, auf das du schaust? Ist es der Nil?*

K: Nein, das ist das Meer.

D: *Oh. Dann fließt der Nil ins Meer? (Ja) Und von dort bekommt ihr euer Trinkwasser?*

K: Vom Nil, ja.

D: *Du sagtest, ihr habt manchmal Überschwemmungen?*

K: Jedes Jahr steigt der Nil an.

D: *Was macht ihr dann? Das Wasser speichern?*

K: Es wird für die Bewässerung der Felder verwendet. Und die Anbausaison wird um die Frühjahrsflut herum geplant.

D: *Und den Rest des Jahres darf das Wasser nicht benutzt werden?*

K: Äh, was meinst du?

D: *Nun, du hast gesagt, dass sie das Wasser für die Anpflanzung im Frühjahr verwenden.*

K: Nein, es ist nur so, dass die Felder bedeckt sind. Während der Frühjahrsüberschwemmungen sind die Felder mit Wasser bedeckt. Und dann wird dieses Wasser dafür verwendet. Es ist nicht die einzige Zeit, aber es ist die Zeit, in der es am meisten Wasser gibt.

D: Oh, ich verstehe. Und wie wird das Wasser zum Trinken gelagert? Oder wird das überhaupt gemacht?

K: Normalerweise gibt es Brunnen für das Trinkwasser. Es gibt genauer gesagt Brunnen, die etwas vom Nil entfernt sind. Das ist (Seufzer) Wasser, das aus dem Nil kommt, aber es ist gereinigt worden. Der Nil ist sehr schmutzig.

D: Oh, das ist interessant. Ich dachte mir, dass das Wasser bei Überschwemmungen schmutzig sein würde. Wie wird es gereinigt? Weißt du das?

K: Es ... wenn der Brunnen weiter weg vom Fluss liegt, wird es durch den Sand gereinigt, so dass es klar in den Brunnen fließt.

D: Ich verstehe. Wenn sie dann ... man könnte das schmutzige Wasser nicht trinken, oder?

K: Manche tun es, aber man kann davon krank werden.

D: Ja, es ist besser, sauberes Wasser zu haben, nicht wahr? (Ja) Wie ist dein Name?

K: Alexandro.

D: Was für einen Beruf hast du?

K: Ich bin Arzt.

D: Bist du schon sehr lange Arzt?

K: Seit ich ein junger Mann war, ja.

D: Wie alt bist du jetzt? Weißt du das?

K: (Tiefer Seufzer) Ich bin ungefähr fünfundvierzig Jahre alt.

D: Hast du schon immer in Alexandria gelebt?

K: Nein. Ich habe als Kind in Thrakien gelebt. Aber mein Meister ist hierher gezogen, und er hat mich hier zur Schule geschickt.

D: Dann bist du hierhergekommen, um bei ihm zu lernen? Bei deinem Meister?

K: Für ihn.

D: Für ihn. Okay, ich dachte, Meister bedeutet vielleicht, dass er dein Lehrer war.

K: Nein, nein, nein. Mein Herr, er war mein ... (sucht nach dem Wort) mein Besitzer.

D: Oh, ich verstehe. Das hatte ich missverstanden. Ich dachte, dass du dich, als du Arzt geworden bist und deine Ausbildung abgeschlossen hast, selbständig gemacht hast.

K: Es war sein Geld, mit dem ich zur Schule gehen konnte. Dann verbrachte ich die Jahre bis zu seinem Tod in seinem – als sein Eigentum und kümmerte mich um die Familie und die anderen Sklaven. Als er starb, hatte ich meine Freiheit.

D: Ich verstehe. Dann warst du so etwas wie ein Sklave, aber du hast trotzdem ...

K: Ich war ein Sklave.

D: Du warst ein Sklave, aber du durftest trotzdem zur Schule gehen, um Arzt zu werden.

K: Er wusste, dass ich eine Begabung dafür hatte, und sie brauchten einen Arzt. Der ... sein Arzt war alt geworden.

D: Oh, ich dachte, dass Sklaven normalerweise nichts anderes tun als arbeiten.

K: Nein. Es gibt Haussklaven. Es gibt viele, die Lehrer oder Ärzte sind und so weiter, ja.

D: Oh. Dieses Konzept ist anders als das, was ich immer gedacht habe. Nun, wie bist du überhaupt ein Sklave geworden? Du sagtest, du lebtest in Thrakien?

K: Ich kann mich an nichts erinnern, bevor ich verkauft wurde.

D: Oh, dann hat dich dieser Mann in Thrakien gekauft? Als du noch ein Kind warst?

K: Er hat mich von einem Sklavenhändler gekauft, ja.

D: Du warst zu dieser Zeit noch ein Kind?

K: Ich war ungefähr fünf, ja.

D: Oh. Deshalb kannst du dich an nichts davor erinnern. Nun, war dieser Mann gut zu dir? (Ja) Er muss damals ein guter Meister gewesen sein, nicht wahr?

K: Er war gerecht. Es gibt nicht viele Herren, die ihren Sklaven die Freiheit geben, wenn sie selbst sterben.

D: Das ist passiert? Er hat dir deine Freiheit gegeben? (Ja) Und du konntest Arzt sein, ohne ... sozusagen auf eigene Faust?

K: Ja, es war dann meine Entscheidung.

D: *Das habe ich mich gefragt. Es sind andere Sitten, als ich es gewohnt bin, deshalb frage ich. Wo ich lebe, gibt es keine Sklaven, und ich habe mich gewundert.*
K: Es gibt überall Sklaven.
D: *Andere Sitten. Aber egal, jetzt hast du deine eigene ... was? Hast du ein eigenes Haus?*
K: Ja. Durch meine Honorare als Arzt habe ich genug verdient.

Während der gesamten Sitzung spielte sie ständig mit ihrem linken Ohrläppchen. Sie rieb es immer wieder zwischen Daumen und Zeigefinger und fummelte daran herum. Sie trug Schleifenohrringe, und ich war ein wenig besorgt, dass sie sich mit dem Finger in der Schleife verfangen und daran ziehen könnte. Da sie gepiercte Ohren hatte, befürchtete ich, dass sie sich verletzen könnte. Sie schien es geistesabwesend zu tun, aus Gewohnheit.

D: *(Ich beschloss, danach zu fragen.) Stört dich dein Ohr?*
K: (Sie entfernte ihre Hand schnell und verschränkte die Arme vor der Brust.) Nein! (Abrupt)
D: *Ich habe mich einfach gewundert.*
K: Es ist eine Gewohnheit.
D: *Oh, nur eine Gewohnheit? Okay.*
K: Das Ohr ist ein verräterisches Zeichen, dass jeder weiß, dass du ein Sklave warst.
D: *Oh. Wie kann man das erkennen, wenn man dein Ohr ansieht?*
K: Das Ohr ist ... abgeschnitten worden. (Sie berührte es noch einmal.) Das Ohrläppchen hat ein V.
D: *Am unteren Teil? (Ja) Ach, das ist das? (Ich tat so, als könnte ich es sehen.) (Ja) Das meinst du also. Und es stört dich, weil die Leute es sehen?*
K: Es ist ein Zeichen dafür, dass du jemand anderem gehörst. Selbst wenn du letztendlich ein freier Mann geworden bist, ist es immer noch da.
D: *Dann ist es eine Art Gewohnheit, dass du immer noch daran herumfummelst. Du brauchst dir keine Sorgen zu machen. Es stört mich nicht, weil du mir die Geschichte erzählt hast. Machen sie das mit allen Sklaven? Das Ohr abschneiden?*

K: Ja, das ist ein Zeichen.

D: *Oh. Das wurde gemacht, als du noch sehr jung warst. (Ja) Wo führst du ... Du hast mir erzählt, dass du als Chirurg tätig bist. Wo führst du deine Operationen durch?*

K: Ich habe einen Raum an der Rückseite meines Hauses, der genutzt wird als ... wo ich Patienten sehe und die, die ... nirgendwo anders hingehen können. Sie kommen zu mir und ich führe meine Operationen in einem dieser Räume durch.

D: *Gehst du auch manchmal zu Leuten nach Hause?*

K: Gelegentlich, wenn es sich um einen wohlhabenden Kunden handelt, ja.

D: *Dann würdest du dorthin gehen, anstatt dass sie zu dir kommen. (Ja) Welche Art von Operationen führst du durch?*

K: Es gibt viele Arten. Die für Erkrankungen des Magens, wenn es Tumore im Unterleib gibt. Wenn jemand eine Gliedmaße mit Wundbrand hat, wird sie amputiert. Es gibt viele Arten von Operationen.

D: *Sind das die häufigsten Arten, die du durchführst?*

K: Ich würde sagen, ja.

D: *Was ist ein Tumor?*

K: Es gibt zwei verschiedene Arten. Es gibt solche, die, sobald sie eine bestimmte Größe erreicht haben, nicht mehr wachsen. Und es gibt solche, die immer weiter wachsen. Sie sind ... (sucht nach dem Wort) krebsartig. Und sie wachsen weiter. Sie verzehren alles, was um sie herum ist, und sie müssen entfernt werden.

D: *Okay. Krebsartig. Ist es das Wort, das du dafür verwendest? Würdest du es so nennen, wenn du so etwas vorfindest? (Ich wollte wissen, ob er ein Wort aus seiner Sprache oder aus Karens Gedanken verwendete).*

K: Malefiz.

D: *Malefiz? Ist es schwierig, das Wort zu finden? (Ja) Du würdest wahrscheinlich ein anderes Wort verwenden, oder? (Ja) Okay. Kommen Tumore in der Magengegend oft vor?*

K: Im Magen und im Unterleib gibt es verschiedene Arten, ja. (Seufzer) Es gibt solche, wie sie Frauen haben. Eine Wucherung an ihren ... weiblichen Organen. (Hat Schwierigkeiten, die richtigen Worte zu finden.) Es gibt ... Steine in der Blase, mit denen man ... man würde eine Operation durchführen, um sie loszuwerden.

D: *Nun, wenn jemand, wie du sagtest, einen Tumor im Unterleib hätte, wie würde man den entfernen?*

K: Man würde zuerst entweder ... irgendeine Droge verwenden, um die Person einschlafen zu lassen, oder sie in eine hypnotische Trance versetzen, so dass sie keine Schmerzen mehr spürt. Dann würde man das Messer nehmen und einen Schnitt in das Fettgewebe machen. Indem man mit den Muskeln schneidet und nicht gegen sie, öffnet man die Bauchdecke, so dass man hineingreifen und den Tumor von dort abschneiden kann, wo immer er sich festgesetzt hat.

D: *Ist es schwierig, ihn zu entfernen?*

K: Manchmal ist es unmöglich, und man muss einfach ... wieder zunähen. Weil es unmöglich ist, heranzukommen. (Seufzer)

D: *Ist es manchmal schwierig?*

K: Manchmal, ja. Wir entfernen die Wucherung, nähen die Muskeln, die aufgeschnitten werden mussten, wieder zusammen und nähen dann das Fett zusammen. Das ist das Schwierigste, denn es will sich immer wieder lösen. Es ist nicht leicht zu nähen. Und dann näht man die Haut zusammen.

D: *Ja, das Fett ist glitschig, nicht wahr. Es ist schwer zu nähen. (Ja) Operierst du jemals eines der Organe im Körper? Kannst du das? Ich weiß es nicht, ich stelle einfach Fragen.*

K: (Seufzend) Erkläre mir das. Ich–

D: *Du sagtest, du entfernst Wucherungen. Hast du jemals an einem Organ geschnitten?*

K: Um die Steine in der Gallenblase zu entfernen, würde man sie öffnen, ja. Und um die Steine zu entfernen, muss man sicherstellen, dass keine der ... Flüssigkeiten aus der Blase in den Hohlraum entleert wird. Denn das würde ein großes Infektionsrisiko bedeuten. Dann entfernt man die Steine und näht die Blase zu. Und wieder die gleiche Prozedur wie vorher, alles zusammennähen.

D: *Wie kann man verhindern, dass die Flüssigkeiten in den Hohlraum abfließen?*

K: Normalerweise gibt es einen Assistenten, der mir dabei hilft. Der Bereich wird mit ... (hat wieder Schwierigkeiten, die richtigen Worte zu finden) Watte gefüllt. Man nimmt diese Watte, die getränkt wurde, so dass sie nichts anderes berührt. Dann wird es weggeworfen und geleert.

D: *Oh, ich dachte, es gäbe keine Möglichkeit, zu verhindern, dass etwas rauskommt. (Ja) Und dann werden die Steine entfernt und man näht es wieder zu. (Ja) Heilt es so gut?*

K: Ich bevorzuge in solchen Fällen Hypnose, weil man mit ihr in der Person einen beschleunigten Heilungsprozess bewirken kann. Und sie hat größere Überlebenschancen.

D: *Aber es wirkt, als würde es hinterher wehtun, wenn man in sie hineinschneidet.*

K: Man würde daher die Suggestion geben, dass keinerlei Schmerzen oder Unannehmlichkeiten auftreten. Und dass sich die Heilung beschleunigt. Auf diese Art gibt es nicht so viele Probleme oder Todesfälle.

D: *Nun, ich habe mich gefragt, ob du jemals andere Organe im Körper operiert hast. Außer der Blase. Ob du jemals in eines von ihnen geschnitten hast.*

K: Ich habe von Leuten gehört, die derartige Operationen durchführen. Aber für mich hört es sich so an, als ob das Risiko größer ist als der Nutzen, der daraus entstehen würde.

D: *Wie ein Schnitt in den Magen. Oder die–*

K: Man würde in den Magen schneiden, wenn dort eine Wucherung vorhanden ist, und ihn wieder zunähen, ja. Ich habe auch von Leuten gehört, die am Herzen experimentieren wollen. Es gibt aber keine Möglichkeit, das Blut fließen zu lassen und den Patienten am Leben zu erhalten, wenn man solche Dinge tut.

D: *Es gibt Leute, die glauben, dass sie das können?*

K: Ja. Aber einigen ist es egal ist, ob sie den Patienten verlieren oder nicht, denn sie haben es nur mit Sklaven zu tun.

D: *Oh. Sie experimentieren, um zu sehen, ob es funktioniert? (Ja) Oh, das scheint mir sehr gefährlich zu sein. Am Herzen. (Ja) Nun, was ist mit den Därmen? Kennst du die Därme?*

K: Ja, die Eingeweide, ja.

D: *Können sie operiert werden?*

K: Sie können verkürzt werden, wenn man dabei sehr vorsichtig ist. Denn auch hier ist es so ... wenn etwas von dem, was in ihnen ist, in den Körper hineinfließt, würde die Person krank werden und sterben. Das ist also etwas, das man besser in Ruhe lässt. Aber man kann sie operieren, ja.

D: Und die Nieren? Kennst du diese Organe? (Ja) Kann man sie operieren?

K: Ich kenne niemanden, der sie erfolgreich operiert hat, nein.

D: Ich habe mich gefragt, welche Organe in Frage kommen und welche gefährlich sind, wenn man an ihnen herumspielt. Dann gibt es einige Organe, die man besser in Ruhe lässt, stimmt's? (Ja) Was ist mit der Lunge? Hast du schon einmal Patienten in diesem Körperbereich operiert?

K: Der einzige Grund, warum ich jemals eine Lunge operiert habe, war ... einmal hatte ich einen Patienten, dem sie durchstochen worden war. Sie musste genäht und dann wieder aufgepumpt werden, weil sie kollabiert war. Dafür haben wir die Lunge zugenäht und dann ein Schilfrohr eingeführt. Dann wurde Luft in das Rohr und in die Lunge geblasen, um sie wieder aufzublasen.

D: Wo wurde das Schilfrohr eingesetzt?

K: Sie wurde ... ungefähr an der Stelle eingesetzt, an der sich die vierte Rippe befindet.

D: Oh, wo du geschnitten hast, meinst du? (Ja) Du hast das Schilfrohr eingeführt und ... was? Hast du durch den Mund geblasen? (Ja) Und das hat funktioniert? Die Lunge wurde aufgeblasen? (Ja) Oh, aha. Das würde man machen, wenn ... Oh, was ist mit Kampfverletzungen? Wenn jemand so verletzt wurde? (Stirnrunzeln) Ich denke an eine Schlacht – wenn jemand einen Krieg geführt hat. Du weißt schon. (Immer noch Stirnrunzeln) Hast du derartige Fälle ...? Also nichts dergleichen?

K: Ich verstehe nicht, was du ... (Offenbar war Krieg in dieser Gegend oder zu dieser Zeit selten.)

D: Manchmal, wenn Soldaten im Krieg kämpfen, haben sie ...

K: Du sagst, dass sie Wunden in der Lunge haben. Ist es das ...

D: Oder irgendwo anders, ja.

K: Ja. Nun ja, im Grunde ist das wahrscheinlich. Diese spezielle Verletzung war jedoch auf eine ... Meinungsverschiedenheit zurückzuführen.

D: *(Ich lachte über ihren Gesichtsausdruck.) Dann führt ihr im Moment keine Kriege?*

K: Nicht hier.

D: *Okay. Ich dachte, manchmal gibt es Kämpfe und in solchen Fällen werden Ärzte gebraucht. Wirst du denn auch gerufen, wenn Frauen Kinder bekommen?*

K: Wenn sie nicht zu gebären in der Lage sind, führen wir eine Operation durch, um das Kind herauszuholen. In vielen Fällen kann die Mutter nicht gerettet werden, aber es ist der letzte Ausweg.

D: *Nur, wenn es nichts anderes gibt, was man tun kann? (Ja) Überlebt das Kind auf diese Weise?*

K: In ... wenn die Frau lange genug schwanger war und es fast soweit ist, ja. Aber wenn es zu früh ist, sind die Überlebenschancen nicht so groß.

D: *Aha. Und manchmal wird die Mutter sterben?*

K: Wenn es einen zu großen Blutverlust gab, bevor ich gerufen wurde, oder wenn es andere Probleme gibt, wie eine Schwellung. Viele Frauen, die auf natürlichem Wege keine Kinder gebären können, bekommen gegen Ende der Schwangerschaft, ähm, die Flüssigkeit im Körper nicht mehr heraus. Sie fließt nicht mehr ab, sondern bleibt in den Handgelenken, Händen, Füßen und Knöcheln stecken, und die verschiedenen Extremitäten des Körpers schwellen an. Das ist sowohl für die Mutter als auch für das Kind gefährlich, und in vielen dieser Fälle muss die Frau operiert werden. Aber ... wegen des Stresses, den der Körper dadurch erfährt, überleben sie die Operation nicht immer.

D: *Ich verstehe. Ist es gefährlich, in den Körper zu schneiden, um das Kind zu entfernen?*

K: Jede Art von Operation ist für den Körper gefährlich. Es ist ein Schock. Er muss auf diesen Schock und die Belastung, die er einstecken muss, vorbereitet werden. Deshalb ist es gefährlich, ja.

D: *Kannst du mir sagen, wie man die Operation durchführt, bei der das Kind herausgenommen wird?*

K: Man würde – oft schneide ich so über den Bauch. (Sie machte mit der Hand eine Bewegung quer über den untersten Teil des Bauches, in dem Bereich, der heutzutage Bikini-Schnitt genannt wird.) Tiefer, so dass man in die Mitte des Uterus schneidet. Und dann öffnet man den Bauch, wodurch die ... Faser des Uterus (ausgesprochen: utro, ut-tro) freigelegt wird, durch die man das Kind sehen kann. Und man schneidet sehr vorsichtig, damit man das Kind nicht verletzt. Und dann hebt man es zusammen mit der Plazenta heraus und legt es auf die Seite oder gibt es dem Assistenten, damit der sich vergewissern kann, dass es dem Kind gut geht, und es säubert. In dieser Zeit näht man dann die Mutter zu. Und–

D: *Nur einen Moment. (Ich musste aufstehen und das Fenster schließen. Ein Rasenmäher fuhr direkt unter dem Fenster hin und her. Es war schwierig, sie zu verstehen, und ich bin froh, dass das Tonbandgerät ihre Worte aufgenommen hat, auch wenn ich sie nicht verstehen konnte.) Es tut mir leid, ich war durch den Lärm abgelenkt. Ja, man muss beim Einschnitt vorsichtig sein, um das Kind nicht zu verletzen, nicht wahr? (Ja) Okay. Du sagtest, du schneidest auch manchmal Gliedmaßen ab?*

K: Ja, wenn sie ... eine Wunde so schlimm geworden ist, dass sie den Körper gefährdet. Oder wenn die Knochen zerbrochen sind, so dass die Gliedmaße keinen Nutzen mehr hat. Dann würde man sie abnehmen.

D: *Okay. Ah, kennst du das Wort »Infektion«? (Sie runzelte die Stirn.) (Wie erkläre ich das?) Ich habe mich gefragt, wie man die Wunde danach sauber halten würden, damit sie nicht schlecht wird.*

K: Es gibt diejenigen, die, ah, Kauterisation anwenden, wobei sie ein ... Utensil irgendeiner Art nehmen, das rotglühend erhitzt wurde, und das Ende auf diese Weise versiegeln. Es gibt auch diejenigen, die ... verschiedene Teere verwenden, um es zu versiegeln.

D: *Verschiedene was?*

K: Teere, Harze zum Verschließen der Wunde. Wenn man jemandem das Bein abschneidet und dann das System durch Kauterisation erneut schockt, richtet man doppelten Schaden an, weil man die Nervenenden bereits geschockt hat. Wenn man dagegen verschiedene Harze und Balsame zum Stoppen des Blutes verwendet, ist das eine geringere Belastung für den Körper.

D: *Genau das meinte ich. Dass manchmal, wenn man operiert – ich weiß nicht, ob du das Wort »Keime« kennst oder nicht, das meinte ich mit Infektion –, es schlecht wird. Ich weiß nicht, wie ich es sonst erklären soll. (Lachen)*

K: Du meinst, dass ... wenn es Wundbrand und Eiter gibt ... ah ... (Sie hatte auch Schwierigkeiten, die Worte zu finden.)

D: *Zum Beispiel, wenn es wiederkommt, nachdem man operiert hat. Ich frage mich, wie man das verhindern würde. (Ja) Manchmal passiert das.*

K: Ja, man muss versuchen, alles so sauber wie möglich zu halten, damit es nicht zu einem erneuten Befall kommt.

D: *Okay. Ich wusste nicht, wie ich es in Worte fassen sollte, damit du es verstehst. Verwendest du Balsame und Harze?*

K: In der Regel, ja. Wenn es keine in der Nähe gibt ... zum Beispiel, wenn es in einer Notfallsituation auftritt. Dann muss man notfalls die Kauterisation anwenden. Aber es ist nicht die beste Methode.

D: *Nun, welche Balsame oder Teere verwendest du gerne? Gibt es bestimmte Arten?*

K: (Seufzend) Die Art von Balsam, die verwendet wird, um ... wenn die Wunde heilt. Kampferöl lindert den Juckreiz. Es beruhigt die Haut. Die neu wachsende Haut.

D: *Welches benutzt man, um die Blutung zu stoppen?*

K: Normalerweise Zedernteer.

D: *Ist das wirklich gut für so etwas?*

K: Das habe ich schon oft verwendet, ja. Es ist so harzig, dass es die Stelle versiegelt.

D: *(Ich dachte, sie hätte Zedernöl gesagt.) Dann ist es dicker. Ich dachte, dass ein Öl zu dünnflüssig wäre.*

K: Du sagtest Öl. Es ist kein Öl. Es ist ein Harz oder ... Saft.

D: *Oh, ich verstehe. Es ist dicker als Öl. (Ja) Ich dachte mir, dass Öl dünn wie Wasser ist. Es wird Zedernöl genannt?*

K: Harz aus Zedernholz.

D: *Zedernharz. Man nimmt das und verteilt es wie eine ... Salbe? Das Wort würde ich benutzen. Ich weiß nicht, ob ... (Sie runzelte die Stirn.) Du kennst das Wort nicht.*

K: Balsam?

D: *Ein Balsam. Das wäre die gleiche Bedeutung. Und es wird auf den Stumpf aufgetragen, oder wie auch immer man das nennt, wo man geschnitten hat. (Ja) Das stoppt die Blutung? (Ja) Und hilft bei der Heilung? Und dann benutzt man das Kampferöl, um den Juckreiz zu lindern. Das klingt, als könnte es funktionieren. Was machst du, wenn du, wie du sagst, jemandem in den Unterleib schneidest und dort operierst? Machst du da etwas drauf, nachdem du es genäht hast? Um die Heilung zu unterstützen?*

K: Normalerweise nur ... Kampferöl oder Ähnliches, das auf ein Tuch aufgetragen wird. Und das wird auf die Wunde gelegt.

D: *Das trägt dazu bei, dass es schneller heilt?*

K: Ja, und es schützt vor, äh, Seuchen und ... (Endlich fand sie ein Wort, das dem Wort »Keime«, das ich gesucht hatte, sehr nahe kam.).

D: *Seuchen? Ist das ein Wort, das du verwendest? (Ja) Ja, du sagst dasselbe. Du benutzt nur verschiedene Worte, um dieselbe Sache zu beschreiben. Das ist sehr interessant. Ich versuche immer, neue Dinge zu lernen. Wenn ich jemanden finde, der mir neue Dinge erzählen kann, stelle ich gerne Fragen. Was ist mit dem Kopf? Operierst du auch am Kopf?*

K: Ich habe von Leuten gehört, die eine Operation zur Entfernung von Tumoren und Ähnlichem durchgeführt haben. Wenn jemand unter so etwas leidet, schicke ich ihn normalerweise zu jemandem, der darin Erfahrung hat. Ich habe keine Lust, mich damit zu beschäftigen. (Offenbar gab es also auch damals schon Spezialisten.)

D: *Du operierst also nicht gerne an diesem Körperteil. Aber es gibt Leute, die am Kopf operieren?*

K: Ich habe gehört, dass es Leute gibt, die sogar ... Patienten haben, die es überleben.

D: *Dann ist es gefährlich. Wenn es einen Tumor im Gehirn gibt, dann ist es normalerweise–*

K: Ja. Ist tödlich.

D: *Ja, es wäre gefährlich, sich an diesem Organ zu schaffen zu machen, nicht wahr? (Ja) Dann führst du diese Art von*

Operationen nicht durch. (Nein) Welche Art von Instrumenten benutzt du? Arbeitest du mit sehr vielen?

K: Meistens hat man ein Skalpell, ein Messer. Ähm ... (Sie hatte Mühe, das Wort zu finden.), die Greifer, ah ... (Pause, während sie dachte.)

D: *Wie nennst du das? Verwende einfach Wörter, die dir vertraut sind, wenn es schwierig ist, die richtigen zu finden.*

K: Man würde sie benutzen, um etwas zu greifen, das man vielleicht von etwas anderem fernhalten will. Oder um es herauszuziehen. (Okay) Es gibt die, ähm, Klammern, die verwendet werden, um die Blutgefäße zu halten, damit sie nicht in die geöffnete Stelle bluten, die Nadeln und, ach, das war's eigentlich schon.

D: *Du hast also nicht viele Instrumente, die du bei Einsätzen verwendest? (Nein) Nun, gibt es irgendwelche–*

K: (Unterbrach.) Eine Säge.

D: *Was tut man, wenn der Patient zu stark blutet? Gibt es irgendeine Möglichkeit, wie man ... irgendetwas, das man dagegen tun kann? (Ich dachte dabei natürlich an Transfusionen.)*

K: Wenn es sich um eine schwerwiegende Operation handelt, würde man Hypnose anwenden, damit man die Funktionen des Körpers besser kontrollieren kann. Und man gibt ihnen die Anweisung, dass sie den Blutfluss zu diesem bestimmten Bereich abstellen sollen. Dann hört die Blutung entweder ganz auf oder lässt zumindest sehr stark nach.

D: *Dann können sie das mental tun, wenn sie dazu angewiesen werden? (Ja) Aber was ist, wenn der Patient zu viel Blut verliert? Kann man dann etwas tun? (Nein) Werden sie nach der Operation nach Hause geschickt? Oder was geschieht dann mit ihnen?*

K: Sie bleiben oder ... die, die arm sind, bleiben oft hier. Wenn sie ein Heim haben, werden sie nach Hause gebracht. Die sehr Wohlhabenden lassen sich dort operieren, wo sie sowieso bleiben werden.

D: *Oh. Also in ihrem eigenen Haus. (Ja) Nun, wenn sie nach Hause gebracht werden, geschieht das auf Pferden? Oder wie würde man das tun?*

K: Nein, auf einer, ähm, Bahre.

D: *Und sie werden einfach so getragen, indem sie sie flach hinlegen? (Ja) Siehst du dann nach ihnen?*

K: Ja, und ich stelle sicher, dass kein Fieber auftritt oder ... Probleme, die durch die Operation oder die Krankheit selbst entstehen.

D: *Man muss sie so lange beobachten, bis sie über den Berg sind. (Ja) Was macht man, wenn Fieber auftritt?*

K: Das hängt von der Art der Krankheit ab. Wenn es etwas ist, das ... Teil des natürlichen Krankheitsverlaufs ist, dann würde man ihnen einfach viel Flüssigkeit geben, um das auszuspülen, was auch immer das Fieber in ihnen verursacht. Wenn es zu hoch wird, taucht man sie in kühles Wasser, um es zu senken. Das sind die Fälle, in denen es extrem ... heiß ist. Und es gibt verschiedene Arten von Kräutern, die man ihnen geben kann, die manchmal auch helfen, das Fieber zu senken. Oder, erneut, Hypnose. Man kann ihnen sagen, dass es keinen Grund für eine so hohe ... Temperatur gibt, und sie auf diese Weise senken.

D: *Mischst du etwas aus den Kräutern zusammen? Wird es ihnen verabreicht? Oder wie würde man sie verwenden?*

K: Normalerweise werden die Kräuter mit Wein verabreicht, damit man sie nicht schmeckt.

D: *Oh, im Wein?*

K: Ja. Manchmal besteht es aus etwas, das sie einfach nur betäubt, so dass sie die Ruhe haben, die sie brauchen, um zu kämpfen, und dann wird die Krankheit ihren Lauf nehmen.

D: *Ich verstehe. Welche Kräuter verwendest du bei Fieber? Kennst du die Namen der Kräuter?*

K: Nun, es gibt verschiedene, ah, die man verwenden kann. (Seufzend) Eine der Substanzen, die wir verwenden, um ihnen Schlaf zu ermöglichen, wäre Mohn. Manchmal, um ein Fieber zu senken, würde man die Blüten des Knoblauchs verwenden ... in Essig getränkt.

D: *Oh? Das wird das Fieber senken? Nur die Blumen?*

K: Ähm, das ist etwas, das überliefert wurde. Ich habe gesehen, wie es funktioniert. Aber ein großer Teil der Medizin – ob die meisten Leute das nun zugeben oder nicht – hat damit zu tun, dass der Patient daran glaubt, dass es funktioniert.

D: Ich glaube, das könnte wahr sein. Manche Menschen können sich auf diese Weise gesund oder krank machen. Ich glaube das. Aber man nimmt die Blumen, die in Essig eingeweicht wurden, und dann ... wie stellt man es an, dass sie es trinken können? Zerkleinern?

K: Die Blüten werden, nachdem sie eingeweicht worden sind, gemahlen und dann ... so dass es die ganze ... eine pastenartige Konsistenz hat. Und dann werden sie in den Wein gegeben, damit der Essiggeschmack nicht zu stark ist und getrunken werden kann.

D: Und dann trinken sie das. (Ja) Das ist also das Hauptmittel, das man bei Fieber einsetzt? Der Knoblauch.

K: Das ist eines davon, ja.

D: Gibt es noch andere Mittel, die geeignet sind, um Fieber zu senken? Außer denen, die betäuben.

K: Es gibt viele verschiedene Arten, ja. Je nachdem, was man braucht und was zum jeweiligen Zeitpunkt verfügbar ist.

D: Ich bin neugierig, denn ich interessiere mich für Kräuter und was sie bewirken können. Ich weiß nicht, welche–

K: (Unterbrach.) Du bist Arzt?

D: (Verblüfft) Nun, ich wäre es gerne. Wenn ich es lernen könnte. Vor allem würde ich gerne über Kräuter lernen und wofür sie verwendet werden können.

K: Kräuter und ihre Zubereitungen können für Unwissende und Uneingeweihte sehr gefährlich sein.

D: Oh. Du meinst, ich sollte es nicht versuchen, ohne eine Ausbildung absolviert zu haben?

K: Ja, weil sie – in der richtigen Menge – sehr hilfreich sein können, aber in der falschen Menge tödlich.

D: Ja, das macht Sinn. Ich wollte zumindest die Namen wissen, damit ich weiß, welche Kräuter wichtig sind. (Pause) Ich würde nicht versuchen, es selbst zu machen.

K: Das ist gut.

D: Davor hast du Angst? Dass ich so etwas tun könnte? Nein, ich hätte zu viel Angst, jemanden zu verletzen. Ich würde es selbst nicht tun wollen. Ich war nur neugierig–

K: (Unterbrach.) Es ist bekannt, dass diejenigen, die Neugierde zeigen, genug herausfinden, um es bei anderen einzusetzen.

D: *Oh, auf eine falsche Art und Weise?* (Ja) *Ich verstehe, was du meinst. Ich war nur neugierig, welche Wirkung sie haben, weil es so viele gibt.* (Keine Antwort) *Nun, du sagtest mal, dass du Elixiere herstellst. Sind das Medikamente?*
K: Ja, es handelt sich um verschiedene Dinge, die von bestimmten Kräutern extrahiert werden, und manchmal werden sogar Gewürze hinzugefügt.
D: *Oh. So macht man Medizin für Menschen, die verschiedene Leiden haben.*
K: Einige davon sind für Leute, die denken, dass sie verschiedene Leiden haben. (Lächeln)
D: *(Lachen) Es funktioniert so oder so, nicht wahr? Stellst du deine eigenen Medikamente her? Deine eigenen Elixiere?*
K: Ja. Damit ich auch weiß, was ich den Menschen gebe, die ich behandle.
D: *Oh, du weißt dann, dass es korrekt gemacht wurde.* (Ja) *Ich habe gehört, dass die Leute manchmal solche Dinge kaufen.*
K: Wo würde man diese Dinge kaufen? Man kann die verschiedenen Kräuter kaufen oder auch losziehen und sie suchen, aber wo würde man ...
D: *Nun, ich habe gehört, dass es Orte gibt, an denen die Leute Elixiere herstellen und sie an andere Leute verkaufen. In anderen Ländern, in anderen Gegenden.*
K: (Seufzend) Das klingt sehr ungewöhnlich. Woher soll ich wissen, dass ich der Person, die sie für mich macht, vertrauen kann?
D: *Das wäre wahr. Woher will man wissen, ob sie es korrekt gemacht hat?*
K: Ich glaube nicht, dass mir das gefallen würde.
D: *Das würde dir dann nicht gefallen.* (Nein) *Mancherorts machen sie das so. Die Ärzte behandeln die Kranken und dann lassen sie jemand anderen die Elixiere für sie herstellen. Sie geben ihnen Anweisungen.*
K: Das klingt sehr ungewöhnlich.

(Ich musste das Band umdrehen.)

D: *Du weißt ja, wie es in anderen Ländern ist. Es gibt viele verschiedene Bräuche. Verschiedene Arten, Dinge zu tun.*

K: Das klingt im Vergleich zu dem, was ich gewohnt bin, ausgesprochen merkwürdig.

D: *Aha. Man macht also sein eigenes, und dann weiß man, dass es richtig gemacht ist. (Ja) Für welche Art von – wie soll ich sagen – Krankheit stellst du am häufigsten Elixiere her? Wonach fragen dich die Leute am meisten?*

K: Eines, das ich recht häufig zur Hand habe, ist die Essenz des Fingerhuts (foxglove). (Fingerhut?) Es ist für Menschen, die Symptome von ... das Herz ist verengt. Und es ... unterstützt die Funktion des Herzens, indem es ... die Umgebung der, ah, aorti (ausgesprochen: a-ort-i) des Herzens öffnet, so dass es seine Funktion erfüllen kann. (Hatte Schwierigkeiten, die Worte zu finden, um das zu erklären.)

D: *Okay. Das ist das, welches du am häufigsten verwendest?*

K: Es kommt recht häufig vor, denn es gibt ... wenn die Menschen älter werden, gibt es viele, die Probleme mit dem Herzen haben. Jemanden, der ein Herzproblem hat, erkennt man daran, dass sein ... Mundbereich bläulich wird. Sie neigen dazu, die Flüssigkeit im Körper zurückzuhalten, weil verschiedene andere Dinge nicht richtig durchblutet werden. Weil das Herz nicht funktioniert.

D: *Das ist eine der Möglichkeiten, wie man das feststellen kann. (Ja) Haben sie manchmal auch Schmerzen?*

K: Sie haben ein Engegefühl in der Brustgegend, und manchmal wird der Schmerz so heftig, dass sie ... (sucht nach dem richtigen Wort) ... ah, ohnmächtig werden, ja.

D: *Gibt es noch andere Medikamente, die du häufig verwendest?*

K: Lass mich nachdenken. Verschiedene Teesorten. Die Blätter der Himbeere werden für Frauen verwendet, die Probleme hatten, ihre Kinder auszutragen. Die Wurzel des Ginseng wird manchmal für verschiedene Arten von Nierenfunktionsstörungen und andere Dinge destilliert. Es gibt Leute, die sagen, dass er auch den Alterungsprozess verlangsamt, obwohl ich das nicht glaube. Ich glaube, das ist ... (lächelt, winkt mit der Hand, als würde er es abtun).

D: *(Kichern) Hast du es jemals jemandem dafür gegeben?*

K: Nein. Die medizinischen Kräuter sind zu wertvoll und viele von ihnen zu selten, um sie aus einer Laune heraus zu verteilen.

D: *Oh. Dann können sie dir also nicht etwas vormachen, damit sie bestimmte Medikamente von dir bekommen?*

K: Nein. Es gibt ... einige der häufigsten Krankheiten, die behandelt werden, sind ... wie die »Süßkrankheit« und–

D: *Die »was«-Krankheit?*

K: Die Süßkrankheit. Sie ... tritt vor allem bei Menschen auf, die sich zu reichlich mit Obst und Zucker ernähren. Sie wird so genannt, weil die ... es heißt, dass die Ärzte zunächst den süßen Geruch im Urin bemerkt haben. Und es heißt, dass die Person so viel Zucker zu sich nimmt, dass er auf jede erdenkliche Weise aus ihr herauskommt.

D: *Was gibst du ihnen dagegen?*

K: Meistens kontrolliert man das mit der Ernährung. Und man würde ... diese Menschen würden dann viele Innereien (sweetmeats) von Kälbern und Rindern essen. Es wird gesagt, dass dies dabei hilft.

D: *Müssen sie diese regelmäßig jeden Tag essen?*

K: Mindestens mehrmals pro Woche, ja.

D: *Sie müssen aufpassen und nicht so viele Süßigkeiten essen.*

K: Ja, sie müssen viel Grünzeug essen, grünes Gemüse, aber nicht viel Brot oder Wurzelgemüse. Das wäre schlecht.

D: *Ich wette, es ist schwer, die Leute dazu zu bringen, keine Süßigkeiten mehr zu essen, wenn sie sie so gerne mögen. (Lachen)*

K: Sie bitten sich selbst zur Kasse.

D: *Was passiert, wenn sie die Süßkrankheit haben und nicht tun, was man ihnen sagt? (Ich dachte dabei natürlich an das diabetische Koma.)*

K: Sie sterben.

D: *Ist es so gefährlich?*

K: Ja. Sie würden in einen Zustand gelangen, in dem der Verstand keine Funktion mehr hat. Sie sind ... sie liegen dann einfach da und verkümmern langsam.

D: *Du meinst, sie schlafen?*

K: Ah, es ist tiefer als das. Es ist ein Zustand, in dem sie nicht erreicht werden können. Ein ... Koma.

D: *Wäre dies das richtige Wort?*

K: Koma, ja. (Mit Betonung auf der letzten Silbe.)
D: *Ist das ein Wort, das ich verwenden würde, oder ein Wort, das du verwenden würdest? (Keine Antwort) Okay. Wenn sie dann in diesen Zustand geraten, kann man noch irgendetwas tun? (Nein) Dann ist es zu spät, nicht wahr? Dann sterben sie, wenn man nicht ...*
K: (Unterbricht) Dann sterben sie.
D: *Oh, ich verstehe. Dann ist das eine gefährliche Krankheit. – Das sind alles Dinge, die man behandelt. (Ja) Nun, ist Alexandria eine große Stadt?*
K: Sie ist ziemlich groß. Eine sehr geschäftige Stadt, ja.
D: *Es gibt dort viele Leute?*
K: Es scheint, als würden sich die Menschen von Tag zu Tag ändern, aber sie bleiben im Grunde immer gleich. Es gibt immer die Armen und die ... Verwahrlosten. Und die Reichen kommen und gehen. Und man sieht verschiedene Gesichter. Aber sie ... sie verändern sich ständig.
D: *Nun, was für eine Art von ...? Ist Alexandria eine ...? Hast du dort viel Kundschaft?*
K: Es ist eine Hafenstadt, eine Handelsstadt. Über Alexandria gehen viele Waren den Nil hinauf in die verschiedenen Städte. Vieles von dem, was aus der Außenwelt kommt, wird hierher gebracht, und alle bekommen ihren Anteil daran.
D: *Dann ist da viel los, viel Handel und Geschäfte. (Ja) Und du sagst, dass Boote ankommen? (Ja) Kommen sie aus der ganzen Welt?*
K: Ja, es gibt Menschen aus allen Ländern, die hierher kommen.
D: *Gibt es denn viele andere Länder in der Umgebung, von denen du weißt? Woher kommen die Waren?*
K: Griechenland und Italien und, ähm, manchmal kommen sie auf dem Landweg und es gibt Dinge aus der Türkei, die mit dem Schiff oder manchmal auf dem Landweg kommen. Auch die aus dem hohen Norden. Die hellhäutigen Händler, die kommen, Germats (phonetisch).
D: *Germats? Hast du das gesagt?*
K: Visgots und, ja.
D: *Die kommen dann auch hier runter. Sagtest du German oder Germack? Wie hast du es ausgesprochen?*

K: Germat.

D: *Okay. Und das sind die hellhäutigen Menschen. Nun, wo du lebst – bist du hellhäutig oder dunkel?*

K: (Lächelnd) Ich bin – weder noch. Ich bin, ich habe braunes Haar und eine hellbraune Haut, aber ich bin nicht extrem dunkel. Ich bin nicht wie die Bedouins (phonetisch, Akzent auf der ersten Silbe), die aus der Wüste kommen, oder die Leute, die aus den Ländern im Süden kommen.

D: *Sie sind viel dunkler? (Ja) Wie heißen die, die aus der Wüste kommen?*

K: (Sprach es eher wie Bud-wins aus, aber meinte wahrscheinlich Beduinen.)

D: *Sie sind auch dunkel? (Ja) Dann haben die meisten Menschen dort, wo du lebst, die gleiche Farbe wie du*

K: (Seufzend) Diejenigen, die hier sind, die meisten von ihnen sind wahrscheinlich dunkler als ich. Die Menschen in Alexandria und in dieser Gegend sind ein bisschen von allem. Sie sind nicht ganz vollkommen ägyptisch, aber sie sind auch nichts anderes.

D: *Sie sind eine Mischung. (lacht) Okay. Nun, ich denke, das ist interessant. Ich habe mich das gefragt. Verlassen wir diese Szene. Ich zähle bis drei und wir gehen zu einem bedeutenden Tag in deinem Leben. Ein Tag, den du für wichtig hältst, wenn du älter bist. 1, 2, 3, es ist ein wichtiger Tag in deinem Leben, wenn du ein bisschen älter bist. Was machst du gerade? (Keine Antwort) Was siehst du?*

K: Ich sehe den ... meinen Körper, wie er auf dem Bett liegt.

D: *Oh, ist etwas passiert?*

K: Ähm. Ich habe beschlossen, ihn zu verlassen.

D: *Hattest du einen Grund?*

K: Bin einfach müde.

D: *Wie alt warst du? Weißt du das ungefähr?*

K: Neunundsechzig.

D: *Dann warst du nicht krank?*

K: Es gab ein Problem mit dem Herzen, und deshalb hat es einfach aufgehört zu funktionieren.

D: *Du warst Arzt und konntest nicht – die Medizin hat dir nicht geholfen?*

K: Sie hatte eine Zeit lang geholfen, aber ich war einfach müde. (Seufzer)

D: *Was hältst du von diesem Leben?*

K: (Traurig) Ich sehe ... viel Aufopferung für andere, aber ein ... fast ein Erheben über die anderen aus dem Bedürfnis heraus, sich ... größer oder höher als sie zu fühlen.

D: *Glaubst du, dass du das wirklich gefühlt hast?*

K: Ich sehe, dass der Dienst am Nächsten ... der Versuch war, die Schuld loszuwerden, die auf einer niedrigeren Ebene des Seins empfunden wurde. Es war kein schlechtes Leben, denn es wurde ja keinem anderen etwas angetan.

D: *Aber warum solltest du dich schuldig fühlen?*

K: Der Wunsch, besser zu sein als die anderen, war der Grund für das Streben. Vieles davon wurde überwunden.

D: *Ich denke, dass es nicht schlecht ist, jemand sein zu wollen, etwas aus seinem Leben zu machen.*

K: Es ist nicht schlecht, etwas aus seinem Leben zu machen. Aber auf andere herabzusehen, die es nicht geschafft haben, das ist ... da liegt das Problem.

D: *Oh, denkst du, dass du das vielleicht getan hast und es nicht bemerkt hast?*

K: Eine Zeit lang, ja. In großem Umfang.

D: *Nun, du sagtest, das Schuldgefühl wurde überwunden.*

K: Ja. Das geschah, als dieses Selbst erkannte, dass es ein Problem war. Er bot sich dann an, um denen zu helfen, die weniger Glück hatten, und das war gut so.

D: *Okay. Aber du denkst, du hast dich schuldig gefühlt, äh, wegen etwas, das dahinter steckt ... in den frühen Jahren oder–? (Ja) Und dann wolltest du etwas tun, um es zu überwinden. Nun, es war kein schlechtes Leben. Es schien, als hättest du viel Gutes für andere getan.*

K: Es gab ein Bestreben in diese Richtung, ja.

D: *Das ist gut. Du hast nie geheiratet, oder?*

K: Nein. Es herrschte das Gefühl, dass die Suche nach einem Seelenpartner von dem Bedürfnis ablenken würde, etwas zu erreichen, oder stärker sein könnte als das Bedürfnis, anderen zu helfen. Wenn jemand da gewesen wäre, hätte das Energie gekostet.

D: *Dann hast du dein ganzes Leben ganz bewusst gelebt, um anderen Menschen zu helfen. Deshalb hattest du auch keine Familie. (Ja) Ich verstehe. Ich denke, du hast gute Arbeit geleistet. Du hast erreicht, was du dir vorgenommen hast.*

K: Das kann man nur hoffen.

D: *Wohin gehst du jetzt? Weißt du das?*

K: Ich glaube, ich werde mich ausruhen.

D: *Das klingt nach einer gute Idee, oder? Ruhe dich eine Weile aus, um all das aus deinem System zu bekommen. Okay. Lass uns diese Szene jetzt verlassen. Wir gehen weiter zurück in der Zeit. Wir war in den 400er Jahren und gehen nun zurück in die 300er Jahre, also weiter zurück als diese Zeit. Ich zähle bis drei, dann sind wir in den 300ern und du sagst mir, was du siehst und tust. 1, 2, 3, wir sind in den 300er Jahren. Was tust du gerade? (Keine Antwort) Was siehst du? (Keine Antwort, aber sie runzelt die Stirn.) Stört dich etwas?*

K: Ich sehe die Schüler. Die Schüler umgeben den Körper.

D: *Die Schüler umgeben den Körper? (Ja) Was meinst du?*

K: Sie beten meine Seele zur Erleuchtung.

D: *Du sagtest, du beobachtest den Körper. Ist etwas passiert?*

K: Ich habe dieses Dasein verlassen.

D: *Wo bist du gewesen?*

K: Ich war in Tibet.

D: *Im Kloster? (Ich hatte das letzte der frühen Leben, die wir gemeinsam durchlaufen hatten, gefunden und konnte es nun in das richtige Zeitfenster einordnen.) (Ja) Du warst ein alter Mann in diesem Leben, nicht wahr? (Ja) Was machen die Schüler? Du sagtest, sie bereiten den Körper vor?*

(Ich hatte sie nicht verstanden, da sie oft sehr leise sprach.)

K: Nein, sie umgeben ihn und beten dafür, dass sich meine Seele auf dem Rad der Existenz in Richtung Erleuchtung weiterdreht.

D: *Oh. Was machen sie danach mit der Leiche? Führen sie bestimmte Rituale oder andere Dinge durch?*

Nachdem Karen um weitere hundert Jahre zurückversetzt worden war, schien sie am letzten Tag dieses Lebens angekommen zu sein. (Hoffentlich werden wir es beim Transkribieren von Dolores' Bändern/Akten finden.)

Dolores hatte mit Karen an einigen weiteren Leben gearbeitet, und wir haben zwei weitere in diesen letzten Abschnitt aufgenommen.

Kapitel 17
Der Arzt, Teil 3
(Aufgenommen am 25. August 1983)

Der erste Teil dieses Bandes enthält das Jesus-Band Nr. 12. Wir waren dabei, die Sitzungen, die sich dem Leben des Saudis widmeten, abzuschließen und wollten noch ein paar Informationen über den Arzt in Alexandria erhalten, bevor wir die Treffen beenden würden.

D: Lass uns diese Szene verlassen. Wir gehen weiter. Wir werden diese Zeit verlassen und uns keine Gedanken mehr über diese Zeit machen. Lass uns weiter in die Zukunft gehen. Wir gehen vorwärts. Lass uns ein paar hundert Jahre weiter gehen, nachdem du bereits ein paar weitere Leben durchlaufen hast. Wir gehen bis in die 400er Jahre. Irgendwann in den 400er Jahren. Ich zähle bis drei und wir sind da. 1, 2, 3, wir sind irgendwann in den 400er Jahren. Was tust du gerade?
K: Ich mische Medikamente.
D: Okay. Wo bist du?
K: (Großer Seufzer) Ich bin in Alexandria. (Die Aussprache war sehr gebunden.)
D: Alexandria? Okay. Ist dein Name Alexandro?
K: Alexandro, ja. (Sprach es mit einem Rollen aus.)
D: Ich sage es nicht richtig? (Sie wiederholte es noch einmal mit einem Rollen.) Okay. Wie alt bist du zu diesem Zeitpunkt?
K: (Großer Seufzer) Einundsechzig, zweiundsechzig, ach. Ich bin ein alter Mann, es spielt keine Rolle.
D: Oh. Du behältst die Jahre nicht im Auge?
K: (Seufzer) Wer zählt noch?
D: Okay. Welche Art von Medizin bereitest du zu?

K: Es soll eine Frau von Schwellungen (Seufzer) in ihren Hand- und Fußgelenken befreien.

D: *Oh. Weißt du, was die Ursache für die Schwellungen ist?*

K: (Seufzend) Sie isst nicht richtig, und da sie schwanger ist, ist das ... Die Giftstoffe des Körpers bleiben im Körper und setzen sich an diesen Stellen ab. (Akzent sehr stark und anders als bei Saudi, der Persönlichkeit des Lebens zuvor.)

Harriet (H): Was kann sie essen, um das zu verhindern?

K: Weniger Brot, Fleisch und Blut. Mehr Blätter, Kräuter und rohe Früchte.

H: Kannst du uns sagen, wie dies auf das System wirkt?

K: Es hilft und ... hinter der wachsenden Ansammlung der Gifte steckt, dass die Nieren sich weigern zu funktionieren, weil sie einen Mangel an bestimmten ... Elementen haben. Und wenn sie aufhören zu funktionieren, sammeln sich die Gifte an. Wenn man Früchte und Kräuter in den Körper einbringt, hilft das, sie auszuspülen, so dass es weniger Probleme gibt. Es ist eine Sache der Fehlernährung (seltsam ausgesprochen), dieses Problem in der Schwangerschaft zu haben. (Die Worte »einbringt«, »Fehlernährung« und »Schwangerschaft« wurden sehr schnell und mit einem seltsamen Akzent ausgesprochen. Wenn ich die Worte nicht gekannt hätte, wäre es schwierig gewesen, sie zu erkennen).

H: Warum sammelt sich die Flüssigkeit besonders an den Handgelenken und Knöcheln? Warum nicht an anderen Stellen? Ich weiß, dass es irgendwann passiert, aber warum bemerkt man es an diesen Stellen zuerst?

K: In diesen knöchernen Bereichen bemerkt man die Schwellung schneller als an anderen Stellen. Ich bin mir nicht besonders sicher, warum es an diesen Stellen auftritt, aber aus dem Grund würde man es dort zuerst bemerken.

D: Was für ein Medikament bereitest du vor? Hat es einen Namen?

K: Es ist ein Elixier; es enthält verschiedene Kräuter und Dinge, die ich verwende.

D: Ist es zum Trinken oder zum Einreiben?

K: Es ist zum Trinken.

H: Ist ein Medikament dieser Art hilfreicher, wenn man es auf den Körper aufträgt oder wenn man es innerlich einnimmt?

K: Das hängt davon ab, was man damit erreichen will. Es gibt bestimmte Dinge, die man am besten über die Haut einnimmt. Andere wirken besser, wenn sie in den Magen gelangen und sich ihren Weg von dort nach außen bahnen. Es hängt alles von der Krankheit und dem Problem ab.

D: Was würde mit ihr passieren, wenn sie keine Hilfe von–

K: (Unterbrach) Sie würde sterben! Und das Kind auch.

D: Ist es so schlimm?

K: Ja, es ist giftig.

D: Oh, ich dachte, es geht vielleicht nur um Flüssigkeit.

K: (Unterbrach) Wenn du, ah, Schierling nehmen würdest, würdest du dann nicht sterben? Er ist auch giftig. Der Körper speichert Gifte, und wenn sie nicht aus dem System ausgeschwemmt werden, stirbt er.

D: Ich verstehe.

H: Haben die Gelenke einen besonders engen Bezug zum inneren System? Mit anderen Worten: Wenn man eine Salbe auftragen würde, würde diese im Bereich der Gelenke schneller einziehen als im Bereich des Gewebes?

K: Ja. In den meisten Fällen ist das richtig.

H: Wie sieht es mit bestimmten Körperbereichen aus? Zum Beispiel unter den Armen und in der Leiste. Sind diese leichter zugänglich? Oder macht der Gelenkbereich überhaupt einen Unterschied?

K: Nun, es gibt einige Dinge, die am Hals eingerieben werden, und – je nachdem, was es ist – am Brustbereich. Andere sind besser für die Drüsenbereiche geeignet, wo sie direkt in die Drüsen gehen und dann von dort aus in den ganzen Körper getragen werden. Bei einigen tränkt man die Füße in diesem ... ah, Gebräu, Elixier, was auch immer, und nutzt diesen Bereich, um es in den Körper zu bringen.

H: Kannst du mir etwas über die Füße erzählen? Ich interessiere mich sehr für die Füße, weil sie einen Großteil des Körpergewichts tragen. Daran bin ich sehr interessiert. Gibt es irgendetwas, das du uns sagen kannst, in das wir unsere Füße eintauchen können, um dem Körper allgemein Erleichterung zu verschaffen?

K: (Seufzer) Wasser, dem Meersalz zugesetzt wurde, ist sehr gut für das allgemeine Wohlbefinden des Körpers. Es hat viele Mineralien und so. Man kann auch einfach Meerwasser nehmen und die Füße darin baden, das ist auch sehr gut.

D: *Für wie lange?*

K: Nicht sehr lange, vielleicht – eine Viertelstunde.

H: *Ich verstehe. Also nur für kurze Zeit. Was ist mit dem Gewebe im Gesicht? Die Gesichtshaut ist sehr exponiert, viel mehr als der Rest des Körpers. Gibt es irgendetwas, das wir auf die Haut auftragen können, um sie zu schützen und zu verhindern, dass sie sich verschlechtert, verhärtet oder faltig wird?*

K: Es gibt bestimmte Pflanzen, die dafür gut geeignet sind. Man nimmt das Öl der Kokosnüsse oder gemahlene Kokosnüsse, die man zu einer Paste verarbeitet und darüber reibt. Oder – lass mich nachdenken – verschiedene Arten von Ölen aus dem Fett von Tieren, die ausgeschmolzen wurden, wären auch gut, wenn es ein extremer Fall von Trockenheit ist.

D: *Sind das einige der Dinge, die du anwenden würdest?*

K: Gelegentlich, ja.

H: *Wäre die Kokosnuss die bessere der beiden–*

K: (Unterbrach) Wenn es sich nicht um einen schweren Fall handelt und man früh genug damit anfangen würde, ja.

D: *Hast du hauptsächlich männliche oder weibliche Patienten?*

K: Beides.

D: *Beides? Was ist mit Kindern? Behandelst du auch Kinder?*

K: Gelegentlich. Die meisten Kinder sind sehr gesund.

D: *Warum? Ist Alexandria ein gesunder Ort zum Leben?*

K: (Angewidert) Nein!

D: *Warum nicht?*

K: Zu viele Menschen. Zu viel Schmutz, Dreck. Es ist keine saubere Stadt. Deshalb lebe ich nicht in der ... Innenstadt (Aussprache: »Inter«), weil sie schmutzig ist. (Klang unzufrieden.)

D: *Oh. Du lebst also nicht im Hauptteil?* (Nein) *Okay.*

H: *Kennst du die Bauwerke, die als Pyramiden und Sphinx bekannt sind?* (Ja) *Bist du jemals dort gewesen und hast sie gesehen?*

K: Einmal.

D: *Was dachtest du über sie?*

K: Eine unermessliche Macht. Es ist unfassbar.

H: *Ist es in irgendeiner Weise hilfreich für Menschen, wenn es um Heilung geht, in ihrer Nähe zu sein? Um sie herum?*

K: Es geht eine Anziehungskraft des Guten von ihnen aus. Ja, das wäre sehr hilfreich.

H: *Ein bestimmtes Bauwerk mehr als die anderen? Oder das gesamte Gebiet?*

K: Im Norden, in der Kammer der Königin.

D: *Ist das eine der größeren Pyramiden? (Keine Antwort) Du bist nur einmal dort gewesen, sagtest du? (Ja) Könntest du ... Weißt du, ich habe mich schon immer für Alexandria interessiert. Kannst du mir eine Beschreibung der Stadt geben? Ich wollte wissen, wie sie aussieht. (Kürzlich hatte ich von einem großen Leuchtturm gelesen, der im Hafen gestanden haben soll.) Du hast mir mal erzählt, dass du früher am Meer gesessen und auf die Schiffe hinausgeschaut hast. Wie sieht der Hauptteil der Stadt aus?*

K: Der Hauptteil der Stadt ist um die Docks herum gebaut. Es gibt den Hafenbereich und dann öffnet sich dazu der Marktplatz. Es gibt also Hunderte von Ständen und Menschen, die schreien, und Ratten, die überall herumwuseln. Und der gelbe Lehm der Gebäude. Alles ist flach und es gibt nichts Großes und Feines an diesem Ort. Nochmal, es ist eine – (tiefer Seufzer) sehr schmutzige Stadt. Sie ist sehr überfüllt, alles ist übereinandergestapelt.

D: *Die Gebäude sind alle klein?*

K: Ja, und dicht nebeneinander gedrängt.

D: *Gibt es keine großen Gebäude in der Stadt?*

K: Doch, die Häuser der Regierung, die Bibliothek und die Schule. Diese Gebäude sind groß, aber sie befinden sich nicht in der Innenstad, sondern eher an den Rändern.

D: *Ich habe mich gefragt, ob es in der Stadt irgendwelche großen Gebäude gibt. Was ist mit der Gegend um das Hafenviertel? Gibt es dort irgendetwas, das groß ist? (Ich dachte an den Leuchtturm.)*

K: Schiffe.

D: *Und nichts–*

K: Die Docks sind manchmal sehr lang. Sie ziehen sich ein ganzes Stück hin, aber sie sind nicht ... Ich gehe da nicht so oft hin, es ist kein guter Ort.
D: *Es gibt nichts Besonderes in der Hafengegend? (Sie schien nachzudenken.) Weißt du, ich habe mich gefragt, ich habe gehört, dass es dort einen Leuchtturm gibt.*
K: Es gibt eine Insel in der Mitte der Bucht, auf der ein Gebäude steht.
D: *Kannst du das von der Stadt aus sehen? (Ja) Wie sieht es aus?*
K: Es ist sehr hoch und schlank. Es sieht aus, als wäre es aus irgendeinem weißen Stein gemacht, ich weiß es nicht – ich war noch nie dort draußen, ich weiß es nicht.
D: *Wie groß ist es?*
K: Von hier aus gesehen, ist es sehr groß. (Gähnte)
D: *Wie würde man das Licht dort oben brennen lassen? Das hat mich neugierig gemacht.*
K: Woher soll ich das wissen?
D: *(Lachen) Du hast noch nie davon gehört?*
K: Ich war noch nie neugierig.
D: *Ich bin einfach neugierig auf verschiedene Dinge, nehme ich an. – Dann lebst du außerhalb der Stadt.*
K: In gewisser Weise.
H: *Ich weiß, dass du mit Kräutern und anderen Mitteln behandelst – vielleicht gelegentlich mit einem Messer. Hast du jemals Farben oder Steine verwendet, um eine Krankheiten zu behandeln?*
K: Es gibt viele Anwendungen von Steinen in der Heilkunde.
H: *Würdest du einige davon mit uns teilen? Ich interessiere mich sehr dafür.*
K: Bestimmte Arten von Krebs können mit Steinen geheilt werden.
H: *Mit welcher Art von Steinen?*
K: Das, was manche Menschen einen Magnetstein nennen. Er hat magnetische Eigenschaften, mit denen man ihn anziehen kann.
D: *Müsste man den Stein an sich tragen oder–*
K: (Unterbrach) Ja. Er würde über dem Bereich platziert werden, in dem der Krebs wächst.
H: *Kannst du uns die Wirkung beschreiben?*
K: Man sagt, ein solcher Stein zieht ihn aus dem Körper heraus. Ich bin mir nicht ganz sicher.

D: Und wie lange müsste man den Stein darauf legen?
K: Bis die Schwellung zurückgegangen ist.
D: Du siehst müde aus.
K: (Einatmen) Es war ein sehr langer Tag.
D: Ist es Nacht?
K: Nein. Es geht auf die Abenddämmerung zu.
D: Wie würdest du Krebs behandeln?
K: Wenn es so weit gekommen ist, dass Kräuter und Derartiges nichts mehr ändern, würde ich versuchen, ihn durch eine Operation zu entfernen.
D: Ist das ratsam? Könnte eine Person das überleben?
K: (Tiefer Seufzer) In manchen Fällen ja, in manchen Fällen nicht. Aber da sie sowieso sterben würde, würde ihr das zumindest eine Überlebenschance geben.
H: Verwendest du jemals Farben bei der Behandlung deiner Patienten? Und wenn ja, wie?
K: Ich selbst benutze sie nicht sehr häufig. Ich weiß aber von denen, die es tun.
H: Hast du jemals gesehen, wie das gemacht wird? (Ja) Kannst du es uns beschreiben?
K: (Abrupt) Nein!
D: Ist das etwas, worüber man normalerweise nicht spricht?
K: (Seufzend) Ich darf es nicht.
D: (Ich wechselte das Thema.) Gibt es neben dem Magnetstein noch andere Arten von Steinen, die für die Heilung wertvoll sein könnten?
K: Viele verschiedene Steine, die als Edelsteine bekannt sind, unterschiedlich angewendet. (Gähnen)
D: Was ist mit Kristallen? Hast du sie schon mal gesehen? (Ja) Sind sie wertvoll für die Heilung? (Ja) (Sie schien keine weiteren Informationen zu diesen Themen geben zu wollen.) Kommt heute Abend noch der Patient, für den du die Medizin vorbereitest?
K: Sie ist hier.
D: Oh, sie ist jetzt gerade da? (Ja) Deshalb arbeitest du so lange?
K: (Gähnte) Ich arbeite immer lange. Aber ich werde langsam zu alt dafür.

D: *Das denkst du. Nun, wird die Patientin bei dir zu Hause bleiben, oder wird sie zurückgehen, um–*

K: (Unterbrach) Sie wird etwa einen Tag lang bleiben, bis die Kräuter zu wirken beginnen.

H: *Hast du einen besonderen Ort für diejenigen, die nach der Einnahme von Medikamenten noch bleiben? (Ja) Kannst du uns beschreiben, wie es dort aussieht?*

K: Er befindet sich auf der Rückseite meines Hauses. Es ist ein ziemlich offener Raum. Viel Licht. Es gibt ... (gähnte) mehrere Liegen mit Abtrennungen dazwischen, so dass sie etwas Privatsphäre haben.

H: *Sind die Liegen in einer bestimmten Richtung positioniert, oder hat dies irgendeine Bedeutung für dich?*

K: Nord-Süd.

D: *Hast du sehr viele Patienten, die gleichzeitig bei dir bleiben?*

K: Normalerweise nicht.

H: *Ist es von Bedeutung, an welchem Ende der Kopf liegt? Norden oder Süden?*

K: Norden.

D: *Der Kopf ist nach Norden gerichtet? Hat dies einen bestimmten Grund?*

K: Ausrichtung auf die Pole.

D: *Oh, das macht es dann einfacher. Nun, wenn sie bei dir bleiben, bleiben sie dann alleine, oder haben andere–*

K: (Unterbrach) Mein Gehilfe würde bei ihnen bleiben, wenn jemand über Nacht bleiben muss. Ich würde gerufen werden, wenn sich etwas ändert. (Gähnen)

D: *Erzähle mir von deinem Gehilfen. Ist es ein Mann, eine Frau, ein Junge?*

K: Es ist ein Assistent, ein junger Mann. Er ist in der Ausbildung.

D: *Er lernt Medizin? (Ihre Stimme klang zunehmend müde.) (Ja) Bleibt er die ganze Zeit bei dir? (Ja) Und habt ihr noch andere Patienten in diesem–*

K: (Unterbricht) Zurzeit nicht.

D: *Zurzeit nicht. Kommen die Leute zu dir oder gehst du zu ihnen?*

K: Das kommt darauf an. Wenn sie reich genug sind, gehe ich zu ihnen.

H: *Wenn sie reich genug sind? Bedeutet das, dass sie dich für deine Dienste mit Geld bezahlen? Wie – was tun sie für dich, wenn du sie heilst oder ihnen hilfst?*

K: Wenn sie es sich nicht leisten können, dann ist es kostenlos. Wenn sie arm sind, aber ein Einkommen haben, dann verlange ich eine kleine Gebühr. Manchmal in Form von Tauschgeschäften, Essen, was auch immer. Aber wenn sie sehr wohlhabend sind, dann müssen sie zahlen. Dann können sie sich meine Dienste leisten.

D: *Womit bezahlen sie dich normalerweise?*

K: Ich habe kein festes Honorar. Ich entscheide – manchmal ist es in (schwer verständliches Wort. Klang wie: »dring«?) ... manchmal andere Wertsachen.

D: *Okay. Ich habe mich gefragt, was für Münzen das sind.*

K: Gold, manchmal Silber, je nachdem, wonach ich frage.

D: *Gibt es einen Namen für die Münzen in deinem Land?*

K: Drachme. *(Ich ließ sie es wiederholen.)*

D: *Nennt man die Münzen so?*

K: Es sind die, die ich bevorzuge. Sie sind griechischen Ursprungs. (Das Wort klang entweder wie »Ursprung« oder »Ordnung«.)

D: *Okay. Es gibt also noch andere Münzen als diese?*

K: Ja, es gibt Schekel und viel mehr. Auch römisches Geld.

D: *Gibt es viele Römer in deiner Gegend?*

K: Ihre Macht ist gefallen.

D: *Sie sind nicht mehr so mächtig wie früher? (Nein) Warum?*

K: Ihre Dächer stürzen über ihren Köpfen zusammen.

D: *(Lachen) Was hältst du davon?*

K: (Seufzend) Diese Zeit kommt für jede Zivilisation. Es geschah mit den Griechen, als die Römer auftraten. Jetzt geschieht es mit den Römern.

(Ich drehte das Tonband um, während ich eine Notiz las, die mir von einem Beobachter gereicht worden war).

D: *Kennst du einen der Namen der Edelsteine, über die wir vorhin gesprochen haben und die zum Heilen verwendet werden?*

K: Jade.

H: *Ist eine bestimmte Farbe der Jade stärker als die anderen?*

K: Violette Jade oder königliche Jade, wie sie auch genannt wird, ist sehr selten. Und auch die grüne hat viel Gutes. Die gelbe ist nicht so reinigend. Die weiße ist akzeptabel.

H: *Was ist mit roten Steinen?*

K: Nein. Die Energie in ihnen ist sehr unruhig und zu wild.

D: *Dann ist es keine gute Farbe dafür. (Nein) Okay. Weißt du, ob es in Alexandria einen Anführer oder einen Herrscher über das Gebiet oder so etwas gibt?*

K: Es gibt Älteste und – na ja, ich schätze, man könnte ihn einen Herrscher nennen. Es gibt einen Fürsten oder was auch immer, der bestimmt, was in der Stadt passiert, und der ... Er ist kein Fürst – ein Magistrat.

D: *Magistrat? (Ja) Nun, hat Rom etwas dazu zu sagen, was in Alexandria geschieht? (Ich dachte, dass Magistrate gewöhnlich Vertreter Roms gewesen waren.)*

K: Jetzt nicht mehr. (Lächeln)

D: *Was meinst du? Ist etwas passiert?*

K: Rom hat keine Macht mehr. Sie fällt ihnen auf den Kopf. Sie können nicht mehr kommen und sagen: »Nun, ihr müsst dies tun, weil wir entscheiden, dass dies getan werden muss.« Deshalb wird jetzt gemacht, was gefällt.

D: *Oh. Es besteht also keine Gefahr, dass sie kommen und, ah, Ärger machen, weil ihr nicht tut, was sie sagen?*

K: Sie haben genug eigene Probleme. Warum sollten sie sich mit unseren beschäftigen?

D: *(Lachen) Ist etwas Bestimmtes passiert?*

K: Ich habe gehört, dass es eine Invasion in Rom gab. Ich weiß es nicht. Das habe ich zumindest gehört. Ich kümmere mich nicht sehr oft um Politik.

(Sie zog plötzlich eine schmerzverzerrte Grimasse und schnappte nach Luft.)

D: *Beunruhigt dich etwas?*

K: Es wird schon gut gehen.

Ich wusste zu dem Zeitpunkt bereits, dass der Arzt an Herzproblemen gestorben war, und vermutete, dass dies der Grund war. Ich gab beruhigende Suggestionen, dass ihr nichts wirklich zu schaffen machen würde. Harriet merkte auch, was los war, und signalisierte mir, dass ich sie weitergehen lassen solle. Ich wusste, wenn ich das täte, würde der Arzt nicht mehr lange leben. Aber ich konnte es Harriet nicht mitteilen, ohne eine Notiz zu schreiben. Harriet war beim Tod des Arztes nicht dabei gewesen und wusste daher nicht, wie er gestorben war. Ich beschloss, sie trotzdem weitergehen zu lassen, weil ich ihr die Unannehmlichkeiten ersparen wollte.

D: *Wir verlassen diese Szene und gehen ein paar Jahre weiter. Ich werde bis drei zählen. 1, 2, 3, du bist ein paar Jahre älter in diesem Leben. Was machst du?*
K: Da ist nichts. Es gibt nichts mehr.
D: *Okay. (Ich hatte das erwartet, weil ich wusste, dass der Arzt in seinen Sechzigern an einem Herzleiden sterben würde.) Was ist mit dir passiert?*
K: (Seufzer) Das Herz hat aufgehört zu funktionieren.
D: *Okay. Aber es war ein leichter Tod, nicht wahr? Du hattest ein langes Leben.*
K: Das Loslassen wurde mit Sehnsucht erwartet.
D: *Du hattest ein gutes Leben, nicht wahr? Du hast lange gelebt und vielen Menschen geholfen. Das ist schon in Ordnung, es war ein gutes Leben. Lass uns die Szene verlassen. (Ich beschloss, zurück in das Leben zu gehen, weil wir noch einige offene Fragen hatten. Aber ich wollte ihn in ein jüngeres Alter gehen lassen, in dem er hoffentlich nicht so müde und erschöpft sein würde.) Ich zähle bis drei, dann wirst du wieder vierzig Jahre alt sein. Der Arzt Alexandro in Alexandria im Alter von vierzig Jahren. Wir kehren in dieses Alter zurück. Ich zähle bis drei und wir sind im Alter von vierzig Jahren im Leben von Alexandro. 1, 2, 3. Alexandro ist ungefähr vierzig Jahre alt. Was machst du gerade?*
K: Ich bin zu Fuß unterwegs.
D: *Wo befindest du dich?*
K: Ich blicke auf die Küste.
D: *Raus auf das Wasser? (Ja) Gefällt es dir dort?*

K: Es ist sehr friedlich hier.
D: *Was siehst du da draußen?*
K: (Wieder das Wort für die Boote, das ich nur schwer transkribieren kann.) Die ... (hörte sich an wie docks und ein anderes, das sich anhörte wie scoops oder skips?) aber hauptsächlich nur das Wasser.
D: *Oh, heute sind nicht sehr viele Boote da draußen?* (Nein) *Kannst du die Stadt von dort aus sehen, wo du bist?*
K: Ja, aber wer will das schon!
D: *Du magst diese Stadt nicht besonders, oder?* (Nein) *Wenn du die Wahl hättest, würdest du woanders hingehen?*
K: (Seufzend) Ja. (Ihre Stimme klang jünger und lebendiger.)
D: *Wohin würdest du gehen, wenn du wählen könntest?*
K: (Sagte einen Namen, den ich nur schwer verstehen konnte.)

Harriet meinte, es sei Gaza, aber sie sprach es mit dem Akzent auf der letzten Silbe aus. (Ich ließ sie es wiederholen.)

D: *Oh, ist das in der Nähe?*
K: Nicht allzu weit.
D: *Warum würdest du dorthin gehen wollen?*
K: (Pause) Um mehr zu lernen.
D: *Oh, ich dachte, Alexandria sei das Zentrum des Lernens.*
K: Es ist das Zentrum des äußeren Lernens.
H: *In Gaza befinden sich die Sphinx und die Pyramiden. Habe ich recht?* (Ja) *Und das ist das Zentrum des inneren Lernens?* (Ja) *Ich danke dir.*
D: *Gibt es dort Leute, die dich unterrichten können?* (Laut Enzyklopädie befinden sich die Sphinx und die Pyramiden in Al Jizah/Giza. Könnte sie das gesagt haben? Die Aussprache war seltsam.)
K: Meine Lehrer sind dort. (Sie hatte einen etwas wehmütigen Klang in der Stimme.)
D: *Oh. Leben sie in der Nähe der Pyramiden?*
K: Ich werde nicht darüber sprechen.
D: *Okay. (Das ist in anderen Leben schon oft passiert, wenn man sich zu sehr verbotenem Wissen annähert.) Ich habe mich nur gefragt.*

Dort würdest du gerne hingehen, wenn du könntest. (Ja) Alexandria ist einfach eine schmutzige Stadt?
K: Ja, so viele Seuchen und Unehrlichkeit und Diebe. Es ist sehr verdorben.
D: Hast du Probleme mit Dieben?
K: Nein. Ich sage ihnen, dass ich den Leprafluch auf sie legen werde, und dann stören sie mich nicht.
D: (Lachen) Dann lassen sie dich in Ruhe. Aber wenn die Stadt voller Seuchen ist, brauchen sie Ärzte und Mediziner.
K: Ja. (Seufzend) Aber bei manchen von ihnen frage ich mich, ob es nicht besser für die Welt wäre, wenn es sie nicht gäbe.
H: Warum kommen sie überhaupt?
K: (Sie sagte hier ein fragendes Wort, das ich nicht zu transkribieren vermag.)
H: Warum? Diese Menschen, die sich nicht an die Gesetze der Gesundheit halten und sich nicht um ihre Stadt kümmern, warum kommen sie? Warum inkarnieren sie? Was ist ihr Zweck, weißt du das?

(Ich dachte, Harriet hätte vielleicht vergessen, dass wir mit ihr während eines Lebens sprachen, denn das war die Art von Frage, die wir normalerweise zwischen den Leben stellen. Aber Harriet sagte später, dass sie einfach sehen wollte, was der Arzt dazu sagen würde, ob er etwas über diese Dinge wüsste).

K: Viele der Menschen, die zu den niederen ... Arten gehören, wie auch immer man das bezeichnen möchte, sind Sklaven. Und einige der Sklaven oder Freigelassenen kümmern sich nicht wirklich um sich selbst. Viele Menschen, die es leid sind, sich zu bemühen, suchen nach einem einfachen Leben.
D: Oh, nach einfachen Gelegenheiten, um an Dinge zu kommen? (Ja) Nun, ich dachte, du kannst nicht auf Sklaven herabsehen, weil du selbst einer warst, oder?
K: Ja, aber es gibt viele Arten und Unterschiede zwischen Sklaven. Es gibt diejenigen, die nach etwas Höherem streben, und diejenigen, die einfach im Sumpf stecken und dort bleiben wollen.
D: In deinem Fall wolltest du höher hinaus, nicht wahr?

K: Es gab ein Bestreben in diese Richtung, ja.

H: Wird es einen schnellen Ausstieg für diejenigen geben, die sich nicht bemühen? Wird ihre Zeit hier kürzer sein?

K: Gelegentlich. Manchmal scheint es jedoch ewig weiterzugehen. Vielleicht sollen sie daraus lernen, dass, wenn man sich in einer schlechten Situation befindet und sie nicht verbessert, sie lange andauern kann.

H: Ich verstehe.

D: Welcher Religion gehört man an? In Alexandria. Gibt es eine Religion? (Pause) Weißt du, was ich meine?

K: Wir sind die Anhänger des Einen.

H: Was soll das bedeuten?

K: Das ist – der Weg, dem ich folge.

D: Betest du ägyptische Götter an?

K: Nein. Ich bete den einen Gott an.

D: Oh. Dann betest du also nicht die römischen Götter an.

K: Nein. Und ich folge auch nicht den Priestern derer, die sich Christen nennen (ausgesprochen: »Christ-ians«, mit absichtlich getrennten Silben). Derer, die das eine sagen und dann etwas anderes tun. Das ist falsch.

D: In Alexandria gibt es Christen?

K: Es gibt Gemeinschaften von ihnen, ja.

D: Was meinst du damit – sie sagen das eine und tun das andere?

K: Sie sind Heuchler. Sie sagen dir immer wieder, du sollst an eine Sache glauben und dies und jenes tun, und dann drehen sie sich um und sind genauso habgierig wie die anderen.

H: Wie sind sie zu dem Namen »Christen« gekommen? Weißt du das?

K: Den haben sie von Cristos übernommen.

D: (Ich bat sie, es zu wiederholen.) Was bedeutet das?

K: Es war ein Name, der demjenigen gegeben wurde, den die Juden als den Messias kennen.

H: Wer war das? Kannst du uns etwas darüber erzählen?

K: Sein Name war Jeschua.

H: Hat er hier in der Welt oder in Alexandria gelebt, oder– (Harriett versuchte offensichtlich herauszufinden, wie ihre Antwort ausfallen würde.)

K: Ja. Er lebte in Israel.

D: Nun, ah, denkst du, dass das eine schlechte Religion ist?
K: Der Weg, dem sie folgen, ist es, ja.
D: Was ist mit den christlichen Gemeinschaften? Werden sie in Alexandria akzeptiert?
K: Ja, zu einem großen Teil. Sie haben viel Macht.
D: Nun, du sagtest, du folgst dem Weg des einen Gottes. Hat diese Religion einen Namen? (Nein) Was ist mit den Juden? Haben sie einen anderen Glauben als du?
K: Sie haben viele verschiedene Glaubensvorstellungen, die wir nicht haben.
H: Habt ihr jemals von dem Volk der Kaloo gehört? (Es ist aus dem Jesus-Material.) (Ja) Gibt es sie irgendwo in dieser Region oder– (Ja) Es gibt sie? Ich danke dir.
D: Kannst du uns etwas über sie erzählen? Wir haben schon von ihnen gehört. (Nein) Ich habe gehört, dass es sie schon seit langem gibt.
K: Sie waren von Anfang an hier.
D: In diesem Gebiet, in den Gemeinschaften? (Ja) Wenn wir nach ihnen suchen würden, würden wir sie finden können?
K: Nein. Das würde nicht gestattet werden. Sie würden euch aufspüren. Ihr würdet sie nicht finden.
D: Oh. Okay. Nun, gibt es in Alexandria Kirchen oder Synagogen oder so etwas in der Art? (Ja) Wie würdest du sie nennen – gehst du in ein solches Gebäude für deine Religion? (Nein) Okay. Du gehst also in keine Synagoge oder so. (Nein) Du sagtest, du folgst dem einen Gott. Ist dieser Gott Jahwe?
K: Er hat keinen Namen.
D: Er hat keinen Namen. Okay. Ich habe mich das gefragt, weil es klingt, als ob du über das Judentum sprichst. (Nein) Das ist es nicht. Na gut.
K: Es ist viel älter als das Judentum.
D: Oh, das geht also noch viel weiter zurück als das. Aber was ist mit den Christen? Wurden sie eine Zeit lang verfolgt?
K: Ja, das habe ich gehört.
D: Das ist jetzt nicht mehr so. (Nein) Okay.

(Ich versuchte, mir weitere Fragen auszudenken.)

D: *Hast du zur Zeit sehr viele Patienten?*

K: Ich habe vier zu Hause und etwa fünfzig, die ich auf wöchentlicher Basis sehe.

D: *Oh, das ist eine Menge, nicht wahr? (Ja) Musst du sie jeden Tag sehen?*

K: Einige jeden Tag. Andere an verschiedenen Tagen. Und alle von ihnen einmal in der Woche.

D: *Mindestens einmal in der Woche musst du sie alle sehen? (Ja) Wohnen sie in der Nähe, so dass es nicht schwer ist, sie zu erreichen?*

K: Die meisten von ihnen kommen zu mir.

D: *Sie kommen zu dir nach Hause? Das macht es einfacher. Hast du derzeit einen schlimmen Fall? Oder sind das alles ganz normale Fälle?*

K: Nichts Ungewöhnliches.

D: *Welche Arten von Fällen hast du im Moment?*

K: Viele verschiedene. Alles, von Erkältungen über Furunkel bis hin zu ... zu einem Mann, der jedes Mal, wenn er wütend wird, einen Hautausschlag bekommt. Das ist so ziemlich das Ungewöhnlichste. Jedes Mal, wenn er wütend wird, ist es so, dass der Ausschlag überall ausbricht.

D: *(Lachen) Nur, wenn er wütend ist.*

K: (Lachen) Aber er ist die meiste Zeit wütend.

D: *Hast du solche Fälle schon einmal gesehen?*

K: Ja, als ich bei meinem Meister war.

D: *Und wie geht man damit um? Ihn einfach nicht wütend werden lassen?*

K: Versuchen, ihn davon zu überzeugen, dass dies die Ursache ist. Aber das ist genau das Schwierige, weil er so eigensinnig ist und nicht auf die Meinung anderer hören will.

D: *Dann glaubt er dir nicht. (Nein) Er möchte, dass du ihm irgendeine Medizin gibst.*

K: (Seufzend) Er möchte ein sofortiges Allheilmittel haben. Eine Pille, die er schlucken kann und dann ist er es für immer los. (Wir lachten.) So funktioniert das aber nicht.

D: *Dann glaubt er dir nicht. Und das ist derzeit das Ungewöhnlichste? (Ja) Du erwähntest Pillen, was ist das?*

K: Bestimmte Arten von Arzneimitteln werden zu einer kleinen Dosis zusammengemischt, die man schlucken kann.
D: *Machst du die selbst?*
K: Ja, ich stelle alle meine Medikamente selbst her.
D: *Wäre das schwieriger zu machen als ein Trank?*
K: Ja, weil es komprimiert werden muss.
D: *Okay. Das ist aber etwas, das man tun kann. – Ist schon mal jemand mit einem gebrochenen Arm oder einem gebrochenen Bein zu dir gekommen?*
K: Ja, sie müssen fixiert oder nur mit Schienen verbunden werden, wenn sie nicht verrutscht sind.
H: *Woran erkennt man, dass sie gebrochen sind? Wie stellt man das fest?*
K: Das kann man durch Fühlen feststellen. Man kann es erkennen, wenn man mit der Hand am Arm oder am Bein entlangfährt. Und man würde spüren, wo die Energie nicht mehr weiterfließt. Da ist der Bruch.
D: *Ach, das merkt man daran, dass man die Energie spürt?*
H: *Ist das auch die Art und Weise, wie man Gliedmaßen wieder richtet? So dass der Energiefluss wieder hergestellt ist.*
K: Dann ist es am richtigen Platz.
D: *Oh, so kann man es erkennen. Ich weiß, dass es sehr schmerzhaft ist. Ich wusste nicht, wie man ein gebrochenes Bein von einem verstauchten unterscheiden kann. Oder wenn man sich den Muskel gezerrt hat. (Pause) Hattest du jemals einen Fall, bei dem jemand einen gebrochenen Rücken hatte? (*Nein*) Ich frage mich, ob man in so einem Fall etwas tun könnte.*
K: Ich weiß es nicht.
D: *Was wäre, wenn jemand damit zu dir käme? Würdest du wissen, wie du ihn behandeln solltest?*
K: Die Wahrscheinlichkeit ist groß, dass sie es gar nicht erst zum Arzt schaffen, weil sie sterben würden.
D: *Von einem gebrochenen Rücken?*
K: Das Rückenmark wäre durchtrennt und das wäre der Tod.
D: *Was ist mit einem gebrochenen Genick? Ist es das Gleiche?*
K: Auch das überleben nur sehr wenige.

D: *Ich habe mich gefragt, ob es eine Möglichkeit gibt, etwas wie das zu reparieren.*
H: *Die Wirbelsäule ist eine Quelle starker Energie. Ist das einer der Gründe dafür?* (Ja)
D: *Was würde passieren, wenn das jemand überlebt – könnte jemand mit einem gebrochenen Rücken leben?*
K: Ich habe noch nie davon gehört, aber das bedeutet nicht, dass es nicht möglich ist.
H: *Gibt es eine Möglichkeit, den Energiefluss bei einer gebrochenen Gliedmaße um die Bruchstelle herum so zu verstärken, dass die Heilung beschleunigt wird?*
K: Als Erstes würde man den Patienten in Hypnose versetzen, so dass er den Schmerz beim Einrenken der Gliedmaße nicht spürt. Und man würde ihn dazu bringen, seine Gedanken zu nutzen, um ein – ich bevorzuge es, ein grünes Licht um den Bruch herum zu erzeugen. Und er würde dies selbst tun und Energie aus seinem eigenen Körper dorthin schicken.
D: *Du sagtest, du benutzt Schienen? Woraus machst du sie?*
K: Aus Holz.
D: *Nur aus Holz? Damit sie nicht bewegt werden können.* (Ja)
H: *Wenn sie in Hypnose sind und das grüne Licht nutzen, wie lange dauert das an? Oder lässt du sie das in regelmäßigen Abständen tun?*
K: Ich würde ihnen suggerieren, dass es jedes Mal geschieht, wenn ein bestimmtes Wort gesprochen wird. Und einer aus ihrer Familie soll dieses Wort dann regelmäßig benutzen.
D: *Oh, sie könnten das Wort sagen und das würde es–* (Ja) *Eine andere Person. Ich verstehe. Wir sind einfach sehr neugierig auf diese verschiedenen Dinge, damit wir uns gegenseitig helfen können. Ich hoffe, du hast nichts dagegen, meine Fragen zu beantworten?*
K: Nein. Ich bin nur einfach sehr müde.
D: *War es ein langer Tag?* (Mhm) *Bei fünfzig Patienten ist das wohl zu erwarten.* (Lachen) *Aber du sagtest, du siehst sie nicht alle jeden Tag, oder?* (Nein) *Fällt es dir leicht, die Geduld mit diesen Menschen zu bewahren?*
K: Wie bitte?

D: *Du weißt schon, nicht wütend werden. Bist du in der Lage, ruhig zu bleiben?*
K: *Im Großen und Ganzen.*
D: *(Lachen) Das ist der schwierige Teil, nicht wahr?*
K: *Manchmal. (Klingt müde.)*
D: *Okay. Nun, ich denke, du bist sehr gut darin. Ein sehr guter Mensch. Danke, dass du mit uns gesprochen hast. Ich würde gerne wiederkommen und irgendwann noch einmal mit dir sprechen. Wäre das in Ordnung? (Ja) Ich danke dir. Wir verlassen nun diese Szene.*

(Das Subjekt wurde wieder aus der Trance geholt.)

Kapitel 18
Das Mädchen, das Feen sah

Ich hatte gerade Karen in das Jahr 1350 gehen lassen und war mit dem Zählen fertig, als ich sah, dass sie die Stirn stark runzelte. Ich fragte sie, was los sei.

K: (Ihre Stimme war leise.) Feuer! (Sie klang verängstigt.) Mein Haus! (Schweres Atmen) Es–brennt! Ich will nicht zusehen!

In den meisten Fällen, wenn sich eine Person in ein anderes Leben begibt, wird sie sich in einer normalen, alltäglichen Szene wiederfinden. Gelegentlich kommt es aber auch vor, dass wir auf etwas Traumatisches stoßen. Dies schien einer dieser Fälle zu sein. Ich gab ihr schnell beruhigende Suggestionen, damit sie in der Lage sein würde, darüber zu sprechen.

D: *Was ist passiert? Wie ist das Feuer ausgebrochen?*
K: Sie haben damit angefangen. Die Leute im Dorf. Sie hatten Angst vor mir. (Ihre Stimme war sehr weich und sanftmütig.)
D: *Warum hatten sie Angst vor dir?*
K: Weil ich anders war. Weil ich nicht wie sie war. Ich hörte denjenigen zu, von denen sie sagten, dass es sie nicht gab. (Sie hatte einen deutlichen Akzent, entweder schottisch oder irisch.) Und ich sah Dinge, bevor sie passierten.
D: *Wo ist das geschehen?*
K: In Schottland. Wir sind in der Nähe des Dorfes Glenmara.
D: *Warst du ein Mann oder eine Frau?*
K: Ich war eine Frau. (Sie klang so traurig.)
D: *Was war dein Beruf?*
K: Ich habe Spitze gemacht.
D: *Ich kann keine Gefahr darin erkennen.*

K: Nein. Aber ich war anders. Ich hatte das zweite Gesicht.

D: *Hat sie ein bestimmtes Ereignis so wütend gemacht?*

K: (Seufzend) Als ich versuchte, ihnen zu sagen, dass es dieses Jahr Probleme mit der Ernte geben würde und so. Und als es dann eintrat, sagten sie, dass ich es war, der die Ernte verflucht hat. Und dass ich die Schafe zu früh zum Lammen gebracht habe und sie alle gestorben sind. (Seufzer) Sie sagten, es sei meine Schuld gewesen. (Traurig) Ich würde Gottes Geschöpfen nie etwas antun. Ich dachte einfach, es wäre gut für sie, es zu wissen.

D: *Sie klingen wie Unwissende. Sie haben es nicht verstanden.*

K: Nein, sie hatten es auch nicht vor.

D: *Hast du dort allein gelebt oder hattest du eine Familie?*

K: Ich war allein. Meine Mutter ist vor einigen Jahren gestorben. Und dann war da nur noch ich.

D: *Warst du sehr alt, als das passierte?*

K: Vielleicht zweiundzwanzig, vielleicht jünger. (Der Akzent war sehr ausgeprägt.)

D: *Du warst also noch jung. Warst du jemals verheiratet?*

K: (Hustend) Nein.

D: *Was ist mit dir passiert, als sie das Haus verbrannt haben?*

K: (Nüchtern) Ich bin gestorben.

D: *Ich frage mich, wie sich die Menschen jetzt fühlen werden?*

K: Sie werden sich wahrscheinlich großartig fühlen. Sie werden denken, dass sie etwas Großartiges im Namen des Herrn getan haben.

D: *Hattest du ihnen auch schon vorher Dinge erzählt, die sie nicht verstanden haben?*

K: Oh, ein paar ganz alltägliche Dinge über Menschen und vielleicht mal etwas, auf dass sie aufpassen sollten, damit ihnen nichts passiert. Aber wenn ich etwas gesehen habe, das schlecht war, waren sie natürlich der Meinung, dass ich es bewirkt habe, nur um zu beweisen, dass ich in die Zukunft sehen kann. Sie haben mir dann die Schuld gegeben.

Sie begann stärker zu husten – wahrscheinlich durch den Rauch des Feuers. Um sie von jeglichem Unbehagen zu befreien, beschloss ich, sie aus der Szene zu entfernen. Außerdem wollte ich mehr über das frühere Leben dieses jungen Mädchens herausfinden und wie es zu diesem traurigen Ereignis gekommen war. Es kommt selten vor, dass eine Person am Ende ihres Lebens beginnt, aber manchmal passiert es. Ich ließ sie in der Zeit zurückgehen und fragte sie, was sie gerade machte?

K: Klöppeln.
D: Ist das schwierig?
K: Es ist nicht sehr schwer, wenn man sich die Zeit dafür nimmt. Es kann eine sehr leichte Tätigkeit sein. Ich hatte eine sehr gute Lehrerin. Meine Mutter hat es mir beigebracht, als ich ein kleines Mädchen war.
D: Wie machst du das? Benutzt du eine Nadel?
K: Es ist eine ... eine Spule, und man knotet sie um sie herum und – wie kann man das erklären, es ist – ich weiß es nicht. Es ist sehr interessant.
D: Was machst du mit der Spitze, wenn sie fertig ist?
K: Wir verkaufen sie an sehr nette Damen. Sie kommen und kaufen sie.
D: Berechnest du sehr viel?
K: Ein paar Pence.
D: Ist das viel Geld?
K: Nicht wirklich. Wir haben so aber genug Geld für Essen. Wir essen damit sogar sehr – gar nicht so schlecht. Und wir pflanzen auch selbst etwas an, damit wir nicht verhungern.
D: Es scheint, dass du bei so viel Arbeit, die du in die Herstellung steckt, mehr Geld verlangen solltest.
K: Warum sollten sie uns mehr Geld dafür bezahlen? Das würden sie nicht tun.
D: Aber es braucht viel Arbeit, um etwas Schönes zu schaffen.
K: Ja, aber die Damen sind sehr knauserig mit ihrem Geld. Und es gibt viele Klöpplerinnen.
D: Wie ist dein Name?
K: Er ist Sarah MacDonald.
D: Mit wem lebst du?
K: Mit meiner Mutter.
D: Stellt sie auch Spitze her?

K: Das hat sie mal gemacht. Sie kann es jetzt nicht mehr tun. Ihre Hände sind zu schlecht. Wenn man die Finger nicht mehr beugen kann, kann man keine Spitze mehr machen. Es geht ihr sehr schlecht. Es wird nicht mehr lange dauern, bis sie nicht mehr bei uns ist.

Ihre Stimme war so sanft, und sie wirkte sehr schüchtern und ruhig. Sie hatte eine merkwürdige Art, ihren Mund zu bewegen, wenn sie sprach – vor allem, wenn sie lächelte. Sie zog ihre Lippen zurück und entblößte dabei viele ihrer Zähne, und die Oberlippe ragte über die Unterlippe hinaus. Ich hatte den Eindruck, dass sie wahrscheinlich Hasenzähne hatte. Ich hatte auch den Eindruck, dass sie sehr verlegen war. Mit dieser Persönlichkeit würde ich sehr behutsam umgehen müssen. Sie wirkte sehr zerbrechlich.

D: Das klingt sehr zeitaufwändig. Ich denke, du musst sehr klug sein, um das zu können.
K: (Sie schien verlegen zu sein. Sie lächelte und wurde rot.) Ich weiß nicht – mich hat noch nie jemand klug genannt.
D: Ist Glenmara ein kleiner Ort?
K: Es ist nicht allzu groß.
D: Bist du dort glücklich?
K: Wer weiß? Wer kann schon sagen, was Glück ist?
D: Glaubst du, dass du jemals heiraten wirst?
K: Ich weiß es nicht. Ich habe nicht viel Geld und es gibt nicht viele Junggesellen, die in Frage kommen. (Sie klang traurig.) Das soll der liebe Gott entscheiden.
D: Hast du Probleme mit den Menschen in der Stadt?
K: Ja. Sie denken, dass wir seltsam sind, weil wir hier draußen leben und seltsame Dinge tun. Aber ich bin nicht viel anders als sie. Manchmal wünschte ich, ich wäre mehr wie die Leute und müsste mich nicht darum kümmern, was sie von mir denken.
D: Warum denken sie, dass ihr anders seid?
K: Nun, in meiner Familie werden die Frauen alle mit der Fähigkeit des Sehens geboren. Und meine Mutter hat gesagt, dass man den Leuten damit helfen soll. Aber wenn wir das versuchen, denken alle, dass wir Hexen sind und Dinge tun, die hier draußen falsch

sind. Aber das sind wir nicht! (Ihre Stimme war so sanft, dass ich dachte, sie müsse eine sehr feine Person sein.)

D: *Sie verstehen es einfach nicht. Manche Menschen können sehr ignorant sein.*

K: Und Ignoranz kann andere Menschen verletzen, aber – ach, es ist einfach nicht sehr gerecht.

D: *Ich glaube, sie würden dich wirklich mögen, wenn sie dich kennenlernen würden.*

K: Das würde ich gerne glauben.

D: *(Ich sprach mit ihr auf diese Weise, um ihr Vertrauen zu gewinnen, aber ich mochte das arme Mädchen auch.) Ich finde, du bist ein gutes Mädchen. Ich wünschte, ich könnte nur die Hälfte der Dinge tun, die du tust.*

K: (Errötete) Danke. Du könntest es, wenn du es versuchen würdest.

D: *Es ist nicht falsch, mit Dingen zu sprechen, die nicht da sind, und Leuten Dinge sagen zu können.*

K: (Unterbrach) Es ist nicht so, dass sie nicht da sind, es ist nur so, dass niemand sie sieht. Sie sind sehr real, es ist nur so, dass manche Menschen nicht offen für die Dinge sind, die um sie herum existieren. Und weil wir sie sehen, denken sie, dass wir seltsam oder anders sind.

D: *Wer sind diese Leute, die andere nicht sehen können?*

K: Ich habe Freunde unter den Feen, sie kommen zu mir und singen für mich.

Um ihr Vertrauen aufrechtzuerhalten, musste ich alles, was sie mir sagte, als Wahrheit akzeptieren und durfte es nicht in Frage stellen – auch, wenn es mir seltsam vorkam. Ob Feen real sind oder nicht, war nicht die Frage. Für dieses arme Mädchen waren sie offenbar sehr real.

D: *Hast du die Feen bereits dein ganzes Leben lang gesehen?*

K: Oh, aye. Sie kamen oft und spielten mit mir, als ich ein kleines Kind war. Ich erzählte den anderen Kindern immer, wenn wir in die Kirche gingen, dass sie kommen und mich besuchen. Und sie dachten, ich sei verrückt.

D: *Das bedeutet, dass du ein einsames Leben gehabt haben musst, weil sie es nicht verstanden haben. Wie sind die Feen denn so? Es interessiert mich. Ich möchte es wissen.*

K: Nun, sie sind wirklich sehr klein und sehr schüchtern. Und sie haben, die weiblichen haben Flügel, die glitzern, und – sie sind einfach sehr fröhliche Leute.

D: *Wie groß sind sie?*

K: Oh, vielleicht sechs bis neun Zoll groß.

D: *Ich habe von solchen Dingen gehört, aber ich dachte immer, es seien nur Geschichten.*

K: Die Leute denken, dass es nur Geschichten sind, weil sie sich kaum noch zeigen. Manche Leute sehen sie noch. Sie werden aber beschuldigt, so boshaft zu sein, dass jeder, der mit ihnen spricht, ebenfalls als böse gilt. Als wäre man ein bisschen verrückt und täte seltsame Dinge.

D: *Nun, sind sie wie Menschen aus Fleisch und Blut?*

K: Nein, sie – sie existieren, aber sie sind keine Menschen. Sie sind viel, viel älter als Menschen und schon ewig hier.

D: *Wie ein Geist?*

K: Nein, sie existieren, aber–

D: *Ich frage mich, ob sie einen Körper wie ein Mensch haben.*

K: Irgendwie schon, aber es ist nicht dasselbe. Man kann sie nicht mit menschlichen Augen betrachten und sagen, sie sind wie ich, weil es nicht so ist. Es ist etwas völlig anderes, aber das heißt nicht, dass es sie nicht gibt.

D: *Gibt es auch männliche Feen?*

K: Ja, aber sie sind nicht so fröhlich und bunt wie das Frauenvolk.

D: *Haben sie auch Flügel?*

K: Nein, nur die Weibchen.

D: *Ich habe auch von Kobolden gehört. Ist das dieselbe Art?*

K: Das kann ich nicht wissen, ich habe noch nie einen Kobold getroffen.

D: *Und ich habe von Elfen gehört.*

K: Sie sind eher mit den Feen vergleichbar. Die Elfen sind größer, aber eine Elfe habe ich ebenfalls noch nie getroffen.

D: *Oder ein Gnom? Die habe ich auch noch nie gesehen, aber ich habe schon von ihnen gehört.*

K: Schau, die Gnome sind das Volk der Hügel. Und es heißt, wenn ein Gnom jemals vom Tageslicht berührt wird, verwandelt er sich in Stein. Ich weiß es nicht. Das ist einfach eine Legende.

D: *Aber du hast die Feen gesehen. Ich glaube, das ist eine Ehre. Sie zeigen sich nicht jedem.*

K: Sie sind sehr schüchtern.

D: *Und sie kommen und sprechen mit dir?*

K: Ja, sie erzählen mir Dinge.

D: *Wie klingen ihre Stimmen?*

K: Wie das Flüstern des Windes, das über Harfensaiten streicht. Sie sind sehr sanft und sehr schön. Es ist wie Musik. Wenn sie singen, ist es wie der Gesang der Vögel in den Bäumen.

D: *Vielleicht ist es das, was die Leute denken, wenn sie es hören.*

K: Manchmal, ja.

D: *Haben sie jemals versucht, dir etwas beizubringen?*

K: Du meinst Zauberstücke?

D: *Na ja, alles Mögliche.*

K: Nun, sie haben uns beigebracht, wie man Dinge findet. Weißt du, wenn etwas verloren gegangen ist, und solche Sachen. Wenn du das meinst.

D: *Ist das schwierig?*

K: Nicht, wenn man sich in das hineinversetzt, was verloren ist.

D: *Man fragt sich, wo man wäre, wenn man diese Sache wäre? Funktioniert das?*

K: Oh, ja. Und sie haben mir Geschichten erzählt – über Königin Mab und ihren Hof und verschiedene andere derartige Dinge. Lange, lange Geschichten.

D: *Wo leben sie?*

K: Einige von ihnen leben in Bäumen und beschützen sie als Geister. Und einige von ihnen – sie sind als Wasserelfen bekannt – leben im Wasser, in Brunnen und Quellen und so weiter. Und andere Dinge.

D: *Leben sie lange?*

K: Hunderte und Aberhunderte von Jahren, ja.

D: *Sehen sie alt aus?*

K: Nein, sie sehen aus wie kleine Kinder.

D: *Es ist wahrscheinlich klug von ihnen, sich zu verstecken.*

K: Sie wissen, dass der Mensch grausam ist. Sie haben ein sehr langes Gedächtnis. Sie erinnern sich noch an eine Zeit, in der sie hier lebten und in der es keine Menschen gab. Und sie streiften durch die Wälder und hatten ein glückliches Leben. Sie erzählen mir Geschichten von damals.

D: *Wenn die Feen vor den Menschen hier waren, was denken sie dann über die Menschen?*

K: Sie mögen sie nicht sonderlich. Sie sagen, dass die Menschen früher sehr gut waren und alle möglichen hohen Absichten hatten, und dass sie durch verschiedene Umstände und Begebenheiten verdorben wurden. Dass sie nun nicht mehr alle gut sind und dass es eine Menge Gemeinheiten und Grausamkeiten unter ihnen gibt. Deshalb verstecken sie sich. Deshalb zeigen sie sich nur noch wenigen Menschen.

D: *Das kann ich verstehen; sie haben Angst davor, was sie tun könnten.*

K: Aye. Außerdem gibt es so viele Mythen und Legenden über sie, wie zum Beispiel das Feengold. Und die Menschen versuchen, sie zu fangen und ihre Schätze zu finden und solche Sachen. Das bewirkt nichts außer Schaden.

D: *Ich nehme an, die Feen waren früher freundlicher, als sie den Menschen das erste Mal begegneten.*

K: Ja, die Feen haben ihnen damals geholfen und sie verschiedene Dinge gelehrt. Weißt du, damals waren die Menschen offen für andere Dinge als heute. Aber dann fingen sie an, verdorben zu werden, und waren nicht mehr nett. Sie versuchten, den Feen Dinge wegzunehmen und ihre Bäume zu missbrauchen und so weiter. Und damit begann das Misstrauen.

Harriet (H): Haben sie dir jemals etwas über den Anbau von Pflanzen oder Ähnliches beigebracht?

K: Sie sagen, wenn man mit den Elementargeistern spricht, die die Pflanzen haben, kann man sie zum Wachsen überreden oder sie bitten, einem zu helfen. Und dadurch wird der Baum viel grüner oder was auch immer es ist. Aber man muss anerkennen, dass sie da sind, und sie wissen lassen, dass man sich um ihre Pflanze oder ihren Baum oder was auch immer es ist, kümmert. Dann werden sie alles Mögliche tun.

D: *Was verstehst du unter einem Elementargeist? Ist das ein Geist nur für diese Pflanze, oder wie?*

K: Das ist der Schutzgeist für diese Pflanze, ja.

D: *Das ist interessant, das wusste ich nicht. Was für ein Geist ist das? Gibt es ihn immer oder–*

K: Ich weiß es nicht. (Sie lachte.) Ich habe nie gefragt.

D: *(Wir lachten.) Was würde mit dem Geist passieren, wenn die Pflanze stirbt?*

K: Vielleicht findet er eine andere Pflanze, zu der er gehen kann.

D: *Eine, die gerade erst zu wachsen beginnt?*

K: Vielleicht, ich weiß es nicht.

D: *Man muss also anerkennen, dass die Pflanze einen Geist hat?*

K: Das ist wie beim Sprechen mit Pflanzen: Wenn man sie wissen lässt, dass man sich um sie kümmert, geht es ihnen besser.

D: *Ich wette, ihr wendet das an, wenn ihr etwas anbaut. Ich glaube, du bist schlauer als die Leute in der Stadt. Wenn man mit den Feen kommunizieren möchte, gibt es irgendetwas, was man dafür tun muss?*

K: Ich weiß es nicht, denn es hängt immer von der Fee ab, ob sie erscheinen will oder nicht. Wenn du versuchst, edelmütig zu sein, nehme ich an, dass das vielleicht eine anziehen könnte. Aber ich weiß es nicht.

D: *Gibt es Feen überall auf der Welt oder nur dort, wo du lebst?*

K: Ich weiß es nicht, ich war noch nie überall auf der Welt. Woher soll ich wissen, ob es sie auch dort gibt?

D: *(Wir lachten.) Das ist wahr. Du hast etwas über Königin Mab gesagt. Ist sie noch die Königin oder–?*

K: Nun, soweit ich weiß, wurden alle Königinnen Königin Mab genannt. Das geht von Tochter zu Tochter und vielleicht auch Enkelin über.

D: *Oh, dann sterben sie.*

K: Ja, aber sie müssen schon sehr alt sein.

Und so wurde dieses süße, schüchterne und sanfte junge Mädchen, dessen einziges Verbrechen darin bestand, an Feen zu glauben und hellseherische Fähigkeiten zu haben, von den unwissenden, abergläubischen Stadtbewohnern grausam getötet.

Karen hatte viele Leben, in denen sie missverstanden wurde – vor allem, wenn sie Anzeichen für übersinnliche Fähigkeiten zeigte. Bei einer der letzten Gelegenheiten landeten wir erneut an dem Tag, an dem sie im Feuer umkam. Es war seltsam, dass sie sich immer wieder zu diesem Tag hingezogen fühlte, obwohl er für sie traumatisch und erschütternd war. Sie wollte nicht zusehen. Ich überzeugte sie davon, dass es gut für sie wäre, wenn sie darüber sprechen könnte, ohne es sich anzusehen. Sie seufzte und stimmte zu: »Die Zeit dieses Körpers ist vorbei. Ich möchte über diese Zeit sprechen.«

D: *Was hältst du von den Leuten, die dein Haus angezündet haben?*
K: (Großer Seufzer) Desillusioniert.
D: *Bist du wütend auf sie oder gibst du ihnen Schuld?*
K: Nein. Sie waren einfach unwissend, und Unwissenheit erzeugt Angst. Sie müssen damit leben: zu wissen, dass sie jemanden getötet haben, der unschuldig war. Sie brauchten einfach jemanden, an dem sie es auslassen konnten, wie man so schön sagt. Und ich kam ihnen gelegen.
D: *Ja. Du trägst also keinen Zorn in dir oder– (Ich versuche immer, Karma zu identifizieren, das in andere Leben übertragen werden könnte.)*
K: (Ihre Stimme war sehr entschieden.) Warum sollte ich meinen Fortschritt aufhalten, indem ich mich über jemanden ärgere, der so kurzsichtig ist, etwas so Schlimmes zu tun?
D: *Das ist gut. Das zeigt, dass du intelligenter oder weiter entwickelt bist als sie.*
K: Vielleicht kümmere ich mich einfach mehr.
D: *Es ist eine sehr gute Sache, sich zu kümmern. Eines Tages werden sie es vielleicht lernen.*
K: Ich kann es nur hoffen.
D: *Zum jetzigen Zeitpunkt jedenfalls nicht, und sie haben etwas getan, wofür sie sich verantworten müssen.*

Ich gab ihr Suggestionen, dass sie nichts aus dem Leben körperlich oder geistig belasten würde, und brachte sie wieder aus der Trance herauf.

Kapitel 19
Die griechische Priesterin

Wir steigen in diese Geschichte ein, als Dolores Karen bittet, entweder vorwärts oder rückwärts in der Zeit zu reisen. In diesem Fall überlässt sie also Karen die Wahl.

D: *Ich überlasse dir die Wahl des Ortes und die Wahl der Zeit. Ich werde bis 5 zählen, und du wirst dorthin gehen. Und wir werden darüber sprechen. 1, 2, 3, 4, 5. Was siehst du?*
K: Den Tempel.
D: *Was für einen Tempel?*
K: Er hat weiße Säulen.
D: *Das klingt nach einem schönen Ort. (Ja) Wo bist du?*
K: Draußen im Hof.
D: *Wo sind wir? Hat dieser Ort einen Namen?*
K: (Pause) Thrakien. (Wiederholt) Thrakien.
D: *Du stehst im Hof? (Ja) Wie siehst du aus?*
K: Ich bin schlank – braunes Haar, kurz geschnitten.
D: *Wie ist dein Name?*
K: Diane.
D: *Okay, dann bist du eine Frau. (Ja) Wie alt bist du, Diane?*
K: Sechzehn.
D: *Was machst du im Tempel?*
K: Lernen, eine Priesterin zu sein.
D: *Bist du schon sehr lange dort?*
K: Seit ich zehn Jahre alt bin.
D: *Warum bist du dorthin gegangen?*
K: Weil sowohl ich als auch meine Eltern es so wollten.
D: *Ist das normal? Gehen viele junge Mädchen in den Tempel?*
K: Manche wollen es, wenige schaffen es. (Ich verstand sie nicht und sie wiederholte.) Einige wollen es, aber nicht viele schaffen es.

D: *Dann bist du stolz darauf, dass du dorthin gehen durftest?*
K: Bin glücklich.
D: *Dann bist du jetzt seit etwa sechs Jahren dort. (Ja) Was lernst du dort?*
K: Alles. Über die Welt. Über das Leben.
D: *Was wirst du tun, wenn du fertig bist?*
K: Hoffe, ich werde Priesterin.
D: *Wirst du dann den Tempel verlassen? (Nein) Wirst du im Tempel bleiben und dort Priesterin sein? (Ja) Was ist das für ein Tempel? Ist er einem bestimmten Gott oder einer Göttin gewidmet oder so?*
K: Nur dem Orakel. (Das ist das Orakel.)
D: *Dem was?*
K: Dem Orakel.
D: *Ich meine, gibt es irgendwelche Statuen in dem Tempel? (Nein) Gibt es Gemälde oder Bilder?*
K: Zwei linienartige Gemälde an der Wand.
D: *Was sind das für Bilder?*
K: Verschiedene Szenen mit Menschen, die in den Tempel gekommen sind.
D: *Sind sie in Farbe?*
K: Oh, ja. Sie sind sehr schön.
D: *Aber keine Statuen? (Nein) Ist dieser Tempel in der Nähe einer Stadt? Oder in einer Stadt?*
K: Nein. Man muss sehr weit gehen, um dorthin zu gelangen.
D: *Oh, abgeschieden.*
K: Es ist ein ausgewählter Ort.
D: *Wo kann man in diesem Tempel essen?*
K: Das ist ein einzelner Raum.
D: *Gibt es dort noch andere Leute?*
K: Alle Eingeweihten essen in einem Speisesaal.
D: *Sind es sehr viele?*
K: Etwa zwanzig neue pro Jahr.
D: *Wer unterrichtet euch?*
K: Die Lehrer und die Priesterin.
D: *Erzähl mir, wie der Ort aussieht, an dem ihr esst.*
K: Er hat hohe Decken. In der Mitte des Raumes befindet sich eine Feuerstelle.

D: *Eine was in der Mitte?*
K: Eine Feuerstelle. Sie wärmt das Essen und den Raum.
D: *An was für Tischen esst ihr?*
K: Hölzernen. Mit Hockern für alle, auf denen man sitzen kann.
D: *Was für Essen gibt es?*
K: Körner und Gemüse ...
D: *Ihr esst kein Fleisch? (Nein) Warum nicht?*
K: Es hält dich an die Erde gebunden.
D: *Ihr esst nur Obst und Gemüse? (Ja) Was macht ihr, wenn es kalt ist und ihr kein Obst und Gemüse bekommen könnt?*
K: Hier ist es nie kalt.
D: *Es wird dort nicht so kalt? (Nein) Es wächst immer etwas?*
K: Im Winter essen wir viel vorbereitete Oliven und die Körner, die wir eingelagert haben.
D: *Dinge, die ihr aufbewahrt hat. (Ja) Ich dachte, dass die Bäume nicht das ganze Jahr über blühen würden. Was für Früchte habt ihr dort?*
K: Zitronen und Orangen. Einige Nüsse.
D: *Was?*
K: Einige Nussbäume.
D: *Woher bekommt ihr das Gemüse?*
K: Wir bauen unser eigenes an.
D: *Welche Art?*
K: Wir haben Kohl, Kopfsalat und Blumenkohl.
D: *Ich interessiere mich immer für die Essgewohnheiten. Wo schlaft ihr im Tempel?*
K: Wir haben ein Zimmer, in dem sich alle eine Matte teilen. Die wird ausgelegt und ich schlafe dort.
D: *Du meinst, alle teilen sich ein großes Bett?*
K: Nein, nur das Zimmer. Nur das Zimmer, nicht die Matte.
D: *Du sagtest, sie legen sie hin.*
K: Sie legen ihre Matten hin.
D: *Und sie schlafen auf ihren Matten? (Ja) In einem großen Raum. Hm, das klingt interessant. (Pause) Diane, kannst du lesen oder schreiben?*
K: Ja, natürlich.
D: *In welcher Sprache schreibst du?*

K: Griechisch.

D: *Ich frage mich, ob du mir einen Gefallen tun würdest. Würdest du etwas für mich schreiben? Meinst du, du könntest das für mich tun? (Ich holte Papier und Stift und reichte sie ihr. Sie nahm den Stift in die rechte Hand und hielt das Papier mit der linken. Während sie schrieb, öffnete sie ihre Augen nicht.) Bitte schreibe etwas für mich. Es muss nichts Großartiges sein. Nur ein paar Worte für mich. Ich bin sehr daran interessiert. Kannst du es gut sehen? (Ihre Augen waren immer noch geschlossen.) Sehr gut. Hast du das im Tempel gelernt? (Ja) Was steht da, kannst du mir das sagen? Ein Name?*

K: Es sind nur die Symbole, die sich über der Tür befinden, über der Türöffnung.

** Wann immer Dolores die Gelegenheit dazu hatte, bat sie die Person, etwas zu schreiben – wenn diese schreiben konnte. In diesem Fall sind wir noch nicht dazu gekommen, alle Akten von Dolores zu durchsuchen, um die Schrift/Zeichnung zu finden. Aber für Five Lives Remembered (Fünf Leben Gelebt), Kapitel 6, war Dolores in der Lage, zwei Unterschriften von der Person zu bekommen, während sie in Trance war – aus zwei verschiedenen Leben. Als ein Handschriftenanalytiker zu den Unterschriften befragt wurde, sagte er, dass sie nicht von derselben Person stammen könnten. **

D: *Über der Tür des Tempels? (Ja) Okay, danke. Ich bin immer an Dingen interessiert, die anders sind. Du kannst doch schreiben, oder? Sehr gut. Okay, Diane, ich zähle jetzt bis drei, und dann gehen wir in deinem Leben zu einem Tag, den du für einen bedeutenden Tag hältst. Wenn etwas Wichtiges in deinem Leben passiert ist. 1, 2, 3, du bist jetzt älter, und es ist ein wichtiger Tag. Ein Tag, den du als bedeutend in deinem Leben ansiehst. Was passiert gerade?*

K: Ich habe heute meine erste Lesung gehalten.

D: *Oh, wie alt bist du jetzt?*

K: Dreiundzwanzig.

D: *Hast du genug gelernt, um Lesungen geben zu können? (Ja) Lief die Prüfung gut? (Ja) War der Lehrer stolz auf dich?*

K: Ich glaube schon. Es ist schwer zu sagen. Sie lassen sich so wenig anmerken.
D: *Zeigen sie keine Gefühle?* (Nein) *Hast du die Lesung für einen Schüler gemacht oder für jemanden, der extra gekommen ist?*
K: Für jemanden, der gekommen ist.
D: *Wie führt ihr Lesungen durch?*
K: Wir benutzen den Rauch.
D: *Rauch?* (Mhm) *Es gibt viele Techniken. Wie macht man es mit dem Rauch?*
K: Du sitzt da mit dem Dreifuß vor dir und beobachtest den Rauch. Und du erzählst, was du siehst.
D: *Im Rauch?* (Ja) *Hast du das schon mal probiert?*
K: Wir durften bisher nicht. Das ist das erste Mal.
D: *Glaubst du, du bist jetzt bereit?*
K: Sie sagen, dass ich es bin.
D: *War es ein akkurates Ergebnis?*
K: So weit man das beurteilen kann. Wir werden sehen.
D: *Wir werden sehen. Macht dir das Spaß?*
K: Es ist das, wofür ich lebe.
D: *Sehr gut. Nun, ich werde bis drei zählen, und wir gehen weiter in der Zeit, bis du um einiges älter bist. Zu einem wichtigen Tag in deinem Leben. 1, 2, 3, es ist ein wichtiger Tag in deinem Leben. Was geschieht gerade, Diane?*
K: Der König ist zu Besuch gekommen.
D: *Der König ist gekommen? Warum ist er gekommen?*
K: Weil er eine Lesung will.
D: *Na, dann muss das ja ein wirklich wichtiger Tag sein. Sind alle aufgeregt?*
K: Soweit sich hier überhaupt jemand aufregt, ja.
D: *Niemand zeigt wirklich seine Gefühle.*
K: Es ist nicht angemessen.
D: *Wie ist der Name des Königs? Hat er einen Namen?*
K: Theodus. (Wiederholend) Theodus. (Phonetisch)
D: *Und er ist der König des ganzen Landes?*
K: Nein, nur von unserem Gebiet. Es gibt über hundert Könige.
D: *Oh, es gibt viele Könige.* (Aha) *Und das ist der König dieses Gebiets.*

K: Ja. Sie kämpfen ständig.
D: (Lachen) Es scheint, als gäbe es ständig Streit. Wer wird die Lesung für den König durchführen?
K: Die Hohepriesterin.
D: Oh, dann bist du nicht dran. (Nein) Wirst du zuschauen?
K: Alle Schüler schauen zu.
D: Welche Art von Methode wird sie anwenden?
K: Sie benutzt die Blätter in der Feuerstelle.
D: Wie macht sie das?
K: Sie nimmt sie, zerbröselt sie und wirft sie ins Feuer. Dann beobachtet sie, wie die Flammen aufsteigen und knistern, und erzählt, was sie in den Flammen sieht.
D: Das ist also etwas anderes, als den Rauch zu beobachten. (Ja) Was will der König herausfinden?
K: Ob er siegreich sein wird.
D: Was sagt die Hohepriesterin zu ihm?
K: Sie sagt ihm, dass er es sein wird. Er ist sehr zufrieden.
D: Was macht er, wenn er zufrieden ist? Gibt er Geld oder etwas anderes?
K: Er gibt Gold.
D: Was wäre passiert, wenn sie ihm eine negative Antwort gegeben hätte?
K: Er wäre einfach gegangen.
D: Er hätte ihr dann kein Gold gegeben?
K: Ich weiß es nicht.
D: Du sagtest, er hat sich über seine positive Lesung gefreut. (Ja) Wie sieht der König aus? Was hat er an?
K: Er trägt ein violettes Gewand mit Sandalen, die bis zum Knie reichen. Um seinen Kopf trägt er ein Band. Sein Haar ist kurz geschnitten. Und gelockt.
D: Was für eine Art Band um seinen Kopf?
K: Es sieht golden aus, aber sein Haar verdeckt das meiste davon.
D: Du sagtest, seine Sandalen gehen ihm bis zum Knie? Wie funktioniert das?
K: Die Frontstücke des Leders nach vorne und hinten binden.
D: Das klingt nach einem seltsamen Paar Schuhe. Und er trägt ein lila Gewand?

K: In der Taille zusammengebunden.
D: *Hat er jemanden dabei? Oder ist er allein gekommen?*
K: Seine Berater. Und sein Wächter.
D: *Sprechen sie mit der Hohepriesterin?*
K: Nein. Niemand außer dem König.
D: *Er redet mit ihr und sie erzählt ihm, was sie sieht, ja? (Ja) Sehr interessant. Wie alt bist du jetzt?*
K: Dreiundzwanzig.
D: *Oh, das gleiche Alter. Okay, du bist jetzt dreiundzwanzig Jahre alt, Diane. Ich zähle bis drei und auf drei bist du dreiunddreißig. Wir werden in deinem Leben weitergehen und sehen, was mit dir geschehen ist. Ein bedeutender Tag, wenn du dreiunddreißig Jahre alt bist. 1, 2, 3, du bist dreiunddreißig Jahre alt. Was geschieht?*
K: Ich ziehe aus, um Schüler auszuwählen.
D: *Oh, du lehrst mittlerweile? (Ja) Im selben Tempel? (Ja) Wo wählst du deine Schüler aus?*
K: Überall im Land. Wir finden Menschen, junge Mädchen, die vielversprechend erscheinen und bringen sie hierher.
D: *Woran erkennt man, dass man jemanden gefunden hat?*
K: Man weiß es einfach.
D: *Hast du zuvor schon unterrichtet? (Ja) Sehr gut. Wohin gehst du? In eine bestimmte Stadt oder einfach irgendwo hin?*
K: Wohin auch immer unser Weg uns führt.
D: *Nur in der Gegend? (Ja) Müsst ihr eine bestimmte Anzahl von Personen finden, bevor ihr zurückkehrt?*
K: Nein. Zumindest eine.
D: *Wie lange werdet ihr weg sein?*
K: So lange, wie es dauert.
D: *Um wenigstens eine zu finden. Dann kehrt ihr zurück zum Tempel? (Ja) Und wenn ihr niemanden findet, der mit euch gehen will?*
K: Wir werden es. Sonst würde man uns nicht schicken.
D: *Wer schickt euch?*
K: Die Hohepriesterin ist diejenige, die auswählt.
D: *Und sie sagt euch, ihr sollt hinausgehen, andere Schüler finden und sie zurückbringen. Wie führt ihr nun Lesungen durch?*

Verwendet ihr immer noch die Methode mit dem Rauch oder eine andere?

K: Manchmal stehen wir einfach da, lauschen den Blättern und hören, was sie sagen.

D: Im Feuer?

K: Nein, höre einfach den Bäumen zu. Alles hat eine Stimme.

D: Und so wisst ihr, was ihr dem Volk sagen sollt? (Ja) Vorhin sagtest du, dass der König eine Lesung hatte und wissen wollte, ob er siegreich sein würde. Hat er gesiegt? (Ja) Dann lag sie richtig, oder? Es war eine korrekte Lesung.

K: Natürlich! Die Hohepriesterin hat sich noch nie geirrt.

D: Bist du auch so genau? (Nein) Machst du manchmal Fehler?

K: Manchmal.

D: Nun, du lernst immer noch, nicht wahr? Okay, wir gehen jetzt weiter, Diane. Ich möchte, dass du zum letzten Tag deines Lebens als Diane gehst. Ich zähle bis drei und wir kommen zum letzten Tag deines Lebens und du erzählst mir, was dir passiert ist. Du wirst es einfach beschreiben, du musst es nicht erleben. Du wirst nichts fühlen, nichts, was dich beunruhigen könnte. Auf diese Weise kannst du mit mir ohne Probleme darüber sprechen. 1, 2, 3, es ist der letzte Tag deines Lebens als Diane. Was ist passiert?

K: Ich habe beschlossen, dass es an der Zeit ist, den Körper abzulegen. (Sie klang alt und müde.)

D: Wie alt warst du?

K: Siebenundsiebzig.

D: Oh, du warst sehr alt, nicht wahr? Du hast lange Zeit in diesem Tempel gelebt, nicht wahr? (Ja) Warst du dort glücklich? (Ja) Hattest du viele Schüler?

K: Viele erfolgreiche, ja.

D: Das war gut. Hast du jemals bereut, in den Tempel gegangen zu sein? (Nein) Es hat dir dort gefallen, das ist sehr gut. Es war ein gutes Leben, nicht wahr? (Ja) Du bist es nie leid geworden? (Nein) Vielleicht hast du deshalb so lange gelebt; du hattest in diesem Leben viel zu erledigen.

K: Ich hatte viel zu lernen.

Das Subjekt erhielt Suggestionen zur Verstärkung der Wirkung der Schlüsselworte und wurde wieder an die Oberfläche geholt. In einem Leben, das in Deutschland spielte, hatte die Person eine kindliche Stimme und gelegentlich einen deutlichen deutschen Akzent. Bei der griechischen Person schien sich ihre Stimme zu verändern und zu reifen, als sie älter wurde. Manchmal war eine seltsame Aussprache zu erkennen, die das Verstehen von Wörtern erschwerte. Insbesondere rollte sie das »r«. Zudem verwendete sie einige Wörter anders.

Dolores hatte Notizen hinterlassen, die auf eines von Karens anderen Leben als Wikingerin hinweisen. Wir hoffen, dass wir alle Akten/Bänder von Dolores transkribieren können und in der Lage sein werden, mit ihren Lesern die vielen Abenteuer zu teilen, welche sie im Laufe der Zeit erlebte, als sie mit den verschiedenen Subjekten arbeitete, die in ihr Leben traten.

Die Sitzung, die wir am 20. Juni 1985 durchführten, war das letzte Mal, dass ich mit Karen arbeitete. Sie blieb schließlich in Little Rock und heiratete. Später bekam sie zwei kleine Mädchen. Ihr Mann war Hämophiliepatient und brauchte viel Pflege. Karen kümmerte sich sehr liebevoll um ihn und begleitete ihn auf seinen Arbeitsreisen. Jahre später zog sie zurück nach Fayetteville, aber wir hatten keinen Kontakt mehr. Dann erfuhr ich, dass ihr Mann aufgrund von nicht geronnenem Blut plötzlich gestorben war. Durch die Rente ihres Mannes befand sie sich in einer sehr guten finanziellen Lage. So musste sie nicht arbeiten, sondern konnte zu Hause bleiben und sich um die Mädchen kümmern. Unsere Wege haben sich nicht mehr gekreuzt, und das ist wahrscheinlich auch gut so. In späteren Jahren hörte ich, dass sie leugnete, dass die Sitzungen und Erlebnisse jemals stattgefunden hatten. Ich hatte ihr Kopien der Bänder und Abschriften davon gegeben, aber sie wollte sie nicht anhören oder lesen. Wenn sie nach einer Sitzung aufgewacht war, lachte sie stets und fragte: »Na, wo sind wir heute hingegangen?« Als ich es ihr erzählte, sagte sie, dass es interessant zu sein schien, aber sie fragte nicht weiter danach und verfolgte es auch nicht weiter. Gewöhnlich fuhr ich sie anschließend zurück zu ihrer Arbeit, und sie konzentrierte sich wieder auf ihren Alltag. Aufgrund ihres tiefen, somnambulen Trancezustandes erinnerte sie sich nicht bewusst an die vielen Abenteuer, die wir in den insgesamt zwei Jahren gelegentlicher Zusammenarbeit immer wieder erlebt hatten. Daher war es für sie wahrscheinlich einfach, sich vorzustellen, dass es sie nie gegeben hat. Sie müssen ihr wie Träume vorgekommen sein, die beim Aufwachen verblassen. Wahrscheinlich war es auch besser so. Sie lebte ein normales und glückliches Leben. Es schien, als ob es ihre Aufgabe war, mir die Geschichten zu geben und dann wieder in die normale Welt zurückzukehren. Ich kann wirklich mit voller Überzeugung sagen, dass die Sitzungen ihr normales Leben in keiner Weise beeinträchtigt haben. All die anderen Lebenszeiten waren für sie wie verschwommen. Es ist für mich ein wenig seltsam, dass ich in diesen Sitzungen an einer Welt teilgenommen habe, von deren Existenz sie selbst nichts wusste. Und wenn es nicht die Tonbandaufnahmen und die Zeugen der Sitzungen gäbe, hätte ich vielleicht auch an ihrer Realität gezweifelt. Aber ich weiß, dass es passiert ist. Für eine kurze Zeit war ich als unwissentliche Zeitreisende eine unsichtbare Teilnehmerin an Momenten der Geschichte. Und als Geschichtenerzählerin und Reporterin muss ich von dem berichten, was ich gefunden habe.

Schlusswort

Dolores öffnete uns die Augen für wunderbare und geheimnisvolle Welten. Sie wagte sich in die verbotenen Gefilde des Geistes. Wäre da nicht ihr unstillbarer Appetit gewesen, mehr wissen zu wollen und die vielen, vielen Fragen zu stellen, hätten wir vielleicht nie von dem verlorenen Wissen erfahren, das sie in ihren Sitzungen fand – manchmal Jahre, bevor es offiziell entdeckt wurde. Zum Beispiel die Ruinen von Qumran. Als die Archäologen ihre Ergebnisse vorlegten und diese von dem abwichen, was ihr in der Sitzung gesagt worden war, musste sie eine schwierige Entscheidung treffen: Schmeißt sie einfach weg, was man ihr erzählt hat, oder glaubt sie, dass das, was sie erhalten hat, die Wahrheit ist? Wer ihr Buch Jesus und die Essener gelesen hat, weiß, dass sie sich ihren Glauben bewahrte und veröffentlichte, was sie erhalten hatte. Später entdeckten die Archäologen, dass ihre eigenen Erkenntnisse falsch waren und dass das, was Dolores geschrieben hatte, richtig war. Ein weiteres Beispiel findet sich in Five Lives Remembered, als Dolores und Johnny das »Zwischenleben« erforschten und Informationen über ihre Zukunft erhielten. In diesem Buch heißt es, dass Johnny in einem Stuhl sitzend mit seinen Enkelkindern um ihn herum gesehen wurde, während er in einer hügeligen Gegend lebte. Diese Begebenheit wurde wahr. Wir erhalten zahlreiche Briefe und E-Mails von Menschen, die uns mitteilen, wie Dolores ihr Leben verändert hat. Darauf sind wir sehr stolz, und wir sind sehr dankbar für die vielen wunderbaren Worte.

Als sie uns verließ, arbeitete sie gerade gleichzeitig an mehreren Büchern. Das war für sie sehr typisch. Die Leute fragten sie: »Was ist das nächste Buch?« Ihre Antwort war stets, dass sie das nie wüsste und dass es dasjenige sein würde, das zuerst fertiggestellt wird. Dieses Buch war eines der Bücher, an denen sie arbeitete, und es hat nun seinen Abschluss gefunden.

Wir wünschen viel Spaß damit.

~Nancy

Über die Autorin

Dolores Cannon, eine regressive Hypnotherapeutin und Forscherin des Übernatürlichen, die »verlorenes« Wissen aufzeichnet, wurde 1931 in St. Louis, Missouri, geboren. Sie wurde in St. Louis ausgebildet und lebte dort bis zu ihrer Heirat mit einem Berufsmarinesoldaten im Jahr 1951. Die nächsten zwanzig Jahre verbrachte sie damit, als typische Navy-Ehefrau die Welt zu bereisen und ihre Familie großzuziehen. 1970 wurde ihr Mann als Kriegsversehrter entlassen, und sie zogen sich in die Hügel von Arkansas zurück. Sie begann ihre Karriere als Autorin und verkaufte Artikel an verschiedene Zeitschriften und Zeitungen. Seit 1968 beschäftigte sie sich mit Hypnose, und seit 1979 ausschließlich mit der Rückführungstherapie. Sie hat verschiedene Hypnosemethoden studiert und so ihre eigene, einzigartige Technik entwickelt, die bei ihren Klienten eine hocheffiziente Freigabe von Informationen ermöglicht. Dolores lehrte ihre Hypnosetechnik in der ganzen Welt.

1986 weitete sie ihre Untersuchungen auf das Themenfeld UFOs aus. Sie hat Studien über vermutete UFO-Landungen vor Ort durchgeführt und Kornkreise in England untersucht. Der Großteil ihrer Arbeit in diesem Bereich befasste sich mit der Sammlung von Beweisen mutmaßlicher Entführter von Außerirdischen durch Hypnose.

Als internationale Rednerin hat Dolores Vorträge auf allen Kontinenten der Welt gehalten. Ihre siebzehn Bücher sind in zwanzig Sprachen übersetzt worden. Sie hat weltweit in Radio und Fernsehen gesprochen. Und Artikel über/von Dolores sind in mehreren US-amerikanischen und internationalen Zeitschriften und Zeitungen erschienen. Dolores war die erste Amerikanerin und die erste Ausländerin, die in Bulgarien mit dem Orpheus-Preis für bahnbrechende Fortschritte bei der Erforschung übersinnlicher Phänomene ausgezeichnet wurde. Sie wurde von mehreren Hypnose-Organisationen mit Preisen für herausragende Leistungen und für ihr Lebenswerk ausgezeichnet. Bei alldem sorgte Dolores' sehr große Familie für ein solides Gleichgewicht zwischen der »realen« Welt ihrer Familie und der »unsichtbaren« Welt ihrer Arbeit.

Wenn Sie Ozark Mountain Publishing bzgl. Dolores' Arbeit kontaktieren möchten, senden Sie bitte einen frankierten Rückumschlag an die folgende Adresse, um eine Antwort zu erhalten: Ozark Mountain Publishing, PO-Box 754, Huntsville, AR 72740, USA, oder senden Sie eine E-Mail an das Büro über unsere Website: www.ozarkmt.com.

Dolores Cannon, die am 18. Oktober 2014 diese Welt verließ, hinterließ unglaubliche Errungenschaften in den Bereichen alternative Heilung, Hypnose, Metaphysik und Rückführungen in vergangene Leben, aber am beeindruckendsten war ihr angeborenes Verständnis, dass das Wichtigste, was sie tun konnte, darin bestand, Informationen mit anderen zu teilen. Verborgenes oder unentdecktes Wissen zu enthüllen, das für die Erleuchtung der Menschheit und unser Lernen hier auf der Erde wichtig ist. Das Teilen von Informationen und Wissen war für Dolores stets das Wichtigste. Deshalb verblüffen, informieren und leiten ihre Bücher, ihr Vorträge und ihre einzigartige QHHT®-Hypnosemethode weiterhin so viele Menschen auf der ganzen Welt. Dolores erforschte unzählige Möglichkeiten und mehr, während sie uns auf die Reise unseres Lebens mitnahm. Sie wollte ihre Ausflüge ins Unbekannte mit anderen Reisenden teilen.

Bücher von Dolores Cannon

Ein ganz besonderer Freund
Big Sandy Press

Fünf Leben gelebt
Veröffentlicht von: Ozark Mountain Publishing

Zwischen Leben und Tod
Veröffentlicht von: Ozark Mountain Publishing

Jesus und die Essener
Veröffentlicht von: Ozark Mountain Publishing

Sie gingen mit Jesus
Veröffentlicht von: Ozark Mountain Publishing

Gespräche mit Nostradamus Band 1-3
Veröffentlicht von: Ozark Mountain Publishing

Eine Seele erinnert sich an Hiroshima
Veröffentlicht von: Ozark Mountain Publishing

Die Aufseher
Veröffentlicht von: Ozark Mountain Publishing

Die Wächter des Garten Eden
Veröffentlicht von: Ozark Mountain Publishing

Legacy from the Stars
Veröffentlicht von: Ozark Mountain Publishing

The Legend of Starcrash
Veröffentlicht von: Ozark Mountain Publishing

Das Gewundene Universum Buch 1-5
Veröffentlicht von: Ozark Mountain Publishing

Die drei Wellen der Freiwilligen und die Neue Erde
Veröffentlicht von: Ozark Mountain Publishing

Auf der Suche nach verborgenem Geheimwissen
Veröffentlicht von: Ozark Mountain Publishing

Für weitere Informationen über die oben genannten Titel, bald erscheinende Titel oder andere Artikel in unserem Katalog schreiben Sie uns, rufen Sie uns an oder besuchen Sie unsere Website:
Ozark Mountain Publishing, Inc. PO Box 754, Huntsville, AR 72740
479-738-2348/800-935-0045
www.ozarkmt.com

www.ingramcontent.com/pod-product-compliance
Lightning Source LLC
Chambersburg PA
CBHW050327230426
43663CB00010B/1767